JN417392

# 아동건강교육

HEALTH EDUCATION FOR
YOUNG CHILDREN

김희태 김명나 김선희 김소라 최진경 공저

양 성 원

# 머리말

영아나 유아를 생각할 때 우리가 가장 먼저 떠올리는 모습은 또래와 즐겁게 뛰놀고 움직이는 모습일 것이다. 그리고 즐겁게 뛰놀고 활발하게 움직이는 영아나 유아를 보면 우리는 일반적으로 그들이 '건강하구나'라고 생각하게 될 것이다. 이처럼 영아나 유아는 병이 없어 신체 기능이 원활하고, 정신적으로 걱정거리가 없어야 자신의 활동에 집중할 수 있다. 그래서 해맑게 웃으면서 유치원이나 어린이집에서 또래와 즐겁게 상호작용할 것이고 활동을 하면서 다양한 지식이나 정보를 습득하게 될 것이다.

사실 우리는 영아나 유아가 건강하지 않은 것을 상상할 수 없다. 왜냐하면 영아나 유아들은 부모로부터 영양을 공급받고 안전하고 위생적인 환경에서 생활하기 때문이다. 그러나 영아나 유아가 건강하지 않은 경우는 존재한다. 병이 있거나 정신적으로 피곤하거나 혹은 정서적으로 편안하지 않고 스트레스를 받는 영아나 유아도 있다.

이럴 때 유아교사로서 우리는 무엇을 해야 할까? 우리가 만일 그들의 부모라면 그들을 병원으로 데리고 가서 진찰을 받게 하고 약을 사용해서 건강하게 되도록 노력할 것이다. 그런데 우리는 부모가 아니라 영아나 유아들과 상호작용을 하는 유아교사이다. 그러면 우리는 무엇을 해야 할까?

영아나 유아를 건강하게 하는 일은 우리가 사소하다고 생각하는 것에서부터 출발한다. 그것은 관찰이다. 의사가 환자를 진찰하듯 유아교사는 영아나 유아의 건강 상태를 늘 관찰하고 살펴야 한다. 그리고 포트폴리오에 그들의 건강 상태를 기록해 두어야 한다. 이렇게 하려면 유아교사는 영아나 유아의 건강한 상태와 건강하지 않은 상태, 건강을 위협하는 요인, 위생이나 안전, 건강의 위협 상태에서 유아교사가 취할 행동 등에 대해 알고 있어야 한다.

이 책은 영아나 유아의 건강과 이를 위해 유아교사가 할 수 있는 다양한 내용과 정보들을 중심으로 구성되어 있다. 특히 영아나 유아의 건강을 위협할 수 있는 감염병, 이에 대한 유아교사의 대응방법, 응급처치, 사회가 점점 복잡해지면서 스트레스를 받는 유아의 상황 등은 요즘 아주 중요하게 다루어야 하는데 이러한 것들을 이 책에서 유아교사가 잘 활용할 수 있도록 내용을 구성했다. 이를 통해 유아교육 현장에서 유아교사가 영아나 유아의 건강 증진을 위해 충분히 역할을 할 수 있을 것으로 기대된다.

이 책의 출판을 위해 여러모로 애써 주신 도서출판 양성원의 관계자분께 심심한 감사를 드린다. 특히 원고를 독촉하지 않고 기다려 주신 사장님과 부사장님께 진심으로 감사드리며 책의 편집을 위해 애써 주신 편집자에게도 감사드린다. 유아건강에 관한 도서들이 많이 있지만 이들과 다른 특별함이 담기도록 노력했기에 좋은 도서가 될 것으로 기대하고 있다. 이 책으로 유아교사들이 유아 건강을 이해하여 영아와 유아들이 유치원이나 어린이집에서 또래와 건강한 상호작용을 할 수 있기를 기대한다.

2020. 9.

저자 일동

# 차례

## Chapter 09 아동학대



## Chapter 10 응급처치



## Chapter 11 영유아 중독

Chapter

# 01



# 영유아 건강의 이해

Chapter

# 01

# 영유아 건강의 이해

건강에 대한 권리는 인간의 기본권 중 하나이다(「헌법」 제35조 제1항, 시행 1988.2.25.). 인간은 누구나 건강하게 오래 살기를 희망하고, 건강한 삶은 행복하게 살기 위한 전제 조건으로 강조되고 있다. 특히 영유아기는 건강발달을 위한 최적기로 평생의 건강에 중요한 영향을 미친다. 그러나 아직은 면역능력이 낮고 질병에 대처하는 능력이 미숙해 영유아 스스로 자신의 건강을 관리하기는 힘들다. 따라서 부모나 교사는 영유아의 건강을 유지하고 증진시킬 수 있도록 영유아기 건강에 대해 이해하고 건강교육을 위한 전문적 능력을 갖출 필요가 있다.

이 장에서는 영유아기 건강에 대한 이해를 돕기 위해 건강의 개념, 건강의 중요성, 건강에 영향을 미치는 요인과 더불어 영유아의 연령별 발달 특성과 건강, 영유아기의 발달 이상 등을 살펴보고자 한다.

# 1 영유아기 건강의 개념

건강은 신체적 요소 이외에 복합적인 측면을 포함하는 개념으로써 좀 더 광범위한 의미를 가진다. 건강(health)의 어원을 살펴보면 영어의 '완전한' 혹은 '전체'의 의미인 'whole'에서 시작되어 '활기 있는'을 의미하는 'hale'을 거쳐 'health'로 변형되었다(곽노의, 2005). 여기서 '전체'라는 말은 신체뿐만 아니라 다차원적인 면에서 모두 건강해야 한다는 것을 의미한다.

과거에는 건강이 개인의 신체적 상태를 의미하는 말로 사용되어 질병 치료를 중심으로 하는 의학적 개념이었다. 즉, 질병이 없으면 건강하다고 여겼다. 그러나 19세기 중엽부터 건강의 개념은 단순히 신체적 측면에서 뿐만 아니라 정신적 측면에서도 아무 탈이 없고 튼튼해야 함을 강조하게 되었다. 세계보건기구(WHO)가 제정한 「보건헌장」(1948)에 따르면 건강은 단순히 신체적으로 질병이 없거나 허약하지 않을 뿐만 아니라 정신적 · 사회적으로도 완전히 양호한 상태라고 정의하고 있다. 이는 건강의 의미가 단순히 질병이 없는 상태를 말하는 것이 아니라 전인교육에서 제시하는 신체적(physical), 정신적(mental), 사회적(social)으로 적절히 조화를 이룬 상태로 그 의미가 확장되었음을 의미한다.

아울러 세계보건기구(WHO, 1998)에서는 기존의 건강 개념에 영적 건강을 추가하여, 건강이란 질병이나 불구가 없을 뿐만 아니라 신체적 · 정신적 · 사회적 · 영적으로 완전한 역동적 안녕 상태로 정의함으로써 건강의 다차원성을 강조하고 있다(김태임 외, 2009). Miller, Telljlhann, 그리고 Symons(1995)는 건강의 개념에 대하여 신체적 · 정신적 · 사회적 차원 이외에 정서적 · 직업적 차원의 건강까지 고려하여 설명하기도 하였다(김연진, 송주미, 2010에서 재인용). 최근에는 건강을 유지하기 위해서 신체적 · 정신적 · 사회적 · 정서적 · 직업적 상태뿐만 아니라 성에 대한 이해, 약품의 올바른 사용과 관리, 마약 취급, 건강에 대한 지식 등 도덕적 · 지적 요소까지도 생각하게 되었다(김연진, 송주미, 2010). 이처럼 건강이란 개인이 모든 차원에서 평안한 상태를 유지하기 위해 주변의 내적 · 외적 환경의 변화에 적응하여 사회적인 역할과 임무를 효과적으로 수행할 수 있는 최적의 상태를 의미한다(허혜경, 김성희, 2009). 이를 바탕으로 박선희,

김희태, 이영애(2014)는 영유아의 건강에 대한 개념을 다음의 세 가지로 설명하고 있다.

첫째, 영유아가 연령에 따라 신체 발달이 알맞게 이루어지고 치료를 요하는 질병이 없어서 신체적으로 건강한 것을 의미한다.

둘째, 능동적으로 활발하게 활동을 함으로써 정신발달이 순조롭게 이루어지는 것을 말한다.

셋째, 또래, 부모, 교사, 이웃, 지역사회 등 주변 사람들과 바람직한 사회생활을 하는 것까지도 포함한다.

이와 같이 영유아기의 건강한 발달은 신체적 · 정신적 · 사회적 측면에서 역동적인 균형을 이룬 상태를 말한다(조경자, 이현숙, 2010). 즉, 건강의 신체적 · 정신적 · 사회적 요인이 상호 밀접한 관련성을 가지고 영유아의 성장과 발달을 돕는다. 이는 신체적 · 정신적 · 사회적 요인 중 어느 한 요인이라도 문제가 있다면 건강하지 않다는 것을 의미한다. 예를 들면, 감기에 걸린 유아가 기운 없이 의기소침해 하며 가만히 앉아 있다고 가정해 보자. 이러한 신체적 건강 상태가 지속될 경우 유아는 또래들과 놀이할 때 적극적으로 참여할 수 없으며 혼자 있는 시간이 많아지게 된다. 이는 유아의 사회적 건강을 위협할 수 있다. 더 나아가 사회적 건강의 위협은 유아에게 스트레스로 작용하여 정신적 건강에 해가 될 수 있다.

따라서 영유아의 건강 상태를 유지 · 증진시키기 위해서는 신체적 · 정신적 · 사회적 건강 개념을 잘 알고, 이들 간의 상호관련성을 이해해야 한다. 또한 실제 상황에서 일어날 수 있는 위험을 감소시키고, 질병을 예방하고, 개인의 복지를 증진시킬 수 있는 방안을 찾아야 한다.

## 2 영유아기 건강의 중요성

건강은 전 생애에 걸쳐 중요하게 다루어져야 하지만, 특히 영유아기의 건강이 중요한 이유는 다음과 같다.

첫째, 영유아기에 형성된 건강생활습관이 성인기에까지 영향을 준다. 최근에는 신체활동의 감소, 불규칙한 식생활, 스트레스 등과 같은 잘못된 건강생활습관이 병의 원인이 되고 있다(유은영, 2011). 따라서 이를 예방하기 위해서는 영유아기부터 올바른 건강생활습관을 익혀 건강한 성인으로 성장·발달할 수 있도록 도와야 한다.

둘째, 영유아기는 건강한 발달을 위한 최적기이다. 이는 치료가 아닌 예방에 초점을 둔다는 점에서 더 효과적이다. 인간이 질병에 노출되거나 몸이 쇠약해진 이후에 회복하려면 더 많은 시간, 노력, 비용이 요구된다(유은영, 2011). 즉, 영유아기의 건강관리는 예방 차원에서 더욱 가치 있고 개인 삶의 질을 향상시키는 데 좋은 방법이다.

셋째, 영유아는 건강하게 자랄 권리가 있다(「헌법」 제35조 제1항, 시행 1988.2.25.). 그러나 영유아는 면역능력이 낮고 질병에 대처하는 데 미숙해 성인의 도움이 필요하다(임미혜 외, 2013). 즉, 모체로부터 받은 면역능력이 점차 사라짐에 따라 영유아는 질병에 걸리기 쉽다. 또한, 자신의 건강을 스스로 관리하기 힘들기 때문에 부모나 교사의 돌봄이 반드시 필요하다.

넷째, 영유아의 건강은 학업 성취도에 영향을 주게 된다. 영유아가 건강하지 않을 경우 학습에 지장을 받게 되고 이것은 이후의 삶에 좋지 않은 작용을 할 수 있다(WHO, 1986). 그러나 영유아가 건강할 경우 정서적으로 안정되고 행복하여 더 활발하게 활동할 수 있다. 이는 영유아가 더 나은 학습을 통해 생산적이면서 사회에 유익한 사회구성원이 될 수 있도록 도움을 준다.

# 3 영유아기 건강에 영향을 미치는 요인

영유아의 건강은 다양한 요인에 의해 영향을 받는데, 크게 유전적 요인과 환경적 요인이 있다. 유전은 한 개인의 건강을 결정짓는 중요한 요소이다. 그리고 환경은 개인이 갖는 신체적 · 사회적 · 경제적 · 문화적 요소를 포함하고, 한 개인의 사고 방식과 행동 양식에 영향을 미친다. 따라서 유전과 환경 각 요인의 특성을 이해하는 것은 영유아의 건강을 유지하고 향상시키기 위해 필요하다(김일옥, 최경순, 2009).

## 1) 유전적 요인

유전적 요인은 우리 인간의 개인적 특질과 건강상태를 결정해 주는 역할을 한다. 좋은 유전적 요인은 건강한 체질과 건전한 정신적 기초를 이루는 데 도움을 준다(허혜경, 김성희, 2009). 유전적 요인이 건강에 영향을 미치는 형태를 살펴보면 다음과 같다.

첫째, 유전에 의해 그 특성이 결정된다. 혈액형, 눈의 색깔, 체형, 피부색, 기질 등은 양쪽 부모로부터의 유전 인자에 의해 특징지어진다.

둘째, 태어날 때부터 나타나지 않고 성장해 가면서 후에 나타나는 유전적 특징도 있다. 주로 가족 요인에 의해 유전되는 질병으로 심장병, 혈우병, 암, 당뇨병, 비만 등이 있다. 이러한 질병의 경우 적절한 운동, 혹은 식이요법 등을 통해 미리 예방하거나 유전의 영향력을 감소시킬 수 있다(김영심 외, 2013).

따라서 가정 내의 병력을 조사해 건강에 영향을 미칠 수 있는 요소들을 미리 예견할 필요가 있다. 질병의 원인을 조기에 발견하고 치료하는 것은 건강을 유지하고 향상시키는데 중요하다.

## 2) 환경적 요인

환경은 개인의 육체적 · 정신적 행동 양식에 영향을 미친다(Chadesworth, 2000). 영유아의 건강에 영향을 미치는 환경 요인은 태내 환경, 가정 환경, 사회 · 문화적 환경, 경제적 환경으로 나눌 수 있다.

### (1) 태내 환경

태내 환경은 영유아의 건강에 영향을 미치는 최초의 환경 요인이다. 태내기는 태아의 각종 신체 기관이 형성되고 기능이 시작되며, 기관의 크기와 무게가 형성되는 시기이다. 임신 중에 산모가 정기적인 건강진단을 받고, 충분한 영양을 섭취하는 등 바람직한 건강 생활을 한다면 태아는 더 좋은 환경에서 자랄 수 있다.

그러나 산모의 영양 부족, 질병, 약물 복용, 음주나 흡연 등은 태아의 바람직한 성장을 방해하고 정신적 장애를 일으킬 수 있다. 따라서 산모의 바른 생활 습관이나 영양상태가 잘 유지되도록 하고 정서적인 안정과 편안함을 가질 수 있도록 주변의 도움이 필요하다(김숙이 외, 2010).

### (2) 가정 환경

가정(家庭)은 출생 후 최초로 영유아 건강에 영향을 미치는 환경 요인이다. 가정은 생활하는 데 필요한 의 · 식 · 주 등의 물질적인 것 이외에 사랑과 신뢰, 정서적인 안정 등 균형적인 발달에 도움을 준다. 영유아기는 일생 중에서 신체의 성장 · 발육이 가장 왕성하게 일어나며 활동량이 많은 시기이므로 가정에서 충분한 영양공급이 이루어져야 한다. 이때 영유아에게 필요한 영양이 충분히 공급되지 않으면 영양장애 또는 영양결핍이 나타날 수 있다(이연숙 외, 2003). 따라서 가정에서는 균형 잡힌 영양공급은 물론 정서적으로 안정된 환경을 제공할 수 있도록 해야 한다.

가정은 애착 관계의 기초가 형성되는 중요한 공간이다. 안정된 애착 관계를 나타내는 가정 환경에서 자란 영유아는 그렇지 못한 환경에서보다 질병이나 사고 등이 덜 일어난다(곽금주, 김연수, 2017). 따라서 부모는 가정 안에서 안정된 애착 관계를 형성할 수 있는 행복한 환경을 제공해 줄 필요가 있다.

### (3) 사회 · 문화적 환경

이웃, 또래, 교사, 지역사회의 타인과의 관계 등과 같은 사회적 환경은 영유아의 건강에 영향을 미친다. 안전하지 못한 환경을 이웃으로 두고 사는 영유아는 성폭력이나 사고 등에 노출되기 쉽다. 사회성이 발달함에 따라 또래와의 관계 또한 건강에 영향을 미친다. 또래관계가 긍정적이지 못할 경우 유아교육기관에 적응하기 힘들고 인지적, 사회적으로 긴장하게 되어 정신건강에 좋지 않을 수 있다(성미영 외, 2015). 또한, 교사와의 관계는 질 높은 보호와 교육을 제공함으로써 영유아가 건강한 정신을 유지하고 행복감을 가지게 한다. 따라서 영유아가 오랜 시간을 보내게 되는 유아교육기관에서 안전하고 좋은 환경을 제공하고, 가정은 물론 지역사회와의 연계를 통하여 적절한 방안을 제시한다면 영유아의 건강을 지키는 데 기여할 수 있다.

문화적 환경 또한 영유아의 건강에 영향을 준다. 문화적 환경에는 가족, 이웃, 지역사회의 신념과 실제 행동 등이 포함된다. 이러한 신념과 실제 행동이 행동양식과 생활방식을 결정한다. 즉, 일상생활에서의 음식 선택, 조리방법, 양육방식과 같은 실제행동이 다음 세대로 이어지는 생활양상의 기초가 된다. 이런 생활양상을 토대로 형성된 문화적 환경이 영유아의 사회 · 정서 · 행동 문제와 직접적인 관련이 있음은 물론 정신건강에도 영향을 줄 수 있다(박선희 외, 2014). 따라서 교사는 영유아와 그 가족이 가지고 있는 문화적 가치와 다양성을 인정해 주고 이를 바탕으로 영유아의 건강에 관련된 정보를 부모와 소통할 필요가 있다. 이는 영유아의 건강을 향상시키기 위한 조건이 된다.

### (4) 경제적 환경

경제적 환경 또한 영유아의 건강에 영향을 미치는 요인이다. 부모의 직업이나 소득뿐만 아니라 이웃, 지역사회, 국가의 경제적 상태도 이와 관련이 있다. 저소득과 경제적 위기는 영유아기 영양, 정서, 행동 등에 영향을 주어 결국에는 건강에 좋지 않은 영향을 미치게 된다. 또한 빈곤한 경제적 환경은 열악한 의료서비스, 질 낮은 영양 및 부모의 관심부족 등을 낳게 된다(김숙이 외, 2010). 따라서 교사는 가족의 경제적 환경이 영유아의 건강, 안전, 행복감에 영향을 미친다는 사실을 인식할 필요가 있다. 이와 함께 경제적 어려움 속에 있는 영유아에게 좋은 영양과 안전한 환경을 제공해야 한다. 교사의 이러한 노력과 협조가 경제적 어려움을 가진 영유아의 건강을 향상시키는 데 도움이 될 수 있다.

## 4 영유아의 연령별 발달 특성과 건강

영유아기는 성장과 발달의 변화가 크고 변화의 속도도 매우 빠른 시기이다. 신체적 측면이 정신적·사회적 건강 상태와 밀접한 관련을 가지고 상호작용하며 복합적인 발달과정을 거친다. 따라서 각 연령별 발달 특성을 잘 알고 발달 단계에 적합한 건강증진 방안을 살펴봄으로써 영유아의 건강한 삶을 지원하고자 한다.

### 1) 영아기 발달 특성과 건강

영아기는 출생 후 2년(0~35개월)까지의 시기를 말한다. 이 시기의 영아는 출생 후 환경 변화에 잘 적응하고 새로운 생활에 순응해감으로써 일생을 통하여 가장 많은 변화를 겪게 된다(하영수 외, 2012). 영아기는 신체적·정서적·인지적 발달이 급속도로 이루어지고 서로 연관성이 크기 때문에 한 영역의 발달과 지체는 다른 영역의 발달에 막대한 영향을 주기 쉽다. 영아기의 발달 시기를 1세 미만과 1~2세로 구분하여 연령별 발달 특성과 건강증진 방안을 살펴본다.

#### (1) 1세 미만

① 신체 발달과 건강

출생 후 1년 사이는 인생에서 성장과 발달이 가장 왕성하게 이루어지는 시기이다(하영수 외, 2012). 출생 후 1년 사이에 몸무게는 급격하게 성장하여 출생 시의 3배로 증가한다. 뇌의 크기도 출생 시보다 1.5~2배 정도 증가하게 되는데, 이는 뇌가 성장하였음을 의미한다(정옥분, 2010). 이 시기 동안 영아의 운동 기능 발달은 반사 행동에서부터 시작하여 대근육 운동(gross motor)과 소근육 운동(fine motor)의 발달로 이어진다(정옥분, 2010). 생후 6개월경이 되면 영아는 첫 유치가 난다(정옥분, 2010). 이를 구체적으로 살펴보면 다음과 같다(이기숙 외, 2012; 정옥분, 2010; 하영수 외, 2012).

- 신생아는 태내기에서 경험하지 못했던 자가 호흡과 체온 조절 등을 스스로 한다.
- 신생아는 수분과 대소변 배출로 인해 생리적 체중 감소를 경험한다.
- 신생아는 하루 16~20시간 정도 잠을 자고 신장 기능의 미숙으로 소변을 자주 본다.
- 영아는 출생 시 평균 체중이 3.3kg이다. 생후 4개월이 지나면 출생 시 체중의 2배, 1년이 지나면 출생 시 체중의 3배 정도가 된다.
- 영아는 출생 시 약 50cm이었던 신장이 출생 후 1년이 지나면 75cm 정도가 된다.
- 출생 시 영아의 머리 비율은 신장의 1/4 정도이다. 신장의 1/8 정도인 성인의 머리 비율과 비교해 볼 때 머리가 차지하는 비중이 훨씬 크고 무겁다.
- 영아의 대근육은 머리 가누기, 뒤집기, 앉기, 배밀이, 기기, 서기, 걷기 등의 순으로 발달한다.
- 생후 5개월경에는 눈과 손의 협응력의 빌달로 손바닥으로 사불을 잡으려는 행동을 보인다. 생후 12개월경이 되어서야 영아는 엄지와 검지를 사용해 사물을 잡을 수 있다.
- 생후 6개월경에는 소화능력, 구강과 치아 발육 상태의 발달로 첫 유치가 난다.
- 생후 6개월경부터 자고 깨는 시간이 비교적 일정해지기 시작하며, 6~12개월경에는 14~16시간을 잔다.
- 신체의 각 부분 간의 협응력이 부족하여 균형을 잃기 쉽다(이기숙 외, 2012).

이 시기의 영아는 외부세계에 적응하고 건강하게 성장하기 위해서 충분한 영양과 휴식, 수면을 취하도록 보살핌을 받는 것이 중요하다. 출생 후 1년 사이의 신체발달에 따른 건강증진 방안을 구체적으로 살펴보면 다음과 같다(이기숙 외, 2012; 정옥분, 2010;

김희태 외, 2017).

- 신생아의 경우 일시적으로 체중 감소를 경험하게 된다. 이때의 적절한 영양 섭취는 출생 시의 몸무게로 돌아가게 해 주고 이후 꾸준한 체중 증가를 유지하도록 해 준다.
- 소변이 잦으므로 생식기 주변의 피부가 짓무르지 않도록 기저귀를 자주 갈아주어야 한다(정옥분, 2010).
- 영아기 휴식은 대체로 수면 양상으로 나타난다. 근육 이완은 물론 몸과 마음을 풀어 주어 다음 활동을 준비할 수 있도록 수면 시 따뜻하고 조용한 환경을 마련해 준다.
- 생후 6개월경에 이유를 시작하는 것이 좋다. 특히 모유는 6개월이 넘으면 철분이 부족할 수 있어 영양을 보충해야 한다.
- 삼키는 기술이 발달하고 혼자서 앉거나 목을 가누는 등의 신체적인 발달은 이유의 섭취를 돕는다.
- 이유 과정에서 영아의 음식에 대한 알레르기 반응을 살펴봄으로써 건강한 식생활을 할 수 있도록 도와준다.
- 처음에는 한 가지 음식을 제공하다가 점차 다른 음식을 제공하고 그 후 다양한 재료를 섞어 시도하는 등 여러 가지 음식의 맛, 질감 등을 경험할 수 있게 한다. 이는 미각발달이나 이후 올바른 식습관 형성을 위해 필요하다.
- 균형감각이나 신체조절 능력이 미흡하여 낙상, 추락, 충돌과 같은 안전사고로 이어질 수 있다. 부모와 교사는 영아를 민감하게 보살피고 영아 주변의 안전사고 위험요소를 제거해야 한다.

#### ② 정서 발달과 건강

영아는 자신의 신체를 중심으로 이루어지는 감각과 환경과의 상호작용을 통해 정서를 발달시킨다. 또한, 이 시기의 영아는 주 양육자와 신뢰할 수 있는 관계를 형성하는 것이 중요하다. 영아가 주 양육자와 안정적인 애착을 형성하지 못하는 경우, 정서 발달의 결핍뿐만 아니라 격리 불안이나 발육 장애 및 발달 지연이 나타날 수 있다(조경자, 이현숙, 2010).

그리고 이 시기의 영아는 출생 후 12개월까지 다양한 정서적 분화를 경험한다. 영아의 정서와 감정의 분화는 양육자뿐만 아니라 다른 사람과의 상호작용과 유대관계를 발전시킨다. 이를 구체적으로 살펴보면 다음과 같다(김일옥 외, 2012; 조경자, 이현숙, 2010).

- 출생 직후 배고픔, 불편함 등 자신의 욕구를 대부분 울음으로 나타낸다.
- 생후 3개월경에는 쾌감, 불쾌 등 비교적 단순한 감정을 표현한다.
- 다른 사람과 눈을 맞추면서 정서적 안정감을 느낀다.
- 생후 6개월경에는 감정이 분화되기 시작하여 쾌감, 불쾌, 공포 등의 일차 정서 반응을 나타낸다.
- 6개월쯤 낯가림(stranger anxiety)이 나타나기 시작한다. 6~12개월경에는 분리 불안(seperation anxiety)을 느끼게 되면서 엄마가 잠시라도 보이지 않으면 울고 찾기도 한다.
- 생후 12개월경에는 사랑과 애정 등을 표현하기 시작한다.
- 촉각, 청각, 시각 등 여러 가지 감각기관을 통해 애정과 관심을 느끼게 된다.
- 영아는 음식 섭취와 수면, 배변 등의 보살핌을 통한 본능적인 욕구가 충족되었을 때 만족감을 느끼게 된다.

이 시기의 영아는 주 양육자와의 안정적인 애착 형성을 통해 정서적인 안정감을 갖는 것이 중요하다. 이는 영아의 정신건강에 도움을 준다. 출생 후 1년 사이의 정서발달에 따른 건강증진 방안을 구체적으로 살펴보면 다음과 같다.

- 안정적인 애착이 형성되면 분리 불안의 강도는 크지 않을 수 있다(김일옥 외, 2012).
- 낯가림은 자연스러운 현상으로 이를 줄이기 위해서는 가족 외에 많은 사람을 만날 기회를 제공해 준다.
- 보살피는 과정에서 안아 주고 쓰다듬어 주는 등의 자극을 제공해 신뢰감과 애착이 잘 형성될 수 있도록 도움을 주어야 한다.
- 시간이 지나면서 영아의 욕구에 따라 울음의 양상이 다르게 나타난다(김일옥 외,

2012). 예를 들면, 배가 고플 때와 기저귀가 젖어서 불편함을 느낄 때 다르게 울음소리를 낸다. 이는 자기중심적이고 의존적인 정서반응으로 주 양육자는 영아의 욕구를 잘 파악하여 적절하게 반응해 주어야 한다(정미라, 배소연, 이영미, 2012).

- 영아가 잠을 자고 일어난 후나 기저귀를 갈고 난 후에 베이비 마사지를 해주면 영아와 더욱 친밀한 관계를 형성할 수 있다(임미혜 외, 2013).

**Tip 베이비 마사지의 이로운 점**

| 마사지를 받는 아기에게 이로운 점 | 마사지를 하는 부모에게 이로운 점 |
|---|---|
| • 유대감과 애착을 증진시킨다.<br>• 사랑, 수용, 존중, 믿음을 증가시킨다.<br>• 안정감을 증가시키고 쌓인 스트레스를 풀어 순환계에 자극을 준다.<br>• 성장을 촉진시키고 소화, 이장의 구조를 튼튼하게 해준다.<br>• 근육조직의 조절능력을 향상시킨다.<br>• 안정적인 수면에 도움을 준다.<br>• 정상적인 호르몬의 기능을 증가시킨다. | • 아기의 신호를 읽는 능력을 향상시킨다.<br>• 아기를 돌보는 사람과 아기 사이의 공감대를 향상시킨다.<br>• 양육에 대한 자신감을 증가시킨다.<br>• 일방적이지 않은 대화의 시간을 제공한다. |

출처: 임미혜 외(2013).

### ③ 인지 발달과 건강

피아제(Piaget)의 인지 발달 이론에 따르면 생후 1년 동안 영아는 지능 발달의 기초가 되는 감각운동적 지능을 발달시킨다. 이 시기의 영아는 완전하지는 않지만 대근육과 소근육을 이용하여 활동을 하고 다양한 감각을 이용하여 자신과 외부 세계를 탐색한다. 이를 구체적으로 살펴보면 다음과 같다(김숙이 외, 2016; 정옥분, 2010).

- 생후 2~4개월경에는 자신의 신체를 중심으로 단순하고 반복적인 반응 행동을 한다.
- 생후 4~8개월경에는 자신의 행동 자체보다는 자신의 행동으로 인한 흥미로운 결과에 더 관심이 많다. 목적 있는 행동을 하지만 사건의 인과 관계를 아직 완전히 이해하지는 못한다.

- 생후 8개월경이 되면 대상영속성을 서서히 획득하게 된다. 점차 영아는 눈앞에 없거나 만질 수 없는 대상이 여전히 존재한다는 것을 이해하고 숨겨진 물건을 찾는 등의 행동을 한다.
- 생후 8~12개월경이 되면 어떤 목표에 도달하기 위한 의도적인 행동이 많아진다.
- 생후 1년까지는 울음, 옹알이, 몸짓, 눈 맞춤, 얼굴 표정 등 다양한 방법을 통하여 자신의 의사를 전달한다.

이 시기의 영아는 자신의 요구를 언어로 전달하지 못하는 반면 다른 사람의 말을 이해하는 능력은 먼저 발달한다. 출생 후 1년 사이의 인지 발달에 따른 건강증진 방안을 구체적으로 살펴보면 다음과 같다(김숙이 외, 2016; 정옥분, 2010).

- 자신과의 애착관계가 안정적이고 친숙한 성인의 말을 더 잘 알아듣고 얼굴표정, 웃음 등으로 반응하기 쉽다. 따라서 주 양육자가 자주 바뀌지 않도록 주의를 기울이고 낯선 공간이나 사람에 대해 잘 적응할 수 있도록 도움을 주어야 한다.
- 다양한 감각을 이용한 탐색 활동이 증가하는 시기로 여러 가지 음식의 맛을 경험해보는 기회를 제공해 바른 식습관 형성의 기초를 형성할 수 있도록 도와주어야 한다. 또한, 손씻기나 숟가락 사용과 같은 소근육 활동을 반복해 보여줌으로써 능동적으로 시도해볼 수 있도록 격려한다.

### (2) 1~2세: 걸음마기

#### ① 신체 발달과 건강

출생 후 1년 이후의 성장은 이전 시기에 비해 느리게 진행된다(정옥분, 2010). 출생 후 1년 이후부터는 젖살이 빠지기 시작하여 살이 단단하게 되고 체중 증가 속도는 점차 감소하게 된다. 신장의 성장률도 체중의 증가율에 비해 느리고 몸통보다 사지의 성장이 빨라 전체적인 신체의 비율이 변화하게 된다(정옥분, 2010).

이 시기의 영아는 걷기 시작하면서 대근육, 소근육 운동 발달이 함께 이루어진다. 이는 다양한 탐색 활동에 영향을 주어 영아의 인지, 정서 및 사회성 발달을 높일 수 있다. 이를 구체적으로 살펴보면 다음과 같다(김숙이 외, 2016; 정옥분, 2010).

- 생후 12개월경 이후부터는 12개월 이전에 비해 체중 증가율이나 신장 성장률이 점차 감소한다.
- 두뇌성장 급등기로 출생 시 성인 신장의 약 1/4이었던 두뇌 무게가 생후 24개월경에는 성인 신장의 약 3/4정도로 급속도로 증가한다.
- 생후 6개월경부터 나오기 시작하는 유치는 24개월경에는 20개가 된다.
- 7~8개월경에는 음식을 가져다가 입에 넣는 행동이 시작되고 12~18개월경에는 숟가락 사용을 위한 손목 조절이 가능해진다. 2세경이 되면 먹은 그릇을 정해진 자리에 가져다 놓을 수 있으며, 음식을 숟가락을 이용하여 다른 그릇에 옮길 수 있게 된다.
- 영아가 걷기 시작하면서 독립적인 존재로 발달하게 되면 행동반경이 넓어지고 주변을 자유롭게 탐색하기 시작한다.
- 이 시기 영아의 수면 시간은 12시간 정도가 되며 하루 한두 차례 낮잠을 잔다.
- 걸음마기 영아는 이유식의 시작과 함께 다양한 음식을 섭취한다.

걸음마기에는 두뇌성장이 급속도로 이루어지고 걷기 활동을 통해 활동량이 많아지고 활동 반경도 넓어진다(정옥분, 2010). 따라서 충분한 영양 섭취와 수면, 휴식 등이 필요하다. 출생 후 1년이 지난 걸음마기의 신체 발달에 따른 건강증진 방안을 구체적으로 살펴보면 다음과 같다(김숙이 외, 2016; 김희태 외, 2017; 정미라 외, 2012; 정옥분, 2010).

- 모유나 우유 이외에 다양한 영양소와 칼로리를 고려한 식단을 계획하여 영아의 성장과 발달에 도움을 줄 필요가 있다.
- 충분한 휴식과 수면을 취하도록 하는 것이 영아의 건강을 유지하고 성장을 돕는 데 도움이 된다. 수면 시간이 부족하게 되면 집중력 부족, 활동성 및 자율성 감소, 면역력 감퇴로 인한 질병 발생 등의 문제가 나타날 수 있다.
- 걸음마기 영아의 충치 예방을 위해 젖병을 문 채 잠들지 않도록 하며, 잘 때 물 넣은 젖병을 주면 좋다. 또한, 젖병으로 먹는 습관을 없애기 위해서 우유나

주스를 컵에 부어 마시도록 권유한다.

- 유치의 경우 조직이 연하고 뿌리가 얕기 때문에 각별한 치아 관리가 요구된다.
- 걸음마기 영아는 청결 유지 행동을 자율적으로 할 수 있는 시기이다. 따라서 손씻기 등과 같은 행동을 스스로 습관화할 수 있도록 도움을 준다.
- 걸음마기 영아는 이동 능력과 신체 균형이 발달하고 활동 범위가 넓어져 충돌 및 넘어짐, 추락 사고, 화상, 질식 및 흡입 등의 안전사고가 더욱 빈번해지기 쉽다. 따라서 부모와 교사의 각별한 주의가 필요하다.

② 정서 발달과 건강

걸음마기 영아는 자신의 정서 상태를 언어로 정확히 표현하기 어렵다(조경자, 이현숙, 2010). 그러나 미묘하고 다양한 정서를 모두 느낄 수 있다는 점에서 성인과 크게 다르지 않다. 따라서 일상생활에서 부정적인 정서에 노출되고 상처받기 쉽다. 그러므로 영아를 한 사람의 인격체로 받아들이고 상호작용하는 태도를 가져야 한다.

이 시기의 영아는 자기주장이 강해지고 자율성이 발달하기 시작한다(조경자, 이현숙, 2010). 이때 자율성이 발달되지 못할 경우 영아는 수치심을 느끼거나 자신이 능력이 없다고 생각하게 된다. 이를 구체적으로 살펴보면 다음과 같다(김일옥 외, 2012; 조경자, 이현숙, 2010).

- 18~36개월경에는 감정이입, 동정심, 죄책감, 수치심, 질투 등의 정서가 나타난다.
- 18개월경부터는 '싫다', '무섭다' 등의 말을 함으로써 스스로 정서를 조절할 수 있는 능력을 보이게 된다.
- 자기를 나타내는 하나의 방식으로 부정적 표현이 많아지면서 난폭해진다. 부정과 반항을 자주 표시하고 화를 잘 내며 변덕이 심하다.
- 24개월경부터는 정서를 조절하는 능력이 나타나고 자신의 의사를 표현하는 데 언어를 사용하게 된다. 이와 함께 심하게 울거나 성질을 부리는 행동은 줄어든다.
- 2세경부터는 '내가 할 거야'라는 말로써 자신의 의지를 표현하기 시작한다.
- 걷기라는 발달과업을 통해 자유롭게 신체를 움직이고 다양한 모험을 즐긴다.

그러나 한편으로는 양육자에게 의존하는 행동을 보이기도 한다. 즉, 자율성과 의존성이 동시에 나타난다.

- 양육자와의 애착 관계가 24개월 이전까지 지속되고 24개월 이후에는 애착 관계가 점차 소멸된다.

걸음마기 영아의 경우 분명한 자아 개념을 형성하고, 자율성을 발달시키는 데 자신의 의지를 나타내는 경향이 크다(조경자, 이현숙, 2010). 이와 함께 죄책감, 수치심, 질투 등의 부정적 정서표현도 많아지는데 이러한 감정이 영아로 하여금 사회적으로 가치 있는 행동과 목표를 추구하는 데 도움을 준다(조경자, 이현숙, 2010). 출생 후 1년이 지난 걸음마기의 정서 발달에 따른 건강증진 방안을 구체적으로 살펴보면 다음과 같다.

- 부모 및 교사는 영아가 독립심을 가지고 서서히 자율성을 발달시킬 수 있도록 관대한 태도로 임할 필요가 있다(조경자, 이현숙, 2010).
- 영아의 판단이 서툴더라도 훈육하거나 행동을 제한하는 것보다 영아에게 선택권을 주고 기다려 주는 것이 필요하다.
- 이 시기의 자율성 존중 경험이 긍정적인 자아인식의 근원이 되고 이는 영아의 정신건강에 좋은 영향을 미친다.
- 자율성과 의존성이 동시에 나타나면서 양육자에게 양가감정을 나타내기 쉽다. 이때 신체적으로 많이 접촉하고 심리적으로 안정감을 느낄 수 있도록 하는 양육자의 역할이 중요하다.

#### ③ 인지 발달과 건강

걸음마기 영아는 사건의 원인과 결과 간의 관계를 인식하기 시작하고, 환경에 대한 호기심과 창의적 행동을 나타낸다(김일옥 외, 2012). 예를 들면, 영아가 전기 스위치를 만지면 어떤 반응이 일어날지를 안다. 그러나 그 경험을 다른 상황에 적용시키지는 못한다. 그래서 전기 스위치가 나타날 때마다 그 기능을 다시 탐색하게 된다. 즉, 시행착오를 통해 두 사건의 관계를 인식하게 되는 것이다.

이를 구체적으로 살펴보면 다음과 같다(김숙이 외, 2016; 정옥분, 2010).

- 걸음마기 영아는 사건의 원인과 결과 간의 관계를 인식하기 시작하지만 그 경험을 다른 상황에 적용시키지는 못한다.
- 사물의 영속성도 상당히 발달되어 앞에서 숨긴 대상을 찾으려고 여러 곳을 살펴보고 찾기도 한다.
- 생후 12개월쯤 한 단어와 몸짓을 혼합하여 문장처럼 사용하다가 생후 18개월경이 지나면서 언어 발달이 급속하게 이루어져서 언어의 폭발시기를 거치게 된다.
- 생후 19~24개월경에는 피아제의 감각운동기의 마지막 단계로 사고가 시작된다. 이 시기의 영아는 행동을 기억하고 나중에 그것을 모방할 수 있다.

걸음마기 영아는 신체 움직임의 유연성과 이동 능력의 증가로 신체발달의 측면에서는 성장했으나, 위험을 인지하는 능력은 신체발달에 비해 아직 미숙해 안전사고의 위험이 크다. 따라서 부모나 교사의 세심한 돌봄이 필요하다. 출생 후 1년이 지난 걸음마기의 인지 발달에 따른 건강증진 방안을 구체적으로 살펴보면 다음과 같다.

- 위험한 물건은 영아의 손이 닿지 않는 높은 곳에 두거나 영아가 열 수 없는 잠금장치를 이용해야 한다.
- 18~24개월경을 전후하여 언어 발달이 급속도로 증가한다. 따라서 부모나 교사는 좋은 언어적 모델이 되어야 하고, 걸음마기 영아에게 이야기를 할 수 있는 기회를 많이 제공해야 한다.
- 기억과 모방을 통해 인지 능력이 발달하는데 이러한 능력이 역할놀이를 통해 가장 빈번하게 나타난다(정옥분, 2010). 따라서 부모나 교사는 역할놀이에 필요한 다양한 환경 구성을 마련해 주어 사고의 확장을 도울 필요가 있다.
- 소근육 운동의 발달과 함께 다양한 도구를 사용해 모방행동을 구체화하며 역할놀이에 참여한다. 따라서 식습관 지도나 안전 지도가 역할놀이 중 자연스럽게 이루어지는 것이 효과적이다.

### 2) 유아기 발달 특성과 건강

유아기는 3세에서 5세(36~60개월)에 이르는 시기를 말한다. 이 시기의 유아는 신체적인 성장을 바탕으로 기초적인 운동능력이 향상되고 정서적 · 인지적 · 사회적 발달과 함께 자아 개념이 형성되며 사회적인 상호작용이 증가한다. 이 시기의 충분한 영양 섭취는 신체 발달과 감염 및 질병 저항력에 중요한 영향을 준다.

이 시기의 연령별 발달 특성을 이해하고 그에 따른 유아의 건강증진 방안을 살펴본다.

#### (1) 신체 발달과 건강

유아기는 영아기에 비해 신체적 성장률이 저하되고 안정된 상태를 유지한다. 신체 비율도 성인의 신체 비율과 유사해진다(정옥분, 2010). 키의 성장은 연간 6.75~7.5㎝의 증가를 보여 안정된 상태를 유지하고, 일반적으로 몸통보다 다리의 길이가 더 빨리 성장한다(정옥분, 2010). 또한, 근골격의 성장도 빠르게 진행되어 뼈가 더욱더 단단해지고 신체의 전체적인 근육의 양이 증가하며 체중에 대한 근육의 비율도 높아진다(김숙이 외, 2016).

유아기의 운동 능력은 여러 면에서 강하고 민첩해진다(김숙이 외, 2016). 대근육, 소근육이 더욱 발달하고 신체 균형 상태도 한층 더 발달을 이룬다(김숙이 외, 2016). 또한 각 신체 기능의 협응력, 운동 기능의 향상, 각 기능의 세분화도 이루어진다(김숙이 외, 2016). 이를 구체적으로 살펴보면 다음과 같다(문혁준 외, 2011; 신은수, 강금지, 유희정, 2009; 정옥분, 2010).

- 3세경에는 숟가락이나 포크와 같은 도구를 사용하여 음식을 먹기 시작하다가, 5세경에는 젓가락질을 할 수 있다.
- 3세경에는 음식과 신체 발달의 관계를 중심으로 영양소의 개념을 이해하던 것이 5세경이 되면 음식과 건강의 관계를 이해하는 것이 가능하다.
- 3세경에는 옷을 혼자 벗는 것이 가능해지고, 4세경이 되면 옷을 입는 것이 부분적으로 가능해진다.
- 유아기에는 영아기에 비해 유아교육기관에서의 단체생활을 더욱 많이 경험하

게 된다.

- 유아기에는 호기심이 증가하여 탐색 활동에 과도하게 열중하는 경향이 있다. 이때 유아는 쉽게 지치고 주의산만, 과잉활동성, 비활동성 등의 문제행동을 보일 수 있다.
- 유아는 기초체력과 운동기능이 향상되어 스스로의 행동을 통제할 수 있는 자기 통제력과 신체 조절 능력을 갖추게 된다.
- 5세경 유아의 평균 키는 110㎝으로 출생 시 신장의 2배가 되고, 평균 몸무게는 18.7㎏으로 출생 시 체중의 5배가 된다.
- 6세 정도가 되면 유치가 빠지고 영구치가 나기 시작한다.

유아기에는 신체 발달과 운동기능의 향상을 위해 충분한 영양 섭취와 수면, 휴식 등 적절한 환경을 제공할 필요가 있다(김일옥 외, 2012). 이 시기의 올바른 식습관 형성은 다양한 음식을 시식하고 섭취하는 과정을 통해 영양소의 개념을 익히는 활동이 함께 이루어지는 것이 효과적일 수 있다(유은영, 2011). 유아기의 신체 발달에 따른 건강 증진 방안을 구체적으로 살펴보면 다음과 같다(김영심 외, 2013; 김희태 외, 2017; 조경자, 이현숙, 2010).

- 유아기는 신체 활동이 왕성한 시기로 부모나 교사는 유아가 활동 중간에 충분히 쉴 수 있는 시간을 제공할 필요가 있다.
- 3세경 유아는 점심식사 후 1~2시간 정도, 4세경 유아는 30~1시간 정도의 수면이 적당하다. 그러나 수면의 양에는 개인차가 있고 아예 낮잠을 자지 않는 유아도 있다. 따라서 지나치게 낮잠을 강요해서는 안 된다.
- 손씻기, 양치질하기, 의복 관리하기 등 유아 스스로 청결을 유지할 수 있도록 기본생활습관을 적절히 길러 주어야 한다.
- 유아기의 치아 건강을 유지하기 위해 바른 양치질 습관과 정기적인 치과 검진, 치아 건강에 도움이 되는 식품섭취 등이 중요하다.
- 또래와의 놀이가 증가함에 따라 긁힘, 할퀌, 당김 등으로 인한 상해 사고가 다른 연령에 비해 많이 발생하므로 안전사고에 특히 주의해야 한다.

- 다양한 스포츠 활동을 즐기고 교통수단의 이용이 빈번해지는 시기이므로 놀이 기구에 대한 안전과 교통안전 교육이 이루어질 필요가 있다.

### (2) 정서 발달과 건강

유아기에는 타인의 정서를 이해하고 자신의 정서를 표현하는 능력이 크게 발달한다. 일상생활 속에서 다른 사람들과의 정서를 공감하고 감정이입과 친사회적 행동이 발달할 수 있다(정미라 외, 2012). 이를 구체적으로 살펴보면 다음과 같다.

- 유아기는 상상으로 인한 공포와 분노, 호기심이 크게 증가하는 시기이다.
- 유아기 중요한 과업 중 하나는 자아 개념의 형성이다.
- 3~5세경에는 자아가 발달하여 자기 일에 대한 기호와 감정이 뚜렷해지며 음식에 대해서도 싫은 것에 대한 거부 반응 태도를 나타내게 된다.
- 유아는 자기 이미지를 토대로 자신에 대해 구체적으로 생각하고 개인적인 평가를 하게 된다.

긍정적인 자아 개념을 가지게 될 경우 타인과의 관계뿐만 아니라 자신의 일상생활에도 긍정적인 영향을 받는다. 이는 유아가 심리적, 신체적으로 건강하게 자라게 만드는 요인이 된다(문혁준 외, 2011). 유아기의 정서 발달에 따른 건강증진 방안을 구체적으로 살펴보면 다음과 같다(김숙이 외, 2016; 김일옥 외, 2012).

- 또래집단과 정서적으로 풍부한 상호작용을 하거나 이야기 나누기를 통해 정서 이해 능력을 향상시킬 수 있도록 돕는다.
- 다양한 놀이 활동을 제공하여 또래 간의 상호작용을 돕고 감정 조절 능력을 향상시키도록 한다.
- 적절한 정서 표현의 모델을 제공하여 유아의 정서표현 양식을 이해할 수 있도록 돕는다.
- 다양한 경험을 통한 성취감은 건전한 정서 발달과 긍정적인 인성 발달을 돕는다.

- 정서적으로 안정된 환경은 유아의 정서 발달을 촉진한다.

### (3) 인지 발달과 건강

유아기 사고의 대표적인 특징은 자기중심적 사고와 물활론적 사고이다. 자기중심적인 사고는 유아가 이기적이거나 다른 사람의 입장을 생각하지 못해서가 아니라 다른 사람이 바라보는 관점이 자신과 다를 수 있다는 점을 이해하지 못하기 때문에 발생한다(정옥분, 2010).

물활론적 사고는 주변에 있는 모든 대상물이 살아 있고 감정과 의도를 가지고 있다는 관점이다. 이 또한 넓은 범위에서는 자기중심적이라 할 수 있다. 이를 구체적으로 살펴보면 다음과 같다(김숙이 외, 2016; 김일옥 외, 2012; 정옥분, 2010).

- 3세경 유아는 대명사를 쓰며 동사의 과거 시제를 사용할 줄 알게 되다가 5세경이 되면 대부분의 어법을 바르게 사용하여 간단한 낱말에 대한 정의를 내릴 수 있다.
- 3세경에는 아직 추상적 사고가 발달하지 않아 단순하고 구체적인 놀이를 한다.
- 4세경부터는 여러 사물을 속성이나 기능의 유사점과 차이점으로 분류 또는 범주화할 수 있다. 그러나 아직 논리적인 관계를 이해하는 능력이 부족해 불완전한 분류 능력을 나타낸다.
- 5~7세경에는 다른 사람의 입장에서 생각할 수 있는 사고가 가능해진다.
- 5세경 유아는 한 화면에 동시에 보이는 물체를 보통 3개 정도 지각할 수 있다. 또한, 이 시기 유아의 주의 집중 시간은 약 20~25분 정도로 증가하기도 한다.

유아의 경우 어떤 상황의 한 측면에 집중하여 여러 가지 측면을 동시에 고려하지 못하는 모습을 보인다. 따라서 다양한 사회적 경험과 인지적 성숙이 필요하다. 유아기의 인지 발달에 따른 건강증진 방안을 구체적으로 살펴보면 다음과 같다(김숙이 외, 2016; 김일옥 외, 2012).

- 받아들이는 정보의 양과 이를 저장하고 조작하는 능력이 제한적이다. 부모나

교사는 어떤 활동이든지 논리적인 답을 정해 놓기보다는 활동 그 자체를 즐기도록 하는 것이 더 좋다.

- 상대방의 입장에서 생각할 수 있어 상호적인 우정 관계가 형성되는 시기이다. 또래와의 즐거운 관계 형성을 통해 사회적 능력 함양을 돕는 것이 유아기의 정신건강을 위해 도움이 된다.
- 언어의 이해가 증가되어 개인이 예쁘거나 미운 용모가 있음을 인식하며 피부색이나 인종의 차이를 인식한다. 그러나 편견과 편향된 생각을 배우기 쉬워 자신의 외모에 대한 다른 사람의 견해를 반영한다. 따라서 부모나 교사는 다양성을 존중할 수 있는 놀이와 활동을 제공할 필요가 있다.

## 5 영유아기의 발달 이상

### 1) 성장 이상

성장이란 양적으로 증가해 가는 과정을 말하며, 양적으로 측정할 수 있는 것으로는 신장, 체중, 머리둘레 등이 있다(보건복지부, 대한소아과학회, 2011). 출생 직후부터 성장 문제가 심할 경우 이는 발달에도 큰 영향을 미치게 되므로 조기에 발견하는 것이 중요하다. 김수연(2003)과 박선희 등(2014)에서 제시하는 영유아의 발달에 영향을 미치는 성장 문제를 살펴보면 다음과 같다.

#### (1) 소뇌증

소뇌증은 아기의 뇌 크기가 3퍼센타일(percentile)[1] 미만인 경우를 말한다. 영유아의 뇌 크기는 발달과 직접적인 관계가 있다. 따라서 출생 직후부터 영유아의 머리둘레를 측정해 소뇌증의 여부를 파악할 필요가 있다. 출생 시 머리둘레가 정상범위였던

1) 3퍼센타일(percentile): 같은 나이 또래 100명 중 뇌 크기가 가장 작은 영유아를 1번, 가장 큰 유아를 100번이라 할 때 가장 작은 뇌 크기로부터 3번째의 수치를 백분위수 3, 즉 3퍼센타일(percentile)이라고 한다.

영유아가 몇 개월 후에 소뇌증으로 판명되는 경우도 있다.

소뇌증인 경우 영유아는 전반적인 발달 지연을 보이게 된다. 따라서 운동 기능의 손상인 뇌성마비나 시각·청각 장애, 자폐증 등이 같이 발생할 수 있으므로 정기적인 발달 검사가 이루어져야 한다. 임신 기간 중 담배와 술을 하게 되면 태아의 뇌 발육을 억제해 이러한 소뇌증을 야기할 수 있다. 이외에도 커피, 코코아, 콜라 등 카페인 제품을 섭취하는 경우에도 태아의 뇌 발달에 치명적인 영향을 줄 수 있으므로 주의해야 한다.

### (2) 대두증

대두증은 머리의 크기가 나이에 비해 너무 큰 경우를 말한다. 영유아의 머리둘레가 너무 큰 경우 소뇌증과 같이 전반적인 발달지연을 보일 수 있다. 출생 시 영유아의 머리둘레를 측정하여 너무 큰 경우 뇌 사진을 찍어 본다. 이 경우 만일 머리에 물이 찼다거나 다른 의학적 원인이 없다면, 정기적으로 머리둘레를 측정하고 발달 검사를 하며 발달 지연이나 정신박약과 같은 증상이 같이 나타나는지 살펴보아야 한다.

### (3) 뇌수종

뇌수종은 뇌에 물이 차는 것을 말한다. 미숙아, 저체중아나 난산 등을 경험한 영유아는 출생 직후부터 뇌수종이 시작될 수 있지만 6개월 이전에 시작될 수도 있다. 따라서 출생 직후부터 정규적으로 머리둘레를 재어 머리둘레의 증가율이 급증하는지를 살펴볼 필요가 있다. 뇌수종을 빨리 발견해 조기에 치료하면 뇌손상을 줄일 수 있다. 정규적인 머리둘레 측정만이 뇌수종의 조기발견을 위한 방법이다. 따라서 생후 12개월까지는 매월 영유아의 머리둘레를 측정하여야 한다.

### (4) 증가하지 않는 체중

영유아가 잘 먹지 않거나 혹은 잘 먹는데도 체중이 적절히 증가하지 않는 경우이다. 영유아의 체중과 키가 항상 10퍼센타일(percentile)쯤 되는 경우는 영유아의 체격이 작은 것이지 영양결핍이 아니므로 걱정할 필요가 없다. 하지만 50퍼센타일(percentile)

이 되던 체중이 두 달 사이에 10퍼센타일(percentile)로 떨어지는 경우에는 정확한 진단이 필요하다. 즉, 영유아의 성장률 유지 여부가 중요하므로 2세 이전의 경우 성장과정을 주기적으로 체크하는 것이 중요하다.

#### (5) 작은 키

영유아의 키가 3퍼센타일(percentile)이 되지 않는 경우는 키가 작다고 볼 수 있다. 먼저 가족 중에 키가 작은 사람이 있는지 가족적인 성향을 살펴본다. 가족적인 성향과 관련이 없을 경우 체중과의 균형을 살펴보고 머리둘레와 발달 상태를 검사해야 한다. 염색체 이상으로 인해 발달지연을 보이거나 키가 작을 수 있으므로 정확한 의학적 진단이 필요하다. 일시적으로 성장이 늦은 것인지 아니면 다른 문제가 있어 키가 작은 것인지 전문가의 도움을 받는 것이 바람직하다.

### 2) 발달 이상

#### (1) 발달 지연을 보이는 영유아

발달 지연을 보이는 영유아란 한 영역이 아니라 두 영역 이상에서 발달 지연을 보이는 영유아를 말한다(박선희 외, 2014). 예를 들면, 발달 지연을 보이는 영유아는 36개월까지도 2~3단어를 연결하여 말하지 못하거나 또래 아이들처럼 몸을 움직이는 놀이를 하기가 어려워 또래 집단 적응이 힘들 수 있다. 이런 경우엔 일반적으로 뇌성숙의 속도가 늦거나 뇌의 특정 영역에 문제가 있을 수 있으므로 조기에 검진해야 한다(박선희 외, 2014).

#### (2) 지적 장애

지적 장애는 어떤 원인으로 인해 정신 발달이 늦는 영유아를 말한다(김수연, 2003). 일반적으로 지적 장애는 지능 지수(IQ)를 측정하여 판단한다. 그런데 영유아의 경우 IQ 측정 자체가 어려울 뿐만 아니라 그 수치 또한 신뢰하기가 어렵다. 최근에는 인간의 능력을 IQ로 측정하는 데 한계를 인식하고, 정서 지능, 다중 지능 등 정신능력을 다양하게 측정하는 추세이다. 그러나 이 또한 어릴수록 측정이 어렵다.

지적 장애는 조기에 발견하여 적절한 교육을 한다면 장애의 정도를 조금이라도 가볍게 할 수 있다. 정신 발달이 늦는 영유아의 경우 전문가의 도움을 받아 발달 검사를 할 필요가 있다. 이는 검사를 통해 산출되는 발달 지수를 살펴봄으로써 발달 과정을 정확히 진단받기 위함이다. 가벼운 정도의 지적 장애는 학령 전기에는 그저 소극적이거나 행동이 느린 아이 정도로만 인식될 수 있으니 주의를 기울일 필요가 있다. 지적 장애의 원인은 명확하지 않은데, 가장 중요한 원인으로 유전을 들 수 있다. 그밖에도 임신 중 원인, 출산 장애, 임신 후 원인, 환경적 원인 등 다양하다(김수연, 2003).

Chapter

# 02

영 유 아 건 강 교 육

# 영유아 건강 관리

Chapter 02

# 영유아 건강 관리

건강 관리란 건강 유지를 위하여 질병 치료 외에도 질병을 예방하기 위한 다양한 조치, 즉 청결한 환경 조성 및 신체적 · 정신적 · 사회적 안녕을 도모하기 위하여 수행해야 하는 모든 조치를 의미한다(임미혜, 이혜정, 2017).

영유아는 면역력이 약하고 스스로 건강을 유지하기 위한 생활습관이 형성되어 있지 않아 질병에 취약하기 때문에 더욱 철저한 건강 관리가 필요하다. 따라서 이 장에서는 영유아가 건강하게 성장할 수 있도록 청결과 위생 관리의 방법을 이해하고 영유아기에 발생할 가능성이 높은 감염병 및 질병의 종류와 증상, 대처방법에 대해 알아본다.

# 1 청결 및 위생 관리

영유아가 실천할 수 있는 가장 기본적인 청결 습관으로는 올바른 손씻기를 들 수 있다. 따라서 가정과 연계하여 유아교육기관에서 올바른 손씻기가 생활화될 수 있도록 반복적이고 지속적인 지도가 이루어져야 한다. 또한, 영아의 경우 배변 가리기 전까지 유아교육기관에서 기저귀 갈이와 배변 훈련이 이루어지므로 이에 따른 위생 관리가 병행되어야 한다.

## 1) 손씻기

일상생활 중에 세균들이 손에 묻게 되고, 이 세균들은 무의식중에 눈, 코, 입으로 들어가게 되어, 면역력이 약한 영유아들은 여러 질병에 걸릴 확률이 높아지게 된다. 이를 예방하기 위해서는 손씻기를 생활화하는 것이 중요하다.

손을 씻을 때는 비누를 사용하여 흐르는 물에 30초 이상 씻어야 한다. 손을 물로만 씻었을 때 세균의 60%, 비누로 씻었을 때에는 세균의 90%가 제거되기 때문에 비누를 사용하여 씻는 것이 바람직하다(교육과학기술부, 2012a). 손을 씻은 후에는 1회용 종이타월이나 개인 수건을 사용하여 물기를 제거한다. 올바른 손씻기 방법은 다음과 같다(질병관리본부, 2020).

- (1단계) 손바닥과 손바닥을 마주 대고 문질러 준다.
- (2단계) 손등과 손바닥을 마주 대고 문질러 준다.
- (3단계) 손바닥을 마주 대고 손깍지를 끼고 문질러 준다.
- (4단계) 손가락을 마주 잡고 문질러 준다.
- (5단계) 엄지손가락을 다른 편 손바닥으로 돌려 주면서 문질러 준다.
- (6단계) 손가락을 반대편 손바닥에 놓고 문지르며 손톱 밑을 깨끗하게 한다.

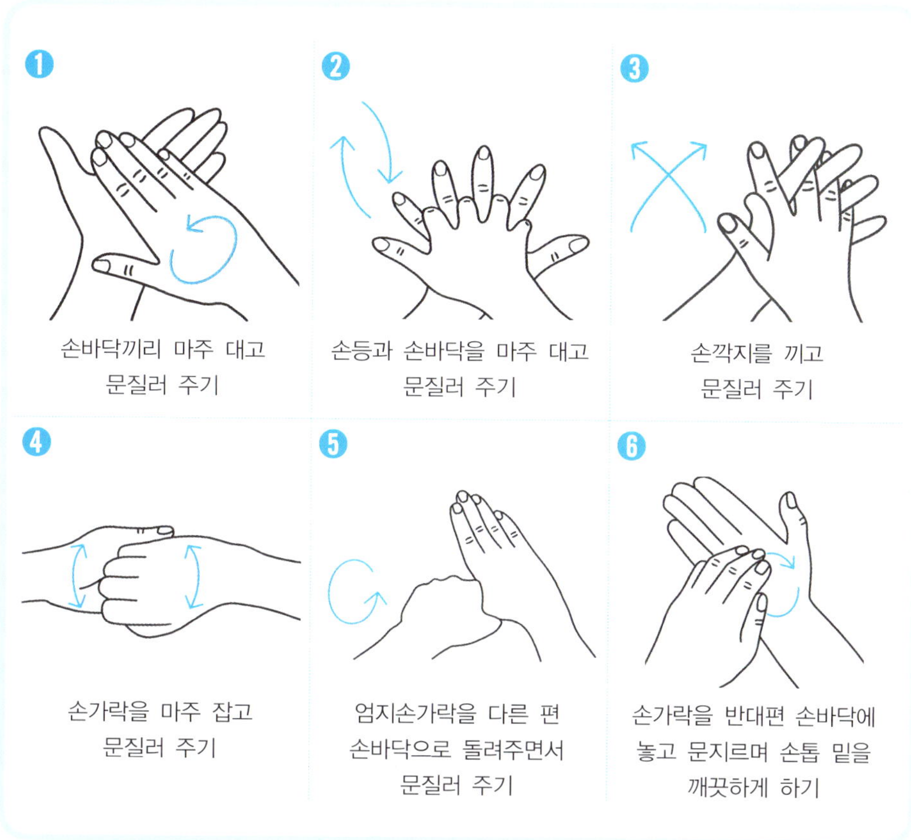


그림 2-1 올바른 손씻기 6단계

## 2) 기저귀 갈이

기저귀가 젖었을 때 바로 갈아 주는 것이 좋으며, 갈아 줄 때마다 기저귀가 닿는 부위를 깨끗이 씻어 주고 습기가 남지 않도록 건조시켜 주어야 한다(질병관리본부, 2020). 보건복지부(2011)에서 제시하는 기저귀 갈 때 고려할 점은 다음과 같다.

〈기저귀 갈 때 고려해야 할 점〉

- 가급적 일회용 장갑을 사용하고, 사용한 장갑을 다른 영아의 기저귀 갈이나 다른 용도에 사용해서는 안 된다.
- 기저귀 탁자는 재질이 강하고 방수처리가 되어 있어야 한다. 또한, 표면이 미끈

해야 하며 금이 가거나 벗겨져 있으면 안 된다.

- 영아가 대변을 보았을 때, 특히 여아는 뒤에서 앞으로 닦으면 요도에 변이 들어갈 수 있으므로 반드시 앞에서 뒤로 닦아야 한다.

## 3) 대소변 가리기

출생 시에는 반사적으로 대소변을 보지만 성장하면서 신경계가 발달함에 따라 영아 자신이 의지를 가지고 대소변 보는 것을 조절하는 법을 배우게 되는데, 이러한 과정을 대소변 가리기 훈련이라고 한다(질병관리본부, 2020). 질병관리본부(2020)에서 제시하는 대소변 가리기 훈련의 시기와 방법 및 대소변 가리기 훈련 시 고려할 점은 다음과 같다.

### (1) 대소변 가리기의 시기와 방법

대소변 가리는 시기는 개인마다 차이가 있다. 일반적으로 배변에 관여하는 괄약근의 조절과 걷는 근육이 발달하는 18개월에서 24개월 사이에 대소변 가리기 훈련을 시작할 수 있다. 개인에 따라 훈련 기간에 차이가 있는데, 평균적으로 대소변 가리기 훈련에 걸리는 기간은 약 3개월 정도이다. 스스로 대소변 가리기가 가능하게 되는 시점은 개인에 따라 차이가 있지만 평균적으로 대변 가리기는 29개월경(16~48개월), 소변 가리기는 32개월경(18~60개월)이다.

① **생후 0~6개월**: 기저귀를 자주 갈아 준다. 이 시기에는 하루 10번 이상 소변을 보는데, 기저귀를 자주 갈아 주어서 영아가 기저귀를 갈았을 때의 쾌적함을 기억하고 소변을 보았을 때 젖은 기저귀에 즉시 반응할 수 있도록 해 준다.

② **생후 6~12개월**: 대소변 보는 간격을 잘 관찰한다. 대소변 보는 간격이 길어지고 배설할 때 몸에 힘을 주거나 얼굴이 빨개지는 등 행동이나 표정이 관찰되는 시기이다. 이 시기에는 기저귀를 갈아 줄 때 '쉬했구나', '응가했네' 등으로 표현을 해서 영아가 자신의 배설을 의식하게 한다.

③ **생후 12~18개월**: 아기용 변기에 앉혀 본다. 영아의 대소변 보는 간격과 시간

을 파악하고 대소변을 볼 것으로 예상되는 시간이나 대소변을 볼 것 같은 신호를 포착했을 때 변기에 앉혀 본다. 이때 변기에 앉히는 시간은 약 30초가 적당하며 만일 영아가 원하지 않는다면 시도하지 말아야 한다. 또한, 영아가 변기에서 일어나고 싶을 때에는 언제든지 일어날 수 있도록 허용적이어야 한다.

④ 생후 18~24개월: 대소변 가리기가 시작되는 시기이다. 영아는 대변을 볼 때를 차츰 의식하기 시작한다. 이 시기에는 대변이 마려운 것을 알고 놀던 것을 멈추고 행동이 주춤거리거나 기저귀를 갈아 달라는 의사를 전하기도 한다. 영아가 배설한 것을 표정이나 행동으로 전달할 경우에는 '응가 했구나', '쉬하고 있구나' 등으로 반응을 해 준다. 이 시기에는 항문 괄약근의 조절감이 생기기 시작하지만 완성되는 시기는 아니므로 무리하게 대소변 가리기를 강요해서는 안된다. 만약 무리하게 대소변 가리기 훈련을 하면 심리적으로 불안해지고 배변 장애를 초래할 수 있다.

⑤ 생후 24~36개월: 대소변 보는 감각을 익히게 된다. 소변 보는 시간을 예상해서 소변기에 소변을 보도록 시도해 본다. 만약 영아가 대변이나 소변을 보겠다는 의사 표현을 하면 성공 여부에 상관없이 칭찬해 주며 변기에 앉힌다. 이때 기저귀에 미리 배설을 했더라도 절대 야단치지 않는다. 며칠 성공적으로 변기에서 배설을 하게 되면 기저귀를 팬티로 바꿔 준다.

### (2) 대소변 가리기 훈련 시 고려할 점

- 대소변 가리기는 영아 자신이 주체가 되어야 한다. 개인에 따라 시기의 차이가 있지만 대부분의 영아는 대소변 가리기를 할 수 있다. 대소변 가리기 훈련에서 가장 중요한 점은 대소변을 가리게 되면서 얻어지는 영아의 자존심을 최대로 키워 주는 것이다.
- 영아가 배설을 했을 때 지저분한 것을 보듯 대하면 안된다. 영아는 자신의 변을 자신의 몸의 일부로 생각하기도 한다. 따라서 영아의 변을 보고 얼굴을 찡그리거나 더럽거나 냄새난다고 표현하면 영아는 자신을 더럽게 생각하는 것으로 받아들여 심리적으로 위축될 수 있다.

# 2 눈 건강 관리

7~9세가 되면 시력이 완전히 완성되는데, 이 시기 이후에는 안질환에 대한 치료를 하고 안경을 써서 굴절 이상을 교정하더라도 정상시력이 나오지 않는 약시가 될 확률이 높다. 특히 약시나 사시의 경우 조기 진단을 통하여 치료를 받아야만 눈의 기능을 정상적으로 회복시킬 수 있으며 예후가 좋기 때문에 3~6세 때의 눈 관리는 중요하다(서울특별시교육청, 유아교육진흥원, 2012).

## 1) 영유아의 시력 발달 단계

신생아는 출생 직후 시력이 0.05 정도로서(장지호, 2013), 이때는 큰 물체의 유무 정도만 구별하다가 3~4개월부터 사람의 눈을 보고 눈을 맞추기 시작한다(한국실명예방재단, 2012). 생후 6개월이 되면 입체시가 형성되어 두 눈의 초점을 맞출 수 있고, 1세에는 시력이 0.2 정도가 되어 멀리 있는 물체와 가까이에 있는 물체를 모두 잘 보게 된다(한국실명예방재단, 2012). 2~3세에는 대략 0.6에 도달하고(장지호, 2013), 5세 정도에 모든 눈의 기능이 대부분 완성된다(한국실명예방재단, 2012). 영유아 시력 발달 단계는 〈표 2-1〉과 같다.

〈표 2-1〉 영유아 시력 발달 단계

| | | |
|---|---|---|
| 1단계 | 신생아 | • 가까운 물체, 움직이는 물체, 밝고 큰 물체에 관심이 있음<br>• 빛에 대한 동공반사가 있음<br>• 2m 이내의 물체를 어렴풋이 감지함 |
| 2단계 | 생후 4~6주 | • 성인 시력의 30% 정도 완성<br>• 양쪽 눈으로 사물에 초점을 맞출 수 있음<br>• 움직이는 물체에 시선을 따라 움직일 수 있음 |
| 3단계 | 생후 3~4개월 | • 시력 기능이 급속도로 발달하여 엄마와 눈맞춤을 함<br>• 색에 대한 구별이 가능함<br>• 원근감이 가능함 |
| 4단계 | 생후 6개월 | • 두 눈의 초점을 맞출 수 있는 입체시가 형성됨 |

| 5단계 | 1세 | • 멀리 있는 물체와 가까이 있는 물체를 모두 잘 봄<br>• 성인 시력의 0.2 정도에 해당 |
|---|---|---|
| 6단계 | 5세 | • 시력표로 성인과 비슷한 1.0의 시력이 나옴<br>• 성인 수준의 시세포가 발달 |
| 7단계 | 7~9세 | • 시력 발달 완성 |

출처: 한국실명예방재단(2012).

## 2) 영유아의 눈 이상 징후

영유아의 눈 이상 징후가 보이면 빨리 치료받는 것이 중요하다. 영유아의 시력 발달에 영향을 줄 수 있는 안질환을 조기 발견하여 치료하고 원인을 제거해 주지 않으면 영구적인 시력 장애를 초래할 수 있다(백혜정, 2017). 영유아는 시력에 문제가 있어도 잘 표현하지 못하므로 정기적인 안과 검진을 받아 보는 것이 좋다(한국실명예방재단, 2012). 서울특별시교육청, 유아교육진흥원(2012)과 한국실명예방재단(2012)에서 제시하는 영유아의 눈 이상이 의심되는 징후를 정리하면 다음과 같다.

- 생후 3개월 이후가 되어도 눈을 잘 맞추지 못한다.
- 생후 6개월 이후에도 눈을 이상하게 돌리거나 두 눈의 시선 방향이 다르다.
- 형광등 불빛이나 햇빛에 예민하게 반응한다.
- 물건을 볼 때 눈을 심하게 찡그리거나 너무 가까이에서 본다.
- 정면으로 보지 않고 고개를 기울이거나 얼굴을 옆으로 돌려서 본다.
- 눈동자 출혈이 자주 있거나 울지 않았는데도 눈 주위가 촉촉하게 젖어 있다.
- 눈을 자주 비비거나 자주 깜박인다.
- 일정한 곳을 주시하지 못한다.
- 미숙아로 태어났거나 눈 질환의 가족력이 있다.
- 한쪽 또는 양쪽 눈꺼풀이 처져 있다.
- 자주 눈물을 흘리거나 눈동자의 검은 부위가 흰색으로 보인다.

### 3) 영유아의 눈 건강 관리법

교육과학기술부(2012a)에서는 영유아 눈 건강 관리법을 다음과 같이 제시하고 있다.

- 책은 바른 자세로 책과 눈과의 거리를 30cm 이상 유지하며 읽고, 한 시간 당 5~10분간 휴식한다. 또한, 너무 밝거나 어둡지 않은 곳에서 본다.
- TV는 영유아의 눈높이에 맞게 적절하게 설치하고, 3m 이상 떨어져서 시청하게 한다.

그림 2-2 눈 건강 관리법

- 컴퓨터와 40cm 정도 거리를 유지하며, 20분마다 먼 곳을 응시한다.
- 비타민 A가 풍부한 음식(녹색 채소, 당근, 달걀노른자, 콩, 호박 등)을 많이 먹는다.
- 강한 자외선에 직접적으로 눈이 노출되지 않도록 한다.
- 6개월에 한 번씩 안과 진료를 받아서 눈질환을 예방하고, 조기 치료를 받는다.
- 눈을 자주 만지거나 비비지 않는다.
- 자주 눈의 피로를 풀고 멀리 보는 습관을 들인다.

## 3 치아 건강 관리

충치(치아우식증)는 치아 표면에 부착된 음식물 찌꺼기가 시간이 지남에 따라 분해되면서 생성된 산에 의해 치아의 단단한 겉 조직의 무기질(칼슘 · 인 등)이 녹으면서 발생되는 질환이다(건강보험심사평가원, 2020).

충치가 발생하면 치아로 음식을 씹거나 자르는 데 어려움을 겪을 수 있다. 이로 인해 씹거나 자르기 힘든 음식을 자연히 기피하게 되어 이는 편식으로 이어질 수 있다. 또한, 충치가 많을 경우 일시적인 발음장애도 유발할 수도 있다. 젖니의 충치는 영구치에도 영향을 주어 영구치도 썩게 만들 수 있으며, 영구치가 나오는 시기나 순서에도 영향을 주어 부정 교합을 유발하거나 치아가 불완전한 모양으로 자리 잡을 수 있다(박선희 외, 2014). 따라서 영유아기의 올바른 치아 관리는 일생 동안 건강한 치아를 유지하는 데 매우 중요하다.

### 1) 3세 이전 영아의 경우

보건복지부(2011)에서 제시하는 3세 이전 영아를 위한 치아 관리는 다음과 같다.

- 생후 6개월경 아래 앞니가 나오는데, 이때부터 치아를 닦기 시작한다.
- 처음에는 음식물의 섭취 후 보호자의 손가락에 거즈를 말아서 닦아 주거나, 아주 적은 양의 치약을 묻혀서 닦아 준다.
- 영아용 실리콘 칫솔을 성인의 손가락에 끼워 닦아 줄 수도 있다. 실리콘 칫솔은 영유아용 칫솔에 적응하는 단계까지 사용할 수 있다.
- 영유아용 칫솔 사용이 가능하게 되면 제일 작은 크기의 칫솔부터 시작하여 연령 증가에 따라 점차 큰 칫솔을 단계별로 사용한다.

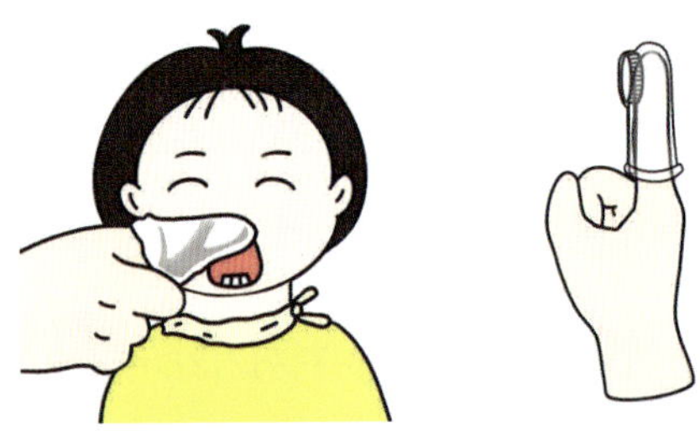

그림 2-3 3세 이전 영아의 양치질 방법

### 2) 3세부터 6세까지 유아의 경우

보건복지부(2011)에서 제시하는 3세부터 6세까지 유아를 위한 치아 관리는 다음과 같다.

- 영유아용 칫솔에 치약을 완두콩 크기만큼만 묻혀 사용한다. 불소가 들어 있는 치약이더라도 적은 양을 사용하면 대부분을 삼키게 될 경우에도 건강에 문제가 되지 않는 것으로 알려져 있다. 따라서 삼킬 것이 두려워 굳이 불소가 없는 치약을 쓸 필요는 없다.
- 닦는 요령은 치아의 모든 부분을 [그림 2-4]와 같이 씹는 면(교합면), 바깥 면(협면), 안쪽 면(설면)으로 나누어 체계적으로 꼼꼼히 닦는 것이 중요하다.

• 각 치아 부위를 앞뒤로 혹은 좌우로 닦아 주며, 앞니의 안쪽 면을 닦을 때는 칫솔을 세워서 닦는다.
• 유아가 스스로 닦는 것을 독려해 주되, 마무리 단계에서 성인이 다시 꼼꼼하게 닦아 줄 필요가 있다.

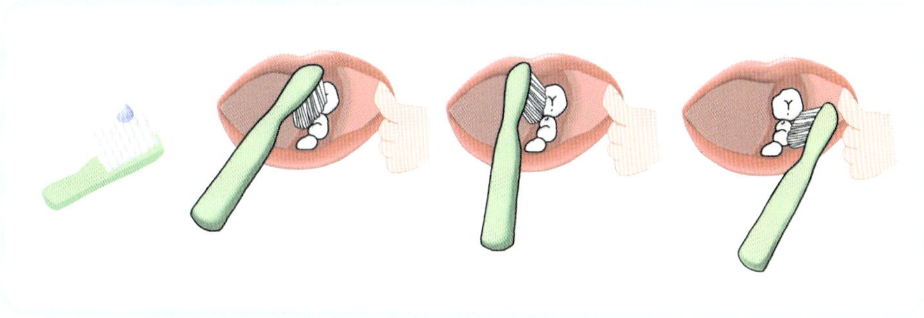

그림 2-4 3세부터 6세까지 유아의 양치질 방법

### 3) 치아 관리 수칙

보건복지부, 교육부, 한국건강증진개발원(2017)에서 제시하는 치아 관리를 위한 생활 수칙은 다음과 같다.

#### (1) 칫솔질 바르게 하기

• 잠자기 전을 포함해서 하루 2번 이상 칫솔질을 한다.
• 칫솔은 칫솔모의 넓이가 치아 2개를 덮는 크기의 것을 사용한다.
• 치약은 칫솔모 사이에 꾹 눌러 짜서 사용한다.
• 치아의 안쪽 면, 바깥쪽 면, 씹는 면과 혀를 빠짐없이 닦는다.
• 칫솔모가 벌어지거나 휘어지면 새 칫솔로 교환한다.

#### (2) 단 음식 줄이기

• 과자, 탄산음료 등 설탕이 들어간 음식은 1일 1회 이내로 섭취한다.

- 젤리, 캐러멜과 같이 치아에 달라붙는 간식은 피한다.
- 섬유질이 풍부한 과일과 채소는 1일 5회 이상 섭취한다.

#### (3) 정기적으로 구강 검진 받기

- 특별한 증상이 없어도 치과에서 구강 검진을 받는다.
- 치아 홈 메우기(실런트)로 첫 번째와 두 번째 큰 어금니의 충치를 예방한다.

## 4 감염병 관리

감염병(infectious disease)은 사람에게 침입한 특정 병원체(바이러스, 세균, 곰팡이) 또는 병원체가 생산하는 독성 물질(독소)때문에 일어나는 질환이다(교육부, 2017b). 영유아기는 면역력이 약하므로 감염에 취약하다. 특히 유아교육기관에서 집단생활을 할 경우 감염병에 걸릴 확률이 높다. 따라서 교사는 영유아기에 흔하게 발생하는 감염병의 종류와 특징에 대해 잘 숙지하고, 이를 예방하기 위하여 위생적인 환경 마련에 힘써야 한다.

### 1) 감염병의 생성

교육부(2016b)에서 제시하고 있는 감염병의 발생 요인과 생성 단계는 다음과 같다.

#### (1) 감염병의 발생 요인

감염병의 발생 요인은 병원체, 환경, 숙주로 구분된다.

- 병원체는 감염병의 1차 원인으로서 바이러스, 세균, 진균, 리케치아, 기생충 등이 해당되는데, 옥외 환경에서의 병원체의 생존 능력, 증식 능력, 숙주로의 침입 능력, 질병을 일으키는 능력에 따라 감염병 발생 요인이 될 수 있다. 병독성이 낮은 병원체는 건강한 사람에게는 문제가 되지 않으나, 면역력이 떨어져 저항력이 낮은 사람에게는 병을 일으킬 수 있다.
- 환경은 인간, 동물, 토양 등 생물학적 환경, 소음, 대기오염과 같은 물리 화학적 환경과 의료 수준, 공해 대책, 안전과 같은 사회적 환경으로 구분된다.
- 숙주는 인체의 구조적 · 기능적 방어 기전, 연령, 성별, 종족과 같은 생물학적 요인, 면역이나 영양 상태에 따른 체질적 요인, 생활습관, 직업, 개인위생과 같은 행태 요인 등이 감염의 성립에 영향을 미친다. 숙주(사람)가 건강한 경우라도 침입한 병원체의 병독성이 강하면 발병한다.

### (2) 감염병의 생성 단계

감염병은 6단계를 거쳐서 생성되며, 이 단계 중 하나라도 성공하지 못하면 감염병의 확산은 일어나지 못하게 된다. 따라서 6단계 중 1단계라도 차단하는 것이 감염병을 예방하거나 확산을 막을 수 있는 방법이다. 감염병 생성 6단계는 다음과 같다.

① 1단계: **병원체**－병원체(pathogen)는 인체에 침입하는 미생물을 말한다. 바이러스, 세균, 리케치아[1], 진균류 등의 미생물과 원충생물, 기생충 등의 각종 기생생물이 병원체에 해당한다. 병원체들은 숙주(hosts) 및 환경과의 상호작용 속에서 끊임없이 변화하여 새로운 감염병의 출현과 과거 유행했던 감염병의 재출현 등 문제가 되고 있다.

② 2단계: **병원소**－병원소(reservoir)는 병원체가 저장되는 장소를 말한다. 사람, 동물, 흙, 물 등이 병원소에 해당한다. 사람 병원소는 환자와 보균자를 포함하며, 모든 병원체를 다른 숙주에게 전파할 수 있다.

③ 3단계: **병원체의 탈출**－병원체가 병원소로부터 새로운 숙주로 이동해 확산하

1) 리케치아(Rickettsia): 세포 내에서 기생충으로 존재하는 세균의 일종으로 이, 벼룩, 진드기 등과 같은 매개체를 통해 인체에 감염됨

는 과정 중 첫 번째에 해당한다. 병원체의 탈출 경로는 다양하지만 공통적으로 호흡기나, 소화기 혹은 비뇨생식기 등의 여러 분비물에 섞여서 이루어지며, 병원체에 따라 비말, 소변, 대변 등 다양한 탈출 경로를 갖는다.

④ **4단계: 전파**–숙주에서 탈출한 병원체는 직접 전파나 간접 전파를 통해 새로운 숙주로 이동한다. 직접 전파는 병원소와 새로운 숙주 간의 직접적인 접촉에 의하거나 환자나 보균자의 호흡기 비말에 섞여 나온 병원체가 바로 새로운 숙주의 호흡기나 점막에 침입하는 것을 말한다. 간접 전파는 공기나 물, 음식과 같은 중간 매개체를 거친 후 전파되는 경우를 말한다.

⑤ **5단계: 새로운 숙주로의 침입**–병원소로부터 탈출해서 전파에 성공한 병원체는 새로운 숙주로 침입하게 된다. 침입 경로는 탈출 경로 및 전파 수단과 밀접한 관계를 가진다. 대부분의 질병은 탈출 경로와 침입 경로가 같으나, 페디스토마처럼 소화기로 침입해서 그 알은 호흡기로 탈출하는 경우도 있다.

⑥ **6단계: 숙주의 감수성** - 감수성(susceptibility)은 숙주에 침입한 병원체에 대항하여 감염이나 발병을 막을 수 없는 상태를 말한다. 숙주의 방어 능력에 따라 병원체가 침입하였어도 모두 감염되는 것은 아니다. 숙주의 방어 능력은 면역성, 영양, 건강 상태에 달려 있다.

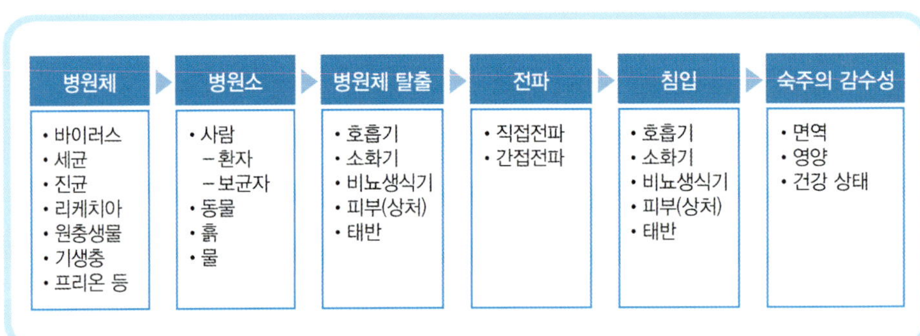


출처: 교육부(2016b).

**그림 2-5** 감염병 생성 6단계

## 2) 영유아기의 흔한 감염병

교육부(2016b, 2017d)와 질병관리본부(2020)에서 제시하는 영유아기에 흔히 걸리는 감염병의 종류와 그것의 특성은 다음과 같다.

### (1) 인플루엔자

- 인플루엔자란 감기와 전혀 다른 질환으로서, 주로 겨울과 봄에 유행하는 인플루엔자 바이러스(Influenza virus A B C)에 감염되어 발생하는 급성 호흡기 질환이다.
- 주로 급성 인플루엔자 환자가 기침이나 재채기를 할 때 분비되는 호흡기 비말을 통해서 전파된다. 또한, 폐쇄 공간 내에 많은 사람들이 있을 경우 공기를 통해 감염될 수 있다. 건조한 점액에서도 바이러스가 몇 시간 동안 생존할 수 있으므로 인플루엔자 바이러스에 감염된 물건을 만진 후 자신의 눈, 코, 입 등을 만지면 감염될 수 있다.
- 증상으로는 전신 증상(발열, 두통, 근육통, 피로감 등) 및 호흡기 증상(인후통, 기침, 콧물 등)을 보인다. 또한, 복통, 구토, 설사 등의 증상이 동반될 수 있다.
- 잠복기는 1~4일(평균 2일)이며, 대체로 증상발현 1일 전부터 발병 후 약 5일까지 전염력이 높다. 영유아인 경우 증상 시작 후 10일 이상까지도 전염력이 있을 수 있다.

### (2) 수두

- 수두란 수두-대상포진(Varicella-Zoster) 바이러스에 감염되어 발생하는 질환이다.
- 주로 수두 환자가 기침이나 재채기를 할 때 분비되는 호흡기 분비물이 공기 또는 비말을 통해서 사람에게 전파된다. 또한, 수두 환자와 직접 접촉할 때 주로 진물을 통하여 감염될 수 있다.
- 증상으로는 몸통, 두피, 얼굴에 발진이 발생하는데 24~48시간 내에 반점, 솟음(구진), 잔물집(소수포), 고름 물집(농포), 괴사 딱지(가피) 순으로 빠르게 진행된다.
- 잠복기는 10~21일(평균 14~16일)이며, 전염 기간은 발진(잔물집)이 생기기 1~2일 전부터 모든 잔물집에 괴사딱지가 형성될 때까지이다.

### (3) 유행성이하선염(볼거리)

- 유행성이하선염(Mumps)이란 유행성이하선염 바이러스에 감염되어 편측 혹은 양측 침샘이 비대해지는 질환이다.
- 주로 환자가 기침이나 재채기를 할 때 분비되는 호흡기 비말을 통해서 전파되며, 환자의 타액이나 호흡기 분비물과의 접촉을 통해서도 전파된다.
- 잠복기는 보통 14~18일이며, 25일까지 길어질 수도 있다. 전염 기간은 증상 발현 3일 전부터 발현 5일까지이다.

### (4) 유행성 각 · 결막염

- 유행성 각 · 결막염이란 아데노바이러스에 감염되어 눈의 각막 혹은 결막의 염증반응(충혈, 부종)을 일으키는 질환이다.
- 주로 환자의 눈, 코, 입 등으로부터의 분비물을 직접 접촉함으로써 전파되며, 환자가 사용한 물건(세면도구) 혹은 수영장, 목욕탕에서의 간접적인 접촉으로도 전파된다.
- 증상으로는 양쪽 눈이 충혈되고 동통이 있으며, 눈곱, 눈물, 눈의 이물감, 눈부심이 있다. 또한, 발열과 인후통이 있으며, 영유아의 경우 두통과 설사가 동반된다.
- 잠복기는 5~7일이며, 전염 기간은 증상 발생 후 2주까지이다.

### (5) 수족구병

- 수족구병(Hand, foot and mouth disease)은 주로 여름부터 이른 가을에 걸쳐 콕사키바이러스나 엔테로바이러스에 감염되어 입, 손, 발의 수포성 발진을 일으키는 급성 바이러스 질환이다.
- 주로 영유아가 말하거나, 기침하거나, 재채기할 때 생성된 큰 비말과의 접촉에 의해 전염된다. 이때 비말은 눈, 코, 입을 통해 들어오게 된다. 또한, 감염된 영유아의 호흡기 분비물과 직접 접촉 또는 호흡기 분비물에 오염된 물체와의 간접 접촉에 의해 전염되기도 하며, 감염된 영유아의 대변이 손이나 물체 표면에 묻어 입으로 들어오게 되기도 한다.

- 증상으로는 발열, 인후통, 식욕부진으로 시작하여 발열 후 1~2일째에 작은 물집이 손바닥, 손가락, 발바닥에 생긴다. 또한, 혀, 목구멍, 입천장, 잇몸 및 입술에 수포가 발생하여 궤양이 형성된다. 대부분 자연적으로 7~10일 안에 회복된다.
- 잠복기는 3~7일이며, 발병 후 7일간이 가장 전염력이 강하다.

### (6) 성홍열

- 성홍열은 A군 베타 용혈성 연쇄구균(Group A β-hemolytic Streptococci)의 발열성 외독소에 의한 급성 발열성 질환이다.
- 주로 비말 감염, 또는 환자 및 보균자의 분비물과의 직접 접촉에 의해 전파된다.
- 발열, 인후통, 구토 증상 발생 12~48시간 후 전형적인 발진이 나타나며, 몸통의 상부에서 시작하여 팔다리로 퍼져 나가는 선홍색 작은 구진이 전신에 나타난다.
- 잠복기는 1~7일(평균 3일)이며, 전염기간은 항생제 치료 시작 후 24시간까지이다.
- 발병 후 24~48시간 이내에 항생제 치료를 시작하면 급성 증상은 곧 소실된다.

〈표 2-2〉 영유아기에 흔한 감염병

| 감염병 | 임상 증상 | 전염 가능 기간 | 등원 중지 기간 | 잠복기 |
|---|---|---|---|---|
| 인플루엔자 | 발열[2], 두통, 근육통, 인후통[3], 기침, 객담 | 증상 발생 1일 전부터 5일까지 | 유행 차단을 위한 등원 중지는 의미 없지만 환자상태에 따라 실시 | 1~4일 (평균 2일) |
| 수두 | 피부 발진, 수포[4], 발열, 피로감 | 수포가 생기기 1~2일 전부터 모든 수포에 가피가 형성될 때까지 | 모든 수포에 가피가 형성될 때까지 | 10~21일 (평균 14~16일) |
| 유행성 이하선염 (볼거리) | 이하선 부종[5], 발열, 두통, 근육통 | 증상 발생 3일 전부터 발생 후 5일까지 | 증상 발생 후 5일까지 | 14~25일 (평균 14~18일) |
| 유행성 각·결막염 | 충혈, 안통[6], 이물감, 많은 눈물, 눈곱, 눈부심, 결막하출혈 | 발병 후 14일까지 | 격리 없이 개인위생 수칙을 철저히 지킬 것을 권장 | 5~7일 |
| 수족구병 | 발열, 손, 발바닥 및 구강 내 수포 및 궤양 | • 발병 후 7일간 가장 전염력이 강함<br>• 피부병변(수포)에 가피가 생성될 때까지 | 수포 발생 후 6일간 또는 가피가 형성될 때까지 | 3~7일 |

| 감염병 | 임상 증상 | 전염 가능 기간 | 등원 중지 기간 | 잠복기 |
|---|---|---|---|---|
| 성홍열 | 구진[7], 발열, 두통, 구토, 복통, 오한 및 인후염 | 항생제 치료 시작 후 24시간까지 | 항생제 치료 시작 후 24시간까지 | 1~7일 (평균 3일) |

출처: 교육부(2016b, 2017b).

〈표 2-3〉 월별 유아교육기관 빈발 감염병

| 구분 | 인플루엔자 | 수두 | 유행성 이하선염 | 유행성 각 · 결막염 | 수족구병 | 성홍열 |
|---|---|---|---|---|---|---|
| 3월 | ++ | | + | | | ++ |
| 4월 | ++ | ++ | ++ | | | ++ |
| 5월 | | ++ | ++ | | | ++ |
| 6월 | | ++ | ++ | ++ | ++ | ++ |
| 7월 | | ++ | ++ | ++ | ++ | ++ |
| 8월 | | | + | ++ | ++ | ++ |
| 9월 | | | + | ++ | ++ | ++ |
| 10월 | | | + | + | | ++ |
| 11월 | | | + | + | | ++ |
| 12월 | + | ++ | + | + | | ++ |
| 1월 | + | ++ | + | | | ++ |
| 2월 | + | + | + | | | ++ |

*선정기준: 2013~2015년 질병관리본부 신고 자료를 이용하여 선정함
(+: 발생위험이 높은 시기, ++: 발생위험이 특히 더 높은 시기)
출처: 교육부(2016b).

2) 발열: 일반적으로 체온이 정상 범위를 벗어나 기준 이상으로 올라간 상태로, 측정 부위에 관계없이 37.8℃ 이상이면 발열이 있다고 분류함
3) 인후통: 침이나 음식을 삼킬 때 목에서 느끼는 통증으로 인두통이라고도 함
4) 수포: 피부에 나타나는 발진 중 하나로, 보통 1센티미터 이상 크기의 물집을 의미함
5) 이하선 부종: 이하선은 입안으로 침을 분비하는 침샘으로 귀밑에 위치하며, 감염이 되는 경우 귀밑 부의의 뺨이 부어오르게 됨
6) 안통: 눈에 느끼는 통증으로 발생 부위에 따라 가려움, 작열감으로부터 눈을 쑤시거나 찌르는 듯한 통증까지 다양하게 나타남
7) 구진: 피부에 나타나는 작은 발진

### 3) 감염병 예방 수칙

서울특별시교육청(2016)에서 제시하는 감염병 예방 수칙을 정리하면 다음과 같다.

- 손을 자주 씻고, 손을 씻을 때는 흐르는 물에 30초 이상 씻는다.
- 식수는 반드시 끓이거나 생수를 마신다.
- 조리하거나 양치할 때도 안전한 물, 소독된 물을 사용하고, 채소류 등 식재료는 흐르는 물에 깨끗이 씻으며, 충분히 가열하여 먹는다.
- 도마, 칼은 식품별로 구분하여 따로 사용하고, 사용 후 깨끗이 씻어 잘 말린다.
- 설사 증상이나 손에 상처가 있는 사람은 조리를 금지한다.
- 정기적으로 환기를 시키고 깨끗이 청소하여 쾌적한 실내 환경을 조성한다.
- 감염병 유행 시 사람이 붐비는 곳에 가지 않는다.
- 기침이나 재채기를 하는 경우는 마스크를 착용하도록 하고, 기침을 할 때에는 휴지나 옷소매 위쪽으로 입과 코를 가리고 한다.
- 균형 잡힌 영양섭취를 충분히 하고 물을 자주 마신다.
- 피로가 쌓이지 않도록 잠을 충분히 자고 운동을 꾸준히 한다.

## 5 감염병 외 질병 관리

면역력이 약한 영유아기에는 감염병뿐만이 아니라 다른 여러 가지 질병에 취약하다. 또한, 어릴수록 자신의 질병의 징후를 말로 표현하는 데 한계가 있으므로 유아교육기관에서는 영유아의 건강 상태를 세심히 관찰하여 질병을 발견하고 그에 따른 조치를 취해야 한다.

## 1) 영유아 질환의 종류

### (1) 호흡기 질환의 종류

호흡기는 외부에서 신체로 들어온 유익한 물질은 들여보내고, 유해한 물질은 받아들이지 않는 방어 기능을 한다. 이는 우리 신체를 감염 질환과 알레르기 등으로부터 보호하는 역할을 한다(서울특별시교육청, 유아교육진흥원, 2012).

영유아는 면역력이 미숙하고 기도가 좁아서 가래만으로도 기도 폐쇄와 호흡 곤란이 올 수 있으며, 기관지 감염도 발생하기 쉽다(서울특별시교육청, 유아교육진흥원, 2012). 서울대학교어린이병원(2020)과 서울특별시교육청, 유아교육진흥원(2012)에서 제시하는 영유아기에 잘 걸릴 수 있는 호흡기 질환을 정리하면 다음과 같다.

#### ① 감기

감기는 200여 종 이상의 바이러스에 의해 발생하는 호흡기 질환으로 콧물, 코막힘, 재채기, 기침, 열, 두통 등이 나타난다. 감기 증세는 바이러스가 들어온 지 1~3일 후부터 나타나서 약 1주일 정도 지속되나 영유아에 따라 2주까지 지속되기도 한다.

감기는 감기에 걸린 사람이 재채기나 기침을 할 때 분비되는 호흡기 비말이 공기 중으로 전파되어 호흡기로 들어와 감염되거나, 감기에 걸린 사람과 접촉함으로써 감염될 수 있다.

#### ② 모세기관지염

모세기관지염은 폐의 모세기관지에 염증이 발생한 것으로, 감기처럼 바이러스가 원인이다. 감기와 다른 점은 모세기관지염에 걸린 영유아는 기침, 콧물, 열 등의 감기와 같은 증상이 처음에 나타나지만 점점 기침이 심해지고 호흡이 빨라지고 가래가 끓고 숨 쉴 때 쌕쌕거리는 소리가 나게 된다.

#### ③ 후두염

후두염은 성대와 성대 하부에 생기는 염증으로, 바이러스와 세균에 의해 발생한다. 후두염에 걸리면 컹컹 소리가 나는 기침을 하며, 갑자기 숨쉬기 힘들어 하기도 한다. 숨이 많이 차서 힘들어 할 때는 빨리 응급실로 데려가야 하며, 가습기 등을 이용하여 충분한 습도를 유지해 주는 것이 중요하다.

④ 폐렴

폐렴은 폐에 염증이 발생한 것으로 바이러스, 세균, 진균, 화학물질 등 다양한 원인에 의해 발생하는 감염 질환이다. 증상으로는 기침, 가래, 호흡 곤란 등이 나타난다. 폐를 둘러싸고 있는 흉막까지 염증이 침범한 경우 숨 쉴 때 통증을 느낄 수 있고 구토, 설사, 두통, 피로감, 근육통, 발열이나 오한 등의 증상이 발생할 수도 있다(서울대학교병원, 2020).

⑤ 천식

천식은 알레르기에 의해 발생하는 대표적인 질병으로서, 평상시에는 괜찮다가 갑작스럽게 호흡기 증상 악화로 나타나는 것이 특징이다. 천식이 생기게 되는 알레르기성의 원인으로는 집먼지 진드기, 꽃가루, 동물의 털, 바퀴벌레, 곰팡이, 먼지 등이 있으며, 감기, 황사, 담배 연기, 운동, 갑작스러운 온도 변화 등의 자극에 의해서도 증상이 발작적으로 유도된다.

천식의 주요 증상으로는 천명(숨을 들이쉬고 내쉴 때 "쌕쌕" 혹은 휘파람같은 소리가 나는 것), 발작적 기침(한번 시작하면 그칠 줄 모르고 계속함), 흉부 압박(가슴을 조이는 듯한 느낌이나 답답한 느낌), 호흡 곤란, 가래가 대표적이다(질병관리본부, 2020).

### (2) 소화기 질환의 종류

소화기는 입, 식도, 위, 소장, 대장, 항문을 포함하는 기관으로, 우리가 섭취한 음식물을 분해하여 영양소로 만들어 흡수하는 역할을 한다(서울특별시교육청, 유아교육진흥원, 2012). 서울대학교어린이병원(2020)과 서울특별시교육청, 유아교육진흥원(2012)에서 제시하는 영유아기에 잘 걸릴 수 있는 소화기 질환을 정리하면 다음과 같다.

① 급성 장염(구토 · 설사)

6~24개월 영유아가 잘 걸리며, 감염 후 48~72시간 내에 열이 나거나 손발이 차가우며 구토로 증상이 시작되고 설사를 하게 된다. 장염은 구토를 동반하므로 체한

것으로 생각할 수도 있으며, 경우에 따라 감기 증상으로 시작되기도 한다.

② 장중첩증

장중첩증은 2세 전후에 많이 나타나는데, 소장이 대장 또는 대장이 대장 속으로 말려 들어가 발생하는 질병으로, 기침, 콧물, 발열, 허약감 등의 증상이 있은 후에 장이 장 속으로 말려 들어가서 급성 장폐색을 유발한다.

증상으로는 심하게 울고 토하며 피가 섞인 변을 보는데, 한두 시간 간격으로 배가 아파서 심하게 울기도 한다.

### (3) 피부 질환의 종류

영유아의 피부는 어른의 피부와는 다르게 연약하여 외부 자극에 민감하게 반응하므로 더욱더 세심한 주의가 필요하다. 질병관리본부(2020)에서 제시하는 영유아기에 잘 걸릴 수 있는 피부 질환을 정리하면 다음과 같다.

① 아토피 피부염

아토피 피부염은 피부 가려움증, 부스럼, 진물, 건조하고 까칠거림 등을 특징으로 하는 염증성 피부 질환이다. 아토피 피부염의 가장 큰 특징은 가려움증이 심하다는 것과 외부의 자극 또는 알레르기 유발 물질에 매우 민감하게 반응한다는 점이다.

증상은 생후 2~3개월 이후에 얼굴의 양 볼에 홍반이 나타나며 이마, 두피와 팔다리의 펴지는 부위에 잘 발생하는데, 진물이 잘 난다. 2세 이후의 영유아의 경우에는 팔다리의 펴지는 부위와 목 부위, 엉덩이, 눈꺼풀 주위, 손목, 발목, 귓불 주변에 주로 발생하는데, 진물이 나기보다는 건조 증상이 심하다.

② 기저귀 피부염

기저귀 피부염은 기저귀 차는 부위에 생기는 피부염(습진)으로 생후 1년 이내의 영아에게 흔히 발생한다. 기저귀 피부염의 원인으로는 마찰, 짓무름, 소변, 대변, 미생물, 화학 자극물 등이 있다.

마찰은 기저귀와 피부 사이의 마찰을 말하며, 이러한 마찰로 인하여 넓적다리의 안쪽 표면과 성기, 엉덩이에 발진이 발생한다. 짓무름이란 피부의 각질층이 과도한 수분에 의하여 수화된 현상을 말하며, 짓무름이 마찰에 의한 피부의 손상을 촉진시킨다. 그리고 기저귀에 묻은 여러 가지 소변분해산물, 대변에 섞여 있는 장내에서 생산되는 효소들이 피부를 자극해 기저귀 피부염을 발생시킨다. 그 외에도 기저귀 소독에 사용되는 비누, 세제 및 방부제가 기저귀 피부염을 악화시킨다.

## 2) 영유아 질환 대처법

질병관리본부(2020)에서 제시하는 영유아 질환 대처법은 다음과 같다.

### (1) 호흡기 질환의 대처법

호흡기 질환은 폐 건강과 밀접한 관계가 있다. 미세 먼지는 호흡기 질환자의 증상을 악화시킬 수 있으며, 폐 기능을 저하시킨다. 또한, 호흡기 질환이 없는 건강한 영유아도 미세 먼지에 장시간 노출되면 천식이 발생할 수 있으므로 미세 먼지에 노출되지 않도록 해야 한다. 호흡기 질환의 대처법은 다음과 같다.

- 호흡기 질환이 있는 영유아는 미세 먼지로부터 각별히 보호해야 한다.
  천식이 있는 영유아는 미세 먼지에 노출되면 쌕쌕거림과 호흡 곤란 등 증상이 악화되며, 심한 경우에는 천식 발작을 일으킨다.
- 실내 습도를 유지시키고 물을 충분히 마시게 한다.
  공기가 너무 건조하면 호흡기 점막을 자극하여 호흡기 질환의 증상을 악화시킬 수 있다(서울특별시교육청, 유아교육진흥원, 2012).
- 기침 예절을 지키도록 지도한다.
  호흡기 질환의 경우 기침이나 재채기를 통해 전염될 수가 있다. 기침이나 재채기를 할 때 바이러스가 공기 중에 나오게 되며, 이 공기를 마시게 되면 코 속 점막에 그 바이러스가 부착되어 감염될 수 있다(서울대학교어린이병원, 2020).
  이를 예방하기 위해서는 기침 예절을 지키는 것이 중요하다. 즉, 기침할 때는 휴지로 입과 코를 가리고 하며, 휴지가 없을 때는 옷소매 위쪽으로 입과 코를 가리고 한다. 그리고 기침을 한 후에는 흐르는 물에 30초 이상 손을 씻는다(질병관리본부, 2020).

기침할 때는 휴지로 입과 코를 가리고 하기

휴지가 없을 때는 옷소매 위쪽으로 입과 코를 가리고 하기

기침을 한 후에는 흐르는 물에 30초 이상 손 씻기

**그림 2-6** 올바른 기침 예절

### (2) 소화기 질환의 대처법

영유아기 소화기 질환의 대표적인 증상은 설사와 구토가 있다. 소화기 질환의 대처법은 다음과 같다.

- 설사 증상이 있을 경우 탈수되지 않도록 수분을 충분히 공급해야 한다.
  설사는 변이 무르고 물기가 많은 상태로 배설되는 것으로서 바이러스, 세균, 기생충, 음식, 약물, 면역 결핍, 스트레스 등에 의해서 언제든지 발생할 수 있다. 만약 영유아가 심하게 복통을 호소하고 변에 혈흔이 보이면 장중첩증일 수도 있으니, 빨리 병원으로 데리고 간다.
- 구토 증상이 있을 경우 병원으로 데리고 간다.
  구토는 식도, 위장, 십이지장의 내용물이 위장이나 복부 근육이 수축하면서 입을 통해 밖으로 나오는 것이다. 구토 증상의 원인은 매우 다양하기 때문에 진찰과 검사를 통해 원인을 파악해야 한다.

### (3) 피부 질환의 대처법

영유아기에 흔한 피부 질환으로는 아토피 피부염과 기저귀 피부염이 있다. 피부 질환의 대처법은 다음과 같다.

- 아토피 피부염의 경우 피부 보습에 신경 써야 한다.
  아토피 피부염은 피부의 수분 증발을 막아 주는 지질층이 약해 피부가 건조하며 겨울철에 더 심해지는데, 적절한 피부 보습은 아토피 피부염 치료의 가장 기본적인 요소이다.
- 아토피 피부염을 유발하는 환경 요인을 최대한 제거한다.
  기온이나 습도가 너무 높거나 낮은 환경, 급격한 온도 변화, 지나친 목욕과 피부 건조, 피부의 감염, 자극성 의복류, 스트레스 등은 아토피 피부염을 유발할 수 있다.
- 알레르기를 일으키는 음식 섭취를 제한한다.
  3세 미만의 경우 음식물에 의해 증상이 악화될 수 있으므로 각별히 주의한다. 음식물이 아토피 피부염에 미치는 영향은 6세 이상부터 서서히 사라지며, 이때부터는 꽃가루, 집먼지 진드기, 동물 털 등 흡입 항원이 문제가 되므로 이러한 물질을 피하는 것이 좋다.
- 기저귀 피부염을 예방하기 위해서는 청결과 건조가 중요하다.
  기저귀가 젖었을 때 즉시 갈아 주는 것이 좋으며, 갈아 줄 때마다 기저귀가 닿는 부위를 깨끗이 씻어 주고 습기가 남지 않도록 건조시켜 주어야 한다.

## 3) 건강 검진 및 예방접종

### (1) 건강 검진

'건강 검진 실시 기준'(보건복지부 고시 2018-264호)에 따르면 건강 검진은 총 7차례 실시하며, 구강 검진은 총 3차례 실시하여야 한다. 즉, 건강 검진은 생후 4개월, 9개월, 18개월, 30개월, 42개월, 54개월, 66개월에 실시하여야 하며, 구강 검진은 생후 18개월, 42개월, 54개월에 실시하여야 한다.

또한, 원장(어린이집, 유치원)은 1년에 1회 이상 해당 기관의 영유아를 대상으로 영유아 검진 기관으로 지정받은 병원(「건강검진기본법」 시행규칙 제4조, 시행 2019.9.27.)에서 건강 검진을 실시하여야 한다. 단, 영유아가 개별적으로 건강 검진을 실시한 경우에는 건강검진을 생략할 수 있다(「영유아보육법」 제31조, 시행 2020.2.16.; 「유아교육법」 시행규칙 제2조의5, 시행 2020.2.27.). 영아(0~2세)의 경우, 신체 계측 결과와 소아과의 정기 예방접종 등으로 건강검진을 갈음할 수 있다(한국보육진흥원, 2017).

〈표 2-4〉 영유아 건강 검진 시기

| 구분 | 1차 | 2차 | 3차 | 4차 | 5차 | 6차 | 7차 |
|---|---|---|---|---|---|---|---|
| 검진 시기 (검진 유효 기간) | 4개월 (4-6 개월) | 9개월 (9-12 개월) | 18개월 (18-24 개월) | 30개월 (30-36 개월) | 42개월 (42-48 개월) | 54개월 (54-60 개월) | 66개월 (66-71 개월) |
| 건강 검진 | O | O | O | O | O | O | O |
| 구강 검진 | | | O | | O | O | |

출처: 국민건강보험(2020). https://www.nhis.or.kr

### (2) 예방접종

예방접종이란 특정 질병에 걸리도록 하는 물질(항원)을 이용해서 질병에 대한 방어 능력(항체)를 만들어 주는 수단이다(서울특별시교육청, 유아교육진흥원, 2012). 영유아는 성인에 비해 저항력이 약하므로 질병에 걸리기 쉽다. 따라서 예방접종을 통해 질병에 대한 방어 능력을 키워 줄 필요가 있다. 연령에 따른 표준 예방접종은 〈표 2-5〉와 같다.

〈표 2-5〉 표준 예방접종 일정표

| 구분 | 대상 감염병 | 백신 종류 및 방법 | 1개월 이내 | 1개월 | 2개월 | 4개월 | 6개월 | 12개월 | 15개월 | 18개월 | 19~23개월 | 24~35개월 | 4세 | 6세 | 11세 | 12세 |
|---|---|---|---|---|---|---|---|---|---|---|---|---|---|---|---|---|
| 국가예방접종 | 결핵 | BCG(피내용) | 1회 | | | | | | | | | | | | | |
| | B형간염 | HepB | 1차 | 2차 | | | 3차 | | | | | | | | | |
| | 디프테리아/파상풍/백일해 | DTaP | | | 1차 | 2차 | 3차 | | 4차 | | | | 5차 | | | |
| | | Tdap | | | | | | | | | | | | | 6차 | |
| | 폴리오 | IPV | | | 1차 | 2차 | 3차 | | | | | | 4차 | | | |
| | b형헤모필루스 인플루엔자 | Hib | | | 1차 | 2차 | 3차 | 추4차 | | | | | | | | |
| | 폐렴구균 | PCV | | | 1차 | 2차 | 3차 | 추4차 | | | | | | | | |
| | | PPSV | | | | | | | | | | 고위험군에 한하여 접종 | | | | |
| | 홍역/풍진/유행성이하선염 | MMR | | | | | | 1차 | | | | | 2차 | | | |
| | 수두 | Var | | | | | | 1회 | | | | | | | | |
| | A형간염 | HepA | | | | | | 1–2차 | | | | | | | | |
| | 일본뇌염 | IJEV(불활성화 백신) | | | | | | 1–2차 | | | | 3차 | | 4차 | | 5차 |
| | | LJEV(약독화 생백신) | | | | | | 1차 | | | | 2차 | | | | |
| | 사람유두종 바이러스 | HPV | | | | | | | | | | | | | | 1–2차 |
| | 인플루엔자 | IIV(사백신) | | | | | 매년접종 | | | | | | | | | |
| 기타예방접종 | 결핵 | BCG(경피용) | 1회 | | | | | | | | | | | | | |
| | 로타바이러스 | RV1 | | | 1차 | 2차 | | | | | | | | | | |
| | | RV5 | | | 1차 | 2차 | 3차 | | | | | | | | | |

– 국가예방접종: 국가가 권장하는 예방접종(국가는 「감염병의 예방 및 관리에 관한 법률」을 통해 예방접종 대상 감염병과 예방접종의 실시기준 및 방법을 정하고, 국민과 의료제공자에게 이를 준수토록 하고 있음.)

– 기타예방접종: 국가예방접종 이외 민간 의료기관에서 접종 가능한 예방접종

출처: 질병관리본부(2020). http://www.cdc.go.kr

# 6 미세 먼지와 영유아 건강 관리

최근에 중국발 스모그와 대기 정체 등으로 미세 먼지 농도가 증가하고 있으며, 2013년 세계보건기구(WHO) 산하 국제암연구소(IARC)에서는 미세 먼지를 1군 발암 물질로 분류하였다(교육부, 2017a). 미세 먼지가 1군 발암 물질로 지정됨에 따라 취약 계층인 영유아의 건강에 대한 우려와 불안감이 커지고 있다. 이에 미세 먼지의 발생 원인과 위해성 및 미세 먼지 대응 요령을 알고 영유아가 미세 먼지로부터 스스로 자신을 보호할 수 있도록 지도해야 한다.

## 1) 미세 먼지 개념

미세 먼지란 대기 중에 떠다니거나 흩날려 내려오는 10㎛ 이하의 입자상 물질로서 '미세 먼지($PM_{10}$)'와 '초미세 먼지($PM_{2.5}$)' 등 먼지 직경에 따라 구분한다(서울특별시교육청, 2019).

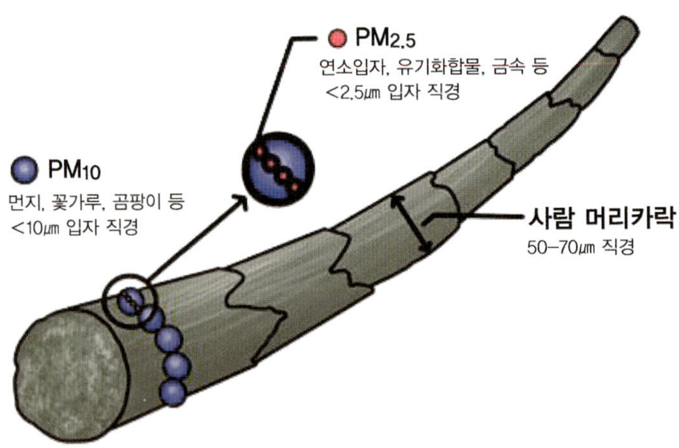


$PM_{10}$은 1,000분의 10mm보다 작은 먼지이며, $PM_{2.5}$는 1,000분의 2.5mm보다 작은 먼지로, 머리카락 직경(약 60㎛)의 1/20~1/30 크기보다 입자가 작다.

그림 2-7 미세 먼지의 크기

### 2) 미세 먼지 발생 원인

미세 먼지의 발생 원인은 크게 국내 원인과 국외 원인으로 나누어 볼 수 있으며, 내용은 다음과 같다.

〈표 2-6〉 미세 먼지 발생 원인

| | |
|---|---|
| 국내 원인 | • 인위적 배출원에서 미세 먼지로 직접 배출되거나, 대기 중 화학 반응에 의해 2차 생성되며, 또한, 자연적으로도 발생됨<br>• (직접 배출) 사업장 연소, 자동차 연료 연소, 생물성 연소 과정 등<br>• (2차 생성) 황산화물(SOx), 질소산화물(NOx), 암모니아($NH_3$), 휘발성 유기 화합물(VOCs) 등이 대기 중에서 수증기 등과 반응하여 생성<br>• (자연 발생) 광물 입자(황사 등), 소금 입자(해염 등), 생물성 입자(꽃가루 등) 등 |
| 국외 원인 | • 중국 등에서 발생한 고농도 미세 먼지가 강한 서풍 또는 북풍의 영향으로 서해안 등을 통과하여 국내로 유입 |

출처: 서울특별시교육청(2019).

### 3) 미세 먼지 위해성

미세 먼지는 입자가 미세하여 코점막을 통해 걸러지지 않고 흡입 시 폐포(뇌)까지 직접 침투하므로 천식 · 폐질환 유병률 및 조기 사망률 증가의 원인이 된다(서울특별시교육청, 2019). 또한, 단시간 흡입으로는 신체 변화가 나타나지 않으나, 장기적 · 지속적으로 미세 먼지에 노출될 경우 발생할 수 있는 질병으로는 알레르기성 결막염, 각막염, 알레르기성 비염, 기관지염, 폐기종, 천식 등이 있으며, 폐포의 손상을 일으킬 수 있다(교육부, 2017a).

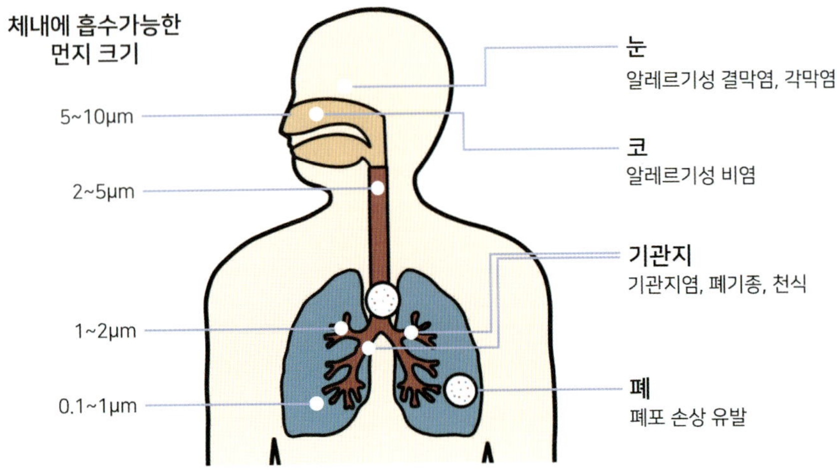


**그림 2-8** 미세 먼지로 인해 발생할 수 있는 각종 질병

### 4) 고농도 미세 먼지 대응요령

에어코리아(2020)에서 제시하는 고농도 미세 먼지 발생 시 일반적인 대응 요령은 다음과 같다

- 외출은 가급적 자제한다.
- 외출 시 보건용 마스크(식약처 인증)를 착용한다.
- 외출 시 대기 오염이 심한 곳은 피하고 활동량을 줄인다.
- 외출 후 깨끗이 씻는다(손, 발, 눈, 코를 흐르는 물에 씻고 양치질하기).
- 물과 비타민 C가 풍부한 과일·야채를 섭취한다.
- 환기, 물청소 등 실내 공기질을 관리한다.

### 5) 미세 먼지 예 · 경보제

환경부에서는 대기질 모델링 및 예보관의 판단을 통해 고농도 미세 먼지 발생 상황을 예측하고, 이를 사전에 알려 국민들이 미리 대비할 수 있도록 2014년부터 미세 먼지 예보제를 시행하고 있다.

**예보제 (환경부에서 대기 모델링을 이용하여 예측 발표)**

| 예보 내용 | | 농도별 예보등급(㎍/㎥) | | | |
|---|---|---|---|---|---|
| | | 좋음 | 보통 | 나쁨 | 매우나쁨 |
| 예보 물질 | 미세 먼지 (PM10) | 0~30 | 31~80 | 81~150 | 151이상 |
| | 초미세 먼지 (PM2.5) | 0~15 | 16~35 | 36~75 | 76이상 |

**경보제 ('매우나쁨' 단계 시) (서울시에서 현재의 실시간 농도 측정값 기준으로 발령)**

| | |
|---|---|
| 주의보 | PM10 시간당 평균농도가 150㎍/㎥ 이상, 2시간 이상 지속<br>PM2.5 시간당 평균농도가 75㎍/㎥ 이상, 2시간 이상 지속 |
| 경보 | PM10 시간당 평균농도가 300㎍/㎥ 이상, 2시간 이상 지속<br>PM2.5 시간당 평균농도가 150㎍/㎥ 이상, 2시간 이상 지속 |

출처: 에어코리아(2020). http://www.airkorea.or.kr

### 6) 보건용 마스크 사용법

보건용 마스크란 입자형 유해 물질이나 감염원으로부터 호흡기를 보호할 목적으로 사용하는 마스크이다. 질병관리본부(2020)에서 제시하는 보건용 마스크의 올바른 사용법은 다음과 같다.

① 마스크를 만지기 전에 먼저 손을 깨끗이 씻는다.
② 양손으로 마스크의 날개를 펼치고 날개 끝을 잡아 오므린다.
③ 고정심이 내장된 부분을 위로 해서 잡고 턱 쪽에서 시작하여 코 쪽으로 코와

입을 완전히 가린다.

④ 머리끈을 귀에 걸어 위치를 고정하거나 끈을 머리 뒤쪽으로 넘겨 연결 고리에 양쪽 끈을 건다.

⑤ 양손의 손가락으로 고정심 부분이 코에 밀착되도록 고정심을 눌러 준다.

⑥ 양손으로 마스크 전체를 감싸고 공기가 새는지 체크하면서 얼굴에 밀착되도록 조정한다.

※ 마스크 착용 후 호흡곤란, 두통 등과 같은 불편함이 있으면 바로 벗는다.

※ 호흡기 질환자의 경우 의사와 상의한 후 착용하여야 한다.

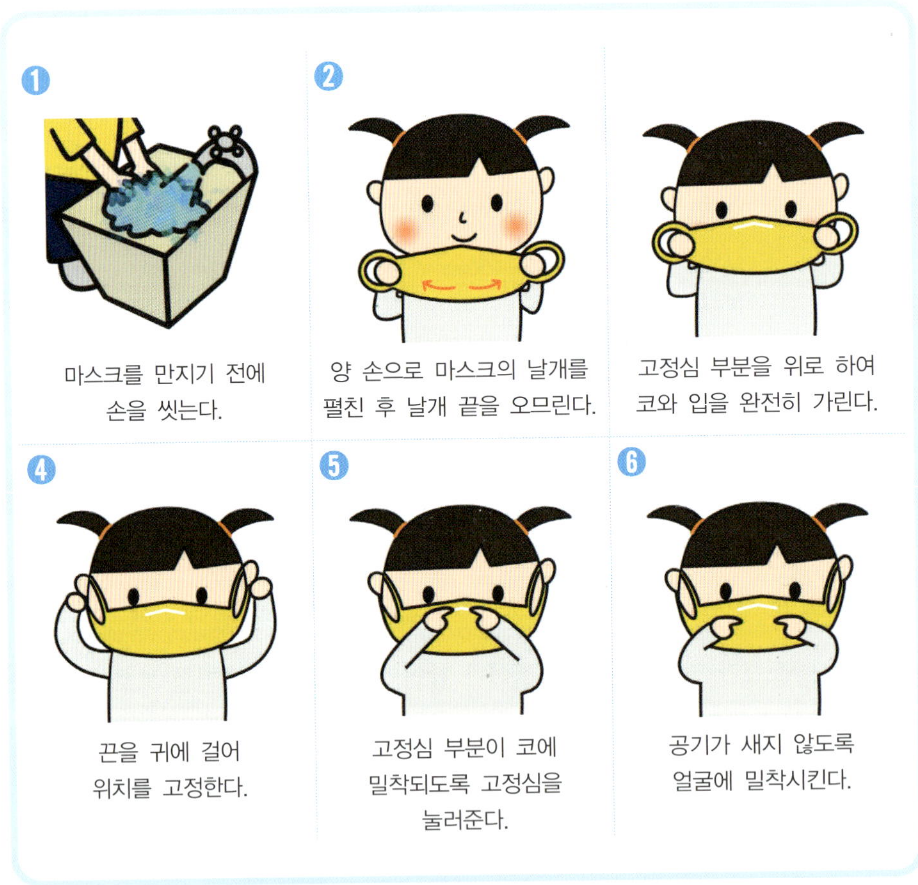


**그림 2-9** 보건용 마스크(접이용 제품) 착용법

Chapter

# 03

영 유 아 건 강 교 육

# 영유아 건강 교육

Chapter 03

# 영유아 건강 교육

영유아 건강 교육은 영유아가 주체가 되어 스스로 건강의 중요성을 인식하고, 건강증진 행위를 실천할 수 있도록 이루어져야 한다. 이를 위해 부모와 교사 및 주변 성인들은 영유아의 발달 특성과 흥미를 고려한 건강 교육을 해야 한다. 이 장에서는 영유아 건강 교육의 개념과 목표, 교육 내용과 지도 방법을 제시하였다. 더불어 현재 우리나라의 누리과정과 표준보육과정에서는 영유아 건강 교육의 내용을 어떻게 구성하고 있는지도 함께 살펴보고자 한다.

## 1 영유아 건강 교육의 개념

건강 교육(Health Education)이란 건강에 관한 새로운 지식이나 기존에 가지고 있던 지식을 새롭게 이해하여 이를 바탕으로 바람직한 건강증진 행위를 하도록 돕는 것이다(김일옥, 2002; Israel et al., 1994). 세계보건기구(WHO, 1986)에서는 건강에 관한 지식, 기술 및 태도를 가지며, 건강한 생활습관을 교육하는 것을 건강 교육이라고 정의하고 있다.

21세기 사회·경제적인 변화에 따라 건강에 관한 사람들의 관심이 증가하면서 건강의 개념은 신체적·정신적·사회적으로 안녕(Well-being)인 상태가 되었다(WHO, 1948). 즉, 건강이란 모든 차원에서 안녕한 상태를 유지하며 자신의 능력을 최대한 발휘할 수 있는 최적의 상태로 변화된 것이다. 건강의 개념이 변화됨에 따라 과거에는 건강 교육이 질병 예방 위주의 소극적 개념이었지만 지금은 질병 예방은 물론 건강 유지 및 증진까지 포괄하는 광범위한 개념으로 전환되었다(임미혜, 정정옥, 2010). 오늘날 건강 교육은 건강에 관한 지식을 토대로 건강증진 행위를 실천하도록 하는 적극적인 개념으로 사용되고 있다.

영유아기는 건강 교육의 결정적 시기이다(Kolbe, 2005). 이 시기에 바람직한 식생활, 질병 예방, 규칙적인 운동 등은 영유아가 건강한 몸과 마음을 가지는 데 필요하며, 건강한 생활습관의 기초를 형성하는 데 도움을 준다. 최근 영유아기에 신체활동의 감소, 불규칙한 식생활, 스트레스 등과 같이 잘못된 생활습관으로 인해 만성질환이 생겨나면서 생활습관병이라는 개념(김명 외 2008; 박순영, 이종인, 김희경, 2007)이 등장하고 있다. 이렇듯 잘못된 생활습관을 예방하고 미래의 건강한 사회 구성원으로 성장하기 위해서는 영유아기부터 바람직한 건강 교육이 필요하다.

영유아 건강 교육은 영유아가 건강에 대한 중요성을 인식하고 이를 바탕으로 신체적·정신적·사회적 건강을 유지하며, 영유아가 건강한 생활습관을 형성할 수 있도록 돕는 교육이다. 영유아 건강 교육의 개념을 구체적으로 살펴보면 다음과 같다.

첫째, 영유아가 건강에 대한 중요성을 인식하게 하는 교육이다. 이는 건강에 대한 지식적 측면만 강조하는 것이 아니라 자신의 건강은 자신이 지켜야 한다는 능동적인 태도를 포함한다(남철현 외, 2005). 건강에 대한 지식만 있고 중요성을 인식하지 못하면 건강증진 행위로 이어지지 않으며(유은영, 2011), 질병에 걸리지 않도록 예방하기 위한 적극적인 태도를 형성하기 어렵다.

둘째, 영유아가 신체적·정신적·사회적 건강을 유지하게 하는 교육이다. 건강 교육은 영유아가 최적의 건강 상태, 즉 신체적·정신적·사회적으로 아무 문제가 없는 상태를 유지할 수 있도록 돕는다. 따라서 영유아가 최상의 상태에서 자신의 행복을 유지하기 위한 수단으로 건강 교육이 제공되어야 한다(권봉안, 2015).

셋째, 영유아가 건강증진 행위를 실천하게 하는 교육이다. 건강증진은 사람들이 최적의 건강 상태를 위해 자신의 생활양식을 유지하고 변화시키는 모든 활동을 의미한다(정문희 외, 2014). 그러므로 영유아 건강 교육은 자신의 건강 관리를 위한 대처 능력을 기르게 하고 자발적인 실천으로 건강한 생활습관을 형성하게 하는 데 중점을 둔다.

## 2 영유아 건강 교육의 목표

영유아 건강 교육의 목적은 영유아가 스스로 건강에 유익한 생활습관을 형성하여 일상생활 속에서 실천할 수 있도록 돕는 것이다. 이를 위해 우리나라 보육·교육과정과 건강 교육의 일환으로 실시되는 보건 교육, 국외 문헌에서 밝히고 있는 건강 교육의 목표를 구체적으로 살펴보자.

우리나라 영유아 건강 교육의 목표는 표준보육과정과 누리과정에서 제시하고 있다. 구체적으로 영아 건강 교육의 목표를 표준보육과정(보건복지부, 고시 2020.4.9.)에서는 기본생활 영역에서 제시하고 있다. 표준보육과정에서 건강 교육의 목표는 영아들이 건강하고 안전한 일상생활을 경험하는 것이다. 누리과정에서는 건강 교육의 목표를 신체운동·건강 영역에서 제시하고 있다. 누리과정에서 건강 교육의 목표는 유아가 실내외에서 신체활동을 즐기고, 건강하고 안전하게 생활하는 것이다.

우리나라의 유치원은 학교보건사업의 일환으로 건강 교육을 유아의 신체적·정신적·사회적 건강 생활 습관을 위해 실시해야 한다고 법으로 명시되어 있다(「학교보건법」 제9조, 시행 2019.10.24.). 「학교보건법」에 따라 유치원 현장에는 유아 건강 교육과 관련된 프로그램이 개발·보급되었다. 이 중 '유치원 보건 교육 프로그램(교육과학기술부, 2012c)'에서는 유아가 생활하면서 발생하는 여러 가지 보건 문제들에 대해서 신체적 · 정신적 · 사회적으로 조화롭게 적응할 수 있는 건강한 습관과 실천적 지식을 기르는 것을 목적으로 하고 있다.

국외에서는 세계보건기구(WHO, 1986)가 건강 교육의 목표를 자기 자신의 행동과 노력으로 자신의 건강을 유지할 수 있도록 돕는 것이라고 밝히고 있다. 그리고 미국 유아교육협회(NAEYC, 2002)는 유아 건강 교육 목표를 유아가 건강과 관련된 경험과 학습을 함으로써 건강에 관한 기본적인 정보를 이해하고 이를 실천할 수 있는 능력을 기르는 것이라고 밝히고 있다.

따라서 영유아 건강 교육의 궁극적인 목표는 영유아가 개인 또는 가족의 일원 그리고 사회의 일원으로서 자신의 건강에 대해 책임감을 갖도록 교육하는 것이다. 즉, 영유아가 정확한 건강 지식을 토대로 바람직한 태도를 형성하며, 필요한 생활기술을 습득하여 개인 스스로 건강 관리 능력을 갖추게 하는 것이다.

## 3 영유아 건강 교육의 내용

영유아 건강 교육의 내용은 영유아의 흥미와 발달 수준에 적합해야 한다. 그리고 다양한 경험과 학습활동을 통해 건강 교육의 목표를 달성할 수 있도록 구성되어야 한다. 이를 위한 건강 교육의 내용에 대하여, 정미라 등(2012)은 건강 생활습관 지도, 영양, 정신건강, 안전을 제시하고 있다. 건강 교육은 범위를 넓혀서 영유아가 일상생활에서 접하는 신체 건강, 영양, 정신건강, 안전과 같은 모든 내용을 포괄해야 한다(유은영, 2011). 우리나라 「학교보건법」 제9조(시행 2019.10.24.)는 학생의 신체 발달 및 체력 증진, 질병의 치료와 예방, 음주 · 흡연과 약물 오용 · 남용의 예방, 성교육, 정신건강 증진 등과 같은 보건 교육을 실시해야 한다고 명시하고 있다. 국외의 경우 미국 유아교육협회 'Healthy Young Children' 프로그램에서는 발달에 적합한 영유아 건강 교육의 내용을 감염 예방, 사고 예방, 응급처치, 영양, 구강 건강, 정신건강, 의료 보호, 교직원의 건강 관리, 질병 관리, 특별 건강 문제 등으로 제시하고 있다(NAEYC,

2002).

이러한 국내외 자료를 토대로 일반적인 영유아 건강 교육의 내용을 질병 예방, 정신건강, 영양 교육, 안전 교육, 학대 예방 및 대처, 유해 물질 노출 예방 교육으로 정리하여 제시하면 다음과 같다.

### 1) 질병 예방

질병 예방은 영유아가 질병에 걸리지 않도록 하는 것이다. 영유아는 면역력이 약하고 감염에 취약하다. 특히, 유아교육기관과 같은 기관에서 집단생활을 할 경우 감염병에 걸릴 확률이 높다. 질병 예방을 위해서 교사는 먼저 청결하고 건강한 물리적 환경을 구성해 주어야 한다. 그리고 영유아가 건강을 유지하기 위해서는 질병 예방의 필요성과 방법에 대해 알아보고 실천할 수 있도록 해야 한다. 질병 예방에서 강조하는 건강 교육의 내용은 다음과 같다.

- 감염병 예방(세균과 바이러스 등에 의해 집단적으로 유행하는 질병 예방)
- 청결과 위생(손씻기, 치아 관리, 주변 환경 깨끗이 하기)
- 날씨와 계절에 따른 옷차림
- 건강 검진과 예방접종의 필요성
- 신체활동의 중요성(신체활동에 참여, 운동의 효과)

### 2) 정신건강

영유아 정신건강이란 신체적으로나 정신적 혹은 행동적으로 자기가 처한 발달 단계에 맞는 발달 과제를 성취하고 있는 것을 말한다(홍순정, 이규미, 2009). 또한, 영유아 정신건강은 건강한 사회정서 발달을 포함한다(Zero to three, 1994). 정신이 건강한 영유아는 환경에 잘 적응하고 어려운 문제 상황에 직면했을 때 대처하여 극복할 수 있다. 영유아가 바람직한 인간 관계를 맺고 공동체에서 건강하게 살 수 있도록 부모와 교사는 지속적으로 영유아의 정신건강에 관심을 가져야 한다. 정신건강에서 강조하는 건강 교육의 내용은 다음과 같다.

- 긍정적 자아 인식
- 건강한 일상생활 하기
- 휴식과 수면의 중요성
- 자신 및 타인과의 즐거운 관계 형성법
- 스트레스 해소법
- 미디어를 바르게 사용하는 방법과 중독 예방

### 3) 영양교육

영양교육은 다양한 학습 경험을 통해 잘못된 식습관을 개선하고 영양 지식을 습득하여 건강한 식생활을 유지하는 것이다(구재옥 외, 2007). 영양이 부족하면 생명을 유지하지 못하고 질병에 걸리거나 건강한 발달이 저해되기도 한다. 영유아는 영양교육을 통해 양호한 건강 상태를 유지하고 바람직한 체위(신장, 체중)와 체격, 건강한 체질을 위한 올바른 식습관의 기초를 형성할 수 있다. 영양교육은 유아교육기관에서 간식 및 점심시간과 같은 일과 활동에서 수시로 실시할 수 있다. 영양교육에서 강조하는 건강 교육의 내용은 다음과 같다.

- 바른 식생활 하기(식사 예절 지키기)
- 편식지도(골고루 먹기)
- 영양소의 인식과 역할(우리 몸에 필요한 영양소)
- 조리 활동

### 4) 안전 교육

안전 교육이란 국민이 안전에 대한 중요성을 인식하고 각종 재난 및 안전 사고 발생 시 이에 효과적으로 대처할 수 있도록 안전에 대한 지식이나 기능을 습득하는 교육을 말한다(「국민 안전교육 진흥 기본법」, 시행 2020.1.29.). 교육부(2016d)에서는 '학교 안전 교육 7대 표준안'을 마련하여 법령[1])에서 규정하는 안전 관련 교육 및 학교 교육과정과 연계 · 통합하여 안전 교육을 실시하도록 하였다. '학교 안전 교육 7대 표준안'에 따른 유아교육기관의 안전 교육 시간 및 횟수는 〈표 3-1〉과 같다.

〈표 3-1〉 유아교육기관의 안전 교육 시간 및 횟수

| 생활 안전 | 교통 안전 | 폭력 예방 및 신변보호 | 약물 및 사이버 중독 예방 | 재난 안전 | 직업 안전 | 응급처치 |
|---|---|---|---|---|---|---|
| 13 | 10 | 8 | 10 | 6 | 2 | 2 |
| 학기당 2회 이상 | 학기당 3회 이상 | 학기당 2회 이상 | 학기당 2회 이상 | 학기당 2회 이상 | 학기당 1회 이상 | 학기당 1회 이상 |

출처: 교육부(2016d).

영유아 안전 교육은 영유아가 단순히 안전 교육의 지식만을 습득하는 것이 아니라 생활 속에서 위험 요소를 미리 예측하고, 스스로 예방할 수 있는 대처 능력을 길러 안전한 생활 태도를 형성하게 하는 것이다. 영유아 안전 교육의 내용은 시대적 흐름에 따라 달라질 수 있으며, 최근에는 다음과 같은 내용도 포함된다.

- 약물 안전
- 놀이 안전
- 환경 및 공해 안전
- 미디어 안전

## 5) 학대 예방 및 대처

학대 예방 및 대처는 영유아가 자신의 신체적 · 정서적 · 성적 학대와 방임을 예방하고 대처하기 위한 것이다. 「아동복지법」 제28조(시행 2020.4.7.)에서는 성폭력 및 아동

1) 「아동복지법」(시행 2020.4.7.), 「학교폭력예방 및 대책에 관한 법률」(시행 2020.3.1.), 「성폭력방지 및 피해자보호 등에 관한 법률」(시행 2018.9.14.), 「성매매방지 및 피해자보호 등에 관한 법률」(시행 2018.9.14.)

학대 예방을 위해 연간 8시간 이상 교육시간 확보를 명시하고 있다. 「아동학대범죄의 처벌 등에 관한 특례법」 제10조(시행 2019.7.16.)에 따르면, 유아교육기관의 장과 교직원은 아동학대 신고 의무자로서, 「아동복지법」 제26조(시행 2020.4.7.)에 따라 아동학대 예방 및 신고의무 관련 교육을 연간 1시간 이상 실시해야 한다. 영유아의 학대를 예방하고 적절히 대처하기 위해 교사는 단순한 지식 전달이 아닌 상황극을 통해 영유아가 실제 상황에서 대처할 수 있도록 연습해 보는 기회도 제공해 주는 것이 좋다. 학대 예방 및 대처 교육에서 강조하는 건강 교육의 내용은 다음과 같다.

- 권리 인식(생존권, 보호권, 발달권, 참여권 알기)
- 폭력 예방(나와 내 주변 사람의 소중함을 알고 사이좋게 지내기)
- 아동학대 신고 및 대처방법 알기(교사 및 주변 성인에게 도움을 요청하기)
- 성폭력 예방 및 대처방법 알기(내 몸의 소중함 알기, 좋은 느낌과 싫은 느낌)

### 6) 유해 물질 노출 예방 교육

유해 물질이란 사람의 건강이나 생활 환경에 피해를 일으킬 우려가 있는 물질이다. 유해 물질에는 납, 수은, 포름알데히드 같은 화학 성분과 초미세 먼지와 같은 대기 오염물질 등이 포함된다(서울특별시, 2016). 영유아는 성인과 달리 성장이 진행되고 있어서 장기가 완전히 형성된 상태가 아니기 때문에 해로운 화학 물질이나 환경 오염에 치명적이다. 교사는 영유아가 유해 물질에 노출되지 않도록 안전한 환경을 마련해 주고, 영유아가 미세 먼지나 유해 환경으로부터 어떻게 대처하는 것이 적절한지를 지도해야 한다. 유해 물질 노출 예방 교육은 환경과 관련된 건강 교육으로 영유아가 깨끗한 자연 환경의 중요성과 더불어 자연과 공존하며 살아갈 수 있는 태도를 가지도록 하는 내용을 포함해야 한다. 유해 물질 노출 예방 교육에서 강조하는 건강 교육의 내용은 다음과 같다.

- 위험한 유해 물질 알기
- KC 마크(안전인증마크)를 획득한 학용품과 놀잇감 사용하기

- 환경 보호하기
- 환경 오염에 대처하기

## 4 영유아 건강 교육의 방법

영유아 건강 교육의 방법은 영유아의 발달과 교육에 적합한 방법을 선택하여 다양하게 제시할 수 있다. 영유아 건강 교육에 대한 구체적인 방법으로 정미라 등(2012)은 설명하기 및 시연하기, 토의하기, 역할놀이, 모델링을 제시했다. 그리고 곽은복(2000)은 설명과 시범보이기, 토의하기, 모델링, 역할놀이, 현장체험을 제시하고 있다. 이러한 건강 교육의 방법은 내용과 상황에 따라 한 가지 방법에만 의존하기보다 다양한 방법을 병행하는 것이 좋다. 유아교육기관에서 주로 활용되는 건강 교육의 방법을 정리하여 제시하면 다음과 같다.

### 1) 하루 일과 운영을 통한 건강 교육

교사는 등·하원시간, 정리정돈 시간, 휴식(낮잠)시간, 간식 및 점심시간, 전이 시간, 화장실 사용 등과 같이 일상생활 속에서 지속적으로 일관성 있게 건강 교육을 실시해야 한다(임미혜 외, 2013). 등원 시 영유아와 인사를 나누며 건강 상태를 파악하고, 하원 시에는 안전한 귀가길이 되도록 안내한다. 정리정돈 시간에는 영유아가 사용한 놀잇감이나 주변을 스스로 정리할 수 있도록 지도한다. 그리고 낮잠 시 특이 사항은 없는지, 간식 및 점심시간에 식사량은 어떠했는지, 배변에 이상은 없는지 등에 대한 교사의 관찰과 적절한 개입이 필요하다.

또한, 청결과 위생은 일과 내내 이루어지는 것으로 영유아가 생활 속에서 항상 손과 몸, 이를 청결히 유지하도록 지도해야 한다. 특히, 간식과 급식 전후는 물론이고, 화장실 이용 후, 미술 활동 이후와 바깥놀이 활동이나 산책을 다녀온 후, 항상 손을 깨끗이 씻는 것이 습관화되도록 지도한다. 하루 일과 운영을 통한 건강 교육은 수시로 이루어질 수 있으며, 각 개별 영유아의 건강 상태를 관찰하여 개별적으로 접근할 필요가 있다.

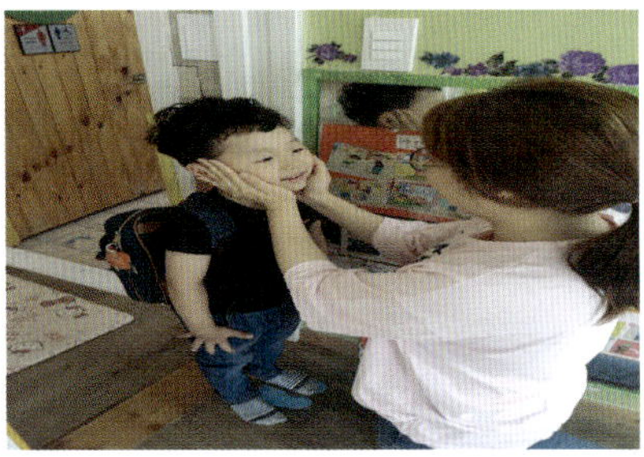

**사진 3-1** 등원 시 인사 나누기

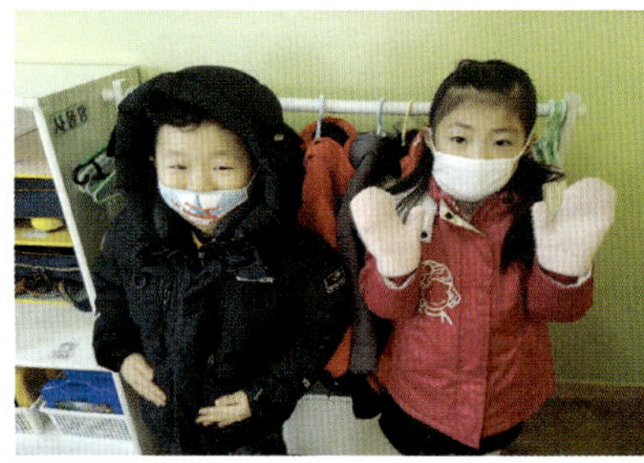

**사진 3-2** 바깥놀이 시 날씨에 맞게 옷 입기

### 2) 설명 및 시연하기

영유아가 처음으로 경험하게 되는 건강 관련 행동은 매체를 활용하여 교사가 설명하거나 시연을 보이는 것이 효과적이다. 설명하기 방법은 짧은 시간에 많은 양의 지식과 정보 전달이 가능하다(곽은복, 2000). 교사는 동화책, 그림판, 동영상 등 다양한 매체를 활용하여 건강 관련 사실이나 정보를 영유아가 알기 쉽게 전달할 수 있다. 그러나 설명하기로 한꺼번에 많은 정보를 전달하면 영유아의 흥미를 떨어뜨릴 수 있으며, 수동적으로 반응하게 되므로 영유아가 적극적으로 참여할 수 있는 방안이 필요하다.

시연하기는 체험을 통한 학습이 가능하여 영유아가 직접 행동해 볼 수 있는 장점이 있다(곽은복, 2000). 시연하기는 교사가 여러 상황을 단계적으로 보여 주고, 이후 영유아가 절차를 반복하여 따라 해 보게 하는 것이다. 예를 들면, 올바른 손씻기 방법을 알려 줄 때 교사의 시연을 따라 해 보게 할 수 있다. 시연 이후에는 세면장에 손 씻는 그림 자료를 부착해 두고, 영유아가 스스로 바르게 손을 씻도록 하여 바른 손씻기가 습관화되도록 한다.

**사진 3-3** 동영상 매체 활용 설명하기

**사진 3-4** 그림자료 보며 손씻기

### 3) 토의하기를 통한 건강 교육

토의하기를 통한 건강 교육은 영유아가 자신의 생각을 이야기하고 다른 사람의 의견을 듣는 과정에서 건강과 관련된 문제를 해결하는 방법이다(곽은복, 2000; 이갑순 외, 2006). 영유아가 일상생활에서 건강 관련 문제 상황을 적절하게 대처하는 방법이나 건강 관련 규칙을 정하기 위해 토의할 수 있다. 학기 초 교실에서 지켜야 할 건강규칙에 대해 토의하는 것은 공동체 생활에 필요한 개인위생 관리의 중요성을 인식하는 계기가 된다. 그리고 건강 체험관과 같은 현장학습 전후나 지역 사회 전문가 방문 강연 전후에도 영유아가 알게 된 지식에 대해 토의하게 되면 연계 활동으로 더욱 효과적이다.

토의는 다른 사람과 의견을 나누는 과정이기 때문에 서로의 의견이 다를 수 있음을 알려 주는 방법이다. 토의 과정을 통해 영유아는 자신의 생각과 다른 사람의 생각에 차이가 있음을 알게 되고 건강 지식과 행동을 자연스럽게 습득할 수 있다. 효과적인 토의활동을 위해서 교사는 사전에 토의의 주제, 집단 형태, 시간, 토의방법과 방향에 대한 준비가 필요하다.

### 4) 모델링

모델링은 교사나 또래의 바른 건강 증진 행동을 관찰할 수 있는 기회를 제공하여 영유아가 이를 모방함으로써 올바른 행동을 습득하도록 돕는 것이다(변정순, 이경혜, 2010). 교사는 건강과 관련하여 바람직한 행동을 보여 줌으로써 영유아가 건강 증진 행동을 모방할 수 있는 기회를 제공한다. 교사가 솔선수범하여 바람직한 건강 생활을 실천하게 되면 영유아도 건강한 생활습관을 자연스럽게 형성할 수 있게 되는 것이다. 그러므로 교사는 올바른 식습관이나 손씻기, 화장실 사용 등 모든 행동이 영유아에게 관찰을 통한 학습이 될 수 있음을 인식해야 한다. 이외 또래가 골고루 음식을 먹는 모습을 관찰하면서 함께 점심식사를 할 경우 영유아에게 동기 부여가 될 수 있는 또래 모델링도 있다.

사진 3-5 점심식사 또래 모델링

사진 3-6 이닦기 교사 모델링

### 5) 역할놀이를 통한 건강 교육

역할놀이는 영유아가 직접 경험을 통해 건강에 관련된 지식을 재구성하도록 돕는데 활용된다. 역할극은 놀이나 모의 상황을 통해 다양한 건강 문제를 미리 경험해 봄으로써 실제 상황에 대처할 기술과 습관을 형성할 수 있다는 장점이 있다(송재현, 2006). 가게놀이, 병원놀이, 소꿉놀이 등을 할 때 영유아가 역할을 맡아 다른 사람의 입장을 경험해 볼 수 있다. 그리고 역할놀이는 영유아가 자연스러운 상황에서 건강에 대한 정보와 지식을 얻을 수 있으며, 특히 개별적인 영유아를 대상으로 건강 교육을 실시하기에 적합하다.

역할놀이를 통한 건강 교육을 위해 교사는 생활 주제나 영유아의 관심과 흥미에 따른 놀잇감과 자료를 제공해야 한다. 또한, 상황에 따라서는 교사가 영유아의 놀이 상대로 참여하여, 역할놀이를 통한 건강 교육이 연계 · 확장될 수 있도록 촉진자 역할을 해야 한다.

**사진 3-7** 함부로 약을 먹지 않아요

**사진 3-8** 몸에 좋은 음식상 차리기

### 6) 조리 활동을 통한 건강 교육

조리 활동은 어떤 음식을 조리할 것인지 계획하고, 이야기를 나누고, 음식 재료를 준비하고, 조리한 후 먹어 보고, 정리하기까지 영유아가 직접 참여하는 것을 말한다(홍연홍, 2013). 조리 활동은 일상생활에서 실제적인 경험을 통한 영양 교육으로 효과적이다. 영유아는 조리 과정에 직접 참여하여 재료를 탐색하고, 음식을 만들어 먹어보는 경험을 통해 영양소에 대한 지식을 습득하고 올바른 식습관을 형성할 수 있다. 특히, 편식이 있는 영유아의 경우 자신이 직접 만든 음식을 먹어 보는 경험을 통해 식생활 습관 개선을 기대할 수 있다.

조리 활동을 통해 영양 교육을 계획할 때에는 영유아의 발달 수준 및 개별적 특성을 고려해야 한다. 영유아의 발달 수준에 따라 조리 활동의 난이도와 조리 과정에서 사용되는 도구, 기술의 복잡성이 달라져야 한다(노은호, 김정신, 2007). 또한, 영유아의 음식 선호도, 식품 알레르기 등 개인의 특성을 미리 파악하여 조리 활동을 계획하는 것이 좋다.

### 7) 현장학습을 통한 건강 교육

현장학습은 영유아가 관련 기관을 직접 방문하여 관찰 및 실제 경험을 하는 방법이다. 건강 교육을 위한 현장학습의 장소는 보건소, 병원, 약국, 소방서, 경찰서, 사회복지관, 안전체험관, 어린이 교통안전 공원 등이 있다. 현장학습을 할 경우 건강 교육의 학습 효과를 높이기 위해 사전준비와 사후 연계가 반드시 필요하다.

보건소를 방문하려는 계획을 세웠다면 영유아가 방문하기 전 보건소에서 하는 일 등을 미리 알아보아야 한다. 그리고 보건소를 방문한 후에는 보건소에서 경험한 것, 알게 된 것 등을 놀이나 표상하기 활동으로 연계할 수 있다. 또한, 현장학습은 유아교육기관 밖의 장소이기 때문에 계획 시 위험한 요소가 없는지, 소요 시간은 얼마나 되는지, 어떤 경로로 체험하면 좋을지 등에 대한 계획이 반드시 사전에 이루어져야 한다.

### 8) 가정 연계를 통한 건강 교육

가정 연계를 통한 건강 교육이란 영유아가 건강한 생활습관을 형성하기 위해 가정과 유아교육기관이 연계하여 건강 교육을 실시하는 것이다. 부모의 건강에 대한 태도 및 행동은 영유아의 건강에 직·간접적으로 영향을 준다(Kramer & Garralda, 2000). 즉, 부모가 건강 생활을 위해 필요한 정보를 알아야 영유아의 건강 증진 활동이 생활 속에서 실천될 수 있다.

가정 연계를 통한 건강 교육을 위해 유아교육기관에서는 가정통신문, 학부모회, 상담, 부모교육 등을 통해 부모에게 건강에 관한 정보를 제공해 줄 수 있다. 또한, 유아교육기관에서 부모와 함께 조리 활동을 하거나 현장학습, 신체검사 등을 실시할 때 부모가 보조 역할을 수행하는 등 부모가 직접 영유아의 활동에 참여할 수 있는 기회를 마련할 수도 있다. 가정 연계와 같은 중재적 교육이 유아교육기관을 통해 이루어질 때 영유아 건강 교육은 더욱 효과적이다(Kolbe, 2005).

### 9) 지역 사회 연계를 통한 건강 교육

지역 사회 연계를 통한 건강 교육은 건강과 관련된 전문가를 유아교육기관으로 초빙하여 건강 교육을 실시하거나 지역 사회의 기관과 건강 관련 업무협약(MOU)을 체결하여 지속적으로 영유아의 건강을 관리하는 방법으로 이루어진다. 최근 유아교육기관에서는 인근 병원, 주민센터, 대학 등과 협약을 맺어 지속적으로 영유아의 건강을 관리하거나 정보를 제공받는다. 그리고 각 지역의 어린이급식관리지원센터나 보건소에서는 건강과 관련된 다양한 주제를 가지고 유아교육기관에 방문하여 순회교육을 실시하기도 한다.

**사진 3-9** 영천시 보건소 '건강 체험관'

**사진 3-10** 영천시 보건소 어린이집 방문 '충치 예방 교육'

## 5 누리과정 · 표준보육과정과 건강 교육

우리나라의 누리과정과 표준보육과정은 영유아들의 건강에 대해 제시하고 있다. 0세부터 2세 영아를 대상으로 하는 표준보육과정에서 건강 교육과 관련이 있는 것은 '기본생활'영역이며, 3세부터 5세 유아를 대상으로 하는 누리과정에서는 '신체운동 · 건강'영역이 해당된다. 표준보육과정과 누리과정에서의 건강 교육 내용은 무엇이며, 각 내용과 관련된 활동의 실제를 살펴보고자 한다.

### 1) 0~1세 보육과정에서의 건강 교육

#### (1) 0~1세 보육과정 '기본생활'의 목표와 내용

0~1세 보육과정의 기본생활 영역은 편안한 수면 및 휴식, 수유 및 건강한 식사 등 영아가 생활에 필요한 건강한 일상을 자연스럽게 경험하고, 주변의 안전한 상황에서 놀이하는 등 안전한 일상을 경험하도록 하는 영역이다.

0~1세 기본생활 영역의 목표는 청결, 식습관, 휴식, 배변, 놀이 등의 기본생활을 통해서 영아가 건강하고 안전한 일상생활을 경험하는 것이다. 기본생활 영역은 '건강하게 생활하기'와 '안전하게 생활하기'의 두 가지 내용 범주로 구성되어 있으며, 0~1세 보육과정의 기본생활 내용 체계는 다음과 같다.

〈표 3-2〉 0~1세 보육과정의 기본생활 영역의 내용 체계

| 내용범주 | 내용 |
|---|---|
| 건강하게 생활하기 | 도움을 받아 몸을 깨끗이 한다. |
| | 음식을 즐겁게 먹는다. |
| | 하루 일과를 편안하게 경험한다. |
| | 배변 의사를 표현한다. |
| 안전하게 생활하기 | 안전한 상황에서 놀이하고 생활한다. |
| | 안전한 상황에서 교통수단을 이용해 본다. |
| | 위험하다는 말에 주의한다. |

### (2) 0~1세 건강 교육의 실제: 응가 그림 길 따라서 화장실을 찾아가요.

| 활동명 | 응가 그림 길 따라서<br>화장실을 찾아가요 | 활동유형 | 신체 |
|---|---|---|---|
| 활동목표 | • 화장실에서 배변을 시도한다.<br>• 응가 그림을 따라 이동할 수 있다. | | |
| 표준보육<br>관련요소 | 기본생활〉 건강하게 생활하기〉 배변 의사를 표현한다. | | |
| 활동자료 | • 응가 그림(큰 응가, 작은 응가) | | |
| 활동방법 | ■ **교사가 붙여 둔 응가 그림을 탐색해 본다.**<br>– 바닥에 뭐가 있네? 이게 뭘까요? 여기 응가 모양의 길이 있네.<br>– 응가 그림이 붙어 있네. 큰 응가도 있고 작은 응가도 있네.<br>– 응가 그림을 따라가면 어디로 갈까? ○○야, 따라가 볼까요?<br>■ **응가 그림 길 따라서 화장실로 이동한다.**<br>– 응가 그림을 밟고 한 발 한 발 천천히 걸어가 보자.<br>– 선생님과 손을 잡고 걸어 보자. 하나! 둘!<br>– 큰 응가와 작은 응가가 차례차례 있네. 차례차례 밟아서 걸어 보자.<br>– 응가 그림을 밟고 왔더니 화장실에 왔네요. ○○야, 화장실을 찾았구나.<br>■ **영아와 함께 화장실을 탐색한다.**<br>–○○야, 응가 그림 길을 따라왔더니 화장실에 왔어요.<br>–화장실에 와 본 적 있어요? 화장실에는 뭐가 있을까?<br>■ **영아가 변기에 관심을 보이면 앉아 보게 한다.**<br>– 변기가 궁금해요? 변기는 쉬랑 응가를 하는 곳이래.<br>– ○○야, 변기에 앉아 볼래요?<br>– 쉬랑 응가를 다 하고 이걸 누르면 물이 내려간대요.<br>– 물을 내려 볼까요? 콸콸콸 물이 내려가네.<br>– ○○이가 쉬나 응가가 하고 싶으면 여기 화장실에 와서 변기에서 하는 거래요. | | |
| 참고사항 | • 교사는 일괄적으로 특정 월령을 정해 배변훈련을 지도해서는 안 된다. 가급적 비슷한 월령의 다른 친구의 대소변 가리는 모습을 자연스럽게 보게 하면서 영아 스스로 변기에 앉으려는 의도를 보일 때 배변훈련을 실시한다(김혜경 외, 2002).<br>• 영아가 변기에 앉기를 거부할 경우 교사는 영아의 의사를 존중해 주어야 하며, 영아가 추후에 변기에 앉기를 원하면 앉을 수 있음을 알려 준다. | | |

### 2) 2세 보육과정에서의 건강 교육

#### (1) 2세 보육과정 '기본생활'의 목표와 내용

2세 보육과정의 기본생활 영역은 영아가 수면과 식사, 배변 등 건강한 일상을 즐겁게 경험하고, 위험한 상황과 위험한 것을 조심하며, 어른의 지시를 따라 안전한 생활 경험의 기초를 기르기 위한 영역이다.

2세 기본생활 영역의 목표는 청결, 식습관, 휴식, 배변, 놀이, 교통안전 등의 기본생활을 통해서 건강하고 안전한 생활습관의 기초를 마련하는 것이다. 기본생활 영역은 '건강하게 생활하기'와 '안전하게 생활하기'의 두 가지 내용 범주로 구성되어 있으며, 2세 보육과정의 기본생활 내용 체계는 다음과 같다.

〈표 3-3〉 2세 보육과정의 기본생활 영역의 내용 체계

| 내용범주 | 내용 |
|---|---|
| 건강하게 생활하기 | 자신의 몸을 깨끗이 해 본다. |
| | 음식에 관심을 가지고 즐겁게 먹는다. |
| | 하루 일과를 즐겁게 경험한다. |
| | 건강한 배변 습관을 갖는다. |
| 안전하게 생활하기 | 일상에서 안전하게 놀이하고 생활한다. |
| | 교통수단을 안전하게 이용해 본다. |
| | 위험한 상황에 대처하는 방법을 경험한다. |

#### (2) 2세 건강 교육의 실제: 여러 가지 방법으로 음식을 먹어요.

| 활동명 | 여러 가지 방법으로 음식을 먹어요. | 활동유형 | 역할놀이 |
|---|---|---|---|
| 활동목표 | • 음식 먹는 흉내를 내며 다양한 도구를 활용할 수 있다.<br>• 놀이를 통하여 음식을 골고루 먹는 흉내를 낸다. | | |
| 표준보육 관련요소 | 기본생활〉 건강하게 생활하기〉 음식에 관심을 가지고 즐겁게 먹는다. | | |
| 활동자료 | • 음식모형, 소꿉놀이세트, 숟가락, 포크 등 | | |
| 활동방법 | ■ **여러 가지 음식 모형과 도구를 보며 영아의 경험을 탐색한다.**<br>– 여기에 여러 가지 음식이 있네요. 이게 뭘까요?<br>– ○○이구나. 먹어 본 적 있어요? 맛있는 음식이 많이 있네요. | | |

<table>
<tr><td></td><td>
- 국물을 먹으려면 어떤 도구를 사용해야 할까요? 숟가락? 포크?<br>
- 숟가락을 사용해야 하는구나. ○○야, 국물 먹을 때 숟가락 사용해 본 적 있어요?<br>
- 사과를 먹을 땐 무엇을 사용해야 할까요?<br>
- 아, 포크를 사용해야 하는구나, 포크로 콕 찍어서 먹어요?<br>
- 그럼 컵은 언제 사용할까요?<br>
- 마실 때 사용하는구나.<br>
■ 음식모형 음식으로 상 차리기 하여 먹는 흉내를 낸다.<br>
- 여러 가지 음식이 있네, 어떤 음식상을 차려 볼까요?<br>
- ○○야, 어떤 음식을 먹고 싶어요?<br>
- 선생님은 ○○을 위해 건강 밥상을 차려 주고 싶어요.<br>
- 숟가락으로 국물을 먹어 볼까요? 뜨거워요? 호호 불어 먹어보자.<br>
- 맛있는 돈가스도 포크로 콕콕 찍어 먹고.<br>
- 컵에 있는 건 뭐예요? 우유예요? 꿀꺽꿀꺽 우유도 마셨네요.<br>
- 아삭아삭 당근도 먹어 보고, 오이도 있네요.<br>
- ○○야, 당근도 먹고, 오이도 먹고 아빠처럼 엄마처럼 튼튼해지고, 키도 쑥쑥 크겠네요.<br>
■ 여러 가지 도구를 활용하여 음식 먹는 흉내를 반복한다.
</td></tr>
<tr><td>참고사항</td><td>
• 영아가 숟가락으로 국물 떠먹기, 포크와 컵 사용하기 등 먹는 행동을 반복하며 각각에 알맞은 도구를 사용하는 것을 흉내 낼 수 있도록 한다.<br>
• 상차림한 음식으로 '음식점(식당) 놀이', '엄마 놀이' 등으로 확장하거나 친구를 초대하여 함께 먹어 보는 흉내를 내며 놀이할 수 있다.
</td></tr>
</table>

## 3) 누리과정에서의 건강 교육

### (1) 누리과정 '신체운동 · 건강'의 목표와 내용

누리과정에서 유아의 건강 교육과 관련된 영역은 신체운동 · 건강의 '건강하게 생활하기'와 '안전하게 생활하기'이다(교육부, 보건복지부, 2019). 신체운동 · 건강 영역의 목표는 '자신의 소중함을 알고, 건강하고 안전한 생활습관을 기른다'이다.

'건강하게 생활하기'의 하위 목표는 '건강한 생활습관을 기른다'로, 유아가 스스로 몸과 주변을 깨끗이 하고, 즐겁게 식사하며, 자신의 신체 리듬에 맞게 휴식을 취하고, 질병을 예방하기 위하여 다양한 방법을 실천하는 내용이다. '안전하게 생활하기'의 하위목표는 '안전한 생활습관을 기른다'로, 유아가 안전하게 놀이하고 생활하며, 자주 접하는 TV, 컴퓨터, 스마트폰을 바르게 사용하고, 안전하게 다닐 수 있도록 교통안전 규칙을 지키며, 안전사고, 화재, 재난, 학대, 유괴 등의 위험한 일이 발생하였을 때 도움을 요청하거나 대처하는 방법을 경험하는 내용이다.

이러한 목표를 달성하기 위해 신체운동·건강의 내용범주는 '신체활동 즐기기', '건강하게 생활하기', '안전하게 생활하기'로 구성되며, 이에 따른 각 내용 체계는 다음과 같다.

〈표 3-4〉 누리과정 신체운동·건강 영역의 내용 체계

| 내용범주 | 내용 |
|---|---|
| 신체활동 즐기기 | 신체를 인식하고 움직인다. |
| | 신체 움직임을 조절한다. |
| | 기초적인 이동운동, 제자리 운동, 도구를 이용한 운동을 한다. |
| | 실내외 신체활동에 자발적으로 참여한다. |
| 건강하게 생활하기 | 자신의 몸과 주변을 깨끗이 한다. |
| | 몸에 좋은 음식에 관심을 가지고 바른 태도로 즐겁게 먹는다. |
| | 하루 일과에 적당한 휴식을 취한다. |
| | 질병을 예방하는 방법을 알고 실천한다. |
| 안전하게 생활하기 | 일상에서 안전하게 놀이하고 생활한다. |
| | TV, 컴퓨터, 스마트폰 등을 바르게 사용한다. |
| | 교통안전 규칙을 지킨다. |
| | 안전사고, 화재, 재난, 학대, 유괴 등에 대처하는 방법을 경험한다. |

### (2) 누리과정 '안전하게 생활하기' 건강교육의 실제 1 : 호루라기 소리 놀이

| 놀이주제 | 호루라기 소리 놀이 | 대상 연령 | 3, 4세 |
|---|---|---|---|
| 목표 | • 위험한 상황을 알릴 수 있는 다양한 방법에 대해 알아본다.<br>• 주변의 소리에 관심을 가지고 탐색과정을 즐긴다. | | |
| 누리과정 관련요소 | 신체운동·건강〉 안전하게 생활하기〉 안전사고, 화재, 재난, 학대, 유괴 등에 대처하는 방법을 경험한다.<br>자연탐구〉 탐구과정 즐기기〉 주변 세계와 자연에 대해 지속적으로 호기심을 가진다. | | |
| 활동자료 | 유아들이 만든 호루라기, 다양한 장난감 및 악기 | | |
| 놀이 상황 | '위험한 상황에 대처하기'를 주제로 진행된 안전교육 시간에 위험한 상황을 알리는 방법으로 소개된 호루라기 소리에 유아들이 관심을 가짐. 교사는 유아들의 관심을 호 | | |

| | |
|---|---|
| | 루라기를 만들기 활동으로 연계하였으며, 유아들이 생활 주변에서 들을 수 있는 소리를 탐색할 수 있는 소품을 제공함. 유아들은 주변의 다양한 소리를 탐색하는 놀이가 이루어짐. |
| 놀이 흐름 | ■ **호루라기 소리 탐색하기**<br>– 유아들이 만든 호루라기를 바깥놀이 시간에 다양한 방법으로 불러보기<br>(크게, 작게, 빠르게, 느리게)<br>– 호루라기로 좋아하는 노래 따라 부르기<br>※ '위험한 상황에 대처하기'를 주제로 진행된 안전교육 시간에 위험한 상황을 알리는 방법으로 소개된 호루라기 소리에 유아들이 관심을 가짐. 교사는 호루라기를 만들기 활동으로 연계하여 유아들이 호루라기 소리를 탐색해 볼 수 있도록 함.<br><br>■ **위험을 알리는 소리 : 사이렌 소리**<br>– 소방대피 훈련 시간에 울리는 사이렌 소리에 관심 가지기<br>"어, 선생님! 소방대피 소리 나요?"<br>"맞아. 우리 소방대피 훈련 때 같은 소리가 났었어."<br>"선생님! 이것도 호루라기처럼 위험을 알려주는 소리예요?"<br>– 위험을 알리는 다양한 소리를 유아와 함께 찾아봄.<br>(위험을 알리는 철도의 기적소리, SOS 구조요청, 자동차 충돌 위험 안내 소리 등)<br>※ 며칠 후 유아들이 소방대피 훈련 때 울리는 사이렌 소리에도 관심을 가지며, 위험을 알리는 소리를 지속적으로 궁금해하여 교사와 유아가 함께 인터넷으로 검색하여 소리를 들어봄.<br><br>■ **위험한 소리 흉내 내기 놀이 : 목소리, 장난감, 악기 사용**<br>– 위험한 소리 목소리로 흉내 내기<br>– 장난감, 악기 등을 사용하여 소리 만들기<br>– 유아가 만든 소리에 이름 붙이기<br>※ 유아들이 처음에는 '위잉~, 끼이익, 쾅!' 등 목소리로 위험한 소리 흉내를 내다가 크게 낼 수 있는 소리를 찾기 시작함. 유아들은 주변에 장난감과 악기 등을 활용하여 위험한 소리 흉내 내기 놀이를 하였고, 다양한 소리를 만들어서 위험을 알리는 놀이를 함. 유아가 만든 소리에 여러 가지 위험한 상황을 알리는 이름 붙이기 놀이로 확장되었음.<br><br>■ **신체 표현 & 소리 찾기 게임**<br>– 호루라기 소리에 맞추어 신체 표현하기<br>(친구가 부르는 호루라기 소리에 맞추어 멈추었다가 뛰었다가를 반복하는 신체 표현을 함)<br>– 주변에서 들을 수 있는 다양한 소리를 찾아서 이름 말하기 게임<br>(위험을 알리는 소리 이외도 주변에서 나는 다양한 소리도 귀를 기울이며 찾기 놀이를 함) |

<table>
<tr><td rowspan="2">가능한 평가</td><td>유아 평가</td><td>• 위험을 알리는 소리의 역할에 대해 알고 있는가?<br>• 주변의 소리에 지속적으로 관심을 가지며 탐구 과정에 적극적으로 참여하는가?</td></tr>
<tr><td>교사 지원</td><td>• 유아들의 탐색이 다양한 놀이로 연계될 수 있도록 참여를 유도한다.<br>• 소음이 무엇인지 알아보고 다른 유아들의 놀이에 방해가 되지 않도록 주의한다.<br>• 소리 탐색을 즐기는 유아들이 자유롭게 소리를 탐색할 수 있는 소리 탐색 공간을 확보해 준다.</td></tr>
</table>

### (3) 누리과정 '건강하게 생활하기' 건강교육의 실제 2 : 알록달록 꼬마 김밥

<table>
<tr><td>놀이주제</td><td colspan="2">알록달록 꼬마 김밥</td><td>대상 연령</td><td>4세</td></tr>
<tr><td>목표</td><td colspan="4">• 몸에 좋은 음식을 골고루 먹어야 건강함을 안다.<br>• 여러 가지 음식 재료에 관심을 갖고 조리활동에 참여한다.</td></tr>
<tr><td>누리과정 관련요소</td><td colspan="4">신체운동 · 건강〉 건강하게 생활하기〉 몸에 좋은 음식에 관심을 가지고 바른 태도로 즐겁게 먹는다.<br>자연탐구〉 생활 속에서 탐구하기〉 물체의 특성과 변화를 여러 가지 방법으로 탐색한다.</td></tr>
<tr><td>자료</td><td colspan="4">비밀 바구니, '알록달록 꼬마 김밥' 조리 순서표,<br>음식 재료(밥, 당근, 오이, 단무지, 햄, 김 등), 주걱, 어린이용 비닐 장갑, 접시, 안전칼, 도마, 앞치마, 머리 수건</td></tr>
<tr><td rowspan="2">놀이 흐름</td><td>탐색하기</td><td colspan="3">■ 음식 재료(당근, 오이, 단무지, 햄, 김)를 넣어 둔 비밀 바구니를 과학영역에 놓아둔다.<br>– (비밀 바구니의 음식 재료에 관심을 보이는 유아에게) 바구니 안에 무엇이 들어있을까?<br>– 만지니 어떤 느낌이야? 무슨 색일까? 어떤 냄새가 나니?<br>– 먹어본 적 있니? 어떤 음식을 먹을 때 먹어보았니? 맛은 어땠니?<br>– 여기 있는 음식 재료로 음식을 만든다면 무엇을 만들 수 있을까?</td></tr>
<tr><td>펼쳐내기</td><td colspan="3">■ 김밥을 먹어 본 경험에 대해 이야기 나눈다.<br>– 여기 있는 음식 재료로 김밥을 만들어 볼 거야.<br>– 김밥을 언제 먹어 보았니?<br>– 김밥에 들어가 있는 재료들을 다 먹어 보았니?<br>– 이렇게 골고루 먹으면 우리 몸이 어떻게 될까?<br>– 여러 가지 색의 음식 재료를 사용하여 몸에 좋은 알록달록 꼬마 김밥을 만들어보면 어떨까?<br><br>■ '알록달록 꼬마 김밥' 조리 순서표를 보며 조리 순서에 대해 이야기 나눈다.<br>– 꼬마 김밥을 만드는 방법을 알아볼까?</td></tr>
</table>

| | | |
|---|---|---|
| | | ■ **김밥을 만들 때 사용하는 도구에 대해 이야기 나눈다.**<br>–(도구를 하나씩 보여 주며) 이것의 이름은 무엇일까?<br>–어떻게 사용하는 걸까?<br><br>■ **조리활동 시 유의점과 약속을 정한다.**<br>–조리활동을 재미있게 하려면 어떻게 해야 할까?<br>–조리활동을 할 때 지켜야 할 약속에는 무엇이 있을까?<br><br>■ **조리활동을 할 준비를 한 후, 조리 순서도에 따라 조리한다.**<br>–조리활동을 하기 전에 어떤 준비가 필요할까?<br>–손은 어떻게 씻어야 할까? 앞치마와 머리 수건은 왜 하면 좋을까?<br>–(조리 순서표를 보며) 꼬마 김밥을 만드는 방법을 알아볼까?<br><br>■ **조리 순서에 따라 꼬마 김밥을 만들어서 먹는다.**<br>–우리가 만든 김밥을 먹어보자.<br>–맛은 어떠니? 색은 어떠니? |
| | 확장하기 | ■ **준비된 음식 재료를 사용하여 나만의 건강 음식 만들기를 해본다.**<br>–여러 가지 색의 음식 재료를 사용하여 만들 수 있는 다른 음식은 무엇이 있을까?<br>–몸에 좋은 알록달록 나만의 건강 음식을 만든다면 어떤 음식을 만들 수 있을까?<br><br>■ **건강한 음식점 놀이를 해본다.**<br>–우리 몸에 좋은 음식만 파는 가게가 있다면 어떨까?<br>–어떤 음식을 파는 가게일까?<br>–건강한 음식점 놀이를 하려면 무엇이 필요할까?<br>–건강한 음식점 놀이를 하려면 어떤 역할이 필요할까? |
| **가능한 평가** | 유아 평가 | • (관찰, 기록) 여러 가지 색의 음식 재료를 지속적으로 관찰하며 탐구 과정에 적극적으로 참여하는가?<br>• (관찰, 기록) 조리에 필요한 다양한 재료에 관심을 가지며 조리활동에 즐겁게 참여하는가? |
| | 교사 지원 | • 유아들이 음식 재료를 충분히 탐색할 수 있는 자료와 시간을 확보한다.<br>• 교사주도의 활동이 되지 않도록 유아들의 반응을 살피며, 다양한 참여를 유도한다.<br>• 유아의 조리과정을 사진으로 찍어 '알록달록 꼬마 김밥' 책을 만들어 볼 수 있게 제공한다. |

### (4) 누리과정 '건강하게 생활하기' 건강교육의 실제 : 건강 달리기

<table>
<tr><td>놀이 주제</td><td>건강 달리기</td><td>대상 연령</td><td>5세</td></tr>
<tr><td>목표</td><td colspan="3">• 다양한 도구를 활용하여 달리기 게임을 한다.<br>• 게임 규칙을 지키며 건강 달리기 놀이에 참여한다.</td></tr>
<tr><td>누리과정 관련요소</td><td colspan="3">신체운동 · 건강〉 신체활동 즐기기〉 기초적인 이동운동, 제자리 운동, 도구를 이용한 운동을 한다.<br>사회관계〉 더불어 생활하기〉 약속과 규칙의 필요성을 알고 지킨다.</td></tr>
<tr><td>자료</td><td colspan="3">삼각뿔, 유니바, 빈 박스, 줄넘기 등 다양한 운동 도구</td></tr>
<tr><td rowspan="2">교사 역할</td><td>놀이관찰자</td><td>놀이계획(기획)자</td><td>환경지원자<br>공동놀이자</td></tr>
<tr><td>• 유아들의 바깥놀이 내용 및 형태 관찰</td><td>• 달리기의 좋은 점을 알아봄<br>• 다양한 도구를 이용한 게임 활동을 계획</td><td>• 유아들이 다양한 방법으로 달리기를 경험할 수 있도록 여러 가지 운동 도구 제공<br>• 유아들이 결정한 규칙과 방법을 지키며 교사도 함께 건강달리기 게임에 참여함</td></tr>
<tr><td rowspan="2">놀이 계획</td><td colspan="3">(유아들이 바깥에서 술래잡기 놀이하다가 누가 더 빨리 달리는지 내기 놀이로 전환이 되어 달리기의 좋은 점을 알아보고, 다양한 도구를 이용하여 달리기를 경험해 볼 수 있도록 게임을 계획하였다)</td></tr>
<tr><td colspan="3">■ 유아들이 달리기 놀이한 것을 회상하며, 건강 달리기를 소개한다.<br>– 달리기를 해보니 어땠니?<br>– 달리기를 하기 전과 달리기를 하고 난 후에 내 몸에는 어떤 변화가 있을까?<br>– 여러 가지 운동 도구를 이용해서 건강 달리기 게임을 친구들과 함께 해볼까?<br><br>■ 다양한 운동 도구를 탐색하며 게임 자료를 소개한다.<br>– 여기 여러 가지 운동 도구를 가져왔는데 무엇이 있는지 볼까?<br>– 이 운동 도구를 이용해서 운동해 본 적이 있니?<br>– 어떻게 했었니? 어디서 했었니? 누구와 함께 했었니?<br><br>■ 다양한 운동 도구를 이용하여 할 수 있는 달리기 게임 방법을 유아들과 함께 정해본다.<br>– 더 재미있는 건강 달리기를 하기 위해 여기 있는 운동 도구를 이용해서 달리기를 하면 어떨까?<br>– ○○ 운동 도구를 이용해서 무슨 달리기를 할 수 있을까?</td></tr>
</table>

<table>
<tr><td></td><td colspan="2">

- ○○ 운동 도구를 이용한 달리기를 할 때 게임 방법(출발선, 신호, 점수)은 어떻게 정하면 좋을까?

■ **건강 달리기를 할 때 지켜야 약속을 유아들과 함께 정한다.**
- 우리가 게임을 재미있고 안전하게 하려면 어떤 약속이 필요할까?
- 만약에 우리가 함께 정한 게임방법대로 게임을 하지 않고 돌아오거나 장애물을 지나쳐버린다면 어떻게 해야 할까?

■ **유아들과 팀을 나누고, 팀 이름을 정한 후 달리기 게임을 한다.**

■ **게임이 끝나면 평가한 후, 유아들이 제안한 방법을 반영하여 게임을 재진행 한다.**

</td></tr>
<tr><td rowspan="2">가능한 평가</td><td>유아 평가</td><td>• (관찰, 기록) 여러 가지 운동 도구를 이용하여 다양한 방법으로 건강 달리기를 즐기는가?<br>• (관찰, 기록) 놀이의 규칙과 방법을 이해하고 건강 달리기 게임에 즐겁게 참여하는가?</td></tr>
<tr><td>교사 지원</td><td>• 건강 달리기 게임을 위한 여러 가지 운동 도구의 제시가 적절하였는가?<br>• 건강 달리기를 할 수 있는 놀이 공간은 확보(안전)되었는가?<br>• 놀이 규칙과 방법을 유아들과 함께 결정할 때 유아의 반응은 어떠한가?</td></tr>
</table>

Chapter

# 04

영 유 아 건 강 교 육

# 영유아의 정신건강

Chapter

# 04

# 영유아의 정신건강

현대사회의 복잡하고 빠른 생활 패턴은 영유아에게 스트레스가 되어 정신적 문제를 일으키기도 한다. 이는 문제행동의 원인이 되어 영유아의 정상적인 성장과 발달을 저해할 수 있다. 따라서 이 장에서는 영유아의 정신건강의 개념 및 중요성, 정신건강에 영향을 주는 요인을 살펴보고, 정신건강을 증진시키기 위한 방안을 찾고자 한다.

## 1 정신건강의 개념과 변천

### 1) 정신건강의 개념

정신(mind)은 사고나 감정의 작용을 다스리는 인간의 마음이라고 정의한다(표준국어대사전, 2020). 이는 순수한 대뇌 기능뿐만 아니라 사람의 정서 상태, 인간 관계, 사회·문화적인 맥락 안에서 균형을 이루는 일반적 자질을 포함한다. 건강(health)은 단지 질병에 걸리거나 허약하지 않은 상태만이 아니라 신체적, 정신적, 사회적으로 안녕한 상태(well-being)에 놓여 있는 것을 말한다(세계보건기구(WHO), 1948)). 이를 토대로 정신건강이란 정신적인 질병이 없고 사회·정서적인 장애가 없으며 이로 인해 정신기능을 발휘하는 데 문제가 없는 상태로 정의할 수 있다. 박선희 등(2014)은 정신건강의 개념을 다음의 세 가지로 설명하고 있다.

- 정신적으로 기능의 장애, 즉 정신병리가 없는 상태로 정신병리의 치료와 예방이라는 임상적인 차원을 포함한다.
- 사회적·정서적·행동적으로 바람직한 방향으로 유지하고 이끌어 나가는 상태로, 사회적 관계의 원만성, 정서적 조절의 균형성, 그리고 행동적 표현의 적절성을 가지고 있다.
- 정신 기능의 모든 하위 영역이 조화롭고 통일된 상태를 이루어 최적의 정신기능을 발휘하는 상태를 의미한다.

정신건강이란 흔히 쓰이는 정신 위생을 새로이 대신하는 말이기도 하다(김진호, 이병래, 김덕희, 2009). 정신건강이 하나의 목표가 달성된 이상적인 상태를 의미한다면 정신위생은 정신건강을 위한 실천적 수단을 보다 강조한다(박인숙 외, 2015). 즉, 정신건강은 인간이 바라고 원하는 방향이고 정신 위생은 이러한 정신건강을 유지시키기 위한 과정이다. 이때 정신건강은 정신적으로 건강하지 못한 상태의 예방 및 치료라는 소극적인 측면과 정신적으로 건강한 상태의 유지 및 증진이라는 적극적인 측면을 모두 포함한다(박인숙 외, 2015). 정신건강과 정신 위생의 개념을 정리해 보면 [그림 4-1]과 같다.

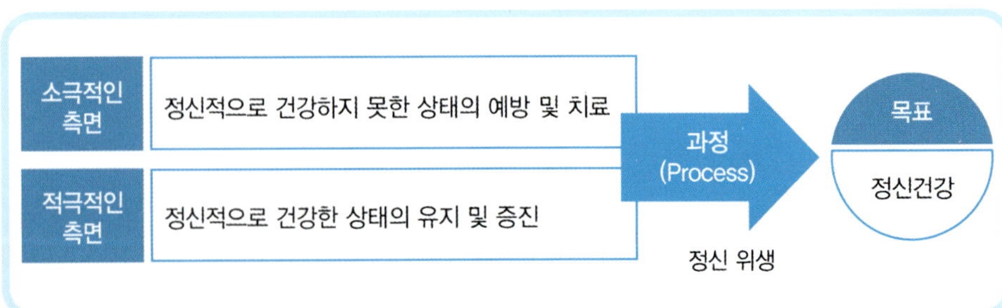


그림 4-1 정신 위생과 정신건강

종합하면 정신건강이란 행복과 만족을 위해 정신 병리가 없는 안녕의 상태(well-being)를 바탕으로 사회 · 정서 · 행동적으로 내 · 외적 상태의 균형(balance)을 이루고 조화롭고 통일된 모습(integration)으로 최적의 정신 기능을 발휘하는 정신적 상태를 말한다.

## 2) 정신건강 개념의 변천

과거에는 정신병이나 정신적 장애 현상이 나타나면 정신건강에 문제가 있는 것으로 생각하고, 치료의 관점에서 정신건강이 강조되었다. 이러한 관점은 정신건강의 문제를 개인의 심리적 문제 혹은 유전적 문제로 여기는 경향을 보여 준다. 중세에는 정신 질환자나 정신 장애자를 악령이 든 자로 여겨 고문하고 처형하기도 하였다(성미영 외, 2015).

르네상스 시대가 되어서야 정신 질환에 대한 연구가 인간성을 존중하는 입장에서 이루어지기 시작하였다. 18세기 이후 피넬(Pinel, 1745~1826)은 묶인 쇠사슬에서 정신 질환자를 해방시키고 개방치료를 감행하였다. 20세기에 접어들면서 정신 위생 문제가 본격적으로 거론되며 정신 장애의 치료와 예방에 힘쓰게 되었다. 또한, 정신 분석학의 발달로 정신 장애는 생물학적 근원 및 무의식, 정서적 근원, 사회 · 문화적 환경에 기인한다는 사실이 알려졌고, 개인의 문제라는 관점에서 차츰 벗어나기 시작했다(임미혜 외, 2013).

오늘날에는 가족 체계, 심리적 환경, 또는 사회 · 문화적 체계 등 다양한 문제들이 정신건강과 밀접하게 관련되어 있어 정신적으로 건강한지 아닌지에 대해 판단을 내리기가 쉽지 않다. 즉, 어떤 사회 · 문화권에서는 지극히 정상으로 받아들여질 만한 행동이 다른 사회 · 문화권에서는 이상한 행동으로 받아들여지는가 하면 같은 사회나 문화권에서도 시대의 변화에 따라 차이가 있을 수 있다(박인숙 외, 2015). 이처럼 과거와 오늘날의 정신건강의 개념의 차이를 정리해 보면 〈표 4-1〉과 같다.

〈표 4-1〉 과거와 오늘날의 정신건강 개념 차이

| 과거 | 오늘날 |
|---|---|
| • 정신건강을 정신적 질병을 치료하는 개념으로 보았다.<br>• 정신건강을 개인의 문제로 간주하였다.<br>• 정신건강과 정신 이상의 개념이 현대에 비해 단순하게 해석되고 분류되었다. 예를 들면, 치매, 정신 질환 등을 정신 이상으로 보았다. | • 정신건강을 정신병의 치료뿐만 아니라 예방에 역점을 두는 방향으로 인식하게 되었다.<br>• 정신건강을 개인의 문제에서 벗어나 사회전체가 참여해야 하는 과제로 인식하고 있다.<br>• 정상적이고 건강하다는 판단 기준이 복잡해져 정신건강과 정신 이상의 개념이 뚜렷하게 구분되지 않는다. |

## 2 정신건강의 중요성

영유아의 정신이 건강하면 발달이 정상적으로 이루어지고 정신 기능이 효과적으로 발휘된다. 나아가 능동적으로 활동하게 되며 독립심을 형성하고 성취감을 추구하게 된다. 그러나 영유아의 정신이 건강하지 못하면 여러 가지 부작용이 나타난다(박선희 외, 2014). 정서적 불안을 느끼게 되고 초조, 긴장, 성마른 모습을 보일 수 있다. 또한, 원만하지 못한 대인관계를 형성할 수 있다. 따라서 영유아기의 정신건강은 중요하다. 정신건강의 중요성을 영아기와 유아기로 나누어 살펴보면 다음과 같다.

첫째, 영아기의 정신건강은 안정적 애착 형성을 통하여 대인 관계와 자아존중감 형성에 영향을 주므로 중요하다.

영아기 정신건강의 주요 발달과제는 애착 형성이다(김진호 외, 2009). 애착이란 영아가 몇몇 특별한 사람, 특히 양육자와 형성하는 친밀하고 강력한 정서적 유대감을 말한다(곽금주, 김연수, 2017). 이는 양육자와 영아와의 관계뿐만이 아니라 이후의 바람직한 대인 관계를 형성하는 데 기초가 된다(유효순, 2012).

또한 애착안정성은 영아 자신이 사랑 받고 있는 것을 느끼고 사랑하고 싶은 사람이라는 자아개념에 영향을 주어(유효순, 2012) 자아존중감이 높아지게 된다. 반면, 주양육자와의 불안정 애착은 영아에게 정신적 스트레스를 준다(최민수, 정영희, 2014). 이러한 스트레스는 곧 발달 지연이나 수면 장애, 반응성 애착 장애를 낳을 수 있으므로 주의해야 한다(최민수, 정영희, 2014).

**둘째, 유아기의 정신건강은 적극적인 탐색활동에 영향을 주어 자율성과 독립심을 발달시키며, 사회생활에 필요한 기초적인 능력 형성에 영향을 주므로 중요하다.**

유아기의 정신건강은 정서적 안정에 영향을 주어 유아가 주변 환경 탐색에 몰입할 수 있게 해 준다. 이는 유아의 자율성 형성에 중요하며, 유아가 자율적이고 주도적으로 생각하고 행동함으로써 독립심이 발달하게 된다. 이러한 과정에서 유아는 자신이 속한 사회의 태도, 가치관, 지식, 기술 등을 습득하게 되는 사회화가 이루어지며(정대현, 조명옥, 곽연미, 2014), 이로써 사회생활에 필요한 기초적 능력을 갖추게 된다.

또한, 유아는 성장함에 따라 비판의식이 싹트게 된다. 이때 유아 자신이 불공정한 대우를 받고 있다는 생각이 들면 인지적으로나 사회적으로 긴장하게 되어 정신건강에 좋지 않을 수 있다. 정신건강이 좋지 않으면 불안 장애, 품행 장애, 반항적 태도, 주의력 결핍 등이 나타날 수 있어 주의해야 한다(최민수, 정영희, 2014).

## 3 정신건강에 영향을 주는 요인

정신적으로 건강하지 못한 영유아는 자신의 감정을 잘 조절하지 못하고 원만한 사회적 유대관계를 형성하기가 힘들다(박선희 외, 2014). 따라서 영유아의 정신건강에 영향을 주는 요인들을 살펴봄으로써 영유아가 사회적 관계 속에서 효과적으로 기능할 수 있는 환경을 조성하고 지원할 필요가 있다.

### 1) 개인 요인

발달 단계나 생활환경에서의 개인적 변화, 성격, 능력 등과 같은 개인 요인이 정신건강에 영향을 준다. 발달 단계에서의 변화는 위기를 수반하는데 그 위기를 잘 극복하지 못할 경우 적응 장애, 스트레스를 초래한다. 생활환경의 변화도 정신건강에 영향을 준다(김일옥, 최경순, 2009). 예를 들면, 입학, 전학, 이사, 결혼, 이혼, 새로운 가족의 출생이나 사망 등은 개인의 삶에서 중요한 변화가 될 수 있다. 따라서 개인적 변화를 잘 인식하고 자기 자신을 객관적이고 있는 그대로 받아들여 그 한계 내에서 최대한의 노력을 할 수 있도록 지원하는 환경이 필요하다.

개인의 성격 또한 정신건강에 영향을 주는 요인으로 작용한다(허혜경, 김성희, 2009). 평소에 불안을 많이 느끼는 사람은 생활 속의 작은 변화에도 스트레스를 받을 수 있다. 그러나 오히려 그것을 새로운 도전으로 받아들이고 즐기는 사람도 있을 수 있다. 따라서 감성과 이성이 조화를 이루고 균형 잡힌 건전한 성격의 측면을 키울 수 있는 환경 조성이 필요하다.

개인의 능력도 정신건강에 미치는 영향이 크다. 이러한 능력에는 신체적 능력 및 인지적 능력 또는 사회적 능력 등이 포함된다. 영유아의 경우 사회적 관계 형성 능력이 부족하면 다양한 대인 관계 상황에서 나타나는 스트레스에 적절히 대처하지 못하게 된다. 이런 경우 정신건강을 해치게 된다. 따라서 주변의 현실이나 상황을 있는 그대로 받아들이는 것이 중요하고, 주어진 상황에서 자신의 능력에 맞게 적절히 대처할 수 있어야 한다.

### 2) 가정 요인

개인의 가정환경은 정신건강에 영향을 미친다. 특히 부부 중심의 핵가족화로 인해 부부갈등이 가정환경에 절대적인 영향을 미치게 되었다. 부부갈등은 가족 상호작용과 관련이 있다. 가족 상호작용이란 가정환경 내에서 가족 구성원 간의 인간관계를 통해 서로에게 특정한 영향을 주는 것이다(서울대학교 교육연구소, 2011). 가족 상호작용은 기능에 따라 가족 응집성(family cohesion)과 가족 적응성(family adaptability)으로 구분된다(Olson, Sprenkle, & Russell, 1979). 가족 응집성은 가족의 정서적인 결속력을 의미하고 가족 적응성은 가족 구성원 간 상대의 역할을 공유하고 상황에 따라 대처하는 능력을 의미한다. 부부 관계가 좋을수록 가족 상호작용이 높아지는데(하민경, 2019) 이러한 가정의 자녀는 친구 관계 및 유아교육기관 적응성이 높다(김희태, 이임순, 2008). 반면에 부부 관계가 좋지 않을수록 가족 상호작용이 낮아지고 이러한 가정의 자녀는 적대감이나 주의산만 등과 같은 문제행동을 더 많이 보인다(금주희, 양연숙, 2017).

부부갈등이 심하게 되면 부모 자녀 간 의사소통이 원활히 이루어지지 않는다(원미정, 공윤정, 2017). 최근에는 스마트폰의 보급으로 인해 가족 간의 소통과 대화 단절이 더욱 심화되고 있다(전세영, 2017). 이러한 가족 간의 대화 단절 현상은 정신건강의 장애요인이 될 수 있다. 따라서 영유아기 자녀를 둔 부모는 영유아의 성장과 발달을 돕기 위해 원만한 부부 관계를 유지하고 건강한 가족의 기능을 수행할 수 있는 가정환경을 만들도록 해야 한다.

### 3) 사회 요인

사회적 관계, 사회의 각종 범죄적 요소나 부조리 현상 및 유해환경 등도 정신건강에 영향을 미치는 요인이다. 영유아는 시간이 지남에 따라 또래, 가족, 성인과의 관계 등 사회적 관계의 폭이 넓어진다. 원만한 사회적 관계를 형성하는 영유아는 그 안에서 자아 정체감을 형성하고 자신감을 갖게 되면서 긍정적인 상호작용도 가능하게 된다. 그러나 사회적 관계가 긍정적이지 못하면 영유아는 갈등을 겪게 되고 이로 인해 긴장하게 된다. 영유아가 긴장할 경우 원만한 인간관계 형성에 어려움을 겪게 되고 정신건강은 위협받게 된다. 이런 경우 영유아는 자아 존중감을 잃어 정서적·행동적 문제를 겪게 된다. 따라서 부모나 교사는 사회적 관계 안에서 영유아가 자신의 기능을 제대로 발휘할 수 있도록 사회적 환경을 조성해야 한다.

# 4 정신건강과 스트레스

스트레스는 사회가 복잡해짐에 따라 모든 연령에서 경험하는 일상생활의 일부가 되고 있다. 특히 영유아기에 겪는 스트레스는 일시적으로 끝나는 것이 아니라 이후의 발달에 지속적으로 영향을 미칠 수 있다. 따라서 스트레스의 개념, 특성, 상황 및 반응을 살펴보고 바람직한 스트레스 예방과 대처법을 찾는 일은 중요하다.

## 1) 스트레스의 개념

스트레스(stress)는 '팽팽하게 죄다'라는 의미를 가진 라틴어 stringer에서 유래된 말이다(김진호 외, 2009). 즉, 스트레스란 고통을 수반함을 의미하고, 스스로 감당하기 어려운 외부 혹은 내부로부터의 자극에 의해 유기체가 정신적 · 신체적 긴장 상태에 놓이게 됨을 의미한다. 14세기에는 어려움, 고난, 역경, 또는 고생이라는 의미로 사용되었고, 17세기에는 물리학의 맥락에서 물체나 인간에게 작용하는 압력의 뜻으로 사용되었다(최민수, 송성숙, 정영희, 2002). 19세기와 20세기 초반에는 스트레스가 정신질환을 일으킨다고 생각했고, 1820년대 후반이 되어서야 정신건강 분야에서 스트레스 개념을 도입했다(최민수 외, 2002). 현대에 와서는 욕구 좌절이나 갈등, 혹은 압박감과 같은 심리적 측면의 스트레스에 관심이 증대되었다. 스트레스는 자극으로서의 스트레스, 반응으로서의 스트레스, 상호작용으로서의 스트레스 세 가지 관점으로 나누어 설명할 수 있다(강문희, 장연집, 정정옥, 2000).

### (1) 자극으로서의 스트레스

자극으로서의 스트레스는 개인에게 어떤 스트레스 자극이 가해져서 개인이 수용할 수 있는 한계가 지나치면 긴장하게 되는 것으로서 물리적 혹은 심리적 위험이 존재하는 환경조건으로 정의한다(최민수, 정진순, 2005). 주로 사랑하는 사람의 죽음, 질병, 직장에서의 해고, 일상생활에서의 골칫거리 등이 이에 해당되고 이러한 요인들은 불안이나 분노, 우울증 등을 일으킬 수 있다.

### (2) 반응으로서의 스트레스

반응으로서의 스트레스는 내적·외적 자극에 대응하는 개인의 반응으로 보는 관점이다(최민수, 정진순, 2005). 특정한 상황에서 노출된 자극에 대해 개인이 어떠한 반응을 보이는가에 따라 스트레스가 결정된다.

### (3) 상호작용으로서의 스트레스

상호작용으로서의 스트레스는 인간과 환경 간의 관계성을 강조하는 관계적 정의이다(김형재, 2011). 이는 스트레스를 일으키는 자극이 있더라도 성격, 인지와 지각, 대처 방법 등 개인의 특성에 따라 스트레스 정도가 결정됨을 의미한다. 최근에는 스트레스를 단순히 외부적인 것이나 그에 대한 개인의 반응이 아닌 개인과 환경과의 역동적 상호작용 관계로 본다.

스트레스의 세 가지 관점을 그림으로 나타내면 [그림 4-2]와 같다.

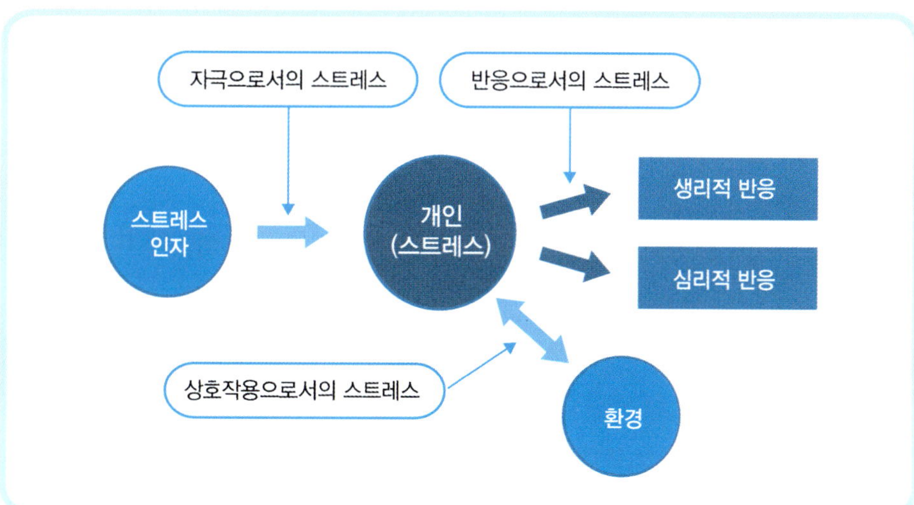


그림 4-2 스트레스 세 가지 관점

### 2) 영유아 스트레스의 특성

영유아 스트레스는 일상생활에서 경험하는 사소하지만 부담스런 사건들이 영유아로 하여금 분노심, 공포심, 우울감, 긴장감을 유발시키는 상태를 말한다(김형재, 2011). 영유아의 스트레스는 다음의 몇 가지 점에서 성인의 스트레스와 다르다(강문희 외, 2000; 최민수, 정영희, 2014).

첫째, 영유아의 스트레스는 성장이나 발달에 장애를 일으킬 수 있다.

영유아의 경우 친구들이 놀이에 끼워 주지 않을 때 공격적인 행동이나 파괴적 행동을 보이기도 한다. 심한 경우에는 두통, 위장병 등 신체적 질병을 초래해 성장에 좋지 않은 영향을 줄 수 있다. 또한, 부모의 이혼이나 사별로 인한 스트레스는 영유아에게 기본적인 신뢰감의 상실과 정서 불안을 낳을 수 있다. 이는 발달상의 문제를 초래할 수 있다.

둘째, 영유아의 스트레스는 성인에 의해 만들어지는 경우가 많다.

영유아는 성인의 지나친 요구, 비교에 의한 경쟁, 부부는 물론 가족 구성원들 간의 관계의 질 등의 요인에 의해 스트레스를 받는다. 특히 자신의 능력 수준에 맞지 않는 어려운 학습 상황에 처하게 되면 자칫 흥미를 잃어 무력감을 느끼거나 고정적이고 융통성 없는 반응을 보이기도 한다.

셋째, 영유아는 스트레스에 적절히 반응할 수 있는 능력이 성인에 비하여 떨어진다.

성인은 스트레스를 받으면 회피나 부정 혹은 타협 등 스트레스를 극복하려는 전략을 지닌다. 그러나 영유아는 그렇지 않기 때문에 성인보다 더 스트레스를 받을 수 있다. 특히 영유아는 스트레스에 잘 대처할 수 있는 논리적 사고 기술이나 인지적 분류 기술을 갖추고 있지 못해 스트레스 경험 시 무방비 상태에 놓일 수 있다.

넷째, 영유아는 스트레스에 대해 대체로 복합적인 반응을 보인다.

영유아기는 빠른 신체적 · 정신적 성숙으로 인한 많은 심리적 갈등과 적응상의 문제점을 안고 있다. 따라서 스트레스에 대해서도 신체적 및 생리적 혹은 감정적 측면에서 다양한 반응이 동시에 일어날 수 있다.

### 3) 영유아 스트레스의 상황

영유아는 일상생활에서 스트레스를 경험한다. 처음엔 사소한 일이지만 이것이 반복적으로 발생하고 누적될 경우 복합적인 상승효과를 일으켜 영유아의 정신건강을 위협하고 문제 행동 및 발달 장애를 유발시킬 수 있다(송정아, 이양희, 2004). 따라서 영유아에게 자주 일어나는 스트레스 상황을 잘 알고 있을 필요가 있다. 김진호 등(2009)은 영유아의 스트레스 상황을 다음과 같이 나누어 제시하고 있다.

첫째, 불안이나 좌절감을 느낄 때 스트레스를 겪는다.

동생이 생겨 부모의 관심을 잃게 되리라는 생각이 들 때, 게임이나 시합에서 졌을 때, 집에 혼자 있을 때, 무서운 꿈을 꿀 때, 친구들이 놀이에 끼워 주지 않을 때와 같은 상황에서 불안이나 좌절감을 느껴 스트레스를 경험한다.

둘째, 자존감이 낮아질 때 스트레스를 겪는다.

자기가 하는 일(만들기, 그리기 등)에 대해 부모나 교사로부터 잘하지 못한다는 말을 들을 때, 친구와 비교당할 때, 부모의 잔소리를 자주 들을 때, 교사가 자기를 예뻐하지 않을 때와 같은 상황에서 스트레스를 경험한다.

셋째, 비난이나 공격적 상황에 처할 때 스트레스를 겪는다.

부모나 교사로부터 꾸중을 들었을 때, 친구와 싸울 때와 같은 상황에서 스트레스를 겪는다.

### 4) 영유아 스트레스의 반응

여러 복잡한 원인으로 인한 스트레스는 다양한 반응으로 나타나는데, 행동적 반응, 정서적 반응, 인지적 반응을 보인다(박선희 외, 2014). 구체적으로 살펴보면 스트레스를 순간적으로 해소하고자 할 때 불평하기, 회피하기, 공격성 등의 행동적 반응으로 나타난다(박선희 외, 2014). 정서적 반응은 생리적 반응, 신체적 반응, 인지적 반응 등과 함께 나타나는데 불안, 의기소침의 반응을 보인다(박선희 외, 2014). 그리고 인지적 반응은 스트레스 상황에 대한 인식이나 판단이 잘못되어 문제 해결에 어려움을 겪을 때 나타나는 반응으로 기억력의 상실, 강박관념, 주의산만, 충동적 행동으로 나타난다(박선희 외, 2014). 스트레스에 대해 영유아가 보이는 반응을 정리하면 〈표 4-2〉와 같다.

〈표 4-2〉 **스트레스에 대한 반응**

| 구분 | 내용 | 구체적 반응 |
|---|---|---|
| 행동적 반응 | 스트레스를 해소하는 데 직접적으로 도움이 되는 것은 아니지만 순간적으로 해소하고자 할 때 나타난다. | 불평하기, 회피하기, 공격성 |
| 정서적 반응 | 심장 박동이 빨라지고 숨이 가빠지는 생리적 반응과 손발이 떨리거나 얼굴이 창백해지는 등의 신체적 반응, 그리고 상황인식을 제대로 할 수 없는 인지적 반응 등이 함께 나타난다. | 불안, 의기소침 |
| 인지적 반응 | 한 가지 기억이나 사건에 지나친 집착을 보이거나 스트레스 상황에 대한 인식이나 판단이 잘못되어 문제 해결에 어려움을 겪을 때 나타난다. | 기억력의 상실, 강박관념, 주의산만, 충동적 행동 |

### 5) 영유아 스트레스 해소법

영유아의 스트레스는 내적 · 외적 요인뿐만 아니라 다양한 요인 간의 상호작용의 영향을 받을 수 있다. 따라서 부모나 교사는 영유아에게 긍정적인 경험을 제공해야 한다. 또한 영유아가 스트레스를 받는 것은 자연스러운 현상임을 알게 하고 적극적으로 대처할 수 있도록 도움을 주어야 한다.

영유아가 다양한 의사결정 과정과 역할 수행을 경험하는 동안 나타날 수 있는 스트레스를 해소하기 위해 명상, 자기주장 훈련, 놀이, 휴식과 수면 등을 활용할 수 있다(최민수, 정영희, 2014). 이외에도 협력을 강조하기 위한 두레활동(이인원, 최기영, 2008)과 자연친화적 미술 활동(이부연, 양경전, 2009) 등도 제시되고 있다. 스트레스 해소 기법에 대해 자세히 살펴보면 다음과 같다(표 4-3).

〈표 4-3〉 스트레스 해소 기법

| 구분 | 내용 |
|---|---|
| 명상 | 부정적이고 억압된 마음의 감정에서 벗어나 자신을 있는 그대로 느껴 보고 잃어버린 감각을 되살려 예민하게 만드는 것이다. 자신과 타인 또는 주변 세계와의 조화를 위해 마음을 가다듬는 자기 조절 방법이다. |
| 자기주장 훈련 | 자신의 느낌과 생각을 있는 그대로 상대방에게 전달함으로써 스트레스를 감소시키는 방법이다. 이때 평범한 화제에 대해 이야기하고 피드백을 받아 보는 것이 중요하며 짧게 말할 수 있게 한다. |
| 놀이 | 영유아가 자연스러운 상황에서 즐길 수 있는 전래놀이는 문화적 가치뿐만 아니라 정신문화의 소중한 가치로 성장 발달에 도움을 주어 스트레스를 해소시켜 준다. |
| 휴식과 수면 | 영유아가 활동하면서 피로감과 스트레스를 느끼게 된다. 따라서 반드시 휴식과 수면이 필요하다. |
| 두레정신에 기초한 활동 | 영유아가 집단에 참여하고 협력하여 나누고 양보하는 경험을 통해 공동체의 구성원으로서 인정받게 한다. |
| 자연친화적 미술활동 | 자연과 사람의 조화로움을 느끼고 그것을 자유롭게 표현하므로써 정서적으로 보다 풍부하고 창조적인 생활을 하도록 도움을 준다. |

## 5 정신건강을 증진시키는 방안

영유아의 정신건강에 문제가 있을 경우 조기에 발견하여 문제의 원인을 해결하고 치료하는 것이 중요하다. 영유아는 자신의 정서를 적절하게 통제하지 못하므로 긍정적인 자아 개념 형성은 물론 정서에 대한 인식 · 표현 · 조절을 바르게 할 수 있도록 도와주어야 한다. 영유아의 정신건강을 증진시킬 수 있는 방안을 살펴보면 다음과 같다(정미라 외, 2012).

### 1) 긍정적인 자아 개념 형성

긍정적인 자아 개념을 가진 영유아는 자아 존중감이 높아서 자신이 할 일을 잘 인식한다(정미라 외, 2012). 또한, 자신이 한 일에 대해 만족해하며, 이로 인해 어려움이나 고난을 겪어도 해결할 수 있는 능력을 보여 준다(정미라 외, 2012). 이러한 영유아는 주위로부터 자기가 할 수 있는 일에 대해 인정과 격려를 받게 되고 자신의 활동에 자신감을 얻게 되므로, 긍정적인 정신건강을 형성할 수 있다.

Hendricks(2001)는 영유아가 긍정적인 자아 개념을 갖고 자신의 감정을 바르게 인식하고 표현하는 것이 정신건강에 중요하다고 하였다. 따라서 부모와 교사는 영유아가 자신에 대해 긍정적으로 인식하고 노력할 수 있도록 필요한 도움을 제공하고 격려 및 칭찬을 많이 해 주어야 한다.

### 2) 정서 인식과 정서 조절 능력의 증진

정서 인식은 자신의 구체적인 정서를 인식하고 설명할 수 있는 능력이다(박선희 외, 2014). 자신의 정서를 잘 알고 표현하는 것은 정신건강에 중요하다. 자신의 정서를 잘 인식하는 사람은 적극적으로 사회적 지지를 구하고 자존감이 높아 여러 가지 문제에 효율적으로 대처한다(박선희 외, 2014). 그러나 그렇지 못한 사람은 자신의 일에 자신감을 가지지 못하고 사회적 불안이나 신경증세를 보이는 경향이 크다. 이런 경우 자신의 정서를 잘 조절하지 못하고 충동적으로 행동하는 경향이 커 다른 집단으로부터 따돌림을 받을 수 있다

정서 조절 능력이란 자신의 감정을 이해하여 사회적으로 바람직한 형태로 유연하게 반응하고 대처하는 능력이다(박선희 외, 2014). 이는 원만한 친구 관계를 형성하고 사회성 발달을 시키는 데 중요한 요건 중 하나이다. 영유아가 자신의 정서를 잘 조절하기 위해서는 우선 자신의 감정이나 정서를 제대로 인식하고 표현하는 것이 필요하다. 따라서 부모나 교사는 영유아가 자신의 감정을 잘 인식하여 표현하고 조절할 수 있는 환경을 조성하고 지원할 필요가 있다.

### 3) 합리적 행동 증진

영유아가 행동의 기준을 가지고 합리적으로 행동하도록 지도하는 것이 영유아 정신건강 증진을 위해 중요하다. 일정한 기준 없이 자신의 욕구에 따라 일방적으로 행동하는 것은 합리적인 일이 아닐 뿐만 아니라 주위 사람들에게 불편을 주게 된다. 이러한 불편한 관계는 영유아로 하여금 불안과 긴장을 느끼게 하고 손톱 물어뜯기, 손가락 빨기, 머리 쥐어뜯기 등의 행동을 통해 자신의 정서 상태를 표현하게 만든다(박선희 외, 2014). 따라서 부모나 교사는 영유아가 지켜야 할 규칙, 적절한 행동 통제, 타인의 사고나 감정에 대한 인식, 집단생활과 개인생활의 차이 등을 정확히 알려주어야 한다.

### 4) 사회적 유대관계 증진

영유아는 또래 집단을 통하여 독립성을 배우고 사회적 능력이 향상된다. 이러한 과정에서 사회적 상호작용(social interaction)이 일어난다. 상호작용을 통해 새로운 사고나 다양한 자극을 주고받으며 구체적으로 행동하고 표현하며 관계(relationship)를 형성한다. 이러한 관계는 집단을 형성하게 되는데 또래 집단 안에서의 상호작용을 통해 자신의 생각을 비교해 보고 자아 개념 및 개인 정체감의 발달을 이루게 된다(정미라 외, 2012). 따라서 영유아가 건강한 정신을 유지하기 위해서는 바람직한 유대관계를 통해 긍정적인 자아 개념을 형성할 수 있도록 도와주어야 한다. 이를 위해 부모나 교사는 영유아에게 또래와의 만남의 기회를 제공하고 또래와의 긍정적인 상호작용을 형성하도록 분위기를 조성해야 한다.

### 5) 놀이 활용

놀이는 영유아의 감정을 순화시키고 좌절감을 해소하는 정화적 기능이 있다(단현국, 2004). 실제로 영유아의 정신 질환에 대처하거나 심리 치료 방법의 하나로 놀이 치료를 활용하고 있다. 이것은 영유아 자신의 자연스러운 표현으로 억눌린 감정을 효과적으로 발산하게 한다. 즉, 놀이는 심신 이완을 돕고 감정의 카타르시스 작용을 통해 감정을 순화시켜 문제 해결의 매개체가 될 수 있다.

## 6 영유아기의 정신건강과 이상 행동

### 1) 이상 행동의 개념

이상 행동(abnormal behavior)이란 정상적인 범주에서 벗어난 행동으로, 외부로부터의 자극에 효과적으로 반응하지 못하거나 혹은 적절히 대처하지 못할 때 나타나는 행동을 말한다(박선희 외, 2014). 그러나 무엇을 정상에서 벗어난 것으로 보느냐 하는 점은 판단을 하는 사람이 가진 기준에 따라 다르다. 일반적으로 일정한 기준에서 벗어나 일상생활을 하는 데 지장이 있을 정도로 심각한 행동을 보일 경우 이상 행동이라 말할 수 있다(박선희 외, 2014).

대체로 이상 행동의 기준으로 적용되는 것은 통계적 준거, 사회 · 문화적 준거, 행동의 적응성 준거, 개인적 준거, 전문적 준거 등이 있다(홍순정, 이규미, 2009). 통계적 준거에 의하면 한 사람의 행동이 다른 많은 사람들의 행동과 비교하여 매우 일탈되어 있는 경우를 이상 행동으로 보며, 사회 · 문화적 준거에 의하면 사회가 갖는 규범이나 관습에서 벗어나 사회적으로 받아들일 수 없는 경우 이를 이상 행동이라고 본다(홍순정, 이규미, 2009). 또한, 행동의 적응성 준거는 개인의 행동의 결과가 자신이나 사회에 부적응을 일으키는지 아닌지를 고려한 준거이다(홍순정, 이규미, 2009). 예를 들면, 사람이 많이 모이는 것이 두려워 버스나 지하철을 탈 수 없어 직장생활을 못하는 사람이 자신의 행동으로 인한 불편감을 부정적인 정서로 나타내 타인과의 관계 형성을 어렵게 하는 경우이다. 개인적 준거는 개인이 주관적으로 느끼는 고통의 관점에서 이상 행동을 규정짓는 경우인데 실제로는 자신의 분명한 부적응 행동을 비정상적이라고 인식하기 어려울 수도 있다(홍순정, 이규미, 2009). 전문적 준거는 임상심리 전문가나 정신과 의사가 심리검사 도구나 상담결과를 기초로 정상과 비정상 여부를 판단하는 것을 말한다(홍순정, 이규미, 2009). 기준에 따른 이상 행동의 개념을 정리해 보면 다음과 같다(표 4-4).

〈표 4-4〉 기준에 따른 이상 행동의 개념

| 구분 | 내용 |
|---|---|
| 통계적 관점 | 다른 많은 사람들의 행동이 정상분포의 범주 안에 들어 있다고 가정할 때, 그러한 평균으로부터 많이 벗어나서 매우 일탈되어 있는 경우, 이를 이상 행동이라고 한다. |
| 사회 · 문화적 관점 | 개인의 행동이 그가 속한 사회의 규범이나 관습이 가지고 있는 기준으로부터 크게 벗어나서 사회적으로 받아들일 수 없는 경우, 이를 이상 행동이라고 한다. |
| 행동의 적응성 준거 | 개인이 보이는 행동에 초점을 둔 것으로 적절하게 행동할 능력이 없어서 그 행동의 결과가 자신이나 사회에 부적응을 일으키는 경우, 이를 이상 행동이라고 한다. |
| 개인적 준거 | 개인의 외적 행동보다는 개인이 경험하고 있는 심리적 갈등의 정도가 얼마나 심한가에 따라 정상과 이상을 구분한다. 이것은 개인이 주관적으로 느끼는 고통의 차원에서 이상 행동을 규정하는 것이다. |
| 전문적 준거 | 이상 행동을 심리학적 평가나 정신과적 진단 방법에 의해 판단하는 것을 말한다. |

출처: 홍순정, 이규미(2009).

이와 같이 여러 관점에서 이상 행동의 개념을 설명할 수 있는데 일반적으로 이상 행동이 의미하는 것을 살펴보면 다음과 같다(문혁준 외, 2011).

- 이상 행동은 고통스러운 것이다. 고통 하나만으로 이상 행동을 구분하는 것은 사실상 충분하지 않지만, 심리적으로 심각한 고통을 겪는 경우 이를 비정상 혹은 이상으로 간주한다.
- 이상 행동은 부적응을 의미한다. 즉, 사회적 상황이나 급격한 변화에 적절히 대처하지 못하는 경우를 말한다.
- 이상 행동은 비합리성을 의미한다. 이것은 사회의 여러 가지 기준에 부합되는 기준이나 행동양식을 보여 주지 못하는 것을 말한다.
- 이상 행동은 예측 불가능성과 통제력의 결핍을 의미한다.

- 이상 행동은 비 인습성을 의미한다. 즉, 관습적인 행동이 아닌, 자신이 할 의사가 없는 행동이나 다른 사람의 시선을 끄는 행동을 의미한다.

## 2) 영유아기의 이상 행동

### (1) 반응성 애착 장애

반응성 애착 장애(reactive attachment disorder)란 양육자와의 애착 형성에 문제가 발생하여 정서적 발달이나 신체적 발달에 차질이 발생하는 것을 말한다(김진호 외, 2009). 반응성 애착 장애의 특징과 원인 및 치료 방법은 다음과 같다(김진호 외, 2009).

① 특징

- 타인과의 접촉을 두려워하고 눈을 맞추기 어려워하며 다른 사람들과의 친밀감을 회피하는 양상을 나타낸다. 겉으로 보기에는 자폐증과 비슷하지만 태어날 때 별다른 증상이 나타나지 않으며 지각과 감각능력이 정상이므로 적절한 치료 후에는 정상으로 돌아올 수 있다.
- 이러한 장애를 가진 영유아는 발달적으로 부적절한 사회적 관계를 형성한다. 지나치게 억제적이고 경계적인 태도를 지니는 동시에 반대로 낯선 사람에 대해 강한 애착심을 보이는 등 양가적이고 상반된 반응을 나타낸다.
- 주로 5세 이전의 영유아에게서 나타나는 애착 문제이다.

② 원인 및 치료 방법

- 반응성 애착 장애는 주로 선천적인 문제가 아니라 양육 환경의 문제로 생긴 장애이다. 즉, 부모가 아이를 학대하거나 방임하는 등 양육자와 애착 형성이 제대로 이루어지지 못해 생기는 증상이다.
- 영유아의 기질적인 문제도 원인일 수 있다. 지나치게 순하거나 혼자 잘 노는 아이의 경우 어머니로부터 사랑이나 관심, 자극을 이끌어내지 못함으로써 방치되기 쉽기 때문에 이런 장애가 나타날 수 있다.
- 그 밖의 원인으로 미숙아, 저체중아, 유대 관계의 결함, 발달 장애, 또는 시청각

장애 등을 갖고 있는 경우이다.

- 치료 방법으로는 부모의 적극적 치료 참여가 요구된다. 특히 사회적 놀이가 잘 이루어지지 않아 대인 관계에서 안정된 관계를 맺지 못하는 경향이 크다. 따라서 영유아의 정서 상태 및 능력에 맞는 놀이를 적극적으로 시도하고 사회적 상호관계나 정서적 유대 관계를 최대한 확장할 수 있도록 도와준다.

### (2) 의사소통 장애

의사소통 장애(Communication Disorder)는 지능 수준은 정상이지만 의사소통에 결함이 나타나는 장애로 표현성 언어 장애, 수용성 발달성 언어 장애, 조음 장애, 말더듬증 등이 포함된다(유가효 외, 2014). 의사소통 장애의 특징과 원인 및 치료 방법은 다음과 같다(유가효 외, 2014).

#### ① 특징

- 표현성 언어 장애의 경우 사용 가능한 어휘는 극히 제한되어 있고, 문법적 사용도 뒤지며, 4세 정도가 되어도 간단한 어구 외에는 말을 하지 못한다.
- 수용성 발달성 언어 장애는 알아듣고 이해하는 데 장애를 보이는 것으로, 언어 이해력이 자신의 정신연령에 비해 떨어진다.
- 조음 장애는 나이와 말씨에 적합한 발달적으로 기대되는 언어음을 사용하지 못하는 것을 말한다.
- 말더듬증은 의사소통 장애 중에서 말하기 장애에 해당한다. 말의 속도와 리듬이 부적절해 말이 너무 빠르거나, 문장의 잘못된 곳에서 쉬는 경우를 말한다. 또한, 강세를 부적절하게 사용하거나, 흐름이 부드럽지 못하여 음절이나 단어를 자주 반복한다. 말더듬증은 현상이 최소 3개월 동안 나타날 때 진단한다.

#### ② 원인 및 치료 방법

- 원인으로는 대뇌의 발달 지연이나 손상 등이 있다. 특히 말더듬증은 불안이나 스트레스가 원인으로 작용한다. 말더듬증은 60~80% 자연적으로 회복되는 것으로 보고되고 있고 전형적인 회복은 16세 이전에 일어난다. 회복이 불완전하거

나 말하기 장애가 계속 지속되는 경우에는 학습 장애와 관련될 수 있다.

- 치료 방법으로는 가급적 조기에 발견하여 치료되도록 도와주어야 한다. 부모는 전문가의 치료 방법을 배워 가정에서도 반복해 줌으로써 치료 효과를 극대화할 수 있다.

### (3) 배설 장애

배설 장애(Elimination Disorder)는 대소변을 가릴 수 있는 나이가 되었음에도 불구하고 이를 가리지 못하고 옷이나 장소에 관계없이 배설하는 것을 말한다(심성경 외, 2015). 배설 장애의 유형으로 유뇨증과 유분증이 있으며, 배설 장애의 특징과 원인 및 치료 방법은 다음과 같다(심성경 외, 2015).

#### ① 특징

- 유뇨증은 5세 이상의 영유아가 신체적 문제가 없음에도 옷이나 침구에 반복적으로 소변을 보는 것으로, 이러한 행동이 3개월 이상 동안 매주 2회 이상 나타난 경우를 말한다.
- 유분증은 4세 이상의 영유아가 대변을 적절치 않은 곳에 반복적으로 배설하는 것으로, 이러한 행동이 3개월 이상 동안 매주 1회 이상 나타난 경우를 말한다.

#### ② 원인 및 치료 방법

- 원인으로는 동생의 출생, 전학 또는 생활에서의 큰 변화에서 오는 지나친 정서적인 부담이 해당되고 이로 인한 퇴행 현상을 보일 수 있다. 이때 부모는 야단을 치기보다는 자녀의 마음을 읽어 주고 많은 사랑을 느끼도록 해 주어야 한다.

### (4) 급식 및 식이 장애

급식 및 식이 장애(Feeling and Eating Disorder)는 영유아가 음식의 영양분을 섭취하는 행동에서 이상 행동이 나타나는 장애이다(김일옥 외, 2009). 급식 및 식이 장애의 유형으로 이식증(Pica), 반추행동 장애(Rumination Disorder), 급식 장애(Feeding Disorder) 등이 있다. 급식 및 식이 장애의 특징과 원인 및 치료 방법은 다음과 같다(김일옥 외, 2009).

① 특징

- 이식증은 종이, 흙, 벌레, 동전, 기타 이물질 등을 습관적으로 먹는 경우이다.
- 반추행동 장애는 위장 장애나 구역질 반응이 없는데도 음식물을 반복적으로 되씹거나 토하는 경우이다.
- 급식 장애는 지속적으로 먹지 않아 심각한 체중 저하가 나타나는 경우이다.

② 원인 및 치료 방법

- 원인으로 애정결핍, 무관심, 스트레스가 많은 생활환경 등이 있다. 처음에는 성인의 관심을 끌기 위한 행동이었으나 결국은 습관으로 굳어질 수 있다. 이와 같은 행동이 지속될 경우 우선 신체적인 질환이 없는지 검사를 받아 볼 필요가 있다.

### (5) 선택적 함구증

선택적 함구증(Selective Mutism)은 어떠한 상황에서는 말을 잘하는데도 특정한 장소나 상황에서는 말을 하지 못하는 것이다. 선택적 함구증의 특징과 원인 및 치료 방법은 다음과 같다(홍순정, 이규미, 2009).

① 특징

- 선택적 함구증은 원래 말을 잘함에도 불구하고 말을 해야 하는 특정한 사회적 상황(예: 학교, 친구와 함께 놀 때)에서 제대로 말을 하지 못하는 것이 특징이다. 예를 들면, 집에서는 말을 잘하면서도 밖에 나가면 말을 못하는 경우를 말한다.
- 이러한 장애가 1개월 이상 지속되거나, 학업적 성취나 사회적 의사소통에 문제가 있을 때 선택적 함구증이라고 할 수 있다.
- 대개 5세 이전에 발병하며 몇 달 정도 지속되지만, 더 오래 지속되기도 하고 몇 년 동안 지속될 수도 있다.

② 원인 및 치료 방법

- 원인으로는 심한 부끄러움이나 두려움, 위축, 매달림, 강박적 특성, 거절, 분노

발작, 반항 등이 있다.

- 선택적 함구증을 가진 영유아는 또래에게 놀림을 당하거나 집단 따돌림을 당하기 쉽다. 이는 불안 장애, 정신지체, 입원, 극심한 심리 · 사회적 스트레스로 이어지기도 한다.
- 정서적 어려움과 언어 및 사회성 발달과 관련되어 있으며, 빠른 시간 내에 해결할 수 있도록 도움을 주어야 한다.

### (6) 주의력 결핍 과잉 행동 장애

주의력 결핍 과잉 행동 장애(Attention Deficit Hyperactivity Disorder: ADHD)는 주의력 결핍, 과잉 행동, 충동성을 특징으로 하는 발달성 장애이다(임미혜, 정정옥, 2010). 주의력 결핍 과잉 행동 장애의 특징과 원인 및 치료 방법은 다음과 같다(임미혜, 정정옥, 2010).

#### ① 특징

- 주요 증상은 주의력 장애로 인한 주의력 결핍 및 산만함(inattention), 충동 조절의 어려움(impulsive), 과잉 행동(hyperactivity) 등이며 규칙 관련 행동의 결함도 나타난다.
- 주의력 결핍 과잉 행동 장애는 일반적으로 영유아기의 5% 정도, 그리고 학령기 아동의 약 5~20% 정도 발생하고 있으며, 남아에게서 더 많이 나타난다.
- 대체적으로 3세 이전에 그 증상이 나타나는데, 이러한 영아들은 전반적으로 또래에 비해 미성숙하고 서투른 경향이 있다. 이 장애를 가진 영아는 많이 울고 안아 주어도 편안해하지 않고 몸을 뻗히며 밤에 잠을 잘 자지 않는 등 까다로운 기질의 모습을 보인다.
- 3~4세 정도가 되면 일반적으로 ADHD의 증상이 뚜렷이 나타나게 된다. 우울해하거나 부정적인 정서 표현을 자주 하게 되며 쉽게 싫증을 내고 대수롭지 않은 일에 부정적인 반응을 보인다.
- 6세 정도가 되면 주의 집중이 어렵고 끊임없이 활동한다. 또한, 공공장소에서 마구 뛰어다니고 선반에 있는 물건들을 끌어내리는 등 통제 불능의 상태에 이른다. 물건을 어디에 뒀는지 기억을 잘 못하고 쉽게 흥분하며 집중이 어렵다.

급한 성격으로 인해 적응과 규칙 준수에 어려움을 가지게 된다.

② 원인 및 치료 방법

- ADHD의 정확한 원인은 아직 밝혀지지 않고 있으며, 여러 가지 많은 잠재적인 요인들을 고려해야 한다는 것이 일반적이다.
- 임신 중에 약, 음식 첨가물, 식용색소, 방부제, 단 것 등을 섭취했거나 유해 물질에의 노출, 조산 등도 원인인 것으로 알려져 있다. 정신지체, 간질, 뇌성마비 등에서도 올 수 있다.
- 정서적 치료나 교육이 불가능할 정도로 산만한 아이는 약물 치료의 도움을 받아야 한다.
- 일반적인 행동 교정 방법이 도움이 되지 않거나 담당교사가 다른 아동에 비해 심하다고 판단되는 경우 즉시 전문가의 도움을 받을 필요가 있다.

### (7) 틱 장애

틱 장애(Tic Disorder)는 자신의 의지와는 상관없이 반복적으로 근육 경련이 일어나는 것을 말한다(심성경 외, 2015). 틱 장애의 특징과 원인 및 치료 방법은 다음과 같다(심성경 외, 2015; 임미혜, 정정옥, 2010).

① 특징

- 틱 장애의 종류로는 욕을 계속 내뱉는 경우, 얼굴을 찡그리는 경우, 눈을 깜박이는 경우, 어깨를 움찍거리는 경우 등 다양하다.
- 틱은 전체 영유아의 20%에서 나타나고 남아가 여아보다 3배 정도 많이 나타난다.
- 틱은 시간이 갈수록 일종의 반사처럼 고착되어 2차적으로 신체적인 문제로 나타난다. 또한 열등감과 정신적인 문제로도 나타나게 된다.

② 원인 및 치료 방법

- 원인으로는 심한 구속과 속박을 받는 경우, 급작스럽게 관심을 잃거나 애정 부

족을 느끼는 경우, 움직이고자 하는 충동이 억눌려 있다가 분출되는 경우 등이 있다.

- 스트레스를 받으면 더 심해진다. 자신에게 끊임없이 계속되는 금지, 비난, 경고, 잔소리를 듣게 되면 그 훈육에 억눌려 틱이 나타날 수 있다.
- 틱에 대해 관심을 두지 않고 지내면 대개 2개월에서 1년 만에 사라지게 된다. 또한, 가족이 영유아의 이런 문제를 이해하고 마음이 편안해지도록 도와주면 빨리 나아진다.

### (8) 분리 불안 장애

분리 불안 장애(seperation anxiety disorder)는 애착 관계가 형성되어 있는 가까운 사람과 분리되어야 할 때 심하게 불안해하는 증상이다(임미혜, 정정옥, 2010). 분리 불안 장애의 특징과 원인 및 치료 방법은 다음과 같다(임미혜, 정정옥, 2010).

#### ① 특징

- 분리 불안은 대체로 부모와의 격리에 대해 현실에 맞지 않게 지나치게 두려워하는 경우이다. 이로 인해 유아교육기관이나 학교에 가지 않으려고 떼를 쓰며 복통, 두통 등의 신체적 증상을 호소하기도 한다.
- 분리 불안은 주로 여아에게서 더 많이 나타난다.

#### ② 원인 및 치료 방법

- 원인으로는 분리 불안 장애를 가진 부모로부터의 영향, 영유아에 대한 과보호의 경우, 의존적인 성향을 보이는 영유아의 경우, 그리고 부모의 질병, 동생 출산, 어머니의 직장 출근, 전학, 다툼 등이 있다.
- 격리 불안에 따른 불안감을 해소시켜 주기 위해서 부모나 교사는 영유아가 느끼는 감정을 충분히 이야기하도록 허용하고 그들의 감정을 수용해 준다.
- 불안감으로 인해 일상생활에 지장을 초래하는 부분이 무엇인지를 살펴보고, 지나친 걱정이 합리적이지 않다는 것을 알려 준다.
- 영유아가 비합리적 사고를 할 경우 걱정에 대한 대안적 사고를 학습하도록 도

움을 줄 필요가 있다. 이는 영유아가 긍정적인 자기 표현을 통하여 자신감을 갖도록 도와준다.

- 영유아가 다양한 역할을 경험하도록 역할놀이의 기회를 제공한다. 이때 고립된 영유아의 장점을 또래에게 설명해 주어 함께 잘 어울려 놀 수 있도록 지원해 주고 칭찬과 격려를 해 준다(심성경 외, 2015).

### (9) 반항성 장애

반항성 장애(oppositional defiant disorder)는 부모나 교사와 같이 권위 있는 인물에 대해 반복되는 거부, 도전, 불복종, 적대적 행동이 적어도 6개월 이상 지속되는 경우를 말한다(유가효 외, 2014). 반항성 장애의 특징과 원인 및 치료 방법은 다음과 같다(유가효 외, 2014).

#### ① 특징

- 반항성 장애는 8세 이후에 증상이 뚜렷해진다.
- 반항성 장애는 대부분 가정에서 나타나고 학교나 밖에서는 나타나지 않을 수도 있으며, 기질적 성향에 문제가 있거나 활동적인 남아에게 더 흔하게 나타난다.
- 반항성 장애아는 지능이 대체로 우수하면서도 학습에 대한 동기 저하와 의욕 상실로 학습 장애를 보인다. 이때 주의력 결핍 과잉 행동 장애가 동반되는 경우가 많다.

#### ② 원인 및 치료 방법

- 원인으로는 주 양육자의 잦은 교체로 인해 영유아에 대한 보살핌이 결여된 가정, 지나치게 엄격하고 모순된 부모의 일관성 없는 양육태도, 그리고 심각한 가정불화 등이 있다.
- 부모 가운데 한쪽이 기분 장애, 반항성 장애, 품행 장애, 주의력 결핍 과잉 행동 장애, 반사회성 인격 장애, ADHD 등의 장애가 있을 경우 나타나기도 한다.
- 반항성 장애아를 둔 부모는 무기력해지고 주 양육자로서 자신감을 상실하게 되며 점차 우울증에 빠지게 된다. 이런 경우 가족들 간의 외면과 고립을 가져오

게 된다.

- 자녀와의 충돌을 피하기 위해 자녀의 잘못된 행동에 대해 보상을 제공하는 경우가 있다. 이때 아이의 반항 행동의 강도와 횟수가 오히려 증가할 수 있다.
- 반항성 장애의 치료를 위해서는 부모와 가족이 먼저 긍정적인 양육 방식을 갖기 위한 노력이 우선되어야 한다.

Chapter

# 05

영 유 아 건 강 교 육

# 건강한 환경 관리

Chapter

# 05

# 건강한 환경 관리

유아교육기관의 환경은 영유아와 교직원의 건강에 직·간접적으로 큰 영향을 준다. 유아교육기관에서의 건강한 환경 관리란 실내 공기의 질, 채광, 실내온도 등의 환경뿐만 아니라 영유아가 직접 만지고 놀이하는 놀잇감과 놀이시설을 포함한다(교육부, 2015b). 이 장에서 영유아 건강을 위한 환경 관리로서 실내 공기, 채광 및 조도, 온도 및 습도, 소음, 영유아의 놀잇감, 영유아 놀이시설 관리를 알아보고, 영유아 건강을 위한 위생 관리로서 시설/기구 위생, 소독, 쓰레기 및 하수 처리, 급수 위생 관리에 대해 알아본다.

## 1 영유아 건강을 위한 환경 관리

영유아는 면역력이 약하고 신체 장기의 기능도 성인과 같이 잘 발달 되어 있지 않기 때문에 환경에 민감하고 오염물질에 더 쉽게 영향을 받는다. 유아교육기관에서는 영유아가 사용하는 교재 교구인 놀잇감의 적합성과 놀이시설의 환경에 대해 안전점검을 하는 등 환경에 대한 안전점검과 함께 영유아의 건강을 위한 환경조성에 힘써야 한다.

### 1) 유아교육기관의 환경 관리

유아교육기관의 환경 위생의 중요성에 대한 인식은 영유아의 건강에 어떠한 영향을 미치는지 의식함으로써 시작된다. 유아교육기관은 영유아에게 건강한 환경이 되도록 환경 위생 기준에 따라 기관 건물의 환기, 채광, 조도, 소음, 온·습도 조절 및 적합성 여부를 관리해야 한다(교육부, 2019).

유아교육기관의 실내 공기의 질 관리를 위해서는 교육부에서 제시하는 항목별 정기점검 검사를 관리 지침에 따라 시행해야 한다. 「학교보건법」(시행 2019.10.24.)에서 제시한 환경 위생 관리 기준을 알아보면 다음과 같다(교육부, 2019).

#### (1) 실내 공기

실내 공기 질을 높이기 위해서는 환기를 하여 공기를 바꾸어 주는 것이 필요하다. 환기는 외부의 공기를 실내로 들어오게 하여 정체된 실내 공기를 순환시키므로 악취와 많은 습기를 제거할 수 있다.

공기의 질을 점검하는 방법으로는 전문적으로 점검하는 기관에 위탁하거나 소속 교직원 중 환경 위생 관리자를 지정하여 공기 질 및 청결 상태를 유지 관리한다. 서울시교육청 학교보건진흥원(2019)에서 제시하는 실내 공기의 질 관리 방법은 다음과 같다.

① 환기

환기는 창문을 개방함으로써 기류와 실내·외의 기압과 온도 차 등에 의한 자연환기와 송풍 설비나 공조 시설 등에 의한 기계 환기를 통해 이루어지며 일상적으로 이루어져야 한다. 실내 공기의 질 점검은 수업 일마다 일상점검이 이루어져야 하며 정기 점검은 연 1회 이상 실시한다. 환기용 창을 수시로 개방하거나 기계식 환기

설비를 수시로 가동하여 1인당 환기량이 시간당 21.6m³ 이상이 되도록 한다.

- 수업 전 창문을 열어 충분히 환기하고 식사시간 전후, 미술활동이나 신체활동 후 환기한다.
- 환기는 매시간 해 주는 것이 효율적이며, 겨울철 및 여름철 냉·난방기 가동 시 에너지 절약 차원에서 2~3시간 주기로 1~2분 정도 환기한다.
- 공기의 원활한 흐름을 위해서 개방 창문과 반대편의 창문을 동시에 개방한다.
- 실외의 대기오염물질이 지표로 가라앉는 이른 아침 시간에는 환기를 자제한다.
- 환기를 위한 창문이나 문에는 안전시설이 설치되어 있어야 한다.

② 실내 공기 오염원의 제거

- 신발, 의복 등의 경로를 통해 외부의 미세 먼지, 미생물성 오염물질 등의 유입을 배제하기 위하여 교실 출입 전 옷가지 등을 털고 출입한다.
- 가습기, 공기청정기, 냉·난방기 등의 내부 및 필터를 주기적으로 청소한다.
- 애완동물은 교실 밖 공간에서 사육하며 어항 등의 물은 주기적으로 교체한다.
- 인형, 카펫 등은 가능한 사용을 자제한다.

③ 환기시설의 사용

- 교실의 면적과 사용 인원에 적합한 용량의 환기시설(1인당 환기량이 시간당 21.6㎥)을 사용한다.
- 영유아가 교실에 머무르는 시간 동안 가동한다.
- 완전한 오염원의 감소 및 외부의 공기가 실내 공기를 깨끗하게 할 수 없다면 환기시설 사용이 효과적일 수 있다.
- 환기시설 사용 시에는 필터 교체와 주기적인 청소가 필요하다.

> **Tip** 실내 공기 오염물질에는 어떤 것이 있을까?
>
> - 미세 먼지: 지름 10μm 이하 먼지(폐 깊숙이 들어가서 폐 기능 및 면역력을 저하시킴)
> - 이산화탄소: 사람의 호흡 등에서 발생(환기 및 실내오염의 주요 지표)
> - 폼알데하이드: 접착제 등 건축 자재에서 수년 동안 발생(눈, 코, 목을 자극함)
> - 총 부유 세균: 먼지 등에 붙어 있는 세균(호흡기에 영향을 주고 병원성 감염 등을 초래함)
> - 일산화탄소: 연료의 불완전 연소 시 발생(성장 장애, 만성 호흡기 질환을 유발함)
>
> 출처: 어린이집안전공제회(2019a).

### (2) 채광 및 조도 관리

실내에 채광(자연조명)이 충분히 들어오도록 하는 것이 좋으며 활동할 때 어둡거나 그림자가 생기지 않도록 적정한 밝기를 유지한다. 눈부심을 일으키는 직사광선을 가리기 위해 가림막(롤스크린, 커튼 등)을 이용하여 적정 조도(인공조명) 비율을 유지한다. 또한, 전구나 형광등의 먼지를 제거하거나 낡음 상태를 점검하고 교체하여 실내의 적정 밝기(300ℓx 이상)를 유지한다. 학교환경 위생 및 식품위생 관리 매뉴얼(교육부, 2019)에 제시하는 자연조명과 인공조명의 밝기 기준은 다음과 같다.

① **채광**(자연조명)

- 직사광선을 포함하지 아니하는 천공광(sky light)[1]에 의한 옥외 수평 조도와 실내 조도를 맞춘다.
- 최대 조도와 최소 조도의 비율이 10대 1을 넘지 않도록 한다.
- 교실 바깥의 반사되는 물건으로부터 눈부심이 발생하지 않도록 한다.

② **조명**(인공조명)

- 교실의 조도는 300ℓx 이상이 되도록 한다.
- 최대 조도와 최소 조도의 비율이 3대 1을 넘지 않도록 한다.
- 인공조명에 의해 눈부심이 발생하지 않도록 한다.

1) 천공광(sky light) : 직사 일광이 대기 중에서 공기 분자 ·수증기 ·먼지 등에 의해 산란된 확산광을 말하며 구름에 의한 확산반사 및 투과광, 지면으로부터의 반사광이 대기 중에서 재반사된 확산광도 포함된다.

### (3) 실내온도 및 습도

적정한 실내 환경을 위해 날씨와 계절(환절기, 여름 · 겨울철 등)에 맞게 실내온도와 습도를 적정하게 유지한다. 유아교육기관의 교실과 화장실 등은 바닥 난방 시설을 갖추어야 하며 벽면에서 곰팡이를 발견하면 즉시 제거 및 소독해야 한다.

- 쾌적한 교실 온도는 섭씨 18도 이상 28도 이하로 하되, 난방 온도는 섭씨 18도 이상 20도 이하, 냉방 온도는 섭씨 26도 이상 28도 이하로 유지한다(「학교보건법시행규칙」 제3조, 시행 2019.10.24.).
- 상대 습도는 30% 이상 80% 이하로 한다.
- 실내온도 측정은 바닥으로부터 75~150㎝의 범위에서 측정하는 것이 일반적이고 교실 내의 몇 개의 장소에서 온도를 측정하여 그 평균치를 산정한다.

### (4) 소음

도로나 철도, 공사장 등 유아교육기관의 외부로부터 유입되는 소음과 교실이나 신체 활동실 등 기관의 시설에서 발생하는 소음의 영향을 최소화하기 위하여 연 1회 이상의 검사를 하는 것이 바람직하다. 유아교육기관 안으로 어떤 소음이 들어오는지, 횟수는 어느 정도인지 일상적으로 점검하는 것도 필요하다. 서울시교육청 학교보건진흥원(2019)에서 제시하는 소음에 대한 환경기준은 다음과 같다.

- 측정 절차는 맨 위 교실과 맨 아래층 교실 중 1개소를 선택하여 1곳 이상에서 측정한다.
- 소음계는 한국산업규격에서 규정하는 클래스 2의 소음계 또는 동등 이상의 성능을 가진 것을 사용하여 측정한다.
- 소음도가 55dB(A)을 초과하고 그 원인이 외부에 있는 경우는 원인 제공자에게 소음 저감 방안 마련을 요청하고, 방음벽 등 방음시설을 설치하거나 이중창 등을 설치한다.
- 과도한 소음의 원인이 내부에 있는 경우는 생활지도 등을 통하여 소음 발생을 감소시킨다.

소음도에 따른 인체에 미치는 영향을 살펴보면 〈표 5-1〉과 같다. 소음에 대해 예민한 경우나, 청력이나 발성에 장애가 있는 경우, 또는 보청기를 착용한 영유아가 있으면 소음 발생을 최소화하는 노력이 필요하다.

**〈표 5-1〉 소음도에 따른 인체에 미치는 영향**

| 소음도(dB) | 소음의 예 | 영향 |
|---|---|---|
| 35 | 조용한 공원 | 수면에 거의 영향이 없음 |
| 40 | 조용한 주택의 거실 | 수면 깊이 낮아짐 |
| 50 | 조용한 사무실 | 맥박수 증가, 계산력 저하 |
| 60 | 보통의 소리, 백화점 내 소음 | 수면장애 시작 |
| 70 | 전화벨 소리, 거리 | TV, 라디오 청취 방해 |
| | 시끄러운 사무실 | 정신집중력 저하, 말초혈관 수축 |
| 80 | 철로 변 및 지하철 소음 | 청력 장애 시작 |
| 90 | 소음이 심한 공장 안 | 난청 증상 시작, 소변량 증가 |
| 100 | 착암기 | 단시간 노출 시 일시적 난청 |

출처: 교육부 학생건강정보센터(2020). www.schoolhealth.kr

## 2) 영유아의 놀잇감

영유아가 매일 놀이하며 사용하는 교재·교구인 놀잇감은 학습의 도구이자 오락과 교육의 자원이다. 디자인이 열악하거나 오래된 놀잇감은 깨지거나 망가지면 영유아들에게 치명적인 부상을 일으킬 수 있다. 그러므로 영유아가 사용하는 교재·교구가 나이에 적합하고 안전 인증(KC마크)을 획득한 제품인지 제품안전정보센터를 통해 유해 물질을 포함한 불량제품 여부를 점검해야 한다(교육부, 2015b).

안전 인증이란 어린이 등 소비자의 생명, 신체에 위해가 가해지거나 재산상 피해 또는 자연환경의 훼손에 대한 우려가 크다고 인정되는 공산품 중에 제품 검사와 공장심사를 통해 그 위해를 방지할 수 있다고 인정하게 되면 표시하는 안전 인증 번호이다(「품질경영 및 공산품 안전 관리법」 제16조).

〈표 5-2〉 안전 인증의 표시 기준

| | 안전 인증 | 안전 인증 | 공급자 적합성 확인 |
|---|---|---|---|
| 대상 | 사고 발생 시 위해 수준이 매우 높음 | 안전사고의 우려가 있어 완제품 검사 필요 | 위해 정보 제공, 표시만으로도 안전사고 방지 가능 |
| 표시 | 안전인증번호 : | 사용안전확인 신고확인증 번호 : | |
| | 안전 인증 번호<br>금색 마크와 안전 인증 번호 표기 | 신고 확인증 번호<br>남색(또는 검정) 마크와 신고 확인증 번호 표기 | 남색(또는 검정) 마크 표기 |
| | (4개 품목)<br>어린이용 물놀이 기구<br>어린이 놀이기구<br>자동차용 어린이 보호 장치<br>어린이용 비비탄 총 | (16개 품목)<br>유아용 섬유 제품,<br>합성수지제 어린이 제품,<br>어린이용 스포츠 보호 용품, 어린이용 스케이트보드,<br>어린이용 이단 침대, 완구, 유아용 삼륜차, 유아용 의자, 어린이용 자전거, 학용품, 보행기, 유모차, 유아용 침대, 어린이용 온열 팩, 유아용 캐리어, 어린이용 구명복 | (14개 품목)<br>어린이용 가죽 제품, 안경테(선글라스 포함), 물안경, 우산 및 양산, 바퀴 달린 운동화, 롤러스케이트, 스키 용구, 스노보드, 쇼핑카트 부속품, 어린이용 장신구, 킥보드, 인라인 롤러스케이트, 어린이용 가구, 어린이용 섬유 제품 |

출처: 교육부(2019).

### (1) 안전한 놀잇감

연령에 맞는 놀잇감 선택과 함께 내구성과 안전성은 놀잇감을 선택하는 주요한 조건이 된다. 영유아의 연령에 따라 놀잇감의 안전 기준은 다양하지만, 공통으로 확인해야 할 안전한 놀잇감의 요건은 다음과 같다(교육부, 2015b).

- 날카로운 곳 혹은 쪼개진 곳이 없이 잘 만들어져야 함
- 무독성, 납 성분이 없는 페인트를 사용한 것이어야 함

- 깨어지지 않아야 함
- 쉽게 세척 가능해야 함
- 내구성이 좋아야 함
- 구멍이 없어야 함
- 전기 혹은 건전지 작동이 아닌 것이 좋음
- 자주 안전점검이 가능한 것이어야 함
- 단추처럼 쉽게 떨어지는 작은 부분이 없어야 함
- 인화성이 없어야 함

3세 미만의 영유아를 위해서는 놀잇감의 작은 부품이 최소한 지름 3.5cm 이상, 길이는 5.5cm 이상 크기이어야 한다. 지름 3.5cm 필름 통에 들어갈 정도면 잠재적으로 위험하다.

### (2) 놀잇감 안전 관리에 대한 기관의 역할

유아교육기관에서 놀잇감을 제공할 때 영유아의 건강하고 안전한 놀이 환경을 위해 다음과 같은 점을 숙지하고 안내해야 한다. 안전 인증이나 자율 안전 확인 등을 받은 영유아용품에는 제품을 사용할 수 있는 영유아의 연령이 표시되어 있으므로 어린이용 공산품에 대한 공통 적용 유해 물질의 안전 기준에 따라 연령대에 맞는 용품을 선택해야 한다.

- 놀잇감에 붙어 있는 사용 설명서나 라벨을 읽고 적정 연령과 안전 지침을 숙지한다.
- 영유아의 연령과 발달에 적합한 놀잇감을 선택하고 연령이 높은 유아의 놀잇감은 영아에게는 부상의 원인이 될 수 있으므로 분리하여 제공한다.
- 놀잇감을 정기적으로 점검하여 파손이나 잠재적 위험성을 확인한다. 부서진 놀잇감은 보수하거나 폐기한다.
- 놀잇감을 안전하게 보관한다. 영유아에게 놀잇감을 정리하는 방법을 가르치고 안전하게 두었는지 확인한다.

### 3) 영유아 놀이시설

신체활동이 활발한 영유아 시기에 놀이시설은 영유아가 즐겨 이용하므로 놀이시설의 환경 관리는 중요하다. 2015년 7월에 개정한 「어린이놀이시설 안전관리법」에 의하면 유아교육기관의 장은 놀이시설의 안전 관리에 관련된 업무 담당자를 지정하고 담당자는 어린이놀이시설 안전관리지원기관에서 시행하는 교육을 이수하여야 한다(「어린이놀이시설 안전관리법」 제20조, 시행 2017.7.26.).

영유아 실외 놀이시설은 「영유아보육법」의 실외 놀이터의 설치 기준에 따라 50인 이상의 기관에서 의무적으로 설치해야 하며, 50인 미만의 유아교육기관에서는 공원이나 아파트 단지 내의 어린이 놀이터 등의 인근 놀이터를 이용할 수 있다(교육부, 2015b).

유아교육기관이 아닌 공공장소에 설치된 놀이시설의 경우, 시설 사용 연령, 인원, 안전수칙, 관리 주체 연락처 기재 등 설치 일반 요건을 「품질경영 및 공산품 안전관리법」에 따른 안전 인증 대상 공산품의 안전 인증의 기준에서 규정하고 있으므로 영유아 놀이시설 설치검사 및 정기시설검사 표시를 확인 후 사용하는 것이 바람직하다. 「어린이놀이시설 안전관리법」에 따라 유아교육기관에서 놀이시설을 설치할 때는 안전 인증(KC 안전인증마크)을 받은 제품이어야 하며 각 지자체가 지정한 어린이 놀이시설 안전검사기관으로부터 설치 검사를 받아 합격해야 한다.

또한, 놀이시설의 관리 주체는 사고가 발생할 때 그 손해에 대한 배상을 보장하기 위해 '어린이 놀이시설 사고배상보험'에 가입해야 한다. 어린이 놀이시설로 인해 중대한 사고가 발생한 때에는 즉시 사용중지 등 필요한 조치를 하고 해당 교육장에 보고해야 한다. 교육부(2015b)에서 제시하는 놀이시설 유지와 관리를 위한 검사는 다음과 같다.

- 실외 놀이기구는 녹이 슬지 않도록 유지한다.
- 2년에 1회 이상 정기 시설 검사를 안전 검사 기관으로부터 받는다.
- 검사에 합격한 어린이 놀이시설에 대해서는 설치 검사 및 정기 시설 검사에 합격하였음을 나타내는 표시를 하여야 한다.
- 불합격한 놀이기구는 이용하지 못하도록 하며 주변에 빨간색 테이프 등을 두르

고, 위험 또는 이용금지 표지판을 부착하여 영유아가 출입하지 못하도록 조치하고 교육장에게 보고해야 한다.

- 놀이시설의 연결 상태, 낡음 정도, 변형, 청결, 안전수칙 등의 표시 여부, 부대시설의 파손 및 위험 물질 상태를 월 1회 이상 안전점검을 한다.
- 시설물은 금이 가거나 도료(페인트 등)가 벗겨지지 않게 관리한다.
- 시설물에 사용되는 도료, 마감 재료, 목재는 규정하는 기준(「환경 보건법 시행령」 별표 2)에 맞아야 한다.

**Tip 영유아 놀이시설 설치 검사 및 정기 시설 검사 표시의 기준과 방법**

영유아 놀이시설 이용자가 잘 볼 수 있도록 놀이시설 내의 적절한 장소에 설치 또는 부착하거나 인쇄, 각인 등의 방법으로 표시한다(어린이놀이시설 안전관리법 시행령 별표 5).

| 설치 검사 및 정기 시설 검사에 대한 표시 | | | | |
|---|---|---|---|---|
| 설치 검사 번호 | | | | |
| 시설명 | | | | |
| 시설 소재지 | | | | |
| 검사자 | | | | |
| 검사 기관 | | | | |
| 유효 기간 | | | | |
| 정기 시설 검사 합격 여부 | 1차 | 2차 | 3차 | 4차 |
| | | | | |

년 월 일

안전검사기관장 [인]

출처: 교육부(2015b).

**Tip 안전 관리 대상 제품 구매 전 안전 인증 제품 찾는 방법**

국가기술표준원 제품안전정보센터(www.safetykorea.kr)에서 제시한 누리집에서 인증받은 제품 또는 인증 위조 여부를 다음과 같은 절차를 통해 확인할 수 있다.

① 국가기술표준원 제품안전정보센터(www.safetykorea.kr)로 접속한다.
② '제품인증정보검색'을 클릭한다.
③ 제품명, 모델명, 제품 번호, 인증 번호를 검색한다.
④ 해외 제품, 리콜 제품 등도 확인할 수 있다.

출처: 교육부(2015b).

## 2 영유아 건강을 위한 위생 관리

유아교육기관은 영유아의 건강한 성장을 돕기 위해 안전하고 위생적인 환경을 조성해야 한다. 다음은 보건복지부(2012)와 어린이집안전공제회(2019a)에서 제시하는 유아교육기관의 시설물 위생에 대해 알아보고자 한다.

### 1) 시설/기구 위생 관리

유아교육기관의 교실, 복도, 자료실, 식당, 계단 등 실내공간은 매일 청소 및 정리정돈을 하고 2개월에 1회 이상 정기적으로 소독과 대청소를 한다. 모든 실내 설비 및 비품(바닥, 천장, 창문과 창틀, 교구장, 책상, 의자, 바구니, 사물함 뒤편 구석진 곳 등)도 청결하게 유지하는 것이 좋다. 영유아가 사용하는 공동 매트도 정기적으로 세탁하고 일광 소독을 한다. 매일 교사와 영유아가 사용하는 세면대와 침구, 놀이 장소, 화장실 등은 다음과 같이 위생 관리하는 것이 좋다(교육부, 2015b).

- 보육실, 현관, 복도, 유희실, 교사실, 자료실, 식당, 계단 등 모든 실내공간은

매일 청소 및 정리정돈을 하고 정기적으로 소독과 대청소를 한다.

- 실내 설비와 비품(바닥, 천장, 창문과 창틀, 교구장, 책상, 의자, 바구니, 사물함 뒤편, 구석진 곳 등)도 청결하게 유지한다.
- 화장실과 세면장의 바닥, 변기, 휴지통 등을 청결하게 유지한다.
- 실내, 실외공간(옥외 놀이터, 옥상 놀이터, 화단, 영유아교육기관의 출입구 등)을 청결하게 유지한다.
- 청소도구(빗자루, 걸레 등)와 보관함, 휴지통을 정기적으로 소독한다.
- 에어콘, 선풍기의 먼지를 제거하고 청결하게 유지한다.
- 벌레나 해충이 발생하지 않도록 소독한다.

### (1) 세면대

손씻기 세면대는 바깥 활동에서 돌아왔을 때, 음식을 먹기 전, 동물을 만지거나 장난감을 만진 후, 기저귀를 갈 때 등 손을 씻기 위해 교실 내에 비치되어 있어야 하며 청결하게 유지해야 한다.

- 기저귀 교환대 가까운 곳에 손씻기 세면대를 두는 것을 권장한다.
- 음식 준비 이전에 손을 씻어야 하므로 주방에 손씻기 세면대가 별도로 있어야 한다.
- 손씻기 세면대는 어린이집 교사와 영유아가 화장실 사용 후, 식사 전, 그리고 필요한 경우 사용할 수 있도록 준비되어야 한다.
- 손씻기 세면대는 온수와 냉수가 합쳐져서 흐르도록 하는 수도꼭지가 있어야 한다.
- 비누와 종이 수건이 갖추어져 있어야 한다(고형 비누보다 연성 혹은 액체 비누를 권장한다).

### (2) 침구, 놀이 장소

낮잠과 휴식을 위한 침구는 영유아 한 명 당 침구 한 세트가 배당되어야 하고 침구는 각각 보관함 혹은 플라스틱 백에 넣어 보관해서 서로 분리되도록 하여 교차오염을 방지하도록 한다. 침구는 정기적으로 가정 또는 유아교육기관에서 주 1회 이상 세탁한다. 또한 놀이 장소는 항상 청결하고 안전하게 유지되도록 관리해야 한다.

- 영유아는 개별 침구(베개와 이불)를 사용한다.
- 요는 공동으로 사용할 수 있지만, 놀이 매트를 그대로 요로 사용하지 않는다.
- 각 침구 모양이 다를 경우 이름을 적을 필요는 없고, 단체로 맞춘 침구의 경우 자신의 침구를 구분하도록 표시한다.
- 영아의 경우 바닥이 단단한 요를 사용한다.
- 침구는 바닥에 두거나 다른 물건들과 함께 보관하지 않는다.
- 놀이 장소는 청결하게 유지한다.
- 카펫은 진공 청소기로 매일 청소한다.
- 인형, 테이블, 의자 등은 자주 닦고 소독해야 한다.
- 영유아가 사용하는 매트도 정기적으로 세탁하고 소독하는 것이 좋다.
- 장비나 가구는 모서리가 날카롭지 않아야 하고, 쪼개진 조각, 튀어나온 못이나 볼트 등 위험한 부분이 없어야 하며, 납 성분의 페인트 등 유독한 물질이 없어야 한다.

### (3) 화장실

화장실은 청결하게 유지되고 환기되어야 하며 매일 1회 이상 청소, 월 1회 정기점검을 시행한다. 서울특별시교육청 화장실 관리조례(2016.12. 개정)에 따라 학교별로 1인 이상 학교 화장실 관리인 지정 및 관련 교육 이수를 해야 한다(제외 대상: 연 면적 2,000㎡ 미만 사립학교 및 사립유치원).

- 바닥에 물기가 있으면 수시로 닦아 주며 물기가 없고 건조한 상태로 유지한다.
- 카펫은 화장실 혹은 소변기 바로 옆에 두지 않는다.
- 변기 훈련용 시트나 영유아용 변기는 청결해야 하고 사용 후 매번 소독해야 한다. 악취의 발산과 해로운 벌레의 발생을 방지하기 위해 화장실의 내 · 외부를 4월~9월까지는 주 3회 이상, 10월부터 다음 해 3월까지는 주 1회 이상

소독하여 위생적인 관리가 되어야 한다.

- 화장실의 수세시설에 비누, 종이 수건이나 손 건조기, 화장지를 반드시 비치하여야 한다.
- 화장실에 관리 대장을 비치해 놓고 점검 사항을 매일 기록한다.

환경 위생 유지·관리 및 점검을 위한 종류와 시기는 〈표 5-3〉과 같다.

〈표 5-3〉 환경 위생 점검종류 및 시기

| 점검 종류 | 점검 시기 |
|---|---|
| 일상 점검 | • 매 수업일 |
| 정기 점검 | • 연 1회 이상(화장실 관리는 별도의 점검 횟수를 정하여 실시) |
| 특별 점검 | • 전염병 등에 의하여 집단으로 환자가 발생할 우려가 있거나 발생한 때<br>• 풍수해 등으로 환경이 불결하게 되거나 오염된 때<br>• 학교를 신축, 개축, 개수 등을 하거나, 책상, 의자, 컴퓨터 등 새로운 비품을 교사 안으로 반입하여 폼알데하이드 및 휘발성 유기 화합물이 발생할 우려가 있을 때<br>• 그 밖에 학교의 장이 필요하다고 인정하는 때 |

출처: 교육부(2015b).

## 2) 소독

소독은 질병을 일으키는 세균을 제거하기 위한 것으로 가정용 락스, 상업적인 살균제, 또는 고온과 같은 물리적 요소를 사용함으로써 질병을 일으키는 세균을 "안전한" 수준으로 떨어뜨리는 것이다. 락스는 표백제이지만 살균 작용이 있어 소독용으로 쓰인다. 락스는 공인된 제품을 사용하여야 하고, 입에 넣는 장난감, 접시, 납작한 식기류, 조리용 기구, 온도계, 탁자 위 혹은 고무젖꼭지 등과 같은 물건에 독성 물질이 축적되거나 남아 있지 않도록 주의해야 한다.

### (1) 소독 방법

세균은 자연적으로 어디나 퍼져 있고 모든 물건의 표면과 사람에게서 발견된다.

그중 특정 세균은 병을 일으킬 수 있으므로 소독을 통하여 장난감, 수면 장소, 담요, 식기, 의복, 기저귀 가는 곳, 음식 조리실 등에 있는 세균을 없앤다. 또한 체액(혈액), 소변, 대변, 침, 구토물, 고름 등에 병원성 세균이 있을 수 있으므로, 청결하게 관리하거나 소독하여 교직원과 영유아를 질병으로부터 보호해야 한다.

마룻바닥과 벽 등은 소독 장갑을 끼고 가능하면 락스(가정용 표백제) 또는 살균 소독제를 사용하여 청결하게 유지한다. 장갑과 솔은 사용 후 반드시 소독하고 영유아 손이 미치지 않게 멀리 두어 보관한다. 이러한 소독 방법을 구체적으로 설명하면 〈표 5-4〉와 같다.

〈표 5-4〉 **소독방법**

| 구분 | 소독 방법 |
|---|---|
| 세탁물 | • 비누와 물로 씻고, 심하게 오염된 것은 미리 적시어 둔다.<br>• 체액으로 심하게 더러운 것은 다른 것과 분리하여 씻어야 한다.<br>• 락스(가정용 표백제)를 사용할 수 없는 제품은 비염소 표백제를 사용하여야 한다.<br>• 세탁한 후 손을 씻는다. |
| 마룻바닥, 벽 | • 소독 장갑을 끼고 가능하면 락스(가정용 표백제) 또는 살균 소독제로 여러 번 뿌리고 닦는다. |
| 장갑, 솔, 스폰지, 세탁복 | • 사용 후 소독하고 영유아 손이 미치지 않게 멀리 둔다. |
| 화장실, 유아용 변기 의자 | • 장갑을 끼고 내용물을 화장실 변기에 버린다.<br>• 소독 청결제로 문지르고 공기 건조 시킨다. |
| 유리컵, 식기 | • 따뜻한 비눗물에 씻고, 깨끗한 물로 씻는다.<br>• 소독 물로 헹구고 공기 건조 시킨다. |

출처: 보건복지부(2012).

주로 가정에서 관리하는 경우가 많은 영유아의 휴대용 수젓집은 가정통신문을 이용해 위생 관리가 중요함을 안내할 필요가 있다(수저 및 수저오염도, 중앙육아종합지원센터, 2016). 세척 방법에 따른 대장균 수의 변화량을 살펴볼 때, 수세미를 이용하여 주방세제를 사용해 30초간 흐르는 물로 세척하는 것이 가장 위생적이다(김중범 외, 2011).

### (2) 놀잇감 소독

영유아가 가지고 노는 놀잇감을 통해 감염병이 전파되는 것을 막기 위해 놀잇감을 깨끗하게 관리하는 것이 필요하다. 사용된 모든 놀잇감은 정기적으로 씻거나 소독하여야 하는데 구체적인 놀잇감 소독 방법은 다음과 같다.

- 모든 놀잇감은 항균비누를 사용하여 물로 잘 씻어 깨끗하게 건조하여야 한다.
- 만약 감염병이 의심되는 영유아가 가지고 논 놀잇감은 특히 소독제를 사용하여 잘 닦아 소독하여야 한다.
- 소독한 놀잇감과 가지고 논 놀잇감은 구별하여 배치한다.
- 만약 혈액 매개 감염원이 의심되는 혈액 또는 체액이 놀잇감에 묻었을 때는 폐기지침에 따라 폐기한다.
- 물에 담가 씻을 수 있는 놀잇감은 다음과 같은 방법으로 청결하게 한다.
  ① 싱크대에 따뜻한 물을 채우고 항균비누를 준비한다.
  ② 장갑을 끼고 비누로 놀잇감을 문지르고 부드러운 솔 등을 이용하여 놀잇감을 씻는다.
  ③ 따뜻한 물로 비누가 남아 있지 않도록 깨끗하게 헹구어 낸다.
  ④ 말릴 때는 건조대를 사용하며 드라이어를 사용할 수도 있다
- 물에 담글 수 없는 놀잇감은 다음과 같은 방법을 사용한다.
  ① 소독제를 사용한다.
  ② 놀잇감은 소독제가 들어 있는 분무기를 사용하여서 뿌리거나, 소독제를 묻힌 거즈나 헝겊으로 잘 닦아 준다.
  ③ 잘 말리고 젖은 거즈나 헝겊으로 다시 잘 닦아 준다.
  ④ 특히 입에 넣고 빨기 쉬운 영아용 놀잇감은 놀이가 끝나면 별도의 바구니에 분리하고 씻어 소독기(멸균기)에 넣어 소독하는 것이 좋다.
- 놀잇감의 재질에 따라 적절한 세척 방법을 사용한다.

〈표 5-5〉 놀잇감 세척 방법

| 구분 | 세척 방법 |
|---|---|
| 플라스틱 소재 | • 유아용 세제를 손수건에 묻혀 표면을 닦고, 젖은 수건으로 깨끗이 닦아 낸 다음 바람이 잘 통하는 그늘에서 말린다.<br>• 크기가 큰 것은 젖은 수건이나 알코올로 닦는다.<br>• 솔을 이용하여 더러운 부분을 유아용 세제로 닦는다. |
| 털로 만든 봉제 인형 | • 먼지를 털어 주고 물세탁을 한다.<br>• 세탁할 때는 미지근한 물에 샴푸나 유아용 세제를 푼 다음 가제 수건과 같은 부드러운 천에 묻혀 살살 주무르듯 때를 닦아 낸다.<br>• 헹굴 때는 미지근한 물을 부드러운 천에 묻혀 꾹꾹 눌러 물기와 비누기를 뺀 다음, 물기를 털고 드라이기로 말린다.<br>• 봉제 인형은 물에 담그면 모양이 망가지고 천의 질감이 달라질 수 있으므로 주의한다. |
| 수건 재질 | • 세탁기에 넣기보다는 손으로 조물조물 주물러 때를 빼는 게 손상을 줄일 수 있다.<br>• 세탁 후 그늘에서 말린다. |
| 나무 재질 | • 물로 씻지 않고 마른 수건으로 닦아 준다.<br>• 항균 코팅된 장난감은 젖은 수건으로 닦고, 다시 마른 수건으로 물기를 없앤 다음 바람이 잘 통하는 그늘에서 말린다. |
| 고무 재질 | • 솔을 이용하여 손이 잘 닿지 않는 안쪽이나 틈새 사이에 먼지를 가볍게 털어 주고 유아용 세제를 이용하여 씻는다. |
| 천 소재 | • 먼지를 털고 정기적으로 씻는다.<br>• 세탁기를 이용할 때에는 올이 나가거나 찢어지지 않도록 세탁 망에 넣어 준다.<br>• 손빨래할 때는 유아용 세제를 물에 풀어서 조물조물 문지른 후 깨끗한 물로 여러 번 헹궈 준다.<br>• 햇볕에 완전히 말린다. |
| 기타 | • 건전지 등을 사용하는 놀잇감은 녹이 슬거나 칠이 벗겨질 수 있으므로 물로 씻지 않는다.<br>• 놀잇감에 낀 틈새 먼지들은 칫솔이나 면봉 등을 이용하여 제거한다. |
| 세척 시기 | • 놀잇감은 수시로 씻어 항상 청결을 유지한다.<br>• 영아반의 경우 입에 넣고 빠는 놀잇감은 매일 씻는다. |

출처: 어린이집안전공제회(2019b).

**Tip 소독액 만들기**

유아교육기관에서 사용하는 시설물과 용품의 소독을 위해 분무 용액과 적시는 용액 등 종류에 따른 소독액을 만들어 쓸 수 있다. 예를 들어, 싱크대에서 적시는 용액을 만드는 경우 15mL(1 큰 숟가락)의 락스를 4리터의 물에 넣어 희석하여 사용할 수 있으며 구체적인 내용은 다음과 같다.

| 구분 | 대상 | 방법 |
|---|---|---|
| 분무 용액 | 탁자, 장난감, 유아용 침대, 식기, 주방 조리대, 도마 등 일반 위생용 | 60mL(1/4컵)의 락스를 4ℓ의 물에 넣는다. 혹은 15mL(1 큰 숟가락)의 락스를 1ℓ의 물에 넣어 만든다. (800ppm) |
| 적시는 용액 (싱크대 혹은 대야용) | 접시, 입에 넣고 노는 장난감, 고무젖꼭지, 물에서 갖고 노는 장난감, 손으로 만지는 학습 도구, 오염된 물건 | 15mL(1 큰 숟가락)의 락스를 4ℓ의 물에 넣어 만든다. (200ppm)<br>싱크대 혹은 대야에 용액을 넣는다. → 2분 동안 적신다. → 공기 중에 말린다. |
| 적시는 용액 (빨래용) | 혈액, 소변, 대변, 점액, 구토물, 체액 등으로 오염된 면섬유 혹은 물건 | 15mL(1 큰 숟가락) 락스를 4ℓ의 물에 넣어 만든다. (200ppm)<br>3~5분 담그거나 씻는다 → 깨끗한 물로 면섬유를 헹군다 → 공기 중에 말리거나 건조기로 말린다 |
| | 과일 · 채소 살균 소독용 | 100ppm으로 만들어 사용한다. |

출처: 보건복지부(2012).

### (3) 화학 제품과 약품 보관

모든 화학 제품과 약품은 영유아의 손이 닿지 않는 곳에 보관하거나 보관장에 넣어 잠근다. 모든 장난감과 기구 등은 무독성의 재료로 만든 것을 사용한다. 유아교육기관 내에서는 유해하거나 잠재적으로 해로운 식물을 영유아가 가까이할 수 없도록 하여야 한다. 표백제나 세제는 음식물과 분리하여 보관하여야 하며 약품을 보관할 때에는 보관 용기에 별도의 표시를 한다. 상세한 보관법은 다음과 같다.

#### ① 화학 물질, 독극물 보관

표백제, 세제, 살균제, 식물 비료, 살충제, 페인트 희석제 혹은 기타의 화학 물질들은 음식물 및 가정용품과 떨어진 곳에 보관한다.

② 약품 보관

약품은 영유아의 손이 닿지 않는 곳에 보관하며 냉장 보관 약품은 뚜껑이 있는 용기 혹은 지퍼락에 보관하고 보관 용기에 "약품"이라 표시한다. 선반에 있는 약품은 용기에 "약품"이라 표시한다.

③ 기타

청소도구용 세제, 살충제, 건강 미용 보조제, 독성 물질, 그리고 기타 독극물들은 각각 본래의 용기에 보관하고 지시에 따라 사용 목적에 맞게 사용되어야 한다. 또한, 영유아에게 위험하지 않은 방법으로 사용되어야 한다. 사용하지 않을 때는 영유아가 가까이하지 않는 장소에 보관하고 약품과 음식물은 분리하여 보관한다.

## 3) 쓰레기 및 하수 처리, 급수 위생

### (1) 쓰레기 처리

쓰레기를 처리할 때는 반드시 주방용 쓰레기통, 남은 음식 수거통, 일반 쓰레기통으로 분리 사용해야 하며 반드시 뚜껑이 있고 발로 자동 개폐되는 구조(페달식)이어야 한다.

- 쓰레기와 일회용 기저귀들은 뚜껑 있는 용기 혹은 쓰레기 주머니에 보관한다.
- 쓰레기는 매일 건물 밖의 용기에 보관한 후 치워야 한다.
- 모든 쓰레기통은 플라스틱 봉지를 대고 사용한다.
- 쓰레기는 영유아가 접근하지 않는 곳, 해충을 유인하지 않은 곳에 보관되어야 한다.
- 쓰레기가 놓였던 장소는 수거한 후에 세척 및 소독을 한다.

### (2) 배관 및 하수 처리

- 수도관, 수도꼭지 혹은 싱크대 밑의 호스, 배수, 하수구에서 마시는 물과 오수 사이가 연결되지 않도록 하여야 한다.

- 싱크대에 붙어 있는 호스와 살수기는 적절한 역류 방지장치가 되어 있어야 한다.
- 식기 세척기 배관 호스는 주방용 조리대 아래에 닿도록 조여져야 한다.
- 오수는 음식 오염을 일으키지 않도록 처리되어야 한다.

### (3) 급수

급수용은 수돗물이나 「먹는 물 관리법」(시행 2020.5.26.) 제5조의 규정에 따른 먹는 물 수질 기준에 적합한 지하수이어야 하며, 지하수를 사용하는 경우 취수원은 화장실, 폐기물, 폐수 처리 시설, 동물 사육장 등으로부터 오염될 우려가 없도록 관리하여야 한다. 필요한 경우 용수 살균 또는 소독 장치를 갖추어야 한다.

- 지하수를 사용하는 경우에는 먹는 물 수질 기준의 모든 항목에 대해 연 1회 이상 검사한다.
- 먹는 물 수질 기준에 정해진 미생물학적 항목에 대한 검사를 매 분기 1회 이상 실시한다.
- 냉·온수기 설치는 아래와 같은 장소에 설치하여서는 안 된다.
  - 실외 또는 직사광선이 비추는 장소, 화장실과 가까운 장소, 냉·난방기 앞
- 정수기를 사용할 경우 정수기 꼭지는 자주 닦아 청결하게 해주고 정기적인 필터 교체 및 내부 청소는 정수기 업체에 의뢰해 위생적으로 관리한다.

Chapter

# 06

영 유 아 건 강 교 육

# 영유아 영양 관리

Chapter

# 06

# 영유아 영양 관리

영유아기는 신체, 인지, 정서 등 모든 발달이 급속도로 일어나므로 성장과 발달에 필요한 영양 공급이 제대로 이루어져야 한다. 따라서 이 장에서는 영유아기 영양의 특징과 영유아기에 필요한 영양소의 일반적 기능과 섭취기준 및 영유아의 영양 문제에 관해 알아본다.

## 1 영유아의 영양

### 1) 영유아기 영양의 특징

영유아기는 일생 중 성장이 가장 왕성한 시기이므로 이 시기에 공급되는 영양은 매우 중요하다. 영유아기에 영양이 부족하게 되면 영양 장애를 일으키고, 영양이 과잉되면 지방 세포수의 증가로 비만이 유발될 수 있으며(송태희 외, 2008), 신체, 골격, 식습관, 저항력 등 건강한 신체와 건강한 생활을 좌우하는 데 영향을 줄 수 있다.

또한, 영유아는 성장하면서 식욕과 식품에 대한 기호가 변하고 일시적으로 식욕부진을 경험할 수 있는데, 지속적인 식욕부진과 이로 인한 편식이 계속되면 성장지연을 초래할 수 있다(박상욱, 2018). 이를 예방하기 위해 중요한 영유아기 영양의 특징을 정리하면 다음과 같다(박상욱, 2018; 송태희 외, 2008).

- **양적 · 질적으로 우수한 영양소를 공급해 주어야 한다.** 영유아기에는 성장과 발달이 왕성하여 모든 영양소의 필요량이 체중 kg당으로 환산하면 성인의 2~3배가 된다는 것을 고려하여 영양을 공급해 주어야 한다.
- **질적으로 균형 잡힌 영양 공급이 필요하다.** 영유아기의 영양은 면역력과 정상적인 성장과 발달에 영향을 주므로 필요한 영양소가 적절히 공급될 수 있도록 균형 잡힌 음식이 제공되어야 한다.
- **소화가 잘되는 식품의 종류와 조리법을 선택하고 여러 차례로 나누어서 음식을 제공해야 한다.** 영유아기에는 소화기관의 발달이 미숙하여 소화 흡수 기능이 약하므로 소화를 돕는 조리법과 1회에 제공하는 음식의 양 조절이 필요하다.
- **개인의 건강 상태를 고려하여 영양 섭취량을 조절한다.** 환경 조건이나 발육 상태에 따른 영유아 개인의 건강 상태를 고려하여 음식을 제공한다.
- **영양 공급을 할 때 성인보다 더 철저한 위생 관리가 필요하다.** 영유아는 성인에 비해 면역력이 약하기 때문에 세균에 감염될 위험이 크다. 따라서 음식을 구입, 조리, 보관하는 과정에서 철저한 위생 관리가 요구된다.

### 2) 영양소의 주요 기능

영양소(nutrients)란 식품에 포함된 물질로 에너지, 체구성 물질, 생체 반응을 조절하는 인자들을 공급함으로써, 사람의 건강을 유지시키는 역할을 한다(최혜미 외, 2016). 영양소는 평생 필요한 물질로서 탄수화물, 지질(지방), 단백질, 비타민, 무기질, 물로 분류된다(Roth & Wehrle, 2019). 이 중에서 에너지원 역할을 하는 탄수화물, 지질, 단백질을 주영양소(3대 영양소)라고 하고, 에너지원은 아니지만 인체의 생리 기능 조절에 필요한 비타민, 무기질, 물(수분)을 부영양소라고 한다(최혜미 외, 2016).

각 영양소는 신체의 에너지 공급, 신체 조직 구성, 대사 과정 조절 중 적어도 하나에 관여한다. 탄수화물, 지질, 단백질은 에너지를 공급하고, 단백질은 비타민과 무기질의 도움으로 신체 조직을 구성하고 치료하는 데 쓰인다. 비타민, 무기질, 물은 호흡, 순환, 소화 및 배출과 같은 대사 과정을 조절하는 데 관여한다(Roth & Wehrle, 2019). 영양소의 주요 기능은 다음과 같다.

### (1) 탄수화물의 기능

탄수화물(carbohydrate)은 자연계에 가장 많이 존재하는 유기 물질이며 영양 공급원으로써 매우 중요한 기능을 한다(김미현 외, 2019). 탄수화물의 주요 기능은 다음과 같다.

첫째, 에너지를 공급해 준다.

탄수화물은 체내에서 완전 산화 시 1g당 4kcal의 열량을 제공한다. 탄수화물은 구성 단위에 따라 단당류(monosaccharides), 이당류(disaccharides), 올리고당류(oligosaccharides) 및 다당류(polysaccharides)로 분류되며, 주요 단당류에는 포도당(glucose), 과당(fructose), 갈락토오스(galactose)가 있다(보건복지부, 한국영양학회, 2015). 뇌, 적혈구 세포, 신경조직은 에너지 급원으로 포도당만을 사용하므로 탄수화물을 필수적으로 섭취해야 한다(송태희 외, 2008).

둘째, 단백질 절약 작용을 한다.

탄수화물 섭취가 부족하면 신체는 에너지 생산을 위해 근육 조직 내 단백질을 분해하여 포도당을 합성하게 된다(김숙희 외, 2016). 따라서 탄수화물을 충분히 섭취하면 체내 단백질의 분해가 억제되므로 단백질을 절약할 수 있다(송태희 외, 2008).

셋째, 단맛을 제공한다.

탄수화물 중 단당류와 이당류는 모두 단맛을 내므로 음식의 감미료로 이용된다(김미현 외, 2019). 대표적인 천연 감미료는 설탕으로, 사탕수수나 사탕무에서 정제된 것이 음료나 과자, 사탕, 아이스크림 제조 시 첨가된다(김숙희 외, 2016).

넷째, 식이 섬유를 제공한다.

복합 탄수화물 식품에는 다양한 식이 섬유(dietary fiber)가 포함되어 있다. 대부분의 식물성 식품, 도정하지 않은 곡류, 채소 및 과일에 다량 포함되어 있다(박상욱, 2018). 식이 섬유는 배변량을 증가시켜 변비 예방 효과가 있다. 그러나 식이 섬유를 과량 섭취할 경우 아연, 철분, 칼슘 등 무기질의 흡수를 방해한다(박상욱, 2018).

다섯째, 케톤증을 예방한다.

탄수화물은 지질의 산화 과정에 필수적인 물질로서, 탄수화물 섭취가 부족하면 지방산이 체내에서 불완전하게 산화되어 케톤체(ketone body)가 생성된다(김숙희 외, 2016). 케톤체가 혈액과 조직에 축적되는 것을 케톤증(ketosis)이라고 하며, 증상으로는 호흡기를 통한 아세톤 냄새, 식욕 저하, 다뇨, 갈증 및 뇌손상 등이 있다(김미현 외, 2019). 케톤증을 예방하기 위해서는 하루에 최소 50g 이상의 탄수화물 섭취가 필요하다(김미현 외, 2019).

### (2) 지질(지방)의 기능

지질(lipid)은 탄소, 수소, 산소로 이루어진 유기 화합물로서, 물에는 녹지 않고 유기 용매에는 녹는 영양소이다(송태희 외, 2008). 지질은 지방산(fatty acid), 중성지방(triglyceride, TG), 인지질(phospholipid), 콜레스테롤(cholesterol) 등으로 분류된다(김미현 외, 2019). 지방산은 우리 몸과 식품에 있는 지질의 구성 성분으로서 다양한 복합체 형태로 식품 중에 존재한다(김미현 외, 2019). 지질의 주요 기능은 다음과 같다.

첫째, 에너지를 공급해 준다.

지질은 체내에서 1g당 9kcal의 열량을 제공하므로 탄수화물과 단백질에 비해 농축된 에너지원이다(박상욱, 2018). 인체에 사용하고 남은 여분의 열량은 주로 중성지방의 형태로 지방 조직에 저장되며, 지방 세포는 인체의 효율적인 열량 저장고로서 기능하게 된다(김미현 외, 2019).

둘째, 신체 조직의 구성 성분으로 작용한다.

인지질과 콜레스테롤은 세포막을 구성한다(박상욱, 2018). 특히 뇌, 신경조직 등에는 콜레스테롤이 다량 함유되어 있으므로 성장기 영유아에게는 필수적인 성분이다(송태희 외, 2008).

셋째, 체온을 조절하고 신체 장기를 보호한다.

체지방은 열 손실을 막아 주는 절연체로 작용하여 추위에도 체온 변동을 적게 해준다(김미현 외, 2019). 또한, 체지방은 외부의 충격으로부터 신체의 장기들을 보호해 주는 역할을 한다(Roth & Wehrle, 2019).

넷째, 맛과 향미, 포만감을 제공한다.

지질은 향미를 주는 물질을 함유하고 있어서 음식의 맛과 향미를 증진시킨다. 또한, 지질은 탄수화물이나 단백질보다 위장관을 느리게 통과하기 때문에 포만감을 느끼게 한다(김미현 외, 2019).

### (3) 단백질의 기능

단백질(protein)은 신체 기능의 조절과 유지에 필수적인 영양소로서, 모든 신체 세포를 구성하는 기본 물질이다(Roth & Wehrle, 2019). 단백질의 주요 기능은 다음과 같다.

첫째, 에너지를 공급해 준다.

단백질은 1g당 4kcal의 열량을 제공한다. 단백질을 과다섭취하거나 탄수화물과 지질의 섭취가 부족할 경우 단백질이 에너지원으로 사용된다(Roth & Wehrle, 2019). 단백질이 에너지원으로 사용된 후에는 노폐물이 발생하며, 간과 신장에서 이를 제거하기 위한 대사가 필요하게 되므로 비효율적인 에너지원이라고 할 수 있다(박상욱, 2018).

둘째, 신체 조직을 구성하고 회복시킨다.

단백질의 주요 기능은 신체 조직의 성장과 유지 및 회복시키는 것이다(Roth & Wehrle, 2019). 따라서 영유아기에 충분한 단백질 섭취가 필요하며, 성장 후에도 신체

구성 단백질은 계속적으로 퇴화되고 재생되어야 하므로 매일 단백질을 섭취해야 한다(박상욱, 2018).

**셋째, 효소와 호르몬을 합성한다.**

단백질은 체내의 생화학적 반응을 촉매하는 효소와 조절 작용을 담당하는 호르몬 등을 구성하는 주요 성분이다(김미현 외, 2019). 또한, 외부로부터 침입하는 독성 물질과 병원균에 대항하는 물질인 항체의 구성 성분이다(송태희 외, 2008).

**넷째, 체액의 산성도를 일정하게 유지시킨다.**

혈액 중 단백질은 산과 염기 양쪽의 역할을 모두 수행할 수 있는 특징을 지닌다(송태희 외, 2008). 따라서 체내에서 pH(수소이온농도 지수)[1]를 7.35~7.45로 일정하게 유지시키는 완충제 역할을 한다(김미현 외, 2019).

### (4) 비타민의 기능

비타민(Vitamin)은 인체의 정상적인 생리 및 원활한 대사 작용에 절대적으로 필요한 유기물로, 소량을 필요로 하지만 체내 합성이 불가하므로 반드시 섭취해야 하는 필수 영양소이다(박상욱, 2018; 송태희 외, 2008).

비타민은 각종 대사 과정을 원활하게 하기 위해 보조 효소로 작용하며, 세포 분열, 성장, 혈액 응고, 상처 치유 등의 다양한 체내 생리 기능을 돕는다(김미현 외, 2019). 또한, 비타민 자체는 에너지를 제공하지 않지만 신체가 탄수화물, 지질, 단백질에 의해 제공되는 에너지를 사용할 수 있도록 도와준다(Roth & Wehrle, 2019).

비타민은 지용성 비타민(비타민 A, D, E, K)과 수용성 비타민(비타민 B군, 비타민 C)으로 분류된다(김미현 외, 2019; 박상욱, 2018; 송태희 외, 2008). 비타민의 종류별 주요 기능은 다음과 같다.

① 비타민 A

- 비타민 A는 망막에서 작용하여 어두운 곳에서 볼 수 있게 하며 색 구분을 가능

1) pH(수소이온농도 지수): 물질의 산과 염기의 진하고 연한 정도를 나타내는 단위

하게 한다(김숙희 외, 2016).

- 체내 세포의 성장과 시각, 면역 증진에 관여하며, 항산화작용과 염증 및 암 발생 억제 효과가 있다(Napoli, 2012).
- 정상적인 골격의 성장에 관여한다(송태희 외, 2008).
- 생식기관을 건강하게 유지하게 해 준다(김숙희 외, 2016).

② 비타민 D

- 비타민 D의 가장 대표적인 기능은 뼈를 건강하게 유지하도록 돕는 것이다(김숙희 외, 2016).
- 뼈의 무기질화를 위해 필요한 혈중 칼슘과 인 농도를 유지하는 기능을 한다(보건복지부, 한국영양학회, 2015).
- 세포의 증식과 분화를 조절하고 면역기능에 관여한다(Deeb, Trump, & Johnson, 2007).

③ 비타민 E

- 비타민 E는 대표적인 지용성 항산화제(fat-soluble antioxidant)로서, 세포막과 혈액 및 몸 전체에 존재하는 불포화지방의 산화를 방지한다(김숙희 외, 2016).
- 과산화물 생성에 의한 노화나 암, 심장질환 등을 예방하는 기능을 한다(송태희 외, 2008).

④ 비타민 K

- 비타민 K는 혈액 응고에 필수적인 요소로서(Roth & Wehrle, 2019), 몸에 상처가 나서 피가 나게 되면 빠르게 지혈시키는 데 작용한다.
- 골격 형성 과정을 도와 골격 발달에도 관여한다(김미현 외, 2019).

⑤ 티아민(thiamin, 비타민 $B_1$)

- 티아민은 탄수화물, 지질, 단백질의 에너지 대사 과정에서 보조 효소로 작용하며, 주로 탄수화물 대사에서 에너지 생성 과정에 필수적으로 작용한다(박상욱, 2018).

• 티아민은 신경과 근육 활동에 꼭 필요한 유기물이다(Roth & Wehrle, 2019).

⑥ 리보플라빈(riboflavin, 비타민 $B_2$)

• 리보플라빈은 탄수화물, 지질, 단백질의 에너지 대사 과정에서 중요한 작용을 한다(송태희 외, 2008).
• 조직 유지, 특히 입주변의 피부와 건강한 눈을 유지하는 기능을 한다(Roth & Wehrle, 2019).
• 항산화 작용에 관여한다(김숙희 외, 2016).

⑦ 니아신(niacin, 비타민 $B_3$)

• 니아신은 리보플라빈과 함께 탄수화물, 지질, 단백질의 이용 과정을 촉매하는 효소의 보조 효소로서 중요한 작용을 한다(김미현 외, 2019).
• 정상적인 피부나 점막형성에 작용하여 피부 건강에 영향을 준다(박상욱, 2018).

⑧ 비타민 $B_6$

• 비타민 $B_6$는 단백질과 아미노산 대사에서 중요한 보조 효소로 작용한다(김숙희 외, 2016).
• 헤모글로빈의 구성분인 햄(Heme), 면역계 및 신경 전달 물질의 합성에 관여한다(박상욱, 2018).

⑨ 엽산(folic acid, 비타민 $B_9$)

• 엽산은 세포내 DNA(deoxyribonucleic acid, 디옥시리보핵산) 합성, 세포 분열, 적혈구 형성 및 아미노산 대사 등의 과정에서 매우 중요한 역할을 한다(김숙희 외, 2016).
• 신경 전달 물질을 합성하는 과정에 보조 효소로 작용한다(박상욱, 2018).

⑩ 비타민 $B_{12}$(cobalamin)

• 비타민 $B_{12}$는 엽산 대사에 필수적으로 작용하며, 적혈구 형성에 관여한다(김숙희 외, 2016).

- 신경 섬유의 수초를 유지하는 데도 중요한 역할을 한다(송태희 외, 2008).

⑪ 비타민 C

- 비타민 C는 비타민 E의 항산화 기능을 증가시킨다(Frei & Lawson, 2008).
- 비타민 C는 항균 작용과 면역 세포의 활성 및 증식에서 중요한 역할을 한다(보건복지부, 한국영양학회, 2015).
- 뼈, 피부, 연골, 치아, 힘줄 등의 구성요소인 콜라겐 합성에 관여한다(김숙희 외, 2016).

### (5) 무기질의 기능

음식이 인체에 들어와서 완전히 연소하여 생성되는 물, 이산화탄소 및 요소 등의 물질을 유기질이라고 하며, 연소되지 않고 남는 회분을 무기질이라고 한다(박상욱, 2018). 무기질은 인체 내에서 보조 효소 및 촉매 역할을 하면서 여러 생리 기능 조절 및 유지에 필요한 물질이다(박상욱, 2018; 송태희 외, 2008).

무기질은 체중의 약 4%로 적은 양이지만 생명체의 기능에 반드시 필요한 물질이다(김숙희 외, 2016; 송태희 외, 2008). 무기질은 체내 대사의 삼투압 조절 및 촉매 작용과 신체의 각 부분을 형성하고 근육의 수축과 이완에 관여한다(김숙희 외, 2016). 무기질의 종류별 주요 기능은 다음과 같다.

① 칼슘(Ca, Calcium)

- 칼슘은 체내에서 가장 많이 존재하는 무기질로서, 가장 주된 기능은 골격과 치아를 구성하고 유지하는 것이다(김숙희 외, 2016). 칼슘의 주된 기능은 골격을 형성하고 단단하게 유지하는 것으로서 대부분은 뼈에 존재한다.
- 칼슘은 체내 여러 조직에서 신경의 자극 전달, 근육이나 혈관의 수축 및 이완 조절 등의 대사 과정에도 관여한다(Weaver, 2006).
- 혈액의 칼슘은 혈액응고, 세포 대사, 근육 수축 및 이완, 신경 전달 등 신체의 여러 가지 기초적인 생리 기능에 관여한다(Jernigan & Resta, 2014).

② 인(P, Phosphorus)

- 인의 85%는 칼슘과 결합하여 골격과 치아 조직을 구성하고, 15%는 뇌, 신경, 간, 폐, 근육 및 체액 등 여러 세포 내에서 필수성분으로 존재한다(김숙희 외, 2016).
- 인은 세포막을 구성하는 인지질과 혈장 및 신경계의 성분이다(김숙희 외, 2016).
- 세포 내 산과 염기의 평형 조절과 효소 활성화에 관여한다(송태희 외, 2008).

③ 나트륨(Na, Sodium)

- 나트륨은 체액의 산과 염기의 균형을 유지시키며 삼투압을 조절한다(박상욱, 2018).
- 정상적인 근육 기능에 필수적인 신경 흥분 전달에 관여한다(Roth & Wehrle, 2019).

④ 칼륨(K, Potassium)

- 칼륨은 나트륨과 상호작용하여 삼투압을 정상적으로 유지시키고 세포액을 보전한다(Institute of Medicine, 2001).
- 칼륨은 나트륨, 수소 이온과 함께 산과 염기를 조절하며 근육을 이완시킨다(Young & McCabe, 2000).
- 근육 수축 작용과 신경 자극 전달을 위한 역할을 한다(Roth & Wehrle, 2019).

⑤ 철(Fe, Iron)

- 철은 혈색소인 헤모글로빈 합성에 필수적인 무기질로서, 체내에서 산소를 운반하고 저장하는 기능을 한다(송태희 외, 2008).
- 면역기능 유지 및 효소의 구성성분이다(박상욱, 2018).
- 신경 전달 물질과 콜라겐 합성에 관여한다(박상욱, 2018).

⑥ 요오드(I, Iodine)

- 요오드는 체내 대사 과정에서 갑상선 호르몬의 합성에 관여한다(김숙희 외, 2016).
- 체온 및 기초 대사율 조절, 뇌의 정상적인 발달 및 단백질 합성의 촉진에 관여한다(박상욱, 2018).

⑦ 아연(Zn, Zinc)

- 아연은 생식기관과 뼈의 적절한 발달에 관여한다(김숙희 외, 2016).
- 핵산 합성 및 체내 대사 과정을 조절하는 효소들의 구성 성분으로 작용한다(김숙희 외, 2016).
- 면역기능 유지 및 상처 회복에 도움을 준다(박상욱, 2018).
- 세포 내에서 많은 양의 아연이 세포막에 결합된 형태로 존재하면서 세포막의 기능과 안정성에 크게 기여한다(김숙희 외, 2016).

⑧ 불소(F)

- 불소의 가장 주된 기능은 충치를 예방하는 것이다. 불소는 산에 대한 저항성을 증가시켜 충치 발생을 억제한다(김숙희 외, 2016).
- 불소의 95%가 골격과 치아에 존재하며, 충치 예방과 함께 골다공증을 예방한다(박상욱, 2018).

## (6) 물의 기능

물(water)은 생명 유지에 필수적인 물질이다. 물은 인체의 2/3 정도를 차지하는데 신생아의 경우 체중의 75%를 차지하다가 연령과 지방 조직 함량이 증가할수록 점차 줄어든다(박상욱, 2018; 송태희 외, 2008). 물의 수요 기능은 다음과 같다.

**첫째, 영양소 및 노폐물을 운반한다.**

물은 혈액과 림프액 등과 같은 체액에서 많은 영양소를 용해한다(김숙희 외, 2016). 따라서 소화 · 흡수된 영양소를 체액을 통해서 각 세포 및 신체 조직에 운반해 주는 작용을 한다(김숙희 외, 2016). 또한, 체내 대사에서 발생한 노폐물을 신장을 통해 체외로 배설한다(박상욱, 2018).

**둘째, 체온을 조절한다.**

물은 체내에서 발생하는 열을 체표면을 통해 흡수하거나 방출함으로써 체온을 조절한다(박상욱, 2018). 즉, 체온이 높아지면 열에너지를 혈액의 수분(물)이 흡수한다. 물이 열에너지를 충분히 흡수하면 물은 피부를 통해 증발된다. 반대로 체온이 정상보다 낮으면 피부를 통한 열이나 수분의 방출은 감소하게 된다(김숙희 외, 2016).

셋째, 화학반응에 참여한다.

물은 체내 대사 과정에서 발생하는 화학반응에 참여하여 반응 속도를 조절하거나 원활하게 한다(김숙희 외, 2016).

넷째, 체액의 구성 및 산 · 염기와 삼투압을 유지한다.

물은 혈액 및 세포 외액과 내액을 구성한다(박상욱, 2018). 또한, 체액의 산과 염기의 평형 및 삼투압을 유지한다(송태희 외, 2008).

다섯째, 충격 완화제 및 윤활유 역할을 한다.

물은 외부 충격으로부터 신체 조직을 보호하며, 윤활제 작용을 한다(박상욱, 2018). 즉, 태아를 감싸는 양수 및 눈, 척수, 관절에 존재하는 수분은 외부의 충격으로부터 신체를 보호하며, 마찰을 최소화하여 원활하게 움직일 수 있도록 한다(김숙희 외, 2016). 또한, 소화 기관 및 호흡 기관의 점액도 윤활 작용을 한다(박상욱, 2018).

### 3) 영유아의 영양소 섭취 기준

영유아는 성인에 비해 단위 체중 당 영양 소비량이 많고, 연령에 따라 각 영양소의 필요량이 달라진다. 영양 섭취 기준은 평균 필요량[2], 권장 섭취량[3], 충분 섭취량[4], 상한 섭취량[5]의 4가지로 구분된다. 영유아의 영양소별 섭취 기준은 다음과 같다.

2) 평균 필요량(EAR): 건강한 사람들의 일일 영양소 필요량의 중앙값으로 산출함
3) 권장 섭취량(RNI): 인구 집단의 약 97-98%에 해당하는 사람들의 영양소 필요량을 충족시키는 섭취 수준으로, 평균 필요량에 표준편차 또는 변이계수의 2배를 더하여 산출함
4) 충분 섭취량(AI): 영양소의 필요량을 추정하기 위한 과학적 근거가 부족할 경우, 대상 인구 집단의 건강을 유지하는 데 충분한 양을 설정함
5) 상한 섭취량(UL): 인체에 유해한 영향이 나타나지 않는 최대 영양소 섭취 수준이므로, 과량을 섭취할 때 유해 영향이 나타날 수 있다는 과학적 근거가 있을 때 설정함

### (1) 영유아의 3대 영양소 섭취 기준

보건복지부, 한국영양학회(2015)에서 제시하는 한국인 영양소 섭취 기준을 중심으로 3대 영양소의 영유아 섭취 기준을 정리하면 다음과 같다.

#### ① 탄수화물

- 1세 이상의 영유아에게 필요한 총 에너지에 대한 탄수화물의 섭취 적정비율은 총 에너지 섭취량의 약 55~65%이다.
- 탄수화물의 충분 섭취량은 6개월 미만 영아의 경우 60g/일, 6개월~1세 미만은 90g/일이다.
- 영유아는 소화 기능이 미숙하므로 탄수화물을 과다섭취하기보다는 에너지원을 보충할 있는 고열량 지방 식품 및 단백질 식품과 함께 섭취하여 위에 부담을 줄여 주는 것이 바람직하다(박선희 외, 2014).
- 탄수화물은 주로 곡류, 감자류, 과일류, 당류 등 식물성 식품을 통해 섭취한다.
- 탄수화물 섭취가 부족할 경우 쉽게 피로감을 느끼며 허약해지고 체중 감소를 초래하여(Roth & Wehrle, 2019), 영유아기 성장에 좋지 않은 영향을 미친다.
- 탄수화물의 과다섭취는 충치, 소아비만의 원인이 되며, 비만으로 인해 혈중에 지방 성분이 증가하여 고지혈증이 생길 수 있다(Schaefer, Gleason, & Dansinger, 2009).

#### ② 지질

- 1~2세 영아에게 필요한 총 에너지에 대한 지질의 섭취 적정 비율은 총 에너지 섭취량의 약 20~35%이며, 3세 이상의 유아의 경우 15~30%로 감소한다.
- 영유아에게 필요한 지질 섭취 기준은 1세 미만 영아의 경우에는 25g이 충분 섭취량이다.
- 필수 지방산인 리놀레산(n-6 지방산)과 리놀렌산(n-3 지방산)은 반드시 식품을 통해 섭취되어야 한다.
- 지질의 섭취는 포화 지방산과 콜레스테롤이 많은 동물성 지방보다는 뇌 발달과 성장에 필수적인 식물성 지방을 섭취하는 것이 좋다(박상욱, 2018).
- 지질 중 포화 지방산 함량이 높은 식품은 육류, 우유, 버터, 치즈, 팜유, 코코넛

유 등이다. 불포화 지방산 함량이 높은 식품은 올리브유, 카놀라유, 해바라기씨유, 옥수수유, 달걀노른자, 콩기름, 들기름, 호두기름, 해조류, 채소류, 등푸른 생선 등이다(박상욱, 2018).

- 지질이 부족하면 체중감소와 성장 지연을 초래할 수 있다. 또한, 필수 지방산인 리놀레산(n-6 지방산)이 결핍되면 피부가 건조해져서 염증을 유발할 수 있다(Roth & Wehrle, 2019).
- 영유아기에 지질의 과다섭취는 소아 비만의 원인이 된다.

③ 단백질

- 1세 이상의 영유아에게 필요한 총 에너지에 대한 단백질의 섭취 적정 비율은 총 에너지 섭취량의 약 7~20%이다.
- 6개월 미만 영아의 충분 섭취량은 10g/일, 6개월~2세의 권장 섭취량은 15g/일, 3~5세의 권장 섭취량은 20g/일이다.
- 단백질 급원 식품은 유제품, 육류, 어류, 달걀, 콩류 등이 있다. 식물성 단백질에 비해 동물성 단백질에 필수 아미노산이 충분히 함유되어 있으므로 동물성 단백질이 양질의 단백질이다. 콩류는 식물성 식품이지만 양질의 단백질을 35~40% 정도 함유하고 있어서 우수한 단백질 식품이다(박상욱, 2018).
- 단백질 섭취가 부족할 경우 발육부진과 면역력 감소로 인해 질병에 대한 저항력이 감소하게 되며, 성장 지연 및 뇌 기능 감퇴, 성성숙 지연 등이 나타난다(Brown et al., 2011).
- 영유아기에 단백질을 과다섭취하면 비만아가 될 위험이 높은 것으로 보고된다(Escribano et al., 2012; Koletzko et al., 2009). 그러나 질병 발병 및 건강에 유해하다는 직접적인 영향에 대한 자료는 아직 부족한 실정이다(보건복지부, 한국영양학회, 2015).

이상의 3대 영양소 섭취 기준과 급원 식품 및 결핍증, 과잉증을 정리하면 〈표 6-1〉, 〈표 6-2〉와 같다.

〈표 6-1〉 3대 영양소 섭취 기준

| 연령 | 탄수화물(g/일) | | | | 지질(지방)(g/일) | | | | 단백질(g/일) | | | |
|---|---|---|---|---|---|---|---|---|---|---|---|---|
| | 평균 필요량 | 권장 섭취량 | 충분 섭취량 | 상한 섭취량 | 평균 필요량 | 권장 섭취량 | 충분 섭취량 | 상한 섭취량 | 평균 필요량 | 권장 섭취량 | 충분 섭취량 | 상한 섭취량 |
| 0~5개월 | – | – | 60 | – | – | – | 25 | – | – | – | 10 | – |
| 6~11개월 | – | – | 90 | – | – | – | 25 | – | 10 | 15 | – | – |
| 1~2세 | – | – | – | – | – | – | – | – | 12 | 15 | – | – |
| 3~5세 | – | – | – | – | – | – | – | – | 15 | 20 | – | – |

출처: 보건복지부, 한국영양학회(2015).

〈표 6-2〉 3대 영양소 급원 식품 및 결핍증 · 과잉증

| 종류 | 급원 식품 | 결핍증 | 과잉증 |
|---|---|---|---|
| 탄수화물 | 곡류, 감자류, 과일류, 당류 | 피로, 허약, 탈수 현상, 체중 감소 | 충치, 소아 비만, 고지혈증 |
| 지질(지방) | 육류, 우유, 버터, 치즈, 팜유, 코코넛유, 올리브유, 카놀라유, 해바라기씨유, 옥수수유, 달걀노른자, 콩기름, 들기름, 호두기름, 해조류, 채소류, 등푸른 생선 | 피부 염증, 면역 기능 손상, 성장 지연 | 소아 비만 |
| 단백질 | 유제품, 육류, 어류, 달걀, 콩류 | 발육 부진, 면역력 감소, 성장 지연, 뇌 기능 감퇴, 성성숙 지연 | 소아 비만 위험성 증가 |

### (2) 영유아의 비타민 섭취 기준

비타민은 생명유지를 위해 필요한 영양소로, 다른 영양소들의 생리 작용과 신체 기능을 조절한다. 비타민은 매우 소량이 필요하지만 부족할 경우 그 비타민 특유의 결핍 증세가 나타나므로 반드시 필요하다(김미현 외, 2019). 그런데 거의 모든 비타민이 체내에서 합성되지 않아 반드시 식품을 통해 섭취해야 한다(박상욱, 2018).

지용성 비타민(비타민 A, D, E, K)은 장기간 과잉 섭취 시 체내에 저장되어 몸에 해를 줄 수 있으므로 적절히 섭취해야 한다(김미현 외, 2019). 반면 수용성 비타민(비타민 B군, 비타민 C)은 체액에 용해되어 쉽게 배설되므로 과잉 섭취 시 해가 없으나 부족할 경우 결핍 증세가 빨리 나타나므로 매일 충분히 섭취해야 한다(김미현 외, 2019). 보건복지부,

한국영양학회(2015)에서 제시하는 비타민의 영유아 섭취 기준 및 급원 식품과 결핍증 및 과잉증을 정리하면 다음과 같다.

① 비타민 A

- 비타민 A의 충분 섭취량은 6개월 미만 영아의 경우 350μg[6] RAE[7]/일, 6개월~1세 미만은 450μg RAE/일이며, 권장 섭취량은 1~2세는 300μg RAE/일, 3~5세는 350μg RAE/일이다.
- 주요 급원 식품에는 간, 우유, 달걀, 지방이 많은 생선, 녹황색 채소, 과일 등이 있다.
- 비타민 A 결핍 시 야맹증, 눈과 피부 손상 등이 나타난다(Bonifant, Shevill, & Chang, 2012). 특히, 영유아에게 비타민 A가 결핍되면 성장 지연을 초래할 수 있으며(Zhang et al., 2010), 면역 체계가 손상될 수 있다(Hall et al., 2011; Ross, 2012). 또한, 철 결핍성 빈혈을 초래하며(Meng et al., 2009), 영유아의 빈혈 발생의 원인이 된다(Gamble et al., 2004).
- 과잉 섭취 시 급성 증상으로는 현기증, 무력감, 가려움증 등이 있으며, 만성 증상으로는 두통, 피부 건조 등이 있다(Khasru et al., 2010). 특히 영유아의 호흡계와 골격계에 유해한 영향을 미친다(Bonifant et al., 2012).

② 비타민 D

- 비타민 D의 충분 섭취량은 0~5세 영유아의 경우 5μg/일이다.
- 주요 급원 식품에는 청어, 갈치, 황새치, 홍연어, 고등어, 정어리, 참치 등의 생선과 육류의 간, 계란, 치즈, 버섯류 등이 있다.
- 비타민 D의 영양 상태를 개선하기 위해서는 햇빛으로부터 비타민 D 합성을 증가시키기 위해 실외 활동을 충분히 하는 것이 좋다.
- 비타민 D 결핍 시 골격 건강이 악화된다. 영유아의 경우 구루병을 유발하며(Holick, 2008), 주로 생후 20개월경에 증상이 나타난다(DeLucia, Mitnick, & Carpenter, 2003).

6) μg(microgram, 마이크로그램): 1μg=1/1,000,000g, 1g=1000mg, 1mg=1000μg
7) RAE(Retinol Activity Equivalent, 레티놀활성당량): 비타민 A의 단위

• 비타민 D의 공급은 햇빛을 통한 피부 합성과 식품 섭취의 두 가지 경로로 이루어진다. 햇빛을 통한 피부 합성은 과잉합성 현상이 유발되지 않는다. 그러나 식품을 통한 과잉 섭취 시 식욕부진, 체중 감소, 연조직의 석회화, 신장 및 심혈관계 손상을 초래할 수 있다(Jones, 2008).

### ③ 비타민 E

• 비타민 E의 충분 섭취량은 6개월 미만 영아의 경우 3mg α-TE[8]/일, 6개월~1세 미만은 4mg α-TE/일이며, 권장 섭취량은 1~2세는 5mg α-TE/일, 3~5세는 6mg α-TE/일이다.
• 주요 급원 식품에는 두류(대두, 해바라기씨, 아몬드, 잣, 참깨 등), 견과·종실류 및 이들로부터 얻은 식물성 기름, 마가린, 마요네즈 등과 같은 가공식품이 있다.
• 비타민 E 결핍 시 적혈구의 용혈성 빈혈이 나타난다(김미현 외, 2019).
• 비타민 E는 식품으로 섭취할 때에는 고용량을 섭취하였더라도 큰 유해한 영향이 없다(보건복지부, 한국영양학회, 2015). 그러나 약물 복용 중에 과량의 비타민 E를 섭취할 경우, 약물 대사에 영향을 미쳐 약효가 감소될 수 있다(Bjelakovie et al., 2007).

### ④ 비타민 K

• 비타민 K의 충분 섭취량은 6개월 미만 영아의 경우 4μg/일, 6개월~1세 미만은 7μg/일이며, 권장 섭취량은 1~2세는 25μg/일, 3~5세는 30μg/일이다.
• 주요 급원 식품에는 비름나물, 근대, 브로콜리와 같은 녹색 채소류와 김, 파슬리, 미역, 우뭇가사리와 같은 해조류, 녹차 등이 있다.
• 비타민 K 결핍 시 혈액응고가 지연되어 쉽게 멍이 들거나 코피, 잇몸 출혈, 혈뇨, 혈변 등의 증상이 나타날 수 있다. 또한, 비타민 K 결핍이 오랫동안 지속되면 뼈가 약해져서 골절 발생 위험이 증가할 수 있다(보건복지부, 한국영양학회, 2015).
• 비타민 K 과잉 섭취 시 다른 지용성 비타민과는 달리 체내에서 빨리 배설되어 거의 독성이 없다(보건복지부, 한국영양학회, 2015). 그러나 합성 비타민 K인 $K_3$ 과잉 섭취 시 영아에게서 출혈성 빈혈과 황달을 일으킬 수 있다(Van Winckel et al., 2009).

8) α-TE(α-Tocopherol Equivalent, 알파-토코페롤당량): 비타민 E의 단위

⑤ 티아민(비타민 $B_1$)

- 티아민의 충분 섭취량은 6개월 미만 영아의 경우 0.2mg/일, 6개월~1세 미만은 0.3mg/일이며, 권장 섭취량은 1~5세는 0.5mg/일이다.
- 주요 급원 식품에는 닭고기와 돼지고기를 포함한 육류, 간, 삼치, 전곡, 두류, 감자류 등이 있다.
- 티아민 결핍 시 식욕부진, 피로, 과민성(irritability) 등의 증상이 나타나며, 심각한 수준으로 결핍되면 각기병(beriberi)이 나타날 수 있다(Roth & Wehrle, 2019).
- 과잉 섭취의 부작용은 나타나지 않은 것으로 보고되었다(Berdanier, 1998).

⑥ 리보플라빈(비타민 $B_2$)

- 리보플라빈의 충분 섭취량은 6개월 미만 영아의 경우 0.3mg/일, 6개월~1세 미만은 0.4mg/일이며, 권장 섭취량은 1~2세는 0.5mg/일, 3~5세는 0.6mg/일이다.
- 주요 급원 식품에는 육류, 닭고기, 생선과 같은 동물성 식품과 유제품이며, 이 밖에도 두류, 녹색 채소류, 곡류, 난류 등이 있다.
- 리보플라빈 결핍 시 입술 가장자리가 헐고 입가가 찢어지거나 염증이 생기는 구순구각염, 혀가 붉어지고 쓰라린 설염 증세가 나타난다(김미현 외, 2019). 또한, 빛에 대한 눈부심, 지루 피부염이 나타날 수 있다(박상욱, 2018).
- 과잉 섭취의 부작용은 나타나지 않은 것으로 보고되었다(Schoenen, Jacquy, & Lenaerts, 1998).

⑦ 니아신(비타민 $B_3$)

- 니아신의 충분 섭취량은 6개월 미만 영아의 경우 2mg NE[9]/일, 6개월~1세 미만은 3mg NE/일이며, 권장 섭취량은 1~2세는 6mg NE/일, 3~5세는 7mg NE/일이다.
- 주요 급원 식품에는 쇠고기, 돼지고기, 닭고기, 생선, 내장육, 달걀, 우유, 밀가루, 버섯, 밀겨(통곡식품), 땅콩 등이 있다.
- 니아신 결핍 시 허약, 식욕부진, 소화불량, 과민반응이 나타날 수 있으며, 심하게 결핍되면 펠라그라(pellagra) 증세가 발생한다. 펠라그라는 피부에 염증이 생기고 설사, 불안, 기억력 부족, 현기증, 심하면 사망에 이르는 질환이다(Roth &

9) NE(Niacin Equivalent, 니아신당량): 니아신(비타민 $B_3$)의 단위

Wehrle, 2019).

- 과잉 섭취 시에는 홍조, 구토 증상이 나타나고, 더 심하면 소화관 장애, 시각적 문제까지 초래할 수 있다(McKenney et al., 1994).

### ⑧ 비타민 $B_6$

- 비타민 $B_6$의 충분 섭취량은 6개월 미만 영아의 경우 0.1mg/일, 6개월~1세 미만은 0.3mg/일이며, 권장 섭취량은 1~2세는 0.6mg/일, 3~5세는 0.7mg/일이다.
- 주요 급원 식품에는 육류, 생선, 가금류, 현미, 시금치, 대두, 바나나 등이 있다.
- 비타민 $B_6$ 결핍 시 구순염, 구내염, 설염, 피부염, 빈혈이 나타날 수 있다(Skarupski et al., 2010).
- 식품으로부터 섭취한 비타민 $B_6$의 과잉증은 보고된 바 없다(보건복지부, 한국영양학회, 2015).

### ⑨ 엽산(비타민 $B_9$)

- 엽산의 충분 섭취량은 6개월 미만 영아의 경우 65μg DFE/일[10], 6개월~1세 미만은 80μg DFE/일이며, 권장 섭취량은 1~2세는 150μg DFE/일, 3~5세는 180μg DFE/일이다.
- 주요 급원 식품으로는 대두, 녹두 등의 두류, 시금치, 쑥갓 등의 푸른잎 채소, 김, 다시마 등의 해조류, 딸기, 참외 등의 과일이 있다.
- 엽산 결핍 시 빈혈, 위장 장애를 유발할 수 있다(Kalin & Rimm, 2010).
- 과잉 섭취로 인한 부작용은 나타나지 않은 것으로 보고되었다(U.S. Preventive Services Task Force, 2009).

### ⑩ 비타민 $B_{12}$

- 비타민 $B_{12}$의 충분 섭취량은 6개월 미만 영아의 경우 0.3μg/일, 6개월~1세 미만은 0.5μg/일이며, 권장 섭취량은 1~2세는 0.9μg/일, 3~5세는 1.1μg/일이다.
- 주요 급원 식품은 어패류, 육류, 난류 등의 동물성 식품이다. 특히, 바지락, 맛

10) DFE(Dietary Folate Equivalent, 식이엽산당량): 음식과 같이 복용한 엽산의 단위. 1μg DFE=음식 중의 엽산 1μg=영양제 엽산 0.6μg

살, 모시조개 등은 비타민 $B_{12}$ 함량이 매우 높으며, 오징어, 굴, 꽁치, 고등어 등에도 많다. 육류 중에는 소고기에 비타민 $B_{12}$ 함량이 높고, 그 밖에 우유, 돼지고기, 닭고기, 달걀 등이 있다.

- 비타민 $B_{12}$ 결핍 시 악성 빈혈, 식욕부진, 변비 또는 설사 등 위장 계통의 이상 증상, 신경계 장애가 나타날 수 있다(Park & Johnson, 2006).
- 과잉 섭취로 인한 부작용은 나타나지 않은 것으로 보고되었다(보건복지부, 한국영양학회, 2015).

⑪ 비타민 C

- 비타민 C의 충분 섭취량은 6개월 미만 영아의 경우 35mg/일, 6개월~1세 미만은 45mg/일이며, 권장 섭취량은 1~2세는 35mg/일, 3~5세는 40mg/일이다.
- 주요 급원 식품으로는 대부분의 채소류와 과일류이다.
- 비타민 C 결핍 시 콜라겐 합성이 방해되어 괴혈병 증상이 나타난다(보건복지부, 한국영양학회, 2015).
- 과잉 섭취 시에는 구토, 설사를 초래할 수 있다(보건복지부, 한국영양학회, 2015).

이상의 비타민 섭취 기준과 급원 식품 및 결핍증, 과잉증을 정리하면 〈표 6-3〉, 〈표 6-4〉, 〈표 6-5〉와 같다.

〈표 6-3〉 지용성 비타민의 섭취 기준

| 연령 | 비타민 A(μg RAE/일) | | | | 비타민 D(μg/일) | | | | 비타민 E(mg α-TE/일) | | | | 비타민 K(μg/일) | | | |
|---|---|---|---|---|---|---|---|---|---|---|---|---|---|---|---|---|
| | 평균 필요량 | 권장 섭취량 | 충분 섭취량 | 상한 섭취량 | 평균 필요량 | 권장 섭취량 | 충분 섭취량 | 상한 섭취량 | 평균 필요량 | 권장 섭취량 | 충분 섭취량 | 상한 섭취량 | 평균 필요량 | 권장 섭취량 | 충분 섭취량 | 상한 섭취량 |
| 0~5개월 | – | – | 350 | 600 | – | – | 5 | 25 | – | – | 3 | – | – | – | 4 | – |
| 6~11개월 | – | – | 450 | 600 | – | – | 5 | 25 | – | – | 4 | – | – | – | 7 | – |
| 1~2세 | 200 | 300 | – | 600 | – | – | 5 | 30 | – | – | 5 | 200 | – | – | 25 | – |
| 3~5세 | 230 | 350 | – | 700 | – | – | 5 | 35 | – | – | 6 | 250 | – | – | 30 | – |

출처: 보건복지부, 한국영양학회(2015).

〈표 6-4〉 수용성 비타민의 섭취 기준

| 연령 | 티아민(mg/일) | | | | 리보플라빈(mg/일) | | | | 니아신(mg NE/일) | | | | 비타민 B6(mg/일) | | | |
|---|---|---|---|---|---|---|---|---|---|---|---|---|---|---|---|---|
| | 평균 필요량 | 권장 섭취량 | 충분 섭취량 | 상한 섭취량 | 평균 필요량 | 권장 섭취량 | 충분 섭취량 | 상한 섭취량 | 평균 필요량 | 권장 섭취량 | 충분 섭취량 | 상한 섭취량 | 평균 필요량 | 권장 섭취량 | 충분 섭취량 | 상한 섭취량 |
| 0~5개월 | – | – | 0.2 | – | – | – | 0.3 | – | – | – | 2 | – | – | – | 0.1 | – |
| 6~11개월 | – | – | 0.3 | – | – | – | 0.4 | – | – | – | 3 | – | – | – | 0.3 | – |
| 1~2세 | 0.4 | 0.5 | – | – | 0.5 | 0.5 | – | – | 4 | 6 | – | 10 | 0.5 | 0.6 | – | 25 |
| 3~5세 | 0.4 | 0.5 | – | – | 0.5 | 0.6 | – | – | 5 | 7 | – | 10 | 0.6 | 0.7 | – | 35 |

| 연령 | 엽산(μg DFE/일) | | | | 비타민 $B_{12}$(μg/일) | | | | 비타민 C(mg/일) | | | |
|---|---|---|---|---|---|---|---|---|---|---|---|---|
| | 평균 필요량 | 권장 섭취량 | 충분 섭취량 | 상한 섭취량 | 평균 필요량 | 권장 섭취량 | 충분 섭취량 | 상한 섭취량 | 평균 필요량 | 권장 섭취량 | 충분 섭취량 | 상한 섭취량 |
| 0~5개월 | – | – | 65 | – | – | – | 0.3 | – | – | – | 35 | – |
| 6~11개월 | – | – | 80 | – | – | – | 0.5 | – | – | – | 45 | – |
| 1~2세 | 120 | 150 | – | 300 | 0.8 | 0.9 | – | – | 30 | 35 | – | 350 |
| 3~5세 | 150 | 180 | – | 400 | 0.9 | 1.1 | – | – | 30 | 40 | – | 500 |

출처: 보건복지부, 한국영양학회(2015).

〈표 6-5〉 비타민 급원 식품 및 결핍증 · 과잉증

| 종류 | 급원 식품 | 결핍증 | 과잉증 |
|---|---|---|---|
| 비타민 A | 간, 우유, 달걀, 지방이 많은 생선, 녹황색 채소, 과일 | 야맹증, 눈과 피부 손상, 성장 지연, 빈혈, 면역력 감소 | 현기증, 무력감, 가려움증 두통, 피부 건조 |
| 비타민 D | 청어, 갈치, 황새치, 홍연어, 고등어, 정어리, 참치 등의 생선과 육류의 간, 계란, 치즈, 버섯류 | 구루병 | 식욕부진, 체중 감소, 연조직의 석회화, 신장 및 심혈관계 손상 |
| 비타민 E | 두류(대두, 해바라기씨, 아몬드, 잣, 참깨 등), 견과 · 종실류, 식물성 기름, 마가린, 마요네즈 | 적혈구의 용혈성 빈혈 | 약효 감소 |
| 비타민 K | 비름나물, 근대, 브로콜리와 같은 녹색 채소류와 김, 파슬리, 미역, 우뭇가사리와 같은 해조류, 녹차 | 혈액 응고 지연, 멍, 코피, 잇몸 출혈, 혈뇨, 혈변, 골절 | 용혈성 빈혈, 뇌손상 |

| 종류 | 급원 식품 | 결핍증 | 과잉증 |
|---|---|---|---|
| 티아민 | 닭고기와 돼지고기를 포함한 육류, 간, 삼치, 전곡, 두류, 감자류 | 식욕부진, 피로, 과민성, 각기병 | 없음 |
| 리보플라빈 | 육류, 닭고기, 생선과 같은 동물성 식품, 유제품, 두류, 녹색채소류, 곡류, 난류 | 구순구각염, 설염, 빛에 대한 눈부심, 지루 피부염 | 없음 |
| 니아신 | 쇠고기, 돼지고기, 닭고기, 생선, 내장육, 달걀, 우유, 밀가루, 버섯, 밀겨(통곡식품), 땅콩 | 허약, 식욕부진, 소화불량, 과민반응, 펠라그라 | 홍조, 구토, 소화관 장애, 시각적 문제 |
| 비타민 $B_6$ | 육류, 생선, 가금류, 현미, 시금치, 대두, 바나나 | 구순염, 구내염, 설염, 피부염, 빈혈 | 없음 |
| 엽산 | 두류(대두, 녹두), 푸른잎 채소(시금치, 쑥갓), 해조류(김, 다시마), 과일(딸기, 참외) | 빈혈, 위장 장애 | 없음 |
| 비타민 $B_{12}$ | 어패류(바지락, 맛살, 모시조개, 오징어, 굴, 꽁치, 고등어), 육류(소고기, 돼지고기, 닭고기), 달걀 | 악성 빈혈, 식욕부진, 변비 또는 설사 등 위장 계통의 이상 증상, 신경계 장애 | 없음 |
| 비타민 C | 대부분의 채소, 과일 | 괴혈병 | 구토, 설사 |

### (3) 영유아의 무기질 섭취 기준

무기질은 골격, 치아, 체액의 구성요소이며, 체내 여러 가지 대사 과정에서 생리작용을 하는 효소나 호르몬 및 기타 물질의 구성 성분으로, 영유아기에 적절한 양의 무기질을 공급하는 것이 필수적이다(김숙희 외, 2016). 무기질은 1일 기준 100mg 이상 필요로 하는 다량 무기질과 100mg 이하를 필요로 하는 미량 무기질로 분류된다.

다량 무기질에는 칼슘(Ca), 인(P), 마그네슘(Mg), 나트륨(Na), 칼륨(K) 등이 있으며, 미량 무기질에는 철(Fe), 요오드(I), 아연(Zn), 불소(F) 등이 있다(김미현 외, 2019; 박상욱, 2018). 보건복지부, 한국영양학회(2015)에서 제시하는 무기질의 영유아 섭취 기준 및 급원 식품과 결핍증 및 과잉증을 정리하면 다음과 같다.

① 칼슘(Ca)

- 칼슘의 충분 섭취량은 6개월 미만 영아의 경우 210mg/일, 6개월~1세 미만은 300

mg/일이며, 권장 섭취량은 1~2세는 500mg/일, 3~5세는 600mg/일이다.

- 주요 급원 식품으로는 우유 및 유제품, 뼈째 먹는 생선, 미역, 김 등의 해조류, 깻잎, 상추, 김치 등의 채소류, 두부, 대두 등이 있다.
- 칼슘이 결핍되면 골감소증 및 골다공증이 유발된다(Tuck & Datta, 2007). 영유아기에 칼슘 결핍은 성장이 지연되고 뼈가 기형이 될 수 있으며, 구루병(rickets) 발생 위험이 높다(김숙희 외, 2016).
- 과잉 섭취 시 변비가 발생하기 쉽고(박상욱, 2018), 신장 조직 파괴 및 신장 결석의 위험도가 증가할 수 있다(Han et al., 2015).

② 인(P)

- 인의 충분 섭취량은 6개월 미만 영아의 경우 100mg/일, 6개월~1세 미만은 300 mg/일이며, 권장 섭취량은 1~2세는 450mg/일, 3~5세는 550mg/일이다.
- 주요 급원 식품으로는 육류, 어류, 달걀, 우유, 견과류, 채소, 곡류, 두부 등이 있다.
- 인이 결핍되면 식욕 저하, 근무력증, 빈혈, 면역력 약화의 증상이 나타난다(Institute of Medicine, 1997).
- 과잉 섭취 시 칼슘 흡수 장애가 나타날 수 있다(Institute of Medicine, 1997).

③ 나트륨(Na)

- 나트륨의 충분 섭취량은 6개월 미만 영아의 경우 120mg/일, 6개월~1세 미만은 370mg/일, 1~2세는 900mg/일, 3~5세는 1,000mg/일이다.
- 주요 급원 식품으로는 양념류, 국 · 찌개 · 탕류, 면류, 김치류 등이 있다.
- 나트륨이 결핍되면 혈압이 저하되고, 피부와 근육의 혈관 수축이 발생하여 전신 혈관 저항이 증가한다(김근호, 2009).
- 나트륨의 장기적인 과잉 섭취는 심부전증, 천식, 비만 발병률을 높인다(Theodore, 2013).

④ 칼륨(K)

- 칼륨의 충분 섭취량은 6개월 미만 영아의 경우 400mg/일, 6개월~1세 미만은 700

mg/일, 1~2세는 2,000mg/일, 3~5세는 2,300mg/일이다.

- 주요 급원 식품으로는 가공하지 않은 곡류, 채소, 과일 등이 있으며 특히 고구마, 감자, 토마토, 오이, 호박, 가지에 많이 들어 있고, 콩류, 사과, 바나나, 우유, 육류에도 상당량이 들어 있다.
- 칼륨이 결핍되면 근육 무기력, 근육 경련, 식욕 감퇴 등이 나타난다(김숙희 외, 2016).
- 과잉 섭취 시 신장 기능에 이상이 있는 경우에 심장 박동이 느려지고 호흡 곤란 등이 나타날 수 있다(박상욱, 2018).

⑤ 철(Fe)

- 철의 충분 섭취량은 6개월 미만 영아의 경우 0.3mg/일이며, 권장 섭취량은 6개월부터 5세까지 6mg/일이다.
- 주요 급원 식품으로는 육류, 가금류, 어패류이며, 콩류, 진한 녹색 채소와 곡류나 곡류로 만든 가공식품(빵, 면류) 등이 있다.
- 철이 결핍되면 빈혈, 인지 능력 손상, 운동실조, 발달 장애를 초래할 수 있다(O'Brien, Zavaleta, Caulfield, 2000).
- 과잉 섭취 시 암 발생 위험률의 증가와 혈관 질환의 발생 위험이 있으며(Nelson et al., 1995; Danesh & Appleby, 1999), 위장 장애, 아연 흡수율 감소를 초래할 수 있다(O'Brien et al., 2000).

⑥ 요오드(I)

- 요오드의 충분 섭취량은 6개월 미만 영아의 경우 130㎍/일, 6개월~1세 미만은 170㎍/일이며, 권장 섭취량은 1~2세는 80㎍/일, 3~5세는 90㎍/일이다.
- 주요 급원 식품으로는 김, 미역, 다시마 등의 해조류와 어패류가 있다.
- 요오드가 결핍되면 인지 기능 장애나 갑상선 기능 저하증을 초래할 수 있다(Sherwood, 2013).
- 과잉 섭취 시 갑상선염, 갑상선종, 갑상선 기능 항진증 및 저하증이 나타날 수 있다(Sherwood, 2013).

⑦ 아연(Zn)

- 아연의 충분 섭취량은 6개월 미만 영아의 경우 2mg/일이며, 권장 섭취량은 6개월~2세는 3mg/일, 3~5세는 4mg/일이다.
- 주요 급원 식품으로는 붉은 살코기, 해산물, 전곡류, 콩류 등이 있다.
- 아연 결핍 시 면역 기능 저하, 성장 지연, 식욕부진, 설사, 염증, 신경장애, 상처 회복 지연 등이 나타난다(Hambidge, 2000).
- 과잉 섭취 시에도 면역 기능이 저하되며(Cousins, 1996), 구토, 설사의 증상이 나타날 수 있다(송태희 외, 2008).

⑧ 불소(F)

- 불소의 충분 섭취량은 6개월 미만 영아의 경우 0.01mg/일, 6개월~1세 미만은 0.5mg/일, 1~2세는 0.6mg/일, 3~5세는 0.8mg/일이다.
- 주요 급원 식품으로는 해조류, 불소가 함유된 음료수 등이 있다.
- 불소가 결핍되면 충치를 유발한다(김미현 외, 2019; 송태희 외, 2008).
- 불소를 6mg/일 이상 과잉 섭취할 경우 뼈나 치아에 반점이 생기고 변색되거나 부서지는 증상이 나타날 수 있다(박상욱, 2018).

이상의 무기질 섭취 기준과 급원 식품 및 결핍증, 과잉증을 정리하면 〈표 6-6〉, 〈표 6-7〉, 〈표 6-8〉과 같다.

〈표 6-6〉 다량 무기질의 섭취 기준

| 연령 | 칼슘(mg/일) | | | | 인(mg/일) | | | | 나트륨(mg/일) | | | | 칼륨(mg/일) | | | |
|---|---|---|---|---|---|---|---|---|---|---|---|---|---|---|---|---|
| | 필요 추정량 | 권장 섭취량 | 충분 섭취량 | 상한 섭취량 | 평균 필요량 | 권장 섭취량 | 충분 섭취량 | 상한 섭취량 | 평균 필요량 | 권장 섭취량 | 충분 섭취량 | 상한 섭취량 | 평균 필요량 | 권장 섭취량 | 충분 섭취량 | 상한 섭취량 |
| 0~5개월 | – | – | 210 | 1,000 | – | – | 100 | – | – | – | 120 | – | – | – | 400 | – |
| 6~11개월 | – | – | 300 | 1,500 | – | – | 300 | – | – | – | 370 | – | – | – | 700 | – |
| 1~2세 | 300 | 500 | – | 2,500 | 380 | 450 | – | 3,000 | – | – | 900 | – | – | – | 2,000 | – |
| 3~5세 | 400 | 600 | – | 2,500 | 460 | 550 | – | 3,000 | – | – | 1,000 | – | – | – | 2,300 | – |

출처: 보건복지부, 한국영양학회(2015).

〈표 6-7〉 미량 무기질의 섭취 기준

| 연령 | 철(mg/일) | | | | 요오드(μg/일) | | | | 아연(mg/일) | | | | 불소(mg/일) | | | |
|---|---|---|---|---|---|---|---|---|---|---|---|---|---|---|---|---|
| | 필요 추정량 | 권장 섭취량 | 충분 섭취량 | 상한 섭취량 | 평균 필요량 | 권장 섭취량 | 충분 섭취량 | 상한 섭취량 | 평균 필요량 | 권장 섭취량 | 충분 섭취량 | 상한 섭취량 | 평균 필요량 | 권장 섭취량 | 충분 섭취량 | 상한 섭취량 |
| 0~5 개월 | – | – | 0.3 | 40 | – | – | 130 | 250 | – | – | 2 | – | – | – | 0.01 | 0.6 |
| 6~11 개월 | 5 | 6 | – | 40 | – | – | 170 | 250 | 2 | 3 | – | – | – | – | 0.5 | 0.9 |
| 1~2세 | 4 | 6 | – | 40 | 55 | 80 | – | 300 | 2 | 3 | – | 6 | – | – | 0.6 | 1.2 |
| 3~5세 | 5 | 6 | – | 40 | 65 | 90 | – | 300 | 3 | 4 | – | 9 | – | – | 0.8 | 1.7 |

출처: 보건복지부, 한국영양학회(2015).

〈표 6-8〉 무기질 급원 식품 및 결핍증 · 과잉증

| 종류 | 급원 식품 | 결핍증 | 과잉증 |
|---|---|---|---|
| 칼슘 (Ca) | 우유 및 유제품, 뼈째 먹는 생선, 해조류(미역, 김), 채소류(깻잎, 상추, 김치), 두부, 대두 | 골감소증, 골다공증, 성장 지연, 구루병 | 변비, 신장 조직 파괴, 신장결석 |
| 인 (P) | 육류, 어류, 달걀, 우유, 견과류, 채소, 곡류, 두부 | 식욕저하, 근무력증, 빈혈, 면역력 약화 | 칼슘 흡수장애 |
| 나트륨 (Na) | 양념류, 국 · 찌개 · 탕류, 면류, 김치류 | 혈압 저하, 전신 혈관저항 증가 | 심부전증, 천식, 비만 |
| 칼륨 (K) | 통곡물, 채소(고구마, 감자, 토마토, 오이, 호박, 가지), 과일(사가, 바나나), 콩류, 우유, 육류 | 근육 무기력, 근육 경련, 식욕감퇴 | 심장박동이 느려짐, 호흡곤란 |
| 철 (Fe) | 육류, 가금류, 어패류, 콩류, 진한 녹색채소 곡류, 곡류로 만든 가공식품(빵, 면류) | 빈혈, 인지능력 손상, 운동실조, 발달장애 | 암 발생 위험율 증가, 혈관질환, 위장 장애, 아연 흡수율 감소 |
| 요오드 (I) | 어패류, 해조류 | 인지기능장애, 갑상선기능 저하증 | 갑상선염, 갑상선종, 갑상선기능 항진증 및 저하증 |
| 아연 (Zn) | 붉은 살코기, 해산물, 전곡류, 콩류 | 면역기능 저하, 성장 지연, 식욕부진, 설사, 염증, 신경장애, 상처회복 지연 | 면역기능 저하, 오심, 구토, 설사, 발열 |
| 불소 (F) | 불소첨가 음료, 해조류 | 충치 유발 | 치아 변색, 치아에 반점 |

### (4) 영유아의 물 섭취 기준

물은 땀이나 호흡, 소변 및 대변 등으로 손실되기 때문에 계속 보충해 주어야 한다. 특히 영유아는 성인에 비해 대사가 활발하고 체표면적이 넓어 수분 증발이 더 잘 일어나므로(송태희 외, 2008), 성인보다 단위 체중당 많은 양의 물이 필요하다(박상욱, 2018). 또한, 영유아는 신장(腎臟) 기능이 미숙하여 소변의 농도가 낮으며 갈증을 스스로 해결할 능력이 부족하다(박상욱, 2018). 따라서 영유아기에는 성인보다 더 많은 양의 물을 섭취할 필요가 있다.

- 물의 충분 섭취량은 6개월 미만 영아의 경우 700ml/일, 6개월~1세 미만은 800ml/일이며, 1~2세는 1,100ml/일, 3~5세는 1,500ml/일이다(보건복지부, 한국영양학회, 2015).
- 물은 대부분의 식품, 식수, 음료에서 섭취할 수 있으며, 음식 조리 시 첨가해서 섭취할 수 있다. 급원 식품으로는 다양한 음료와 식수 외에도 국, 찌개, 죽 등의 음식과 채소, 과일, 감자 등이 있다(농촌진흥청 국립농업과학원, 2011).
- 체내에 물이 결핍되면 탈수 증상이 일어난다. 탈수는 체내 수분이 지나치게 손실되는 현상으로, 체내 총 수분량의 2% 손실 시 갈증, 4% 손실 시 근육 피로, 12% 손실 시 무기력 상태가 되며, 20% 이상 손실되면 사망할 수 있다(박태선, 김은경, 2011).
- 과잉 섭취 시 근육의 경련이 오고 혈압이 낮아져서 쇠약함을 느끼게 된다(장유경 외, 2011). 나트륨이 정상적으로 배출되지 않을 경우 물이 체내에 과도하게 축적되어 부종이 발생된다(Roth & Wehrle, 2019).

이상의 물 섭취 기준과 물 급원 식품 및 결핍증, 과잉증을 정리하면 〈표 6-9〉, 〈표 6-10〉과 같다.

〈표 6-9〉 물 섭취 기준

| 연령 | 평균 필요량(ml/일) | 권장 섭취량(ml/일) | 충분 섭취량(ml/일) | 상한 섭취량(ml/일) |
|---|---|---|---|---|
| 0~5개월 | – | – | 700 | – |
| 6~11개월 | – | – | 800 | – |
| 1~2세 | – | – | 1,100 | – |
| 3~5세 | – | – | 1,500 | – |

출처: 보건복지부, 한국영양학회(2015).

〈표 6-10〉 물 급원 식품 및 결핍증 · 과잉증

| 종류 | 급원 식품 | 결핍증 | 과잉증 |
|---|---|---|---|
| 물 | 식수, 다양한 음료, 국, 찌개, 죽, 채소, 과일, 감자 | 탈수, 갈증, 근육 피로, 무기력, 사망(체수분 20%이상 감소 시) | 부종, 근육 경련, 저혈압으로 인한 쇠약함 |

## 2 영유아의 영양 문제

영유아기는 음식에 대한 선호도가 형성되는 시기이며, 이때의 선호가 성인에 이르기까지 고착될 수도 있다(이선경, 고은님, 2009). 또한, 스스로 균형 잡힌 음식 섭취가 어려운 시기이기도 하다. 이로 인해 영유아기에는 편식 및 비만이 되기 쉽다. 그리고 특정 식품에 대한 알레르기 유무에 대해 파악이 안되어 있는 경우가 많으므로 알레르기로 인한 문제가 발생할 수도 있다. 따라서 영유아기에 나타날 수 있는 편식 및 비만, 식품 알레르기의 원인 및 예방, 관리 방법에 대해 이해하는 것이 필요하다.

### 1) 편식

편식(unbalanced diet)이란 특정한 종류의 식품만을 선호하고 다른 식품을 거부하는 상태를 말하며, 3세 전후에서 7세까지의 유아에게서 많이 나타난다(박상욱, 2018). 이 시기에 거부하는 식품을 대체할 수 있는 식품을 섭취한다면 영양상으로 문제가 되지 않는다(김수향 외, 2015). 그러나 편식이 심할 경우, 영양 불균형을 초래하여 결과적으로 성장과 발육 저하, 면역력 저하의 원인이 된다(식품안전정보포털 식품안전나라, 2020; 이선경, 고은님, 2009). 편식의 원인 및 관리 방법은 다음과 같다(김일옥 외, 2012; 박상욱, 2018; 식품안전정보포털 식품안전나라, 2020; 이선경, 고은님, 2009).

### (1) 편식의 원인

#### ① 생리적 · 심리적 원인

영유아기는 생리 및 감각적으로 혀의 점막 및 여러 감각 기관의 감수성이 예민한 시기이다. 또한 음식의 맛과 냄새, 혀의 촉각 등에 익숙하지 않기 때문에 특정 음식을 권하면 심리적 위축감을 갖게 된다. 따라서 익숙하지 않은 음식을 먹도록 강요당하거나 구토, 복통 등 불쾌한 경험으로 인하여 편식이 형성될 수 있다.

#### ② 미각 및 촉각상의 이유

영유아기에는 단맛을 선호하는 미각상의 이유와 식품 자체에서 느껴지는 질감으로 인한 촉각상의 이유로 편식이 형성될 수 있다. 즉, 이유기에 영아가 잘 먹는다는 이유로 단맛이 나는 이유식만을 먹이면 다른 맛을 배울 기회가 없어져 편식이 형성될 수 있으며, 채소와 같이 입안에서 거칠게 느껴지는 식품을 기피하게 되어 편식이 형성될 수 있다.

#### ③ 사회적 · 경제적 요인

영유아가 사는 지역이 식품의 유통에 제약을 받는 곳이거나 경제적 어려움으로 인하여 섭취 식품 종류에 제한을 받는 경우 편식이 형성될 수 있다. 그러나 이러한 사회적 · 경제적 요인에 의한 편식은 일시적이며, 환경이 달라지면 해결될 수 있다.

#### ④ 가정의 식사환경

음식을 제공해 주는 양육자의 식품에 대한 기호와 식생활 태도가 편식의 원인으로 작용할 수 있다. 즉, 양육자가 편식을 하여 식단 구성에 문제가 있는 경우, 식사 시 음식 섭취를 강요하거나 간섭이 심한 경우에 편식이 형성될 수 있다.

### (2) 편식의 예방과 관리 방법

첫째, 조리법을 바꾼다.

초기에는 영유아가 싫어하는 음식 고유의 맛과 형태, 냄새를 없애는 조리법을 선택하여 제공한 후, 점차적으로 음식의 고유의 맛과 형태, 냄새에 익숙해지도록 조금씩 조리법을 변화시켜 나간다.

둘째, 대체음식을 제공한다.

영유아에게 싫어하는 음식을 억지로 먹이려고 하면 오히려 그 음식에 대한 거부감이 더 커지고 스트레스를 받아서 음식을 먹는 일 자체를 부담으로 느낄 수 있다. 따라서 싫어하는 음식을 억지로 먹이기보다는 영유아가 싫어하는 음식과 영양성분이 비슷한 대체음식을 제공한다. 그러나 대체음식만 제공하게 되면 결국 음식 선택의 폭이 감소되어 결과적으로 편식을 더욱 강화시킬 수 있으므로, 싫어하는 음식을 아주 적은 양으로 시작해서 점차 늘려 가는 것이 바람직하다.

셋째, 즐거운 식사 환경을 조성한다.

식사 시간이 즐거울 수 있도록 식사 환경을 조성하고, 유아가 좋아하는 그릇에 음식을 제공하여 즐겁게 식사할 수 있도록 한다.

넷째, 부모나 또래가 모범을 보인다.

영유아는 부모나 가족, 또는 또래들이 편식하지 않고 골고루 먹는 모습을 보면서, 자신이 싫어하거나 시도해 보지 않았던 음식에 관심을 갖게 되고 시도해 보려는 마음이 생길 수 있다. 이러한 과정이 누적되면 영유아의 특정 음식에 대한 거부감을 없앨 수 있다. 또한, 조리에 참여하여 자신이 만든 음식을 먹어 보는 경험은 편식을 해결하는 데 도움을 준다.

## 2) 소아 비만

소아 비만(childhood obesity)은 지방의 크기가 증가하는 것보다 지방 세포의 수가 더 증가하는 것이 특징이다. 소아 비만인 경우에는 이미 증식되어 있는 지방 세포 때문에 성인 비만으로 이어질 수 있다. 실제로 소아 비만은 80%가 성인 비만으로 이어져(김인숙 외, 2002; Cali & Caprio, 2008; Kuhle et al., 2011), 각종 성인병 및 이와 관련된 사회·경제적 비용을 발생시킬 수 있으며(Kuhle et al., 2011), 고혈압, 당뇨, 대사증후군 등의 만성 질환 발생 확률을 높이는 것으로 보고된다(김인숙 외, 2002; Juonala et al., 2011; Reilly & Kelly, 2011).

소아 비만은 성장 과정에서 자존감 저하, 우울증, 부정적 자기 신체상(negative self-body image) 등의 다양한 심리·사회적 건강 문제까지 발생할 수 있으므로 그 심각성이 크다(Baur & O'Connor, 2004; Falkner et al., 2001; Reilly & Kelly, 2011). 따라서 소아 비만의 조기 진단 및 예방이 중요하다. 소아 비만의 원인과 예방 및 관리 방법은 다음과 같다(김미현 외, 2019; 박선희 외, 2014; 이미숙 외, 2018; 이선경, 고은님, 2009).

### (1) 소아 비만의 원인

#### ① 열량의 과다 섭취

비만의 주요 원인으로 음식의 과다 섭취를 들 수 있다. 특히 소아 비만의 원인으로는 당분이 많은 간식과 인스턴트 식품의 과다 섭취, 고지방 식사를 들 수 있다.

#### ② 운동 부족

운동 부족은 소비 열량을 감소시켜 비만을 초래할 수 있다. 일반적으로 비만아는 정상아에 비해 몸을 많이 움직이는 활동을 선호하지 않는 성향이 있다. 또한, 컴퓨터를 지나치게 하거나 텔레비전 시청을 많이 한 영유아는 에너지 소모량이 적어 비만아가 될 수 있다.

#### ③ 유전적 요인

비만의 원인은 가족력과도 관련이 있다. 부모 모두가 정상 체중인 경우에 자녀들이 비만이 될 가능성은 10% 이하인 반면에 부모 중 한 명이 비만일 경우에는 자녀들이 비만이 될 가능성이 50%로 증가하며, 부모 모두 비만일 경우에는 80%정도로 증가한다. 또한, 유전적으로 기초 대사량이 낮은 경우 비만아가 될 수 있다.

④ 심리 · 정서적 요인

부모의 과잉보호나 무관심에 의한 보상 심리, 가정불화에서 오는 불안감 등을 음식 섭취를 통해 해결하려고 과식이나 폭식을 할 경우 비만아가 될 수 있다. 정상아에 비해 비만아는 정서적으로 열등감, 불만, 슬픔 등 각종 스트레스를 먹는 것을 통해 해소하려는 경향이 있다.

### (2) 소아 비만의 예방과 관리 방법

첫째, 운동하는 환경을 조성한다.

영유아가 놀이로써 즐길 수 있는 운동을 정기적이고 지속적으로 할 수 있도록 생활환경을 조성해 주고 꾸준히 실천하게 한다. 또한, 영유아가 TV, 컴퓨터, 스마트폰에 많이 노출되지 않도록 부모는 몸으로 놀아 주는 적극적인 자세가 필요하다.

둘째, 식습관을 바꾼다.

비만아의 식습관을 바꾸기 위해서는 가족 모두의 식생활을 개선할 필요가 있다. 너무 늦은 시간에 저녁식사를 하지 않고, 저녁 식사 이후에는 음식을 먹지 않으며, 정해진 시간에만 식사를 한다. 간식도 자극적인 인스턴트 음식을 피하고 자연식으로 준비하여 영유아의 입맛을 개선할 필요가 있다.

셋째, 섭취량을 줄인다.

비만아의 체중 증가율을 줄이기 위해서는 매 식사 시 섭취량을 줄여야 한다. 작은 그릇에 음식을 담아 시각적으로 양이 많아 보이게 하며, 빨리 먹으면 섭취하는 양이 많아질 수 있으므로 이야기를 나누며 즐겁게 천천히 식사하는 분위기를 조성한다.

## 3) 식품 알레르기

식품 알레르기는 식품 섭취 후에 식품 알레르겐[11]에 의해 발생하는 비정상적인 면역 과민 반응으로 다양한 증상으로 나타난다(Sampson, 2003a; 2003b). 증상은 알레르기 반응을 일으키는 식품 섭취 후 짧게는 몇 분에서 길게는 몇 시간 내에 나타나게 된다(이미숙 외, 2018).

식품 알레르기의 전형적인 증상은 두드러기, 부종, 피부염, 두통, 현기증, 메스꺼움이다(Roth & Wehrle, 2019). 또한, 전신 증상으로도 나타날 수 있는데, 저혈압, 기절, 쇼크 등의 증상을 일으키고 심하면 사망할 수도 있다(Sampson, 2003b; Ahn, 2011). 이러한 식품 알레르기는 3~5세 유아에게서 발병률이 가장 높다(Roth & Wehrle, 2019).

### (1) 식품 알레르기의 원인

식품 알레르기는 식품에 있는 일부 단백질에 반응해서 일어난다. 식품 내 단백질은 조리과정이나 소화과정에서 대부분 분해되는데, 분해되지 않고 체내로 흡수되는 일부 단백질이 알레르기를 일으키게 된다(질병관리본부, 2019).

식품 알레르기 반응을 가진 영유아의 80~90%가 3세경에는 과민성(알레르기)을 극복하게 되는데, 주로 우유와 달걀에 대한 알레르기 반응이 극복되는 반면, 견과류, 생선, 갑각류 등에 대한 알레르기 반응은 성인이 되어서도 남아 있는 경우가 많다(이미숙 외, 2018).

### (2) 식품 알레르기 관리 방법

식품 알레르기는 매우 적은 양으로도 증상을 악화시킬 수 있으므로 원인 식품을 철저히 피해야 한다(이미숙 외, 2018; Barth et al., 2001; Lee, 2004; Park et al., 2012). 또한, 알레르기를 일으키는 원인 식품이 원래 형태가 아닌 다른 형태로 음식에 포함되어 있거나 조리도구를 함께 사용하여 오염되는 경우가 있으므로 주의해야 한다(이미숙 외, 2018).

식품 알레르기를 피하기 위해 부적절하거나 과도한 식이 제한을 하는 경우 영양 불량과 성장 저해를 초래할 수 있으므로 제한해야 할 식품이 많을 경우에는 비타민

11) 알레르겐(Allergen): 알레르기 반응을 일으키는 물질

과 무기질을 보충해야 한다(이미숙 외, 2018). 또한, 알레르기 원인 식품을 제거하는 대신 영양적으로 알맞은 대체 식품을 선택해야 한다.

〈표 6-11〉 알레르기 유발 식품에 대한 대체 식품

| 알레르기 유발 식품 | 포함된 음식 | 제한해야 할 성분 | 대체 식품 |
|---|---|---|---|
| 달걀 | 과자, 빵류(케이크, 카스테라, 부드러운 과자, 와플, 팬케이크, 커스터드, 윤기 있는 껍질빵, 푸딩 등), 마요네즈, 샐러드 드레싱, 달걀 함유 아이스크림, 달걀 포함된 어묵, 만두, 국수, 튀김, 부침 등, 기타 달걀 성분이 함유되어 있다고 표시된 제품 | 알부민, 난황, 난백, 달걀가루, 아비딘, 라이소자임, 리베틴, 에그노그, 오브알부민, 오브글로불린, 오보뮤신 등 | 쇠고기, 흰살 생선, 달걀이 포함되어 있지 않은 과자, 빵류(단백질, 철분 공급 식품) |
| 우유 | 유제품(요구르트, 치즈, 피자, 아이스크림, 버터, 분유, 우유, 크림(생크림)), 초콜릿, 캐러멜, 말랑말랑한 사탕, 푸딩, 우유가 포함된 과자, 빵류, 기타 우유성분이 함유되어 있다고 표시된 제품 | 카제인, 카제이네이트, 버터밀크, 버터, 버터 지방, 인공 버터향, 유장, 탈지분유, 칼슘카제이네이트, 락토알부민, 락토글로불린, 유당, 샤워크림, 요거트, 커스터드, 커드, 캐러멜 캔디, 에그노그, 유단백, 포타슘 케제이네이트, 밀크 초콜릿 | 두유, 두부, 곡류빵, 가수분해 조제유(단백질, 칼슘, 비타민 D 등을 공급할 수 있는 식품) |
| 대두 | 간장, 데리야키소스, 콩기름, 두유, 두부, 된장, 마가린, 낫토 | 대두 분말, 대두 단백질, 식물성 단백질(Textured vegetable protein), 간장, 된장, 콩기름 | 우유, 쌀로 만든 우유, 쇠고기(단백질 등 공급 식품) |
| 밀 | 과자, 빵, 국수, 스파게티, 핫도그, 튀김, 부침, 도넛 | 밀가루, 글루텐. 밀기울, 밀배아, 밀전분 | 쌀로 만든 빵, 떡, 옥수수 전분, 당면(탄수화물 등 공급식품) |

출처: 이미숙 외(2018).

Chapter

# 07

영 유 아 건 강 교 육

# 영유아 식생활 지도

Chapter

# 07

# 영유아 식생활 지도

영유아기 영양 불균형은 성인기까지 연장되어 대사 증후군이나 만성질환으로도 연결될 수 있으므로 영유아기에 올바른 식습관을 형성하는 것이 매우 중요하다. 특히, 영유아기는 식습관이 형성되는 시작 단계이기 때문에 가정에서뿐만 아니라 유아교육기관에서도 체계적인 식생활 지도가 이루어져야 할 것이다. 따라서 이 장에서는 영유아의 바람직한 식생활 지도에 관해 알아본다.

## 1 영아의 식생활 지도

어릴 때부터 올바르고 건강한 식습관을 형성하기 위해서 일관성 있게 교육을 하는 것은 개인의 건강한 삶을 풍요롭게 한다. 영아기의 영양 섭취와 올바른 식습관 형성을 위해 연령과 발달에 맞는 균형 있는 영양공급이 필요하다. 이를 위한 영아기의 적절한 수유 방법과 이유식의 단계별 관리하기, 일상생활에서의 올바른 식습관 형성을 위한 식생활 지도에 대해 알아본다.

## 1) 모유 수유

모유 수유는 영아기에게 영양학적, 면역학적 및 심리적으로 도움을 줄 뿐 아니라 어머니와 영아 간의 유대감을 형성하며, 경제적 이득 등 여러 가지 장점이 있다. 모유 수유를 적극적으로 홍보하기 위해 유니세프와 세계보건기구(WHO)는 모유 수유 권장사업을 하고 있으며 우리나라의 질병관리본부와 유니세프한국위원회에서는 모유 수유 실천 방법 안내 홍보를 통해 모유 수유가 영아의 기본 권리임을 강조하고 있다. 질병관리본부(2016)와 유니세프한국위원회(2015)에서 제시하는 모유 수유의 장점과 유아교육기관에서의 모유 수유 방법은 다음과 같다.

### (1) 모유 수유의 장점

모유는 어머니와 영아의 단기 및 장기적 건강에 중요하다. 모유 수유의 장점은 다음과 같다(유니세프한국위원회, 2020).

- 모유는 신생아를 위한 최고의 선물이다.

모유는 항상 무균 상태로 신선하게 공급받을 수 있는 최상의 영양원이다. 특히 출산 후 7~10일 동안 분비되는 초유에는 면역 물질과 면역 세포 등 각종 영양분이 농축되어 있다. 그러므로 소아과학회와 세계 보건기구에서는 특별한 이유가 없는 한 생후 6개월까지는 모유 수유를 권장하고 있다(질병관리본부, 2016).

〈표 7-1〉 모유와 우유의 영양 비교

| 영양소 | 영양 비교 | |
|---|---|---|
| | 모유 | 우유 |
| 수분 열량 | 동일함 | 동일함 |
| 단백질 | • 질적으로 우수한 단백질 함유. 모유는 양질의 소화가 잘 되는 훼이(Whey)가 많음<br>• 모유의 락토훼린(철결핍단백)은 장내의 대장균에 대한 저항력이 커 대장균 과다 번식을 막아 줌<br>• 그 외에 모유에는 면역물질인 라이소자 | • 단백질은 양적으로 우유에 많음. 우유에는 소화가 잘 안 되는 카세인(Casein)이 매우 많음 |

| 영양소 | 영양 비교 | |
|---|---|---|
| | 모유 | 우유 |
| | 임이나 글로불린을 포함하고 있으며, 중추 신경계 발육에 필요한 타우린도 우유보다 많이 함유하고 있음 | |
| 지방 | 모유 속 지방은 불포화지방산으로 모유 열량의 50%를 차지함 | 우유는 포화 지방산으로 성인병과 밀접한 관련이 있음 |
| 광물질 | 양적으로 비슷하나 생체 흡수율에 있어 모유 쪽이 우수함. 특히 모유 속의 철분이 영아 장내에서 흡수율이 높음 | 양적으로 비슷함 |

출처: 유니세프한국위원회(2015).

• 모유에 포함된 면역 물질은 영아를 질병으로부터 보호한다.

모유 속에는 각종 면역 항체와 면역 세포가 골고루 들어 있어 영아의 성장을 도와주고 건강을 지켜 준다. 모유를 통하여 어머니의 살아 있는 상피 세포, 대식 세포, 중성 백혈구, 림프구 등의 각종 세포가 영아에게 그대로 전해져 영아의 장에서 살아남아 항체를 만드는 기능을 하고 면역 강화 역할을 한다. 특히 초유에는 갓 태어난 영아를 보호하기 위하여 면역글로불린과 락토페린이 고농도로 들어 있어서 반드시 먹이도록 해야 한다.

• 모유를 먹으면 알레르기에 대해 안전하다.

최근 오염된 공기와 각종 먼지로 알레르기성 질환이 점차 늘어나고 있으며 특히 소아 알레르기 발병률이 급속도로 증가하고 있다. 소아 알레르기는 우유 속에 있는 베타 락토글로불린으로부터 시작되는데 이 성분이 모유에는 들어 있지 않다. 그러므로 모유를 먹고 자란 영아는 알레르기에 걸릴 확률이 현저하게 줄어들게 된다.

• 출산 후 산모의 자궁 수축과 체중 조절에 좋다.

영아가 젖을 빨면 옥시토신이란 호르몬이 분비되어 자궁수축을 촉진해 산후 출혈을 예방하고, 산욕기 신진대사를 도와 산후 회복이 빨라지며 산모의 체중 조절에 도움을 준다.

〈표 7-2〉 모유 수유가 영아와 산모에게 유리한 점

| 영아에게 유리한 점 | 산모에게 유리한 점 |
|---|---|
| • 영아에게 적합하며, 충분한 영양공급<br>• 신선, 무균성, 적당한 온도, 조제할 필요 없음<br>• 다양한 면역 인자를 함유하여 감염성 질환에 덜 걸림<br>• 호르몬과 성장 인자의 함유로 장 점막의 발달 촉진<br>• 우유 알레르기의 증상이 적음<br>• DHA, 다중쇄 불포화 지방산을 함유하여 시력과 뇌 신경발달에 유리함<br>• 정신, 심리적으로 만족스러운 유대관계<br>• 당뇨, 비만, 알레르기 등 만성 질환 예방 효과 | • 옥시토신 증가에 의한 산후 출혈의 감소<br>• 수유에 의한 무월경으로 월경에 의한 실혈 감소<br>• 임신 전의 체중으로 빠른 복귀<br>• 배란의 지연으로 다음 임신을 늦춤<br>• 출산후 뼈의 재골화 촉진<br>• 난소암 위험성 감소<br>• 갱년기 전 유방암의 위험성 감소 |

출처: 질병관리본부 국가건강정보포털(2020). http://health.cdc.go.kr

### (2) 유아교육기관에서의 모유 수유

부모가 모유 수유를 원할 때 유아교육기관의 장은 모유 수유에 따른 여러 가지 환경지원과 적극적인 상담을 해 주어야 한다. 유아교육기관의 장은 모유 수유에 필요한 안전한 시설, 위생적인 수유 방법과 영아와의 정서적 교감 등 교사가 대체해 줄 수 있는 부분 등에 대해 부모에게 자세한 상담을 해 줄 필요가 있다. 또한, 모유 수유 사전 지식을 위한 원내 연수를 시행하여 영아전담 유아교육기관의 전문성을 높이는 계기가 되도록 할 수 있다. 유니세프한국위원회(2010)와 질병관리본부 국가건강정보포털(2020)에서 제시하는 유아교육기관에서의 모유 수유 방법에 관한 내용은 다음과 같다.

- 가정에서 유즙을 미리 짜서 냉동실에서 얼려서 온 모유는 유아교육기관의 냉장실에서 서서히 해동을 시키고, 냉장 보관을 해서 오는 경우는 냉장실에 보관한다.
- 유아교육기관에 모유를 가져올 때는 냉동 보관된 모유와 냉장 보관된 모유를 함께 가져오게 한다. 냉동한 모유는 해동 시간이 길다. 그러나 배가 고픈 영아는 많은 시간을 기다리기 어려우므로 냉장 보관된 모유를 먼저 중탕해서 먹인 후 냉장실에서 서서히 해동된 모유를 중탕해서 먹인다.
- 각각 짜 온 모유에는 날짜와 시간을 정확히 표기해 주어야 한다. 간혹 장기간

모유를 먹지 못하고 장기간 냉장 혹은 냉동 보관하였을 경우, 영아의 건강을 위해서 냉장 보관은 3일 이내에 수유하는 것이 좋고, 24시간 이내에 먹이지 않을 모유는 냉동 보관하는 것이 좋다.

### (3) 유아교육기관에서의 모유 수유에 필요한 비품

유아교육기관에서는 지속해서 모유 수유를 하도록 준비 목록과 구체적인 정보를 제공하여 적어도 출생 후 6개월까지 모유를 먹도록 도와주어야 한다. 모유는 냉장 보관이 기본이며 냉동 보관할 때보다 모유의 면역 성분이 더 잘 보존된다.

- 모유 수유 전용 냉장고

급식실에 있는 냉장고는 다른 음식물의 냄새로 인해 비위생적인 수도 있고 일정한 냉장 온도를 유지하기 어려워 모유의 변질이 생길 수 있으므로 작은 크기의 전용 냉장고가 필요하다.

- 중탕기

영아의 안전을 위해 중탕기가 필요하다. 우유병 크기와 같은 컵을 사용하여 정수기의 온수를 이용해 중탕한다. 중탕 시 전자레인지 사용은 물을 진동시켜 열을 발생시키므로 내용물이 뜨거워 수유할 때 영아의 입에 화상을 입힐 수 있으므로 사용하지 않도록 한다.

- 젖병 소독기

젖병 소독기는 교사와 영아의 안전과 위생을 위해서 필요하다. 젖병 소독기에는 자외선 살균 소독기와 끓는 물을 이용한 열탕 소독기, 전기 소독기, 전자레인지용 소독기가 있다. 불을 이용한 열탕 소독기는 끓는 물에 화상을 입을 수 있으므로 피하고 교실의 규모에 맞는 소독기를 구입하는 것이 좋다.

- 수유용 쿠션

수유용 쿠션은 교사가 편안한 자세로 영아에게 수유하도록 도움을 주기 위한 것이다. 오랜 시간 같은 자세로 안고 수유하는 어려움으로 인해 영아를 바닥에 눕혀 먹이는 경우가 있는데 이를 방지하기 위해 도움을 주는 수유 쿠션을 준비한다.

• 유축기

취업모가 모유 수유를 유지하기 위해서는 젖을 자주 물리는 것이 좋다. 만약 직장 보육 시설이나 취업모의 직장과 가까운 유아교육기관이라면 잠깐의 시간을 이용해 영아에게 젖을 물리고 남은 젖은 유축기를 이용하여 짠 모유를 유아교육기관에 보관할 수 있도록 하는 것이 좋다.

**Tip 모유의 보관 및 관리**

**① 실온에서 보관하는 경우**

섭씨 25도에서는 4시간, 섭씨 4도에서 저장했을 때 24시간까지 보관됨

**② 냉장 보관하는 경우**

8일까지 보관은 가능하지만 3일 이내에 수유하는 것이 권장됨

**③ 냉동 보관하는 경우**

냉동실과 냉장실 일체형은 2주간 보관 가능

냉동실과 냉장실이 분리된 냉장고는 3~4개월 보관 가능

**④ 해동하기**

냉동 보관된 모유는 수유 전날 냉장실에 넣어 두면 해동하기까지 12시간 정도 걸린다. 또는 당일 해동할 경우 모유가 담긴 용기 밑에 찬물을 흐르게 하다가 따뜻한 물로 서서히 바꾸어 주어 실내 온도와 비슷해질 때까지 녹인다. 해동한 모유는 반드시 냉장 보관하고 24시간 이내에 수유하여야 하며, 다시 냉동하지 않는다.

**⑤ 해동한 모유 데우기**

모유가 담긴 용기를 따뜻한 물에 세워 놓아 데운다. 전자레인지를 사용하여 데우지 않도록 한다. 전자레인지는 모유의 면역 성분을 포함하고 있는 단백질과 비타민을 파괴할 수 있기 때문이다. 해동한 모유가 두 층으로 분리되는 것은 지방 성분이 위로 떠올라 층이 생긴 것이므로 부드럽게 흔들어 섞어 준다. 수유 후 남은 모유는 다시 수유하지 않고 반드시 버리도록 한다.

출처: 질병관리본부 국가건강정보포털KCDC(2020). http://health.cdc.go.kr

## 2) 인공 수유

모유 수유가 어려운 경우에 모유 외에 영아에게 공급되는 영양의 방법을 인공 수유라고 한다. 영아용 조제유로 대체하여 공급할 수 있으며 우유, 양젖, 염소젖, 두유 및 조제분유 등이 있다. 조제유는 대부분 우유를 주성분으로 분유와 액상유의 형태로 공급되며 정상아를 위한 표준 조제유와 특수한 경우를 위한 특수 조제유가 있다. 식품의약품안전처(2016c)에서 제시하는 표준 조제유, 특수 조제유, 조유 및 수유 농도, 조제유 보관법, 조제유 먹이기 방법은 다음과 같다.

### (1) 표준 조제유

표준 조제유는 일반적으로 분유라고 말하는 조제유이며 신생아와 영아에게 모유 대용식으로 사용된다(식품의약품안전처, 2016c). 조제유는 기본 조제유와 성장기의 영양 필요량의 차이에 따른 성장 단계 조제유가 있다. 판매되고 있는 조제유는 제조 회사와 제품에 따라 차이는 있으나 연령에 따라 1단계에서 4단계로 구분되어 있다. 일반적으로 1단계는 신생아부터 100일까지, 2단계는 100일에서 6개월까지, 3단계는 6개월 이후부터 12개월까지, 4단계는 12개월 이후로 구분된다.

### (2) 특수 조제유

특수 조제유는 표준 조제유로 영양공급이 어려운 상황을 위하여 만든 조제유를 의미한다(식품의약품안전처, 2016c). 우유 등의 식품 알레르기가 있거나 대사 질환을 앓고 있는 경우와 같이 표준 조제유로 영양공급이 어려운 상황을 위하여 만든 조제유이다. 설사와 같이 일시적인 유당 소화가 어려운 경우 짧은 기간 동안 사용하는 특수 조제유와 알레르기를 예방하기 위한 질병 예방용 특수 조제유도 있다.

### (3) 조유 및 수유 농도

조제유를 수유하기에 적당한 형태로 만들어 주는 것을 조유라고 하며 표준 수유 농도는 13~14%로 정하고 있다. 조제유와 함께 공급되는 계량용 숟가락 용량은 2.6~2.8g 정도가 되며 일반적으로 다섯 스푼을 병에 넣은 뒤 물 100ml가 되게 하면

67~70kcal 정도의 열량을 가진 표준 농도의 조제유가 된다. 그러나 제품에 따라 다를 수 있으므로 표시된 지침에 따라 조제한다.

조유할 물은 반드시 끓인 후 식혀서 사용한다. 건강에 좋다는 나무 수액, 보리차, 찻물 등은 피해야 한다. 영양 보충과 맛을 내기 위해 미음이나 육수를 사용하기도 하는데 점액도가 높아져 충분한 양을 빨지 못하게 되어 오히려 영양 공급에 지장을 줄 수 있으므로 굳이 사용할 필요는 없다.

### (4) 조제유 보관

반드시 유통기한을 확인하며 개봉한 후에는 조제 전에 색이나 냄새가 변질하지 않았는지 확인한다. 사용하고 난 숟가락은 손잡이의 오염 가능성이 있으므로 조제유 통 속에 넣어 보관하지 않는다. 개봉한 조제유는 건조하고 통풍이 잘되는 곳에 보관하며 젖병에 남은 조제유는 세균에 오염될 수 있으므로 다시 수유하지 않도록 한다.

### (5) 조제유 먹이기

수유는 영아에게 영양뿐 아니라 심리적 만족감을 제공하므로 모유를 먹이듯이 수유해야 한다(식품의약품안전처, 2016c).

- 조유 전 젖병, 젖꼭지 등 조유에 사용되는 모든 기구는 살균한다.
- 조유와 수유할 때 손을 깨끗이 씻는다.
- 수유 시간은 영아의 연령과 습관에 따라 다르나 위장의 수용 능력을 고려하여 10~20분 정도가 바람직하다. 빠른 속도로 젖병을 비우는 영아들은 젖병 꼭지를 바꾸어 가면서 적당히 나오는 것을 선택해 주어야 한다.
- 모유를 먹일 때와는 달리 젖병 꼭지를 빨면 공기를 함께 삼키게 되므로 수유 후 영아를 어깨에 대고 똑바로 세운 후 등을 쓸어 주거나 가볍게 두드려 주어 트림을 시킨다.

**Tip** 트림시키기

수유 후 영아를 안고 트림시키는 방법은 다음과 같다.

수유자가 서서 영아를 안고 등을 가볍게 쓸어 주기

영아를 수유자 무릎에 앉히고 등을 쓸어 주기

영아를 수유자 무릎에 엎드리게 하고 등을 쓸어 주기

• 수유 횟수

신생아일수록 입과 위의 포만감을 통해 기본적인 만족감을 얻게 되고 긍정적인 성격 형성에 중요하므로 수유 횟수는 영아의 요구에 맞추는 것이 좋다. 수유의 간격이나 양의 조절은 개인차가 크고 이유식의 양에 따라 변화할 수 있다. 그리고 수유 시간 수용 능력과 성장에 맞추어 점진적으로 시간 간격을 늘려 간다. 일반적인 수유 횟수와 1회 수유량은 다음과 같다.

〈표 7-3〉 **월령별 수유 횟수 및 1회 수유량**

| 월령 | 1일 수유 횟수 | 1회 수유량 | 비고 |
|---|---|---|---|
| 1주~1개월 이하 | 대략 3시간 간격 | 120~140ml | |
| 1~3개월 | 5~6회 | 140~180ml | |
| 4~5개월 | 이유식 시작 후 4~5회 | 180~210ml | 이때부터는 취침 전 수유를 하지 않아도 됨 |
| 6~8개월 | 3~4회 | 210~240ml | |
| 9~12개월 | 2~3회 | 210~240ml | |

출처: 식품의약품안전처(2016c).

### 3) 혼합 수유

혼합 수유란 모유에 인공 영양을 함께하는 방법으로써 모유의 분비가 부족하거나 어머니의 취업 등으로 직접 수유하기 어려운 경우 이루어진다. 혼합 수유는 두 가지 방법으로 이루어지는데 하나는 모유와 인공유를 교대로 주는 방법으로서 모유가 부족한 경우에 이용할 수 있다. 모유의 분비는 모유를 빠는 영아의 반사적 운동에 따른 유두의 자극으로 촉진되므로 분비 부족이 시작하는 초기에 모유를 먼저 먹인 다음 추가 분유를 인공유로 먹인다. 이러한 방법은 모유량을 감퇴시키지 않으면서 인공 유와 병행하는 방법이다. 다른 하나는 시간에 따라 모유와 인공유를 교대로 주는 방법이며 어머니의 외출이나 취업으로 직접 수유가 어려운 경우에 사용한다.

혼합 수유에서 고려해야 할 점은 영아가 인공 영양 시 사용하는 우유병 젖꼭지를 한 번이라도 빤 후에 유방을 거부하는 유두 혼동(nipple confusion)이 발생할 수 있다는 것이다. 유두 혼동 현상은 모유 수유와 우유병 수유에서 영아의 빨기 운동이 다르기 때문이다. 모유 수유는 혀와 입천장이 복합적으로 움직여야 먹을 수 있고 우유병 수유는 턱의 상하 운동만으로 먹을 수 있다. 이러한 현상은 신생아가 여러 방식으로 빨고 삼키는 것을 익히는 능력이 부족하여 처음 형태를 각인(imprinting)하기 때문이다(질병관리본부, 국가건강정보포털, 2016).

### 4) 이유식

이유란 모유나 조제유 등의 유즙만 수유하던 영아에게 반 고형에서 서서히 고형의 일반 음식을 제공하는 것을 말한다. 이유식 시작 시점은 영아가 도움을 받아서 앉을 수 있고 머리와 목의 조절이 가능하며 음식에 관심을 보이기 시작하는 때이다. 구체적인 이유 시작 시기는 다음과 같다(식품의약품안전처, 2016c).

#### (1) 이유 시작 시기

- 생후 4~5개월이 되면 출생 시 체내에 있던 철분과 구리 등의 영양소가 많이 소모되므로 성장에 필요한 열량과 영양을 충분히 공급해 주어야 한다.

- 이유식의 시작 시기가 너무 빠르면(4개월 이전) 질식, 알레르기, 감염률 증가 등의 문제가 나타날 수 있다. 시작 시기가 너무 늦으면(6개월 이후) 모유 수유 영아의 경우 빈혈이나 성장지연이 나타난다. 또한, 식생활 지도에 어려움이 있을 수 있으므로 4~6개월을 준비기로 하고, 본격적인 이유는 6개월에 시작한다.

### (2) 이유식 제공 순서

이유식 제공 시 공급하는 식품 순서는 일반적으로 곡류, 채소와 과일, 요구르트와 치즈, 흰살생선, 두부, 육류 등의 순이다. 이유식을 제공할 때 고려해야 할 사항은 영아의 영양적 필요, 맛에 대한 경험, 알레르기, 식습관 형성 등 생리적 발달과 섭식 발달을 고려해야 한다. 이유 준비 단계에서 처음으로 제공할 수 있는 식품은 곡류이다. 곡류는 주로 탄수화물을 많이 함유하고 있어 쉽게 소화되고, 알레르기 반응을 일으킬 가능성이 작다. 곡류로 시작한 이유식 준비단계가 끝나가는 6개월쯤이면 끼니마다 채소와 과일을 제공한다. 8~10개월경에는 요구르트, 치즈, 흰살생선 등을 제공하고 12개월경에는 완전히 익힌 채소와 고기를 제공한다. 시기별 이유식 제공 식품은 다음과 같다(식품의약품안전처, 2016c).

〈표 7-4〉 이유식 제공 순서

| 시기 | 식품 | 내용 |
|---|---|---|
| 이유 준비 단계<br>(4~6개월) | 곡류 | 곡류는 주로 탄수화물을 많이 함유하고 있어 쉽게 소화되고, 알레르기 반응을 일으킬 가능성이 작다. |
| 이유 시작 단계<br>(6개월 이전) | 채소,<br>과일 | • 단맛에 더 익숙해지지 않도록 과일보다는 채소를 먼저 접하게 한다.<br>• 4~5개월 무렵에는 지방의 소화 능력이 성인의 40% 정도이므로 지방, 특히 포화지방(동물성 지방)이나 과량의 지방은 조심스럽게 추가해 주어야 한다.<br>• 소화 능력을 넘는 과다한 단백질 공급은 잉여 단백질을 장내에 남기게 되고, 이들은 영아의 미숙한 장벽을 통해 그대로 흡수되어 알레르기를 일으킬 가능성이 커진다. |

| 시기 | 식품 | 내용 |
|---|---|---|
| 8~10개월 | 요구르트, 치즈/흰살생선, 두부, 달걀노른자, 쇠고기 | • 흰살생선, 두부, 달걀노른자, 쇠고기 등을 시도할 때에는 식품에 대해 이상 반응을 일으킬 수 있으므로 5~7일 간격을 두고 하나씩 이유식에 첨가해야 한다.<br>• 달걀흰자는 좋은 단백질 공급원이나 알레르기를 잘 일으키는 식품으로 알려져 이유 초기에는 제한하도록 하며, 장벽이 성숙되는 9~12개월 이후에 시도한다.<br>• 알레르기 가족력이 있는 경우 알레르기 발생 위험 식품의 도입을 늦추도록 한다. 알레르기 질환이 있는 영아의 경우 의사의 진단에 근거하여 전문가의 도움을 받아 이유식을 진행하도록 한다. |
| 12개월 이전 | 완전히 익힌 채소, 고기 | • 아직 섭식 기술이 완전하지 않아 기도 막힘이나 이물질 흡입으로 인한 위험이 크므로 가능한 견과류는 제외하며, 완전히 익힌 채소나 잘 갈아서 완전히 익힌 고기가 적절하다. |
| 18~24개월 | 고기류, 생채소, 생과일 | • 18개월 전후에는 어금니가 나서 잘게 부수고 가는 형태의 씹기가 가능하여서 대부분의 고기류와 생채소와 생과일을 먹을 수 있다. |

출처: 식품의약품안전처(2016c), 재구성.

### (3) 이유 단계별 이유식 형태 및 섭취 분량

영아가 성장함에 따라 제공하는 이유식의 형태는 유동식, 반 고형식, 부드러운 고형식, 고형식으로 변화를 주며 영아의 성장에 맞추어 요구와 능력에 따라 점차 이유의 경도를 증가시켜 나간다. 이유 초기(4~5개월)에는 과일즙, 미음과 같은 유동식, 이유 중기(6~8개월)에는 부드러운 죽과 같은 반 고형식, 이유 후기(9~11개월)에는 진밥 형태의 고형식, 이유 완료기(12개월~2세)에는 일반식이 가능하다. 영아의 능력에 비교해 경도가 낮은 형태의 부드러운 음식을 제공하면 영아의 섭식 능력이 향상하지 않아 성인식으로 발전하는 데 어려움이 있고, 반대로 능력보다 딱딱한 음식을 제공하면 사고의 위험이 커지므로 주의한다. 이유 단계별 이유식 형태는 다음과 같다.

〈표 7-5〉 이유 단계별 이유식 형태

| 시기 | 이유식 형태 | 내용 |
|---|---|---|
| 이유기 초기<br>(4~5개월) | 유동식 | • 과일즙, 채소즙, 미음 |
| 이유기 중기<br>(6~8개월) | 반 고형식 | • 부드러운 죽 또는 으깨거나 간 음식<br>• 일일 섭취 횟수는 2~3회이며 1회 섭취량은 2~3스푼에서 시작하여 1/2컵(1컵 250㎖)까지 점차 증가시킨다. |
| 이유기 후기<br>(9~11개월) | 부드러운 고형식 | • 죽 밥과 진밥 형태의 고형식<br>• 잘게 다지거나 으깬 음식 또는 직접 손에 쥐고 먹는 형태(익힌 당근 스틱, 과일 슬라이스 등)가 적합하다.<br>• 8~9개월이 지나면 어금니가 나오고 턱 운동도 왕성해지고 소화력도 좋아지나, 돌이 지날 때까지는 부드럽게 조리하여 공급하는 것이 바람직하다. 일일 섭취 횟수는 3~4회이며, 1회 섭취량은 1/2컵 정도이다. |
| 이유기 완료기<br>(12개월~2세) | 고형식 | • 돌이 지나면 일반 식사가 가능하다.<br>• 1회 섭취량은 3/4컵이며, 식사 사이에 1~2회 간식을 제공한다. |

출처: 식품의약품안전처(2016c).

### (4) 이유 단계별 수유 및 이유식 제공 빈도

이유식은 이유기 초기에는 간식의 개념으로 1일 2회 제공하며, 이유기 중기에는 주식으로 1회, 간식으로 2회 제공하고, 이유기 후기에는 주식으로 2회, 간식으로 2회 정도 제공한다. 이유 완료기에는 주식으로 3회, 간식으로 1~2회 제공한다. 이유식은 일정한 시간에 주어야 영아의 신체적 리듬을 형성할 수 있고, 유아교육기관의 교직원 등도 영아 변화 예측이 가능하다. 이유가 진행됨에 따라 수유는 주식에서 간식으로 전환되어야 한다. 12개월 이전의 수유는 모유 또는 조제유가 중심이 되어야 하며, 12개월 이후에는 흰 우유를 제공한다. 이유 단계에 따라 일반적인 이유식 빈도 및 기본적인 수유 횟수와 수유량은 〈표 7-6〉과 같으며 영아의 상황에 따라 적절히 변경할 수 있다.

〈표 7-6〉 이유 단계에 따른 수유와 이유식을 통한 일반적인 1일 제공량

| 구 분 | 이유기 초기 (4~5개월) | 이유기 중기 (6~8개월) | 이유기 후기 (9~11개월) | 이유 완료기 (1~2세) |
|---|---|---|---|---|
| 1일 수유량 (㎖) | 800~900 | 700~800 | 600~700 | 400~500 |
| 수유 횟수 (주식/간식) | 4회/1회 | 3회/1회 | 2회/1회 | 0회/2회 |
| 이유식 횟수 (주식/간식) | 0회/2회 | 1회/2회 | 2회/2회 | 3회/1~2회 |
| 이유식으로부터의 1일 섭취 비율 | 10~20% | 30~40% | 50~60% | 70~80% |

출처: 식품의약품안전처(2016c).

### (5) 이유식 훈련

이유식은 영아의 성장과 발달에 필요한 영양소를 보충해 주는 영양공급과 다양한 맛을 경험하기, 식사 도구의 사용, 스스로 먹기 등의 건강한 식습관 형성을 목적으로 한다. 이유식 훈련 방식은 다음과 같다(식품의약품안전처, 2016c).

- 이유식은 숟가락을 사용하여 제공한다.
- 영아가 스스로 먹을 수 있도록 도와준다. 9개월 정도 영아는 스스로 숟가락을 쥐는 것이 가능하므로 숟가락으로 먹는 연습을 시작한다. 숟가락 사용 연습과 함께 간식 제공 시 핑거푸드를 활용하는 등 손으로 먹는 음식을 제공한다.
- 8개월 이후에는 컵을 사용하는 연습이 필요하며 12개월경에는 먹을 때 흘리기는 하지만 혼자 먹는 것이 가능하므로 스스로 먹어 볼 수 있도록 도와준다.
- 젖병 사용은 12개월부터 끊도록 하여 18개월까지 완성하도록 한다.
- 이유가 완료된 이후에도 특별한 문제가 없는 한 매일 2컵 정도의 우유를 마시게 하는 것이 좋다. 그러나 지나친 섭취는 철분과 구리 같은 조혈 영양소 결핍 때문에 빈혈의 위험성이 있다.
- 선식을 이유식으로 제공하는 경우 알레르기 반응을 유의해야 하며 끓여서 사용하는 것이 좋다. 선식은 다량의 식이 섬유가 무기질의 흡수율을 낮출 수 있으므로 주의해야 한다.

**Tip 영유아를 위한 식생활 지도 방법**

| | |
|---|---|
| 생후 6개월까지는 반드시 모유를 먹인다 | • 초유는 꼭 먹이도록 한다.<br>• 생후 2년까지 모유를 먹이면 더욱 좋다. 모유를 먹일 수 없는 경우에만 조제유를 먹인다.<br>• 조제유는 정해진 양대로 물에 타서 먹인다.<br>• 수유 시에는 영아를 안고 먹이며, 수유 후에는 꼭 트림을 시킨다.<br>• 자는 동안에는 젖병을 물리지 않는다. |
| 이유 보충식은 성장 단계에 맞추어 먹인다 | • 이유 보충식은 생후 만 4개월 이후 6개월 사이에 시작한다.<br>• 이유 보충식은 여러 식품을 섞지 말고, 한 가지씩 시작한다.<br>• 이유 보충식은 신선한 재료를 사용하여 간을 하지 않고, 조리해서 먹인다.<br>• 이유 보충식은 숟가락으로 떠먹인다.<br>• 과일주스를 먹일 때는 컵에 담아 먹인다. |
| 유아의 성장과 식욕에 따라 알맞게 먹인다 | • 일정한 장소에서 먹인다.<br>• 쫓아다니며 억지로 먹이지 않는다.<br>• 한꺼번에 많이 먹이지 않는다. |
| 곡류, 과일, 채소, 생선, 고기, 유제품 등 다양한 식품을 먹인다 | • 과일, 채소, 우유 및 유제품 등의 간식을 매일 2~3회 규칙적으로 먹인다.<br>• 유아 음식은 싱겁고, 담백하게 조리한다.<br>• 유아 음식은 씹을 수 있는 크기와 형태로 조리한다. |

출처: 보건복지부(2017b).

### 5) 영아의 식생활 습관 지도

영아의 발달단계와 영양적 균형을 고려해서 가정과 유아교육기관에서는 음식을 제공하는 것뿐만 아니라 올바른 식습관을 형성하도록 지도하는 것이 필요하다. 영아들 스스로 할 수 있는 자조 기술의 향상을 위해서 식생활 지도를 할 때, 연령에 따른 식습관 발달 특성을 이해하고 반복해서 지도하는 것이 중요하다. 영아 식생활 지도 내용과 교사의 역할은 다음과 같다.

### (1) 영아 식생활 지도 내용

영아의 식습관 발달에 따라 여러 가지 행동 특성들이 나타나는데 영아들이 스스로 할 수 있는 자조 기술을 길러 주는 것이 필요하다. 보건복지부(2013)에서 제시하는 영아의 식생활 지도 내용은 다음과 같다.

- 음식을 먹기 전
  - 반드시 손을 씻는다.
  - 식탁과 의자를 바르게 놓고 깨끗이 한다.
  - 식탁 준비를 돕는다.
  - 감사하는 마음을 표현한다.
- 음식을 먹을 때
  - 돌아다니지 않고 바른 자세로 먹는다.
  - 그릇과 수저, 포크를 바르게 사용한다.
  - 꼭꼭 씹어 먹는다.
  - 흘리지 않고 먹는다.
  - 밥과 반찬을 골고루 먹는다.
  - 입속에 음식을 너무 많이 넣지 않는다.
  - 입속에 음식을 넣고 말하지 않는다.
  - 적당한 시간 안에 즐겁게 먹는다.
- 음식을 먹은 후
  - 입가에 묻은 음식은 화장지로 닦는다.
  - 감사하는 마음을 표현한다.
  - 먹은 그릇을 정리한다.
  - 자신이 사용한 식기는 정해진 장소에 갖다 놓는다.
  - 식사 후에는 이를 닦는다.

### (2) 영아 식습관 지도를 위한 교사의 역할

영아기는 호기심과 자의식이 발달하는 단계이므로 인내심을 갖고 식생활 지도를 해야 한다. 6개월부터 유동식이나 단단한 음식을 먹을 수 있으므로 식사 도구를 사용하도록 지도하며, 9개월부터는 그릇을 입에 대고 마실 수 있으므로 스스로 먹는 습관이 이루어지도록 독립심을 길러 주는 것이 필요하다. 보건복지부(2013)에서 제시하는 영아의 식습관 형성을 위한 교사의 역할을 살펴보면 다음과 같다.

- 먹는 것에 대한 즐거움을 알도록 한다.
- 영아가 모유나 우유를 먹는 것을 시작하여 다양한 음식에 적응해 가는 과정에서 편안하게 안겨서 안정감을 느끼도록 돕는다.
- 이유식에 적응하도록 돕는다.
- 수유 및 이유를 할 때는 도구를 사용하여 음식을 즐겁게 먹을 수 있도록 지도한다.
- 이유식 시기에 다양한 종류의 식재료에 대한 시도를 경험하도록 돕는다.
- 먹기 시도에 대해 미소로 격려해 주고 언어적으로 상호작용해 준다.
- 음식을 만져 보고 싶어 하는 경우 손으로 탐색할 기회를 제공한다.
- 젖병을 떼야 하는 시기에 대해 준비하게 지도한다.
- 10개월 전후에는 빨대 컵이나 컵으로 먹기를 경험하며 점차 컵으로 먹을 수 있도록 한다.
- 숟가락과 포크의 올바른 사용법을 보여 주고 따라 해 보도록 격려한다.
- 1세 진후에 수저와 식기를 사용하여 음식을 먹는 경험을 하게 하고 손을 사용하여 음식을 집는 경우 교사가 모델링을 해 준다.
- 식사에 집중할 수 있도록 도와 준다.
- 주변에 영아의 호기심을 끌 만한 놀잇감을 보이지 않도록 정리한다.
- 교사는 영아의 곁에서 잘 먹는지 관찰하여야 한다.
- 영아가 혼자서 젖병을 잡고 먹을 수 있더라도 젖병을 놓치거나, 우유를 다 먹은 후 젖병 안의 공기를 마실 수 있으므로 주의한다.
- 바른 식습관 형성을 위해 영아가 다양한 음식을 골고루 먹고 도구를 사용하여 스스로 먹을 수 있도록 지도한다.
- 다양한 음식의 맛과 향, 질감을 접할 기회를 제공한다.
- 2세경에는 미각이 발달하여 좋고 싫음의 기호가 뚜렷해지므로 편식습관이 생

기지 않도록 다양한 음식을 접할 기회를 제공한다.

- 스스로 먹을 수 있도록 수용적인 태도로 기다려 주며 지도하여야 한다.
- 2세경에 식사 도구를 사용하는 기술이 서툴더라도 수용적인 태도로 기다려 준다.
- 도움을 요청할 경우 적절하게 개입하여 필요한 도움을 주도록 한다.
- 영아가 혼자 먹을 수 있는 적절한 크기와 무게, 길이의 식사 도구를 준비해 준다.
- 반복적이고 지속해서 지도해야 한다.
- 간식이나 식사 시 정해진 자리에 바르게 앉아서 먹는 태도가 습관화될 수 있도록 반복적이고 지속해서 지도한다.
- 편안하게 식사를 할 수는 분위기를 조성한다.
- 음식에 대한 영아 개인의 경험, 선호, 맛에 대해 간단한 대화를 나누거나 영아의 먹는 모습을 보고 미소 지어 준다.
- 잘 먹지 않으려는 영아의 경우, 식사 전에 활발히 움직이고 신체 활동에 적극적으로 참여하는 기회를 제공하여 스스로 음식을 잘 먹도록 놀이 환경을 제공한다.
- 음식을 잘 씹어 먹도록 지도한다.
- 시간 내에 먹게 하려고 서둘러 먹이거나 물을 마시며 음식을 삼키지 않도록 유의한다.

## 2 유아의 식생활 지도

유아기의 성장 속도는 영아기와 비교하여 완만하지만, 성장 발육은 여전히 왕성하므로 충분한 영양을 제공하고 바른 식습관을 갖도록 지도하는 것이 필요하다. 유아의 식생활 지도는 영양과 식품에 관한 기초적인 지식을 습득하게 하고 식사예절과 식사 위생교육을 통한 바람직한 식습관을 갖도록 지도하고 조언하는 과정이다.

유아의 식생활 지도를 위해 유아기 식사의 특성과 간식의 제공, 식사에 영향을 주는 요소에 관해 알아본다.

### 1) 유아기 식사의 특성

유아는 소화기관의 발달이 완성되어 가는 단계에 있으므로 한 번에 많은 음식을 섭취할 수 없다. 따라서 하루 3번의 식사와 간식을 통해서 필요한 영양을 공급할 수 있도록 식단 계획을 해야 한다. 유아기 식사의 특성은 다음과 같다(박선희 외, 2014; 식품의약품안전처, 2016c).

- 영아기보다 식욕이 감소하거나 불규칙한 경우가 흔하며 음식에 관한 관심이 적어진다. 따라서 음식에 대한 흥미를 북돋아 주기 위해 다양한 종류의 영양가 있는 음식을 제공한다.
- 성장 발육이 왕성한 유아기에는 단백질, 무기질, 비타민 요구량이 증가한다.
- 또래와 주변 환경에 쉽게 영향을 받는다. 음식의 종류와 맛뿐만 아니라 식사 환경, 주변의 또래나 형제, 부모 등 많은 요인에 의해 영향을 받는다. 또한, 식품광고나 TV 등 대중매체가 유아들의 식욕이나 식습관 형성에 영향을 미치기도 한다.
- 음식에 대한 기호가 자주 변한다. 자아의식의 발달과 함께 음식에 대한 선호를 확실하게 표현할 수 있으나 일관적이지 않고 상황에 따라 변하기 쉽다. 따라서 유아가 싫어하는 음식의 경우 조리 방법의 변화를 주거나 시간 간격을 조절하여 제공한다.
- 바람직하지 않은 식사 행동을 보인다. 식사하는 동안 식사 행위보다는 다른 것에 관심을 보이며 꾸물거리거나 특정한 식품에 대해 집착하거나 불평하는 행동, 또는 식사를 거부하는 행동 등이 나타나기도 한다. 이러한 행동은 심리적인 이유와 생리적인 이유에서 올 수 있으므로 유아의 심신 상태를 이해하고 쾌적하고 안정적인 식사 환경을 조성해 주어 바람직한 식습관 태도를 갖도록 해야 한다.

- 하루 3번의 식사와 함께 간식이 필요하다. 유아기는 신체적 발달과 성장이 급속하게 이루어지며 활동량이 많아지는 시기이므로 신체 크기에 비교해 많은 영양이 필요하다. 그러나 유아의 소화 기능은 성인만큼 활발하지 않으므로 한 번에 많은 양을 섭취하는 것이 어렵다. 그러므로 정규 식사 사이에 필요한 영양을 보충해 줄 수 있는 간식 제공이 필요하다.

### 2) 유아의 식사에 영향을 주는 요소

유아의 식사 형태는 신체발달에 따라 변화한다. 소근육이 발달하기 전에 숟가락 사용이 능숙하지 못하던 영아가 1세가 되면서 양손 사용이 가능해지고 도구를 이용하여 식사하게 된다. 또한, 대근육 발달이 원활해지면서 운동량이 늘고 식욕도 왕성해진다. 유아의 식사에 영향을 주는 요소를 정리하면 다음과 같다(박선희 외, 2014).

첫째, 유아의 식욕과 생리 조건에 따라 영향을 받는다.

배가 고프다는 공복감이 식욕을 자극하는데 공복 시에는 음식의 종류에 상관없이 대부분 맛있게 먹을 수 있다. 그러므로 유아의 공복 상태를 잘 파악하여 음식을 제공하도록 한다.

둘째, 유아의 심리 상태와 정서 상태는 식욕에 많은 영향을 끼친다.

식사를 재촉하는 독촉이나 꾸중을 듣는 경우, 또는 놀이에 열중하고 있을 때는 유아의 심리 상태가 먹는 것과 관련이 없어 식욕이 떨어질 수 있다. 유아가 편안한 마음으로 식사를 할 수 있도록 즐거운 분위기를 만들어 식욕을 돋울 수 있어야 한다.

셋째, 유아의 개별 기호에 따라 영향을 받는다.

단맛이 나거나 씹기 쉬운 음식을 좋아하지만 씹기 어려운 고기, 질감이 딱딱하거나 향이 강한 음식을 싫어하는 경향이 있다. 또는 반복해서 제공되는 음식에 싫증이 나서 먹지 않는 때도 있으므로 유아의 기호를 잘 파악하고 다양한 조리 방법을 사용하여야 한다.

넷째, 주변 환경의 온도 및 습도에 영향을 받는다.

유아는 신체조절 기능이 성인보다 미숙하므로 주변 환경의 온도와 습도에 매우 민감하여 신체 조건이 나빠질 수 있고 식욕도 영향을 받아 감퇴할 수 있다. 따라서 실내 온도와 습도 조절을 통해 쾌적하고 편안하게 유지하는 것이 필요하다.

다섯째, 음식 온도에 민감하다.

음식마다 알맞은 온도가 있고 온도에 따라 음식의 맛은 달라진다. 음식마다 다른 온도에서 조리하는 것이 필요하며 적절한 온도의 음식으로 음식을 제공하는 것이 필요하다. 특히 유아는 뜨거운 음식을 싫어하므로 성인이 좋아하는 음식 온도보다 5~10℃ 정도 낮게 하여 제공한다.

여섯째, 음식의 외관에 영향을 받는다.

음식의 모양과 색, 투명도 등을 배려해서 제공하는 것이 좋다. 식욕을 돋우기 위해 식기의 색, 모양 등의 조화도 고려하여야 한다.

일곱째, 조리 방법을 다양하게 한다.

유아기는 치아 발달이 완성되어 가는 시기이지만 성인보다 씹는 능력이 떨어지므로 음식의 크기를 조절하여 먹기 편한 크기로 제공해야 한다. 또한, 먹기 쉽게 질감이 부드럽고 자극이 덜하며 담백한 맛을 내는 음식을 제공하도록 한다.

유아의 식사 발달 과정을 연령별로 살펴보면 2세 전후의 유아는 컵을 사용하여 음료를 잘 마시며 음식에 대한 기호가 뚜렷해지고, 2세 이후가 되면 식사 중에 흘리지 않고 먹을 수 있는 능력이 발달하고 2세 중반 이후에는 편식 현상이 나타나기도 하고 음식을 잘 씹을 수 있게 된다. 이를 정리하면 〈표 7-7〉과 같다.

〈표 7-7〉 유아의 식사 발달 과정

| 연령 | 발달 표준 |
|---|---|
| 2년 전후 | • 컵을 손에 쥐고 음료를 잘 마신다.<br>• 음식이 오는 것을 앉아서 기다리는 등 통제능력이 나타난다.<br>• 음식의 기호가 뚜렷해진다. |
| 2년 후 | • 식사 중에 흘리지 않고 깨끗하게 먹는 유아도 있으나 대부분은 많이 흘린다.<br>• 자립과 의존심의 두 면을 가지고 있다.<br>• 컵이나 그릇을 한 손으로 잡고 잘 마실 수 있게 된다.<br>• 숟가락 쥐는 방법이 좋아진다.<br>• 식탁을 차릴 때 도와주려고 한다. |
| 2년 6개월~<br>3년 6개월 | • 편식이 고착되거나 편식 없는 좋은 식습관이 형성되는 시기이다.<br>• 식사 때에 손을 사용하는 능력이 향상된다.<br>• 젓가락을 사용하게 된다.<br>• 음식을 잘 씹어 먹게 된다.<br>• 3세가 넘으면 운동량이 늘어서 식욕이 상당히 왕성해진다. |
| 4년 | • 식사예절을 배우게 된다.<br>• 식사를 빨리하게 된다. |
| 5년 | • 식사하면서 가족들의 대화를 듣고 함께 이야기하게 된다. |

출처: 박선희 외(2014, 재구성).

### 3) 유아기 식생활 지도

식사 시간은 예절 교육과 생활 교육의 시간으로 활용될 수 있다. 가족 또는 또래와 함께 식사하는 즐거움을 통해 사회성을 기를 수 있다. 특히 유아교육기관에서의 식생활 지도는 적응력을 기르는 것과 동시에 바람직한 유아의 성장과 발달을 촉진하는 기회가 될 것이다. 육아정책연구소(2017)와 교육과학기술부 · 보건복지부(2013)에서 제시하는 식생활 지도의 내용은 다음과 같다.

#### (1) 음식에 대한 기호

유아의 미각이나 음식에 대한 호기심을 고려하여 편식이나 결식이 우리 몸에 주는 영향을 이해하도록 지도하는 것이 필요하다. 유아들이 싫어하는 음식이나 낯선 음식에 대한 거부 반응은 단계적으로 서서히 고쳐지도록 지도한다.

- 바람직한 음식 기호의 형성을 돕는다. 유아기는 자아 개념이 발달하면서 음식에 대한 경험을 통해 음식 기호가 형성되는 시기이며 식사에 대한 이해와 습관을 형성하는 시기이다. 간식이나 점심시간에 음식의 이름, 모양, 색, 맛 등의 경험을 이야기 나누며 실생활에서 음식에 관해 관심을 갖도록 한다.
- 처음 음식을 접하게 될 때가 중요하므로 작은 양으로 조금씩 제공한다. 식품 본연의 맛을 느낄 수 있도록 조리 시 향과 맛이 강한 감미료나 설탕, 소금 등의 사용을 적게 하여 싱겁고 담백하게 먹을 수 있도록 이끌어 나가야 한다.

### (2) 식사 태도

음식의 소중함을 알고 감사하는 마음을 가지도록 하며, 식사 전 · 후에 적절한 인사말을 하는 습관을 갖도록 지도한다. 식사 시 다른 사람에게 불쾌감이나 거부감을 주지 않도록 한다.

- 바람직한 식습관 형성과 즐거운 식사 시간을 조성하도록 한다. 음식을 남기지 않는 것을 너무 강조하면 음식에 대한 거부감을 가질 수 있으므로 유아의 특성을 고려하여 양을 조절해 주고 식사 시간을 즐겁게 느낄 수 있도록 한다.
- 음식을 먹는 식사 시간을 통해 음식에 대한 태도와 습관을 형성한다. 식사하면서 주어진 음식에 대한 고마운 마음을 가지고 적당한 양을 남김없이 먹는 습관을 갖도록 한다.
- 함께 식사할 때 예의를 지키는 것은 중요하므로 교사는 유아에게 모범을 보이고 칭찬을 자주 함으로써 자신감을 가질 수 있도록 격려하는 것이 필요하다.
- 기본적인 식생활 지도는 식사 시간 전후로 매일 이루어지는 것이 필요하다. 손 씻기, 바른 자세로 앉기 등 식사 전 예절과 식사 중 음식물을 입에 넣고 말하지 않기, 식사 후 감사의 마음 표현하기와 먹은 자리 정돈하기 등을 반복하여 지도한다.

육아정책연구소(2012)에서 제시한 기본적인 식사예절은 <표 7-8>과 같다.

〈표 7-8〉 식사예절

| 구분 | 식사예절 |
|---|---|
| 식사 전 | • 식사하기 전에 손을 씻는다.<br>• 식탁과 의자에 앉을 때는 바른 자세로 앉는다.<br>• 유아교육기관에서 식사할 때는 줄을 서서 자신의 배식 차례를 기다린다.<br>• 식사 전 감사 인사하기 – 주어진 음식에 대한 소중함과 식사 준비를 해 주신 분께 감사한다. |
| 식사 시간 | • 가정에서 어른과 함께 식사할 때는 어른이 수저를 들 때까지 기다린다.<br>• 제자리에 앉아 바른 자세로 앉아 식사하기 – 바른 자세로 식사하면 소화가 잘된다.<br>• 밥과 반찬을 골고루 먹기 – 반찬을 뒤적이거나 흘리지 않는다.<br>• 입을 다물고 음식을 씹는다.<br>• 적당한 시간 안에 즐겁게 대화를 나누며 식사한다.<br>• 음식물을 입안에 넣고 말하지 않기 – 입안에 있는 음식물을 삼키고 대화한다.<br>• 음식물을 먹는 소리, 그릇 부딪히는 소리가 나지 않게 한다.<br>• 작은 목소리로 이야기하기 – 큰 소리로 떠들지 않는다. |
| 식사 후 | • 식사를 마친 후 '잘 먹었습니다' 등 감사의 마음을 표현한다.<br>• 음식을 먹은 후 입을 닦는다.<br>• 사용한 식기는 정해진 장소에 가져다 놓는다.<br>• 먹은 후에 자리를 깨끗이 정돈한다.<br>• 이를 닦는다. |

출처: 육아정책연구소(2012).

### (3) 급식을 통한 유아의 식습관 지도

유아기는 성장과 발달이 왕성한 시기이므로 체중 1kg당 요구하는 에너지가 성인보다 높다. 교사는 영양사와 협의하여 유아들의 발달이나 음식에 대한 반응을 고려하여 식단을 조절하도록 한다. 또한, 가정과 함께 연계하여 유아의 균형 있는 성장 발달이 이루어지도록 해야 한다. 유아교육기관에서 급식을 통해 이루어지는 식생활 지도의 내용은 다음과 같다(교육과학기술부 · 보건복지부, 2013).

- 다양한 경험과 긍정적인 사회성 발달의 기회를 제공한다. 가정과 같은 식사 분위기 조성을 위해 테이블보를 준비하거나 음악을 틀어 편안한 분위기에서 식사할 수 있도록 한다. 급식을 함께하며 유아들은 같은 장소, 같은 음식을 먹으며 서로에 대해 평등감과 친근감을 느끼며 집단생활에 익숙해진다. 식사를 준비하

거나 끝낸 후 함께 정돈하는 경험을 통해 청결 습관을 기를 수 있다.

- 유아 급식을 통해 가정, 지역 사회의 식생활 개선의 기회를 제공한다. 급식을 시행하기 전에 유아의 가정과 밀접한 관계를 형성하여 유아에 대한 정보를 얻고 유아의 식생활 개선과 바람직한 식습관 형성을 위해 가정과 함께 노력해야 한다. 또한, 지역사회에서 권장하는 바람직한 식생활 개선에 유아교육기관도 적극적으로 동참하고 이에 대한 영양 교육 정보를 가정과 함께 나누며, 가정과 유아교육기관이 일관성 있는 식생활 지도를 하는 것이 필요하다.

**Tip 가정과 연계하는 바람직한 식습관 교육**

- 식사하는 것을 즐거운 놀이로 인식시킬 필요가 있다. 식사하는 행위 자체를 유아가 즐길 수 있도록 배려하는 게 필요하다.
- 매일 규칙적으로 같은 시간에 밥을 준비해서 밥 먹기 30분 전부터 식사 시간을 알려 준다. 식사시간이 되면 즐거운 음악을 틀고 손을 씻고 식탁에 앉히는 등 특정한 의식을 반복하면 유아는 식사시간에 대해 인식하게 된다.
- 숟가락 사용을 시작하는 유아라면 서툴더라도 유아가 식사 도구를 직접 사용하게 하면서 식사에 대한 흥미를 갖게 한다.
- 유아가 음식을 먹지 않고 장난만 친다면 단호하게 먹을거리를 치워야 한다.
- 유아가 식탁을 떠났을 때는 더는 먹기를 강요하지 않는다. 엄마가 숟가락을 들고 배가 고프지 않은 유아를 따라다니며 "한 입만 먹자"라고 애원하면 유아는 이를 주도권 싸움으로 인식하고 절대 입을 벌리지 않는다.

출처: 식품의약품안전처(2012).

### (4) 간식 지도

유아기의 간식은 성인의 군것질과 다른 것으로서 하루 3회의 식사를 통해 제공되는 영양분 중 부족한 부분을 보충해 주는 식생활 일부이다. 간식은 식사의 기능과 함께 유식시간으로서의 의미가 있으며 식사의 즐거움을 주는 기능을 한다. 식품의약품안전처(2016c)에서 제시하는 유아기 간식의 의의, 양과 횟수, 내용은 다음과 같다.

① 간식의 의의

유아교육기관에서 제공하는 오전 간식은 아침 식사 대용이 아니므로 아침 식사를 거르고 등원하지 않도록 학부모에게 전달하여 간식보다 제때의 식사가 유아의 성장 발달에 중요함을 강조할 필요가 있다.

- 간식은 식사 사이에 필요한 영양분을 보충해 준다.
- 식사 이외의 새로운 음식을 먹어 보는 기회를 제공한다.
- 심리적으로 긴장된 마음을 이완시키고 휴식의 시간을 갖게 한다.
- 간식 시간 동안 또래와의 상호작용을 통해 즐거움을 가지며 사회성을 기를 수 있다.
- 정규 식사와 마찬가지로 바람직한 식습관을 형성하도록 돕는다.

② 간식의 양과 횟수

- 오전 간식은 아침과 점심 식사 사이의 시간이 오후 간식 제공시간보다 짧으므로 점심 식사에 무리가 되지 않을 정도의 양을 제공한다. 일일 필요 에너지양의 10~15% 정도가 적합하다.
- 간식은 식사 시간과 2시간 정도의 간격을 두는 것이 좋은데 간식의 양이 적으면 만족감을 줄 수 없고 지나치게 많으면 다음 식사의 식욕을 감퇴시킬 수 있다.
- 점심 식사 식단 메뉴를 고려하여 오전 간식과 오후 간식을 준비하고 단백질과 열량을 적절히 배분하여 준비한다.
- 유아교육기관에서의 간식 시간은 오전 10시와 오후 2시에 제공하는 하루 2회가 바람직하다.

③ 간식의 내용

간식에 좋은 음식은 유아의 식사 내용을 고려하여 필요한 영양소를 공급해 주면서도 정규 식사에 영향을 주면 안 되므로 포만감이 높지 않은 것으로 선택한다. 간식의 내용은 「어린이 식생활 안전관리특별법」(시행 2020.4.7.) 제3장 어린이 기호식품 관리 등의 제8조(고열량·저영양 식품 관련) 및 제9조(정서 저해 식품 관련)에 의해 금지한 식품을 제공하지 않아야 한다.

- 유제품, 과일, 미니 샌드위치 등이 좋고 탄산음료는 제공하지 않는다.
- 하루에 빵과 면 종류, 또는 쌀로 만든 죽과 떡 종류가 겹쳐져서 제공되는 것을 피한다.
- 간식이 당류의 주요 공급원이 되므로 간식을 선택할 때에는 영양 표시를 확인하여 단순 당과 나트륨 함량이 적은 식단을 계획한다.
- 고열량·저영양 식품과 부정불량 식품 등을 제공하지 않는다. "고열량·저영양 식품"이란 식품의약품안전처장이 정한 기준보다 열량이 높고 영양가가 낮은 식품으로 유아의 비만이나 영양 불균형을 초래할 우려가 있는 기호식품을 말한다 (「어린이 식생활 안전관리특별법」 제3장, 시행 2020.4.7.).

간식을 선택하고 제공할 때 조각이 많이 나서 기도를 막거나, 표면이 미끄러워 기도를 막을 수 있는 식품은 유의할 사항을 확인하는 것이 필요하다. 이러한 식품 제공 시 유의할 사항은 〈표 7-9〉와 같다.

**〈표 7-9〉 간식 선택과 제공 시 유의 사항**

| 연령 | 식품 | 유의 사항 |
|---|---|---|
| 1~2세 | 아몬드, 땅콩, 콩류 등 | 깨물었을 때 조각이 많이 나서 기도를 막을 수 있는 것은 피해야 하며, 제공 시에는 잘게 부수거나, 얇게 썰어 제공할 수 있으나 주의를 필요로 함. 알레르기에도 유의해야 함 |
| | 포도 | 껍질째 주어서 알맹이를 빨아서 먹으면 기도를 막을 수 있으므로 껍질을 벗겨서 씹어 먹을 수 있도록 하고 주의를 필요로 함 |
| | 메추리 알, 새알심, 방울토마토 | 표면이 미끄러운 음식은 씹기 전에 삼켜 버릴 수 있으므로 잘라서 제공함 |
| | 짜서 먹는 요구르트, 컵에 주는 음료 | 쉬지 않고 또는 급하게 계속 빨거나 마실 때 기도로 들어가는 경우가 있으므로 주의함<br>두 세 모금 정도 마시면 꼭 쉬어서 완전히 삼켰는지 확인한 후 또 먹을 수 있도록 함 |

| 연령 | 식품 | 유의 사항 |
|---|---|---|
| 1~5세 | 파인애플 | 브로멜린이라는 단백질 분해 효소가 있어서 혀나 구강의 단백질을 분해하여 구강염을 일으킬 수 있으므로 과량을 섭취하지 않도록 하며, 특히 빨아먹지 않게 주의함 |
| | 인절미, 경단 등 | 찹쌀로 만든 떡처럼 끈적이는 음식은 기도를 막을 수 있으므로 주의함 |
| | 고구마, 백설기, 강력분으로 만든 빵 | 음료와 함께 제공하지 않으면 너무 퍽퍽해서 삼키기가 어렵고, 삼키면서 목이 메는 경우가 있으므로 주의함 |
| | 젤리, 찹쌀떡, 새알심 등 | 형태가 유동적이어서 기도를 막으면 조금의 틈도 생기지 않게 되므로 항상 주의함 |

출처: 식품의약품안전처(2016c).

**Tip** 가정에서 우리 아이 간식 올바르게 선택하기

- 고열량 · 저영양 식품은 열량이나 포화 지방, 당류의 양이 많고 단백질량은 적으므로 선택하지 않는다.
- '어린이 기호 식품 품질 인증 마크'를 확인하고 선택한다.
- 포장의 영양 표시를 확인하여 영양 불균형을 예방한다.
- 영양 표시는 다음과 같이 확인한다.

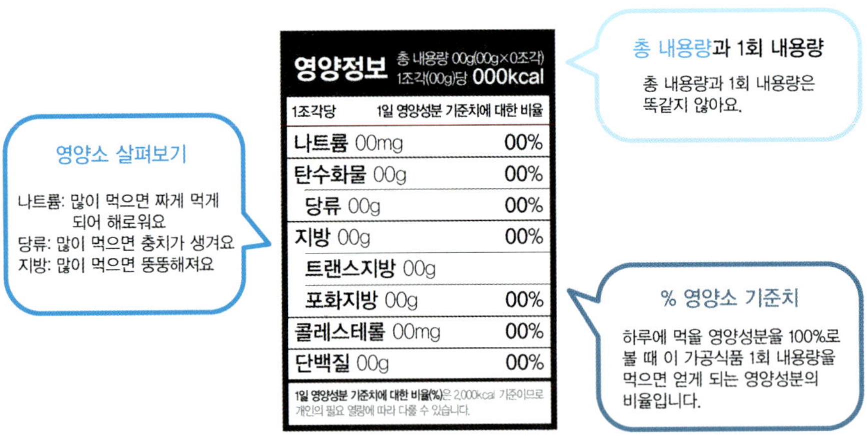


출처: 중앙급식관리지원센터(2017).

Chapter

# 08



# 유아교육기관의 급식 관리

Chapter

# 08

# 유아교육기관의 급식 관리

오늘날 영유아들이 유아교육기관에서 취하게 되는 급식과 간식의 빈도가 높아지고 식사의 질에 관한 관심이 높아지면서 급식 관련 법령이 제정됨에 따라 유아교육기관에서의 급식 관리의 중요성이 증대되고 있다. 유아교육기관에서 이루어지고 있는 급식은 「식품위생법」(시행 2020.3.24.)과 「영유아보육법」(시행 2020.3.24.), 「유아교육법」(시행 2020.3.1.)에 근거하여 규정되어 있다. 이 장에서는 유아교육기관에서 이루어지고 있는 급식의 의의와 형태, 영유아 급식의 영양과 위생 관리에 대해 알아보고자 한다.

## 1 영유아 급식의 의의

급식이란 학교와 같이 특정 시설에서 특정 다수인에 대하여 정기적으로 식사를 공급하는 조직적 행위 또는 이러한 행위의 산물로서 식사를 일컫는다(윤지현 외, 2016). 영유아기는 성장과 발달이 왕성한 시기이므로 영양학적으로 균형잡힌 급식을 제공해야 한다. 이에 급식을 제공하는 데 있어 유아교육기관의 역할과 책임이 증대되고 있으며, 영유아에게 시기별 필요한 영양을 고려하여 식단을 계획하고 알맞은 형태의 급식을 제공해야 한다. 유아교육기관에서 영유아에게 급식을 제공하는 것은 다음과 같은 점에서 의의가 있다(교육부, 2017c; 박공심, 2018).

첫째, 영유아의 성장과 발달에 적합한 영양을 공급할 수 있다. 유아교육기관에서는 점심과 간식의 급식을 통해 영유아에게 필요한 1일 영양 필요량 절반 이상을 제공한다. 영유아가 유아교육기관에서 제공하는 균형 잡힌 식사를 통해 성장과 발육에 필요한 영양소를 골고루 섭취하여, 영양 보충이 이루어지는 등 영양 상태의 개선 효과도 기대할 수 있다.

둘째, 올바른 식생활 습관을 형성할 수 있다. 영유아는 식사를 통하여 음식에 대한 태도뿐만 아니라 식습관의 행동 및 식사예절 등을 익히게 된다. 교육적인 환경에서 식생활 지도를 통해 영유아들이 바른 식습관을 형성할 수 있도록 도움을 주고, 편식과 과식 등의 잘못된 식습관의 개선도 이루어질 수 있다.

셋째, 단체 급식으로 인한 경제적인 효과가 있다. 급식은 맞벌이 부부와 같이 경제활동을 하는 부모들에게 가정에서 음식을 준비하는 데 따르는 시간과 노력, 경비 등을 줄이는 데 도움을 줄 수 있다. 또한, 체계적인 식단 계획을 통해 풍부하고 균형 잡힌 영양이 들어 있는 음식을 제공하며, 대량으로 식자재를 구매하고 조리하기 때문에 급식의 단가를 낮출 수 있는 경제적 효과도 있다.

넷째, 급식을 매개로 긍정적인 사회성 발달을 돕는다. 유아교육기관에서 영유아는 부모의 도움 없이 스스로 식사하는 경험을 통해 성취감을 느끼며, 식사 준비부터 뒷정리까지 모든 과정에 참여하여 사회 구성원으로서의 소속감과 협동심을 기를 수 있다. 또한, 다른 영유아들과 같은 시간에 함께 식사를 하면서 소속감과 친밀감을 가질 수 있으며, 사회적 관계 형성에도 도움을 줄 수 있다.

# 2 영유아 급식의 형태

## 1) 급식의 제공 형태

유아교육기관에서 제공되는 급식은 식사, 간식, 이유식 형태로 제공된다. 우리나라의 경우 영유아가 유아교육기관에서 머무는 시간에 따라 다소 차이가 있지만, 일반적으로 1회 식사와 2회 간식을 제공하는 것이 보통이다(식품의약품안전처, 2016c).

### (1) 식사 제공

영유아가 유아교육기관에서 지내는 시간의 길이에 따라 영유아의 식사 횟수와 형태가 결정된다. 점심식사는 대부분 제공되며, 갈수록 영유아가 유아교육기관에 머무는 시간이 길어짐에 따라 시간 연장제의 경우 저녁식사도 함께 제공되고 있다. 식사는 주로 주식과 부식의 형태를 취하고 있으며, 부식은 대부분 국이나 찌개류, 주반찬, 부반찬, 김치를 겸한 식단이 제공된다(식품의약품안전처, 2016c).

### (2) 간식 제공

간식이란 정규적인 식사시간 이외에 먹는 음식으로서, 오전 간식과 오후 간식으로 구성된다. 영유아는 활동성이 매우 높으나 소화할 수 있는 음식의 양은 적으므로, 1일 3회의 주식만으로는 영양 필요량이 부족하다. 또한, 식사 사이의 시간 간격이 너무 길면 위의 공복감이 영유아의 정신적 불안감을 조성할 수도 있다(식품의약품안전처, 2016c). 그러므로 간식으로 이를 해소하여야 한다. 간식은 영유아에게 결핍되기 쉬운 영양소가 함유된 식품으로 구성해야 하며, 정규적인 식사에 영향을 주지 않아야 한다. 간식은 일반적으로 오전 10시와 오후 2시에 제공되는 것이 바람직하다(식품의약품안전처, 2016c).

### (3) 이유식 제공

이유식의 목적은 영아의 성장과 발달에 따라 부족한 영양소를 보충해 주는 영양 공급과 규칙적인 식습관, 음식 씹고 삼키기, 다양한 맛의 경험, 도구 사용, 스스로 먹기 등의 섭식 훈련으로 적절한 성장과 양호한 영양 상태를 유지하고 건강한 식습관을 형성하는 것이다(식품의약품안전처, 2016c). 이유식을 시작하기 전에 수유를 규칙적으로 하고, 영아가 성장함에 따라 제공하는 이유식의 형태에 변화를 주어야 한다. 그리고 이유식은 영아의 개별적 섭식 운동과 요구·능력에 따라 적절한 형태로 만들어 주어야 한다.

## 2) 급식의 실시 유형

일반적으로 급식의 실시 유형은 식재료의 가공 처리 정도, 조리와 배식의 시간적·공간적 분리 여부 등에 따라서 전통적, 중앙 공급식 조리 저장식, 조합식로 구분할 수 있다. 급식 운영체에 따라서는 직영급식, 위탁급식으로도 분류할 수도 있다(윤지현 외, 2016). 이 책에서는 유아교육기관에서 급식의 실시 유형을 크게 기관 전담형, 전문기관 위탁형, 가정 분담형, 초등학교 전담형으로 구분하였다(김은희, 2004).

### (1) 기관 전담형

기관 전담형은 유아교육기관 안에서 급식 시설과 설비를 갖추고 밥과 반찬을 모두 조리하여 영유아에게 직접 제공하는 급식 유형이다. 전처리를 거치지 않은 원재료부터 완전 가공 식품까지 다양한 형태의 식재료를 이용하여 음식을 만들고, 단시간 내에 같은 장소에서 배식하는 전통적 급식 체계이다. 부모의 식사 준비에 대한 부담을 줄여 주고, 영유아가 유아교육기관에서 또래들과 함께 같은 음식을 먹음으로써 소속감과 정서적 만족을 느낄 수 있다. 그리고 따뜻한 음식을 바로 조리하여 먹을 수 있으며, 영양적으로 바람직한 식단의 작성을 통하여 균형 있는 식사를 할 수 있다. 이러한 이유로 기관 전담 형태의 급식은 교사와 부모가 선호하는 급식 유형이다.

### (2) 전문기관 위탁형

전문기관 위탁형은 급식 공급업체가 유아교육기관으로부터 급식을 위탁받아 조리·가공한 식품을 운반하여 실시하는 급식 유형이다. 위탁급식을 할 경우에는 급식 공급업체를 선정할 때 위생문제나 식품 조리 관리 체계 등에 대해 신중하게 파악하여 선정해야 한다. 최근 위탁급식의 식중독 및 위생 문제가 크게 대두되므로 유아교육기관에서는 위탁급식에 대한 감독과 지도를 강화할 필요가 있다. 급식은 영유아의 건강 유지 및 증진에 직결되므로 위탁급식의 선정에서부터 지도·관리가 체계적으로 이루어져야 한다.

### (3) 가정 분담형

가정 분담형이란 유아교육기관의 급식 시설과 설비 및 인력 여건상의 제약으로 인해 유아교육기관에서 밥과 반찬을 직접 조리하지 않고 가정과 분담하여 급식을 준비하거나, 가정에서 도시락을 준비하여 제공하는 급식 유형이다. 이 방법은 가정에서 자녀가 잘 먹는 좋은 음식을 부모가 직접 준비해 줄 수 있다는 장점이 있는 반면, 매일 준비해야 한다는 점에서 부모의 시간적, 경제적 부담이 크다. 그리고 가정에서 준비한 도시락이 영양면에서 적합하지 못할 수도 있고, 영유아의 균형잡힌 식사 지도가 어려울 수 있다.

### (4) 초등학교 전담형

초등학교 전담형은 초등학교 급식 시설을 이용하는 급식 유형으로서, 「학교급식법」에 따라 초등학교 급식 시설에서 밥과 반찬을 조리하여 초등학생들에게 급식하는 것을 유치원에서 함께 이용하는 방법이다. 초등학교의 급식 시설을 활용한다는 점에서 시설 확보율이 높으며, 관리도 쉽다. 그러나 초등학교의 급식 식단을 그대로 이용하기 때문에 영유아의 영양 특성을 반영한 급식을 제공하는 데 어려움이 있다.

# 3 영유아 급식의 식단 관리

## 1) 식단 계획

식단 계획은 영유아의 특성과 영양 섭취기준에 근거하여 제공할 급식의 식단을 계획하는 것이다. 유아교육기관에서 제공하는 급식(점심 1회와 간식 2회 공급 기준)의 총 섭취 열량은 약 600kcal 정도(육아정책연구소, 2012)로 구성하는 것이 바람직하며, 한 번에 제공하기보다 급식과 간식으로 나누어서 제공하는 것이 적합하다. 식단 계획 시 고려사항은 다음과 같다(교육부, 2017c).

- 영유아는 소화기관의 발달이 완성되어 가는 단계이므로 소화 흡수 기능이 미숙하여 소화 장애를 일으키기 쉬워서 싱겁고 담백한 음식으로 구성하는 것이 좋다.
- 성장기의 신체 발육에 필요한 칼슘과 단백질을 충분히 공급받을 수 있도록 식단을 구성해야 한다.
- 냉동이나 가공식품보다 천연 식품이나 제철 식품으로 우수한 영양소를 제공하도록 한다.
- 오전 간식은 점심에 영향을 주지 않는 양으로써 일일 총 열량의 5~10% 수준으로 제공하며, 오전 10시가 바람직하다. 아침을 먹지 않는 영유아를 고려하는 동시에 점심식사에 방해가 되지 않도록 적정량을 제공한다.
- 점심식사는 하루 필요 열량에서 간식을 제외한 1/3 수준으로 제공한다.
- 오후 간식은 일일 총 열량의 약 10% 수준으로 제공하며, 오후 2시가 바람직하다. 오후 간식은 저녁식사와 시간 차이가 비교적 긴 편이므로 오전 간식보다 더 비중을 두되 저녁식사에 지장을 주지 않도록 적정량을 제공한다.

## 2) 식단 작성

유아교육기관에서의 영유아 대상 급식은 「영유아보육법」 제33조(시행 2020.3.1.) 급식 관리기준에 의하여 영양사가 작성한 식단에 따라 급식이 제공되어야 한다. 그러나 100명 미만의 규모가 작은 유아교육기관은 대부분 소속 영양사가 없으므로 각 시도 또는 시군구 어린이급식관리지원센터 등에서 근무하는 영양사의 지도를 받아 식단을 작성할 수 있다. 식단 작성을 위해서는 먼저 대상이 되는 영유아를 잘 파악하고 연령에 따른 발달적 특성과 영양 필요량을 이해해야 한다. 그리고 기관의 급식 환경에 유의하여 식단을 계획해야 한다. 유치원 급·간식 운영 관리 지침서(교육부, 2017c)에서 제시하는 식단 작성 원칙, 식단 작성 순서, 식단 작성의 예는 다음과 같다.

### (1) 식단 작성 원칙

한국인 영양 섭취 기준에 근거하여 영유아의 영양 섭취 기준을 정하고, 다양한 식품배합을 통하여 영양적으로 적합하도록 구성한다. 영유아에게 제공되는 식단은 다음의 사항을 기초로 작성한다.

- 신체 발육에 필요한 칼슘과 단백질이 충분히 함유된 식단을 구성한다.
- 음식을 적절히 변화시킬 수 있는 주기 식단(Cycle Menu)[1]으로 구성한다.
- 조리 방법은 영유아가 소화하기 쉬운 방법을 택하며, 자극성이 강한 조미료의 사용은 자제할 수 있는 식단으로 구성한다.
- 영유아의 기호를 고려하여 식단을 구성한다.
- 급식량과 제공 시간을 정하여 규칙적으로 적당량을 배식하도록 계획한다.
- 간식은 세끼의 식사에서 부족할 수 있는 영양소를 보충할 수 있도록 구성한다.
- 유치원별로 책정된 급식 비용을 고려한다.
- 급식 인력과 시설 설비를 고려한다.

1) 주기식단(Cycle Menu): 우리나라 용어로 '순환메뉴' 또는 '주기메뉴'라고 하며, 월별 또는 계절별 등으로 주기에 따라 반복되는 메뉴 형태이다.

### (2) 식단 작성 순서

식단 작성을 위해서는 먼저 대상이 되는 영유아를 잘 파악하고 연령에 따른 발달적 특성을 이해해야 한다. 그리고 기관의 급식 환경에 유의하여 식단을 계획해야 한다. 급식 식단은 다음과 같은 순서로 작성한다.

① 점심 및 오전, 오후간식의 1회 공급 영양소량을 결정한다.
② 급식주기 및 음식 종류를 결정한다(식단 기본 형태 구성 후 주식 → 국 → 주찬 → 부찬 순서로 식단 구성).
③ 식단 목표나 기존의 식단을 활용하여 식단을 작성한다(반드시 영양사가 작성한 식단 활용).
④ 평가표를 활용하여 작성된 식단을 평가 및 수정 · 보완한다.
⑤ 작성된 식단에 의하여 식품 필요량을 산출한다(필요한 식품재료의 종류 및 양의 파악과 급식인원 점검, 재고량 파악, 폐기량을 고려한 후 식품 구매를 결정).

### (3) 식단 작성의 예

식단은 대개 1주일을 기본 주기로 작성하며, 계절과 행사에 따라 변화를 줄 수 있다. 최근에는 제공하는 식단의 열량과 단백질 등 영양소의 함량을 함께 기재하여 영양 정보 확인이 가능하도록 제공하는 것을 권장한다. 일주일 또는 한 달 동안 제공되는 음식명과 농수산물의 「원산지 표시에 관한 법률」 제5조(시행 2019.7.1.)에 의하여 쌀, 배추김치, 쇠고기, 돼지고기, 닭고기, 밀, 그 가공품 등을 조리하여 제공하는 경우 원산지 표시 사항을 함께 기재한다. 급식 정보 제공을 위한 식단표 예는 〈표 8-1〉과 같으나, 식단표는 지역이나 기관에 따라 달라질 수 있다.

〈표 8-1〉 급식 정보 제공을 위한 4월 식단표(예)

| | 14일(월) | 15일(화) | 16일(수) | 17일(목) | 18일(금) |
|---|---|---|---|---|---|
| 오전 간식 | 과일, 우유② | 뮤즐리⑥,<br>우유② | 과일, 치즈② | 불낙죽 | 과일, 두유⑤ |
| 점심 | 쌀밥<br>황태무국<br>달걀말이①<br>비름나물무침<br>배추김치 | 수수밥<br>감자양파국<br>소불고기<br>근대된장무침<br>배추김치 | 기장밥<br>유부장국⑤<br>치킨까스+소스①⑤⑥<br>두부흑임자샐러드<br>깍두기 | 녹두밥(or시금치찹쌀밥)<br>채소육개장<br>갈치조림<br>(또는 임연수조림)<br>미역줄기볶음<br>배추김치 | 현미밥<br>아욱된장국<br>제육볶음⑩<br>상추무침<br>깍두기 |
| 오후 간식 | 칼국수⑥ | 설기떡, 차 | 찐만두⑤⑥⑩, 쥬스 | 카스테라①②⑤⑥,<br>우유② | 떡볶이<br>(또는 콰사디아) |
| 석식 | 쌀밥<br>해물순두부국⑤⑰<br>돈장조림⑩<br>새송이감자조림<br>깍두기 | 쌀밥<br>쑥갓무된장국<br>연어구이<br>양배추무침<br>깍두기 | 쌀밥<br>머위대들깨국<br>어묵볶음⑤⑥<br>감자카레볶음<br>배추김치 | 쌀밥<br>버섯국<br>닭살토마토볶음⑫⑮<br>취나물무침<br>깍두기 | 쌀밥<br>대구탕<br>두부연근조림⑤<br>청경채볶음<br>배추김치 |

| 원산지 표시 | 쌀 및 죽 (누룽지 포함) | 쇠고기 | | | 돼지 고기 | 닭 고기 | 오리 고기 | 배추김치 | | 콩 (두부, 콩비 지류) |
|---|---|---|---|---|---|---|---|---|---|---|
| | | 한우 | 육우 | 젖소 | | | | 배추 | 고춧 가루 | |
| | 국내산 | 국내산 | 국내산 | 국내산 | 국내산 | 국내산 | 국내산 | 국내산 | 국내산 | 국내산 |

***알레르기 유발식품 안내**

①난류(가금류에 한함) ②우유 ③메밀 ④땅콩 ⑤대두 ⑥밀 ⑦고등어 ⑧게 ⑨새우 ⑩돼지고기 ⑪복숭아 ⑫토마토 ⑬아황산염 ⑭호두 ⑮닭고기 ⑯쇠고기 ⑰오징어 ⑱조개류(굴, 전복, 홍합 포함)

출처: 서울시육아종합지원센터(2018). www.seoul.childcare.go.kr

### 3) 식품 알레르기 관리방법

식품 알레르기란 일반인에게는 무해한 식품이지만 특정인이 섭취했을 때 해당 식품에 대해 두드러기, 가려움 등 과도한 면역 반응이 일어나는 것을 말한다(교육부, 2017c). 유아교육기관에서는 특정 식품에 알레르기 반응이 있는 영유아에게 제한해야 할 음식이 무엇인지 파악하고, 해당 영유아에게 대체 식품을 제공하는 등 식품 알레르기 관리가 필요하다. 유아교육기관에서는 입학 시 보호자 면담을 통해 영유아의 식품 알레르기 여부를 확인하여 급·간식 제공 시 알레르기 유발 식품이 제공되지 않도록 주의해야 한다.

「학교급식법」 제16조(시행 2019.7.24.)는 알레르기 유발 식품으로부터 영유아의 건강을 보호하기 위하여 학교 급식 식단표에 알레르기 유발식품 정보 공지를 의무화하고 있다. 식품 알레르기를 예방하기 위한 가장 최선의 예방법은 알레르기 반응을 일으키는 음식을 알고 피하는 것이며, 식품 알레르기 반응이 있는 영유아에게는 대체 식품을 제공해야 한다(교육부, 2017c). 알레르기 유발 식품에 따라 피해야 할 식품과 대체 식품의 예는 〈표 8-2〉와 같다.

〈표 8-2〉 알레르기 유발 식품에 따라 피해야 할 식품과 대체 식품(예)

| 알레르기 유발 식품 | 피해야 할 식품 | 대체식품 |
|---|---|---|
| 우유 | 치즈, 아이스크림, 요구르트, 크림스프, 버터, 푸딩, 커스터드 | 두유 |
| 계란 | 계란이 든 국수, 마요네즈 | 계란이 들어 있지 않은 제과류 |
| 밀 | 튀김, 밀가루 든 과자, 파스타, 핫도그 소시지 | 쌀빵, 떡, 옥수수, 보리쌀, 오트밀시리얼, 당면 |
| 대두 | 간장, 참치 통조림, 대두가 포함된 시리얼, 두유, 마가린 | 견과류, 우유, 코코넛 |
| 옥수수 | 옥수수빵, 팝콘, 팬케이크 시럽, 사탕, 베이킹 파우더 | 설탕, 메이플 시럽, 꿀, 베이킹 소다 |

출처: 교육부(2016a).

### 4) 식단의 평가

식단이 작성된 후 식단 작성자(영양사 또는 유아교육기관의 장)는 식단 작성 시의 고려사항에 비추어 식단을 평가하는 것이 좋다. 식단 작성 후 평가사항은 다음과 같다(육아정책연구소, 2012).

- 균형잡힌 영양섭취를 위하여 다양한 식품군을 골고루 사용하였는가?
- 식품의 구입 가능성과 가격을 고려한 계절 식품을 이용하였는가?
- 각 식단에서 색, 맛, 질감, 형태, 조리 방법, 온도 등의 대비가 이루어졌는가?
- 식단이 완성되기까지 인력, 조리도구 등의 이용가능성을 고려하였는가?
- 특정한 식품이나 맛이 너무 자주 반복되지 않는가?
- 작성자의 기호도가 지나치게 반영된 것은 아닌가?
- 영유아의 기호도가 반영되었는가?
- 음식을 만들고 배식하는 데 무리가 없는가?
- 식사 지도 내용과 교육과정을 고려하였는가?

## 4 급식의 위생 관리

급식을 실시할 때에는 영양적인 측면과 급식의 안전성에 주의를 기울여야 한다. 급식의 안전성을 높이기 위해서는 식품의 처리, 가공, 조리, 저장에서부터 음식의 운반, 배식에 이르기까지 일련의 과정들이 위생적으로 이루어져야 한다. 또한, 이 모든 과정이 일어나는 장소의 시설, 설비 및 기구들을 위생적으로 관리해야 한다.

### 1) 개인 위생

급식에서의 개인위생이란 식품을 취급하는 모든 종사자가 작업 전 건강상태 확인 및 건강진단, 복장위생, 올바른 손씻기 및 방문객을 관리하는 것이다(식품의약품안전처, 2016a). 안전하고 질 좋은 음식을 제공하기 위해 식품을 취급하는 모든 종사자는 개인위생을 철저히 해야 한다(식품의약품안전처, 2019b).

### (1) 작업 전 건강 상태 확인 및 건강진단

매일 조리 작업 전에 시설장 또는 영양사는 조리원의 건강 상태를 확인해야 한다. 설사 · 발열 · 복통 · 구토 증상이 있는 자와 손이나 얼굴에 상처나 종기가 있는 자, 본인 및 가족 중에 법정 전염병 보균자가 있거나 발병한 경우는 완치될 때까지 조리 작업에 직접 참여시키지 않도록 한다. 그리고 영양사 및 조리종사자는 연 2회 건강진단(「식품위생법 시행규칙」 제49조, 시행 2020.4.13.)을 받아야 한다. 유아교육기관 교직원 및 종사자는 연 1회 이상 건강진단(「영유아보육법 시행규칙」 제33조, 시행 2020.3.1.)을 실시해야 한다.

### (2) 복장 위생

개인 위생 관리 수준을 향상시키기 위하여 조리실 내에서는 위생복, 위생화, 위생모를 착용해야 하며, 머리카락이 위생모 밖으로 나오지 않게 해야 한다. 위생 복장을 착용한 채로 작업 구역을 벗어나지 않도록 해야 하며, 특히 위생복을 착용하고 화장실을 이용하는 일이 없도록 한다. 그리고 식품 취급 전에 반드시 손을 씻고, 마스크를 착용하며 용도별(전처리용, 조리용, 청소용)로 장갑 및 앞치마의 색을 구분하여 세척 및 소독 후 사용해야 한다.

**그림 8-1** 용도별 복장 착용(예)

### (3) 올바른 손씻기 및 방문객 관리

식품 오염을 방지하기 위하여 올바른 손씻기는 매우 중요하다. 조리실 출입 전, 조리 전, 식품 취급 전, 취급 식품 교체 시 등에는 반드시 손 세척·소독을 실시한다. 손을 씻은 후에는 종이 타월로 물기를 닦고 소독액으로 소독 후에 자연건조 시키도록 하는 것이 바람직하다. 가능한 외부인의 조리실 출입은 금하는 것이 좋으나 조리실 출입 시에는 방문자용 위생 가운, 위생모, 위생화를 준비하여 청결하게 관리하고 이를 착용하게 한다.

이 밖에도 유아교육기관의 급식 종사자들은 개인 위생에 있어서 매일 목욕하고, 손톱은 짧게 자르며, 세균 번식 방지를 위하여 짙은 화장과 핸드크림, 매니큐어 등을 바르지 않도록 한다. 또한, 장신구 착용 역시 영유아를 대상으로 하는 급식에서는 위해 물질이 될 가능성이 있기 때문에 금하도록 한다. 식중독 예방을 위한 개인위생 자가 체크리스트 점검 항목(식품의약품안전처, 2019b)은 다음과 같다.

- 영양사, 조리사, 조리원, 배식 인력 등 식품을 취급하는 사람은 건강진단을 실시하고 그 증빙 서류를 보관하였는가?
- 조리원은 올바른 개인 위생 관리를 실시하였는가? (위생복, 위생모, 위생장갑, 위생화, 앞치마, 마스크 올바르게 착용)

## 2) 식재료 위생 관리

식재료는 구매에서부터 보관, 전처리 과정을 주의하지 않으면, 급식 시 식중독 사고를 일으킬 수 있다. 식재료 위생 관리는 구매에서부터 철저한 검수를 거쳐 식재료별 위생적인 식품 보관까지의 과정으로 급식의 질과 위생 및 안전성 확보에도 직결되므로 매우 중요하다. 식재료를 위생적으로 관리하기 위한 식재료 구매 및 유의사항, 검수 방법, 위생적인 식품 보관 방법의 구체적인 내용은 다음과 같다(식품의약품안전처, 2016e).

### (1) 식재료 구매 및 유의사항

식재료 구매 및 유의사항을 요약하면 다음과 같다(식품의약품안전처, 2016c).

- 식재료를 구매할 때에는 식단에 따라 알맞은 구매 계획을 세워 재고물량의 확인과 계획적인 구매를 함으로써 불필요한 재료를 구매하지 않도록 해야 한다.
- 구매 시 쇠고기, 돼지고기, 오리고기, 쌀, 김치는 원산지가 표기된 식품을 구입해야 하며, 유통기한을 꼭 확인해야 한다.
- 식재료 구매 시 되도록 식재료 품질을 확인할 수 있는 제품을 취급하는 업체에서 구매하고, 캔이나 용기 등의 포장이 파손되거나 카운터 위에 뚜껑 없이 판매하는 조리된 식품 등은 구매하지 않도록 한다.

### (2) 검수방법

검수란 납품된 식재료에 대하여 물품의 품질을 비롯하여 신선도, 위생, 수량을 파악하고 규격이 구매 시 발주한 내용과 일치하는지 검사하여 수령 여부를 판단하는 과정이다. 검수를 위해 검수 담당자는 청결한 복장과 위생장갑을 착용한 후 검수를 시작해야 하며, 식재료의 수량과 중량을 확인하고, 품질, 포장 상태, 식품 표시사항 등을 확인해야 한다. 검수 기준에 부적합한 식재료는 반품 조치하며, 검수 내용은 검수 일지에 원산지 및 유통기한 등을 확인 · 기록한다.

### (3) 위생적인 식품 보관 방법

검수가 끝난 식재료는 곧바로 전처리 과정을 거치도록 한다. 온도 관리가 필요한 것은 전처리하기 전까지 냉장 · 냉동 보관한다. 곡류, 식용유, 통조림 등 상온에서 보관 가능한 것을 제외한 육류, 어패류, 채소류 등의 신선식품은 당일 구입하여 당일 사용하는 것을 원칙으로 한다.

### 3) 작업 위생 관리

급식소에서의 작업은 필요한 식재료의 구입 및 검수, 전처리, 소독, 조리, 배식, 세정, 정리정돈 등 다양한 작업이 수작업에 의하여 이루어진다. 이 과정에서 부주의로 인한 교차오염으로 식중독이 발생되므로 작업 과정의 위생 관리가 보다 체계적이고 철저하게 이루어져야 한다. 작업 시 필요한 위생 관리는 교차오염 예방, 전처리 작업, 조리 작업, 검식 및 보존식 보관 방법, 배식, 급식 기구 세척 및 소독으로, 구체적인 내용은 다음과 같다(식품의약품안전처, 2016e).

#### (1) 교차 오염 예방

교차 오염은 오염되지 않은 작업 과정에 오염 물질이 유입되어 식품을 오염시키는 것을 말한다. 교차 오염은 면역력이 약한 영유아에게 치명적인 피해를 입힐 가능성이 높기 때문에 반드시 사전 예방이 필요하다. 교차 오염으로 인한 위험 요소를 제거하기 위한 방법으로는 조리 기구나 용기에 대한 용도별 구분이 뚜렷해야 하며, 전처리, 조리, 기구 세척 등 모든 작업이 정해진 구역별로 진행되도록 한다. 특히, 식재료가 바닥에 방치되어 교차 오염이 발생하지 않도록 주의한다.

#### (2) 전처리 작업

전처리는 조리를 위해 식재료를 다듬고, 씻고, 써는 작업이다. 전처리 시 교차오염 방지를 위하여 정해진 장소에서만 실시하도록 전처리 작업 구역을 정한다. 전처리 작업 구역에서는 외포장 제거와 다듬기 작업을 한다. 세척 용기는 채소, 어류, 육류 등을 구분하여 사용하며, 식재료는 철저한 온도관리가 이루어지도록 한다.

특히, 가열하지 않고 직접 섭취하는 채소·과일류의 경우 반드시 흐르는 물로 흙이나 이물질 제거를 위한 세척을 실시해야 한다. 가열하지 않고 생으로 먹는 채소나 과일은 식품의약품안전처에서 식품 첨가물로 인정한 제품을 사용하여 소독해야 한다. 또한, 어류·육류·채소류를 취급하는 칼·도마는 용도별로 각각 구분하여 사용하여야 한다(「식품위생법」 제3조, 시행 2020.3.24.; 「영유아보육법」 제33조, 시행 2020.3.24.).

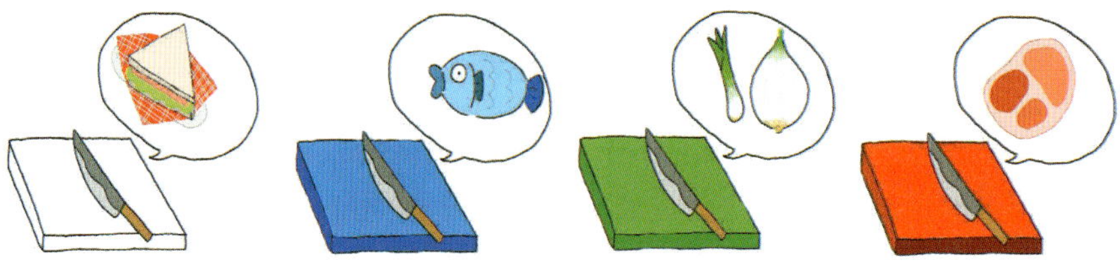


그림 8-2 절단 작업 시 칼·도마 용도별 구분 사용

### (3) 조리 작업

조리 시에는 음식의 영양소를 보존하고 영유아의 소화력을 향상시킬 수 있는 방법으로 조리해야 한다. 조리 방법은 영유아의 기호를 고려하여 식품 재료를 선택한 후 삶기, 찌기, 볶기, 튀기기 등 다양하게 구성하는 것이 좋다. 다양한 조리법은 음식의 질감이나 맛이 서로 상호보완이 될 수 있게 한다. 여름철에는 식중독이 발생하기 쉬우므로 조리 시간이 많이 걸리고 단계가 복잡한 음식은 피하는 것이 좋다.

식품의약품안전처는 국가 차원의 나트륨 저감 정책을 2012년부터 시작하여 나트륨 섭취 저감화를 위해 노력하고 있다. 나트륨 섭취 감소를 위한 저염식 조리법의 핵심은 식품 자체가 가지고 있는 맛과 향을 이용하는 것이다(식품의약품안전처, 2016c). 최근에는 영유아 건강증진을 위해 조리 시 당 섭취 저감화도 실시하여 첨가당(설탕, 액상과당, 물엿, 당밀, 꿀, 시럽, 농축 과일주스 등)의 사용을 줄이고, 첨가당이 지나치게 많이 포함된 식품을 제공하지 않도록 하고 있다.

### (4) 검식 및 보존식 보관 방법

조리가 완료되면 배식 전에 조리 책임자 및 급식 관리자가 음식의 맛, 온도, 질감, 조리 상태, 이물, 이취 등을 확인하는 검식이 필요하며, 검식 결과를 '검식 일지'에 기록한다. 또한, 식중독 사고에 대비하여 그 원인 규명을 할 수 있도록 급식에서 제공하는 모든 음식을 검체용으로 냉동 보존해 두어야 한다. 보존식은 스테인리스 재질의 뚜껑이 있는 전용 용기 또는 1회용 멸균 백에 담아 −18℃ 이하의 전용 냉동고(또는 일반 냉동고의 전용칸)에 보관해야 한다(「식품위생법」 제88조, 시행 2020.3.24.). 보존식 보관

기간은 144시간(6일)이며(식품의약품안전처, 2016c), 표시사항(채취 일시, 폐기 일시, 채취자, 메뉴명)을 기록하여 보존식과 함께 보관해야 한다.

### (5) 배식

조리 후 바로 배식하는 것이 원칙이나 부득이한 경우에는 완성된 음식을 세척·소독된 용기에 뚜껑을 덮어 오염을 방지하고, 적정 온도(차가운 음식은 5℃이하, 더운 음식은 60℃이상)에서 보관한다(식품의약품안전처, 2019b). 위생적인 배식을 위해서는 배식용 앞치마, 위생모, 위생장갑, 마스크를 착용해야 한다. 이때, 코는 마스크 밖으로, 귀는 모자 밖으로 나오지 않도록 주의해야 한다. 그리고 위생장갑을 착용하더라도 반드시 도구(집게)로 배식해야 한다. 배식은 조리 후 1~2시간 이내에 하는 것을 권장하고, 배식 후 남은 음식은 전량 폐기한다.

### (6) 급식 기구 세척 및 소독

조리실의 냉장·냉동고, 전기 소독기, 조리기계, 조리대, 작업대, 세정대, 식기세척기 등 모든 시설 및 설비는 세척·소독해야 하며, 해충이 서식 또는 출입하지 못하도록 관리해야 한다. 칼과 도마, 식판의 경우 찌꺼기를 제거한 후 흐르는 물에 세척하고 식기 건조기에서 건조해야 한다. 행주는 용도별로 세척 소독과 열탕 소독 후 건조시켜야 한다. 소독의 종류 및 기구 등의 살균 소독제 주의사항은 〈표 8-3〉과 같다.

〈표 8-3〉 소독의 종류 및 기구 등의 살균 소독제 주의사항

| 종류 | 대상 | 소독 방법 | 비고 |
|---|---|---|---|
| 열탕 소독 | 식기, 행주 | 끓는 물에 30초 이상 | 그릇을 포개어 소독하는 경우는 끓이는 시간을 연장 |
| 화학 소독 | 칼, 도마, 식기 | 용도에 맞는 '기구 등의 살균 소독제'를 구입하여 용법, 용량에 맞게 사용 | 사용 직전 조제 농도 확인<br>유통기한 확인 |

출처: 식품의약품안전처(2016e).

소독과 관련해서는 외부 전문 방역 업체에 의뢰하여 2개월에 1회 이상 방역을 실시해야 한다. 소독 관리를 위해 방역일지를 기록해야 하며, 소독 필증을 첨부하여 보관한다.

### 4) 시설 · 설비 위생 관리

시설 · 설비의 전반적인 위생 관리는 조리 교직원 및 급식 대상자인 영유아의 안전을 위하여 매우 필요한 사항이다. 유아교육기관의 시설 · 설비에 관한 내용은 「유아교육법 시행규칙」 제3조(시행 2020.2.27.) '급식 시설 · 설비 기준'에서 제시하고 있으며, 내용은 다음과 같다.

#### (1) 조리실

조리실은 식재료를 보관하는 저장 시설, 식재료의 전처리 및 가열을 위한 조리 시설, 배식 및 퇴실 등을 기본적으로 갖추고 있어야 한다. 위생적인 급식 작업을 위해 조리실의 출입구와 창문에는 방충망이 설치되어야 한다. 조리실 내의 증기와 불쾌한 냄새 등을 빨리 배출할 수 있는 환기 시설 등 적절한 설비도 갖추어야 한다. 조리실은 영유아들이 섭취하는 음식의 안전성 확보를 위해 기본적 위생설비가 마련되어야 하며, 식중독 사고를 유발할 수 있는 위해요소는 중점적으로 제거해야 한다.

#### (2) 설비 · 기구

설비 · 기구란 급식 준비를 위한 식재료의 보관, 세척 및 조리 시설뿐 아니라 식기구와 이를 세척, 소독 및 보관하는 시설, 조리실 및 조리 종사자의 소독 시설과 폐기물에 대한 것 등을 포함한다. 식품 접촉 표면을 통한 오염을 예방하기 위해서 급식 기구 및 용기의 세척 · 소독이 적절한 방법으로 이루어져야 한다. 설비 · 기구가 갖추어야 할 조건은 다음과 같다.

- 냉장고와 냉동고는 식재료의 보관, 냉동 식재료의 해동, 가열 조리된 식품의 냉각 등에 충분한 용량과 온도(냉장고 5℃ 이하, 냉동고 −18℃ 이하)를 유지하여야 한다.

- 조리, 배식 등의 작업을 위생적으로 하기 위하여 식품 세척 시설, 조리 시설, 식기구 세척 시설, 식기구 보관장, 덮개가 있는 폐기물 용기 등을 갖추어야 하며, 식품과 접촉하는 부분은 내수성 및 내부식성 재질로 하여 씻기 쉽고 소독·살균이 가능하도록 하여야 한다.
- 식기구를 소독하기 위하여 전기 살균 소독기 또는 열탕 소독 시설을 갖추거나 충분히 세척·소독할 수 있는 세정대를 설치하여야 한다.
- 냉장 식품을 검수하거나 가열조리 식품의 중심 온도를 잴 때 사용할 수 있는 전자식 탐침 온도계를 갖추어야 한다.
- 조리 작업을 하는 곳에 두는 쓰레기통은 뚜껑이 있는 페달식으로 하여 파리와 같은 해충의 접근을 막아야 한다.

### (3) 식품 보관실

「식품위생법 시행규칙」 제96조 및 별표 25에서 제시하는 집단급식소 시설 기준에 따른 식품 보관실이 갖추어야 할 조건은 다음과 같다.

- 식품 보관실은 환기와 방습(防濕)이 잘 되어 식품과 식재료를 위생적으로 보관하기에 적합한 곳에 두되, 해충 및 쥐의 침입을 막을 수 있는 방충망 등 적절한 설비를 갖추어야 한다.
- 식품과 소모품은 별도로 구분된 장소에서 보관하도록 하되, 부득이하게 함께 보관할 경우 서로 섞이지 않도록 분리하여 보관하여야 한다.
- 환기 시설이나 환기창 등 통풍을 위한 적절한 시설을 갖추거나 적절한 조치를 하여야 한다.

### (4) 위생 지도·점검

영유아 및 종사원들의 쾌적하고 안전한 급식환경 조성을 위하여 유아교육기관 급식 위생 관리의 수준 향상은 필요하다. 위생 지도·점검은 유치원은 연 1회, 어린이집은 상시로 시·도/시·군·구 위생 담당이 실시한다(식품의약품안전처, 2016a). 점검사항은 시설 기준 및 영업자 준수 사항, 식품 등의 위생적 취급에 관한 기준 준수 여부,

영업자 및 종업원의 건강진단 여부 등이다. 예를 들어, 조리에 직접 봉사하는 조리원 및 보육 교직원이 위생복, 앞치마, 위생모를 착용하지 않을 경우 1차 위반 시 운영정지 15일, 2차 위반 시 운영정지 2개월, 3차 위반 시 운영정지 3개월로 처벌하고 있다(「영유아보육법 시행규칙」 제38조, 시행 2020.3.1).

식중독 물질에 대해서는 성인에 비해 상대적으로 취약한 영유아의 안전성 확보를 위하여 체계적이고 엄격한 기준이 마련되어야 한다. 급식을 담당하는 종사원의 위생 관리 지식을 높이고 적합한 위생 관리 방법을 습득하여 이를 실제 급식에 적용하는 것이 효과적이다. 어린이급식관리지원센터에서는 어린이 급식소에 영양 · 위생 관리를 보다 수월하게 관리할 수 있도록 대상별(원장/조리교직원/유아/학부모) 컨설팅, 집합교육 등을 지원하고 있다.

## 5) 식중독

### (1) 식중독의 정의

식중독이란 식품의 섭취로 인하여 인체에 유해한 미생물 또는 유독 물질에 의하여 발생하였거나 발생한 것으로 판단되는 감염성 또는 독소형 질환을 말한다(「식품위생법」 제2조, 시행 2020.3.24.). 집단 식중독이란 역학 조사 결과 식품 또는 물이 질병 원인으로 확인된 경우이다. 이는 동일한 식품 또는 물을 섭취한 후 2인 이상의 사람이 유사한 질병을 경험한 사건을 말한다(세계보건기구 WHO, 2020). 식중독 증세는 식품을 섭취한 뒤 빠르면 1~5시간, 길게는 3~7일 내에 구토, 복통, 설사 등의 증세가 나타난다. 식중독균에 따라 오심, 발열, 근육통, 두통 등이 동반될 수 있다. 심한 경우에는 사망에 이를 수 있으므로 식중독 증상이 발생할 경우에는 반드시 의사의 지시에 따라 조치하도록 한다.

### (2) 식중독 발생 원인

식중독은 병원성 미생물이나 유독, 유해한 물질로 오염된 음식물을 섭취했을 때 발생한다(식품의약품안전처, 2016a). 식중독은 5~9월에 가장 많이 발생하나 최근에는 겨울철에도 바이러스성 식중독이 증가하는 등 계절에 구분 없이 식중독이 발생하고 있다. 2010년부터 2019년까지 우리나라에서 발생한 식중독 중 발생 빈도순이 높은 식중독을 일으키는 원인균은 병원성 대장균, 노로바이러스, 살모넬라, 황색포도상구균, 캠필로박터균이다(식품안전정보포털 식품안전나라, 2020). 주요 식중독균 및 오염원과 예방법은 〈표 8-4〉와 같다.

〈표 8-4〉 주요 식중독균 및 원인식품 · 예방법

| 미생물 | 오염원 | 증상 | 예방법 |
|---|---|---|---|
| **병원성 대장균**<br>• 소량(10~100마리)으로 식중독 유발<br>• 베로독소를 생산하여 식중독 유발<br>• 심한 경우 용혈성 요독증으로 사망 유발 | • 환자나 동물의 분변에서 직 · 간접적으로 오염된 식품<br>• 오염된 칼 · 도마 등에 의해 다져진 음식물 | • 발병 시기: 12~72시간(균종에 따라 다양)<br>• 증상: 설사, 복통, 발열, 구토 | • 조리도구(칼, 도마 등)를 구분 사용하여 2차 오염 방지<br>• 생육과 조리된 음식물 구분 보관<br>• 다진 고기류는 중심부까지 74℃, 1분 이상 가열 |
| **노로바이러스**<br>• 사람 장관에서만 증식<br>• 자연 환경에서 장기간 생존 가능 | • 사람의 분변에 오염된 물이나 식품<br>• 노로바이러스에 감염된 사람에 의한 2차 감염<br>• 겨울철에 많이 발생 | • 발병 시기: 24~48시간<br>• 증상: 오심, 구토, 설사, 복통, 두통 | • 오염된 해역에서 생산된 굴 등 어패류 생식 자제<br>• 어패류는 가급적 가열 후 섭취(85℃, 1분 이상)<br>• 개인 위생 관리 철저<br>• 채소류 전처리 시 수돗물 사용<br>• 지하수 사용 시설은 주변 오염원(화장실 등) 관리 철저 |
| **살모넬라**<br>• 토양이나 물에서 장기간 생존가능<br>• 건조한 상태에서도 생존 | • 사람 · 가축 분변, 곤충 등에 널리 분포<br>• 계란, 식육류와 가공품<br>• 분변에서 직 · 간접적으로 오염된 식품 | • 발병 시기: 8~48시간(균종에 따라 다양)<br>• 증상: 복통, 설사, 구토, 발열 | • 계란, 생육은 5℃ 이하로 저온에서 보관<br>• 조리에 사용된 기구 등은 세척 · 소독하여 2차 오염 방지<br>• 육류의 생식을 자제하고 74℃, 1분 이상 가열조리 |

출처: 식품의약품안전처(2016d), 재구성.

### (3) 식중독 예방 및 관리 체계

어린이 급식관리지침서(2016c)와 식품안전관리지침(2019a)에서 제시하는 식중독 예방, 관리체계, 대처요령을 정리하면 다음과 같다.

#### ① 식중독 예방 3대 원칙

식중독은 식중독을 일으킬 정도로 증식한 식중독균이나 식중독균이 생성한 독소에 의해 일어난다. 그러나 균이 오염되지 않도록 청결 · 소독하고, 오염되었어도 증식할 시간적 여유를 주지 않거나, 증식하지 못하도록 냉장 환경을 만들거나 사멸시킴으로써 식중독을 예방할 수 있다. 식품의약품안전처(2016c)에서 제시하는 식중독 예방 3대 원칙은 다음과 같다.

- 청결과 소독의 원칙

식품 위생에서 제일 중요한 것은 '청결과 소독'이다. 이는 단순히 깨끗함만을 뜻하는 것이 아니라 청결한 재료, 청결한 조리 장소, 청결한 기구, 식품 취급자의 청결 등 광범위한 청결과 소독을 의미한다.

- 신속의 원칙

식품을 취급할 때 아무리 세심한 주의를 기울이고 청결을 유지한다고 해도 세균이 전혀 존재하지 않는 무균 상태로 만들기는 불가능하다. 따라서 식품에 부착된 세균이 증식하지 못하도록 신속하게 처리하는 것이 중요하다.

- 냉각 또는 가열의 원칙

세균은 종류에 따라 증식의 최적 온도가 서로 다르지만 식중독균과 부패균은 일반적으로 사람의 체온(36~37℃) 범위에서 증식이 활발하며, 5℃에서 60℃까지 광범위한 온도 범위에서 증식이 가능하므로, 식품을 보관할 때에는 이 범위를 벗어난 온도에서 보관해야 한다.

### Tip 식중독 예방관리 3단계 중점 요령

식중독 예방을 위해서는 식자재 구매를 계획적으로 하고 조리 시간은 가급적 짧게 하며, 남은 음식은 재활용하지 않는 것이 핵심사항이다. 식중독 예방관리 3단계 중점 요령은 다음과 같다(식품의약안전처, 2016a).

- **구입 단계**: 구매 계획을 세우고 필요한 양질의 재료를 계획에 맞게 구입한다. 구매 후 식재료를 철저히 검수하고, 구입한 원재료는 이미 세척된 채소 및 가열 식품과 별도로 관리한다. 그리고 보관 재료는 보존 기준에 따라 실온, 냉장 · 냉동으로 보관하고 적정 온도가 유지되고 있는지 수시로 확인해야 한다.
- **조리 단계**: 재료 손질을 위한 조리 기구는 유형별로 구분하여 이용하여야 하며, 조리 계획에 따라 정확한 양만 가열 · 조리한다. 조리 시 음식물의 내부까지 완전히 익도록 가열하여야 하며, 조리 후 익힌 음식과 익히지 않은 음식은 따로 구분한다.
- **제공 단계**: 조리된 음식은 빠른 시간 안에 제공되어야 하며, 남은 음식은 반드시 음식물 쓰레기통에 버려야 한다. 국물이나 스프류는 60℃ 이상 보온 상태로 보관하여야 하고, 모든 기기 · 도구 및 공간이 청결하게 유지되도록 소독 및 세척해야 한다.

② 식중독 관리 체계

식중독은 대상과 질병의 종류 및 전염성 등에 따라 「식품안전기본법」(시행 2018.6.12.)과 「식품위생법」(시행 2020.3.24.) 등에 의하여 관리된다. 식중독 관리 체계의 내용을 요약하면 다음과 같다.

- 식중독이 발생한 경우 해당 환자나 주민, 학생, 병 · 의원 등이 식중독 발생 사실을 해딩 보건소에 신고하면, 신고를 섭수한 보건소에서 관련 법령에 따라 발생 사실을 각각 유관기관에 보고하여야 한다.
- 식품의약안전처에서는 전염병이나 식중독이 발생하였을 때 신속한 원인 조사를 위해 인터넷을 통한 식중독보고관리시스템을 운영하여 발생보고와 조사결과보고를 하고 휴대폰 문자메시지를 전파하여 신속한 협조 체계가 이루어질 수 있도록 관리하고 있다.

- 식품의약품안전처는 식중독 확산을 차단하고 재발 방지를 목적으로 식중독 환자나 식중독 의심 환자 발생 규모를 파악하고 발생 원인균, 원인 식품 및 발생 경로를 파악하기 위해 식중독 원인 · 역학조사를 실시한다(「식품위생법」 제86조, 시행 2020.3.24.).

### ③ 식중독 발생 시 대처 요령

유아교육기관에서는 식중독 발생 시 신속 대응을 위해 교직원의 역할 분담을 구축하고, 영유아의 비상연락망을 상시로 구비해 두어야 한다. 식중독 발생 시 대처 요령은 다음과 같다.

- 유아교육기관에서 급식으로 인한 식중독이 발생하면 급식을 중단하고 급식 현장을 그대로 보존하는 조치를 취한다.
- 유아교육기관의 장은 영유아 또는 종사자에게 식중독 및 전염병으로 의심되는 증상 발견 즉시 시 · 군 · 구청 담당부서 및 관할 보건소에 신고해야 한다. 이외 보건소 홈페이지 '건강신문고' 또는 '식중독신고' 란을 통해 신고할 수도 있다.
- 식중독 환자는 함부로 지사제를 복용하지 말고 의사의 지시에 따르며, 영유아가 구토물에 의해 기도가 막히지 않게 옆으로 눕히고, 탈수 예방을 위해 충분한 물을 섭취하도록 한다.
- 사후조치로 보건소의 역학 조사에 적극 협조하며, 조사 후 시설과 기구를 살균 소독한다.

**Tip 어린이급식관리지원센터**

식품의약품안전처는 어린이집, 유치원, 지역아동센터 등 어린이에게 단체급식을 제공하는 집단급식소를 대상으로 체계적이고 철저한 위생 관리 및 영양 관리를 지원하기 위하여 「어린이 식생활안전관리 특별법」 제21조(시행, 2020.4.7.)에 따라 어린이급식관리지원센터를 설치 · 운영한다. 2011년 3월을 시작으로 어린이급식관리지원센터가 전국 각지에서 개설되었으며, 식품의약안전처의 예산 지원을 받아 각 시도 또는 시군구에서 어린이급식관리지원센터를 설치 · 운영하고 있다.

어린이급식관리지원센터는 주요 사업내용인 위생 관리 및 영양 관리를 위해 어린이 대상 집단급식소(어린이집, 유치원, 기타 어린이 대상 급식소)에 식단 제공, 위생 및 식자재 관리, 교육 등을 지원하고 있다. 특히, 방문 위생 교육은 원장 및 조리 종사자만이 대상이 아니라 어린이와 학부모를 포함한다. 어린이 대상으로는 손씻기 등 식습관 교육과 식품 첨가물 등 안전한 먹을거리 교육을 실시하며, 부모를 대상으로는 위생 · 안전 · 영양 교육을 실시하고 있다.

Chapter

# 09

영 유 아 건 강 교 육

# 아동학대

Chapter
# 09 아동학대

아동의 권리에 대한 인식이 높아지면서 아동학대에 대한 사회적 관심이 높아지고 있다. 아동학대는 아동의 권리와 건강을 위협하는 중대한 사안이기 때문에 무엇보다도 예방과 조기 발견해서 대처하는 것이 필요하다. 먼저 아동 권리의 주요 내용에 대해 알아보고, 아동학대의 개념과 유형 및 징후, 대처 방법과 예방 교육의 내용을 알아본다.

## 1 아동 권리

「아동복지법」 제2조(시행 2020.4.7.)에 의하면 아동은 자신 또는 부모의 성별, 연령, 종교, 사회적 신분, 재산, 장애 유무, 출생 지역, 인종 등에 따른 어떠한 종류의 차별도 받지 않고 자라야 하며, 아동의 이익이 최우선으로 고려되어야 함과 법에 따른 보호와 지원을 받을 권리를 가지고 있다. 보건복지부에서는 아동 복지 관련 사업과 정책을 지원하기 위해 아동권리보장원을 설립하여 아동 정책 수립과 아동 보호 서비스에 대한 기술 지원, 아동학대 예방과 방지 등의 업무를 수행하고 있다(「아동복지법」 제10조, 시행 2020.4.7.). 아동의 권리는 1989년 유엔아동권리협약(Convention on the Right of the Child)이 채택됨으로써 국제 인권법으로 효력이 발효되었고, 우리나라는 1991년 11월 20일에 유엔아동권리협약을 비준하였으며 협약에 명시된 권리를 모든 아동에게 보장할 의무를 지닌다(아동권리보장원, 2020).

유엔아동권리협약은 아동이 한 인간으로서 고유한 존재이며, 스스로가 권리의 주체자임을 인식하고 적극적인 참여를 통해 자신의 권리를 누리고 자신의 권리를 온전하게 보장받을 수 있어야 함을 담고 있는 국제적 약속이다. 유엔아동권리협약은 아동의 생존권, 보호권, 발달권, 참여권을 보장받을 수 있도록 명시하고 있다.

유엔아동권리협약의 4가지 기본권을 정리하면 다음과 같다(유니세프한국위원회, 2020).

- **생존권**: 적절한 생활 수준을 누릴 권리, 안전한 주거지에서 살아갈 권리, 충분한 영양을 섭취하고 기본적인 보건서비스를 받을 권리 등 기본적인 삶을 누리는 데 필요한 권리
- **보호권**: 모든 형태의 학대와 방임, 차별, 폭력, 고문, 징집, 부당한 형사처벌, 과도한 노동, 약물과 성폭력 등 어린이에게 유해한 것으로부터 보호받을 권리
- **발달권**: 잠재능력을 최대한 발휘하는 데 필요한 권리로서 교육받을 권리, 여가를 즐길 권리, 문화생활을 하고 정보를 얻을 권리, 생각과 양심과 종교의 자유를 누릴 권리
- **참여권**: 자신의 생활에 영향을 주는 일에 대하여 의견을 말하고 존중받을 권리로서 표현의 자유, 양심과 종교의 자유, 평화로운 방법으로 모임을 자유롭게 열 수 있는 권리, 사생활을 보호받을 권리, 유익한 정보를 얻을 권리

이러한 4가지 기본권을 보장하기 위해 우리나라에서는 2016년에 「아동권리헌장」이 제정되었으며, 국가와 지방자치단체가 아동의 권리를 보장하고 실현하는 데 책임이 있음을 밝히고 있다. 생존권과 보호권에 대한 권리 보장을 위해 「아동권리헌장」에서는 아동이 부모와 가족의 보살핌을 받을 권리가 있고 모든 형태의 학대와 방임, 폭력으로부터 보호받을 권리가 있음을 명시하였다. 또한, 발달권에 대해서는 아동이 신체적 · 정신적 · 사회적으로 건강하게 성장하고 발달하는 데 필요한 기본적인

영양, 주거, 의료 등을 지원받을 권리가 있음을 명시하였고, 휴식과 놀이, 예술 활동에 자유롭고 즐겁게 참여하고 자신의 의견을 말하고 존중받을 권리를 명시함으로써 참여권에 대한 권리를 보장하고 있다.

아동학대는 이러한 4가지 기본권과 「아동권리헌장」에서 명시한 아동의 권리에 대한 이해가 부족하여 일어난다고 볼 수 있으며 이를 방지하기 위해서는 부모뿐만 아니라 국가와 사회구성원 모두가 아동의 권리 보장을 위해 최선을 다해야 한다.

## 2 아동학대의 개념

「아동복지법」에서 아동이란 만 18세 미만의 사람을 말하며, 아동학대란 보호자를 포함한 성인이 아동의 건강 또는 복지를 해치거나 정상적 발달을 저해할 수 있는 신체적 · 정신적 · 성적 폭력이나 가혹 행위를 하는 것과 아동의 보호자가 아동을 유기하거나 방임하는 것을 말한다(「아동복지법」 제3조, 시행 2020.4.7.).

2000년 1월 12일 「아동복지법」이 개정되었고 2014년 「아동학대 특례법」이 제정되면서 아동학대에 대한 법적인 대응과 관련된 공공의 역할이 강화되고 있다. 예를 들어, 자로 손바닥을 때리는 행위도 「아동복지법」 제3조에 의하면 아동의 신체에 손상을 주거나 신체의 건강 및 발달을 해치는 신체적 학대행위에 해당한다. 「아동복지법」에서 아동학대란 아동의 복지나 아동의 잠정적 발달을 위협하는 보다 넓은 범위의 행동으로 확대하여, 신체적 학대, 정서적 학대, 방임, 아동의 발달을 저해하는 행위나 환경, 더 나아가 아동의 권리 보호에 이르는 포괄적인 경우를 규정하고 있다(보건복지부 아동권리보장원, 2020). 이러한 아동학대는 아동의 복지 등을 훼손하는 복지적 차원의 광의의 개념이며 사법기관의 처벌 결정 과정에서의 학대 개념과 다를 수 있다.

아동학대의 개념은 학대의 범위를 어떻게 보느냐에 따라 협의의 개념과 광의의 개념으로 나뉜다. 협의의 개념에서 아동학대는 '부모나 양육자의 행위 또는 태만으로 인하여 초래되는 비우발적인 신체적 상처'로 정의된다(Kempe, & Helfer, 1980). 대표적인 학대 유형으로는 신체적 학대와 성적 학대가 있는데, 이는 심리적 학대의 심각성을 간과하는 단점을 지닌다. 광의의 개념에서는 '아동의 권리와 자유를 박탈하거나 아동의 적절한 발달을 저해하는 행위나 방임 상태, 개인이나 제도, 사회의 행위나 태만'으로 정의한다(Gill, 1979). 즉, 광의의 개념의 아동학대란 신체적 학대뿐만 아니라 심리적 학대, 그리고 방임과 유기 등 아동의 발달을 저해하는 가정의 내적, 외적 요인을 모두 포괄한다. 우리나라 「아동복지법」 제3조에서도 광의의 관점에서 정의를 내리고 있다.

아동학대는 아동의 삶에 신체적 · 정서적 고통 등을 남겨 삶에 부정적 영향을 미치게 되고 성인기에 이르기까지 장 · 단기적으로 후유증을 초래하므로 사전에 예방되어야 한다. 아동학대 발생 장소는 가정뿐만 아니라 아동이 속해 있는 학교나 기타 모든 기관에서 발생할 수 있으므로 예방법을 알고 실천하는 것이 필요하다.

## 3 아동학대의 유형

「아동복지법」에서 규정하고 있는 아동학대의 유형은 신체적 학대, 정서적 학대, 성학대 그리고 방임 · 유기이다. 아동권리보장원(2020)에서 제시한 아동학대 유형 및 징후, 원인과 신고요령은 다음과 같다.

### 1) 신체적 학대

신체적 학대(Physical Abuse)란 아동의 신체에 손상을 주거나 신체의 건강 및 발달을 해치는 행위를 말한다(「아동복지법」 제17조, 시행 2020.4.7.). 즉, 보호자를 포함한 성인이 아동에게 우발적인 사고가 아닌 상황에서 신체적 폭력을 가하거나 가혹 행위를 하는 등 아동의 건강과 복지를 해치거나 저해하는 모든 행동이다. 특히 36개월 이하의 영아에게 행해진 체벌은 어떤 상황에서도 심각한 신체학대로 본다(아동권리보장원,

2020). 신체적 학대는 직접 신체를 가해하는 행위, 도구를 사용하여 신체에 가해하는 행위, 완력을 사용하여 신체를 위협하는 행위, 유해한 물질로 신체에 가해하는 행위 등으로 구분된다. 이를 구체적으로 살펴보면 다음과 같다.

- 직접 신체에 가해지는 행위: 손, 발 등으로 때림, 꼬집고 물어뜯는 행위, 조르고 비트는 행위, 할퀴는 행위 등
- 도구를 사용하여 신체에 가해하는 행위: 도구로 때림, 흉기 및 뾰족한 도구로 찌름 등 도구를 사용하여 신체를 가해하는 행위
- 완력을 사용하여 신체를 위협하는 행위: 강하게 흔듦, 신체 부위 묶음, 벽에 밀어붙임, 떠밀고 잡음, 아동 던짐, 거꾸로 매담, 물에 빠트림 등
- 유해한 물질로 신체를 가해하는 행위: 화학 물질 혹은 약물 등으로 신체에 상해를 입히는 행위, 화상을 입힘 등

**사례1** **친모에 의한 신체학대**

4세 7개월 된 아동이 어머니(35세)에 의해 머리를 맞아 얼굴에 멍이 심하게 든 채로 병원에 왔다. 의료인은 어머니의 우울증 정도가 심하며, 병원 입원을 해야 하는 상황으로 판단하였다. 현장조사 결과 아동의 눈과 볼에 멍 자국이 선명하였으며 두려움이 서린 얼굴로 어머니의 손을 잡고 병원으로 왔다. 아동 모의 우울증과 분노 조절능력 부족, 높은 학습기대로 인해 기대에 미치지 못하는 아동에게 폭력을 행사하여 아동의 얼굴에 심하게 멍이 들었다. 평상시에는 아동의 이야기를 잘 들어주고 의사소통하는 것처럼 보이나, 학습과 교육적인 면에 무의식적 혹은 의식적으로 강조하는 모습이 보이고, 아동 모의 이루지 못한 학습 욕구가 아동을 통해 강요되고, 행동과 말이 느린 아동이 그것을 받아들이기 어렵게 되자, 아동에게 분노를 표출하고 학대하였다. 학대 후 미안한 감정에 아동을 달래지만 악순환이 계속되었다.

피해 아동은 2007년 8월 7일 신고접수부터 2008년 2월 25일 사례종결까지 약 7개월간 아동보호전문기관에 방문하여 심리 검사와 지능 검사, 놀이 치료를 받았으며, 아동 모는 상담원과 놀이치료 전문가를 통해 효과적인 양육법 습득 및 자녀에 대한 올바른 이해, 개인 상담, 재학대 방지를 위한 교육을 받았다.

출처: 아동권리보장원(2020). http://www.korea1391.go.kr

### 2) 정서적 학대

정서적 학대(Emotional Abuse)란 아동의 정신건강 및 발달에 해를 끼치는 행위를 말한다(「아동복지법」 제17조, 시행 2020.4.7.). 즉, 보호자를 포함한 성인이 아동에게 행하는 언어적 모욕, 정서적 위협, 감금이나 억제, 기타 가학적인 행위를 하는 것을 말하며, 언어적, 정신적, 심리적 학대라고도 한다. 예를 들어, 밥을 먹지 않는다며 6세 아동에게 3회에 걸쳐 억지로 밥을 먹인 교사에게 법원은 아동의 정신건강과 발달에 해를 끼치는 정서적 학대행위로 판단해 벌금형을 선고했다(아동권리보장원, 2020). 정서학대의 구체적인 예는 언어폭력, 비교 · 차별 · 편애하는 행위, 가족폭력에 노출되는 경우, 유기하겠다고 위협하는 행위 등이 있으며 이를 구체적으로 살펴보면 다음과 같다(아동권리보장원, 2020).

- 원망적, 거부적, 적대적, 또는 경멸적인 언어폭력 등을 사용하는 행위
- 잠을 재우지 않는 행위
- 벌거벗겨 내쫓는 행위
- 형제나 친구 등과 비교, 차별, 편애하는 행위
- 가족 내에서 따돌리는 행위
- 아동이 가정 폭력을 목격하도록 하는 행위
- 아동에게 시설 등에 버리겠다고 위협하거나 짐을 싸서 쫓아내는 행위
- 미성년자 출입 금지 업소에 아동을 데리고 다니는 행위
- 감금, 약취 및 유인, 아동노동 착취 등 아동의 정서 발달 및 연령상 감당하기 어려운 것을 강요하는 행위
- 다른 아동을 학대하도록 강요하는 행위

**사례2 부의 가정 폭력과 모의 우울증으로 인한 아동의 신체적, 정서적 학대**

부부 갈등 때마다 아버지(41세)의 가정 폭력으로 인해 어머니(39세)와 아동(남 11세, 12세)이 신체적, 정서적으로 위협을 느껴 어머니가 신고하였다. 아버지는 평소에 심한 욕설과 신체적 폭력을 자주 사용하며, 신고 전날인 저녁에도 아동에 대한 신체적 폭력이 있었다. 아버지는 경제적 어려움, 적절치 못한 부부 관계, 가족 내의 갈등으로 어머니에게 지속적인 폭력을 행했으며, 초등학교 중퇴에 대한 자신감 결여, 부정적인 스트레스가 높았고 이에 대한 해소를 어머니와 아동에 대한 폭력으로 표출하였다.

아동은 지속적인 폭력 경험으로 불안정한 감정 상태가 심화되어, 분노, 학습의 흥미 저하, 또래 관계 형성의 어려움, 무기력증이 나타나 심리 검사 및 치료 서비스를 제공하였다. 모의 우울증 치료를 위해 정신보건센터와 연계하여 치료 서비스를 제공하고 부의 낮은 자존감 및 학습 수준 개선을 위한 학습 멘토 연계 및 가정 지원 서비스를 제공하였다.

출처: 아동권리보장원(2020). http://www.korea1391.go.kr

정서적 학대는 신체적 학대와 관련되어 일어나는 경우가 많다. 신체적 학대로 인한 뇌 손상, 타박상 등은 신체적 손상을 입히는 것뿐만 아니라 낮은 자아 존중감, 불안감, 공격성, 학습 장애 등 사회·정서적 발달과 인지 발달을 저해하고 심각한 후유증을 남긴다(안형숙, 2014). 또한, 이러한 아동학대는 이후 학령기의 학교생활 적응에 부정적인 영향을 미치고 또래로부터의 소외에 영향을 주는 것으로 보고되고 있다(김미정, 염동문, 2012; 김소연, 전종설, 2015).

### 3) 성학대

성학대(Sexual Abuse)란 보호자를 포함한 성인이 아동의 건강 또는 복지를 해치거나 정상적 발달을 저해할 수 있는 성적 폭력이나 가혹 행위를 하는 것을 말한다(보건복지부 아동권리보장원, 2020). 성학대는 성폭력과 성추행으로 구분된다. 성폭력이란 성적인 행위로 남에게 육체적 손상 및 정신적 심리적 압박을 주는 물리적 강제력을 말하며(국립국어원, 2016), 폭행, 협박을 행사하여 피해자에게 성적 자기 결정권을 침해하는 범죄, 피해자 의사에 반해 신체적 접촉을 하거나 음란성 언어 및 통신매체를 이용한 범죄를 모두 포함한다(여성 · 아동 · 장애인 경찰지원센터, www.safe182.go.kr). 성추행은 성적 만족을 얻기 위하여 상대방에게 성적 수치심을 불러일으키는 행위이다(국립국어원, 2020).

아동 성폭력이란 성적인 의식이 확실하지 않은 아동을 피해자로 보는 것인데 우리나라 「성폭력범죄의 처벌 등에 관한 특례법」 제7조(시행 2020.2.4.)에서는 '만 13세 미만의 사람에 대한 강간, 강제 추행'으로 규정하고 있다. 아동 성학대란 부양된 아동이 어른들에게 당하는 폭력 따위의 성적 학대를 말한다(국립국어원, 2020). 이러한 아동 성학대는 두려움이나 힘을 이용한 방법이지만 놀이를 통해 착각하게 하거나 성인의 권위로 강요하며, 움직일 수 없도록 물리적인 억압을 하는 위협이나 공포를 조성하기도 한다(조민상, 장석헌, 2014).

아동기 성학대 피해 경험은 단기적으로 며칠에서, 장기적으로는 수년에서 평생에 이르기까지 어려움을 주는 것으로 나타나고 있는데, 아동의 지적, 정서적, 사회적, 성적 발달에 장애가 나타날 뿐만 아니라 그들의 가족과 친지에게도 인간관에 대한 부정적인 시각을 갖게 한다(강경숙, 박태수, 최선남, 2010). 그리고 피해 아동이 성인으로 성장한 후에는 낮은 자존감, 만성 우울, 피해 의식, 신경쇠약, 대인 기피증, 공포증, 불면증, 신경과민, 성 불감증, 성적 죄의식, 약물 및 알코올 중독, 가출, 자살 시도 등 신체 · 행동 · 심리적으로 다양한 증상이 나타날 수 있다(이영옥, 최외선, 김갑숙, 2007; 조정자, 2006).

성학대의 구체적인 예는 자신의 성적 만족을 위해 아동을 관찰하거나 성적인 노출을 하는 행위, 아동을 성적으로 추행하는 행위, 아동에게 유사 성행위를 하는 행위 등이 있으며 아동 성학대의 구체적인 유형을 살펴보면 다음과 같다(아동권리보장원, 2020).

- 자신의 성적 만족을 위해 아동을 관찰하거나 아동에게 성적인 노출을 하는 행위(옷을 벗기거나 벗겨서 관찰하는 등의 관음적 행위, 성관계 장면을 노출, 나체 및 성기 노출, 자위행위 노출 및 강요, 음란물을 노출하는 행위 등)
- 아동을 성적으로 추행하는 행위(구강 추행, 성기 추행, 항문 추행, 기타 신체 부위를 성적으로 추행하는 행위 등)

- 아동에게 유사 성행위를 하는 행위(드라이성교 등)
- 성교하는 행위(성기 삽입, 구강성교, 항문성교)
- 성매매를 시키거나 성매매를 매개하는 행위

### 4) 방임/유기

방임(Neglect)은 아동에게 기본적으로 제공하여야 할 것을 제공하지 않아서 아동이 방치된 상태이다. 유기란 보호자가 아동을 보호하지 않고 버리는 행위를 말한다(아동권리보장원, 2020). 방임에는 신체적 방임, 의료적 방임, 정서적 방임, 교육적 방임 등이 있는데 이 중 신체적 방임이 가장 폭넓게 인식되는 일반적인 정의라고 할 수 있다. 신체적 방임은 적절한 섭식을 제공하지 않거나 의복을 제공하지 않거나, 무관심하거나, 위험한 상황에 노출시키는 등 아동의 건전한 성장 발달에 저해되는 무책임한 행동이 포함된다(특수교육학용어사전, 2009).

가정에서 발생하는 방임과 관련된 행위는 아동을 돌보지 않는 행위, 아동을 보호자 없이 방치하는 행위, 아동에게 냄새가 나거나 위생 상태가 더러운 경우, 검진 및 검사를 실시하지 않는 경우, 병원에서 무단이탈한 경우, 출생 신고를 하지 않은 경우, 방에 가두는 경우 등이 있다. 유아교육기관에서 방임과 관련된 행위는 등 하원 시 차 안에 영유아를 방치하는 것, 영유아의 기저귀나 옷이 더러워졌는데 장시간 두는 행위, 영유아를 독립된 공간에 교사가 관찰하지 않는 상태로 두는 행위 등이 있다(김은영 외, 2016). 법원으로부터 처벌을 받은 방임의 사례로는 12세와 14세 자녀들을 쓰레기장과 다름없는 비위생적인 환경에서 생활하게 한 친부가 벌금형을 선고받은 경우이다(아동권리보장원, 2020).

방임에 대한 후유증으로는, 방임 정도가 높을수록 아동의 우울과 공격성의 문제는 증가하고(유정아, 정익중, 2014), 방임과 같은 학대 경험은 아동의 학업 성취, 학교 규범 준수, 교사와의 관계, 친구 관계 등의 학교 적응에 직접적으로 부정적인 영향을 미치는 것으로 나타났다(김미정, 염동문, 2012; 나은숙, 정익중, 2007). 이러한 방임의 장기적인 후유증은 성장 실패, 신체적 손상 및 생리 기능의 변화. 지능 및 자아 기능의 손상, 감정 조절 기능의 저하, 자기 개념 손상, 애착 형성의 붕괴, 충동 조절 능력의 저하와 또래

관계의 문제, 학교 부적응, 정신 병리와 함께 나타난다(안동현, 홍강의, 1987). 특히 어린 영유아에게는 장애와 같은 치명적인 결과를 가져오거나 사망을 초래하기도 한다.

아동권리보장원(2020)에서는 방임의 유형을 물리적 방임, 교육적 방임, 의료적 방임, 그리고 유기의 4가지로 나누어 제시하고 있는데, 구체적인 내용은 다음과 같다.

### (1) 물리적 방임

물리적 방임은 아동을 유기하거나 의식주를 제공하지 않는 등의 양육 태만을 의미하며 일반적으로 정서적 방임과 동시에 발생한다. 이에 대한 세부 내용은 다음과 같다(아동권리보장원, 2020).

- 기본적인 의식주를 제공하지 않는 행위
- 불결한 환경이나 위험한 상태에 아동을 방치하는 행위
- 아동의 출생 신고를 하지 않는 행위, 보호자가 아동을 집에 남겨 두고 가출한 경우
- 보호자가 친족에게 연락하지 않고 아동을 무작정 친족 집 근처에 두고 사라지는 경우 등

### (2) 교육적 방임

교육적 방임이란 아동에 대한 의무교육을 이행하지 않거나 비인정 결석을 허용하는 행위 등 교육 활동에 필요한 정신적, 물질적 지원을 제공하지 않는 것을 말한다. 이에 대한 세부 내용은 다음과 같다(아동권리보장원, 2020).

- 보호자가 아동을 특별한 사유 없이 학교(의무교육)에 보내지 않는 행위

의무교육은 6년의 초등교육 및 3년의 중등교육을 의미한다(「교육기본법」 제8조 시행 2016.8.30.).

- 아동의 미인정 결석을 방치하는 행위

초등학교 및 중학교의 장은 해당 학교에 취학할 예정인 아동이나 취학 중인 학생이 다음과 같은 내용에 해당하는 경우 경고해야 한다(「초 · 중등교육법 시행령」 제25조, 시행

2020.4.7.).

① 입학 · 재취학 · 전학 또는 편입학 기일 이후 2일 이내에 입학 · 재취학 · 전학 또는 편입학하지 아니한 경우,

② 정당한 사유 없이 계속하여 2일 이상 결석하는 경우,

③ 학생의 고용자에 의하여 의무교육을 받는 것이 방해당하는 때 곧바로 그 보호자 또는 고용자에게 해당 아동이나 학생의 취학 또는 출석을 독촉하거나 의무교육을 받는 것을 방해하지 아니하도록 경고하여야 한다.

### (3) 의료적 방임

의료적 방임은 정기적인 신체검사와 검진 등을 하지 않거나 신체적 및 정신적인 고통을 호소해도 적절한 조치를 하지 않는 행동이다. 이에 대한 세부 내용은 다음과 같다(아동권리보장원, 2020).

- 필요한 예방접종을 제때에 하지 않는 경우
- 아동에게 필요한 의료적 처치 및 개입을 하지 않는 행위
- 중대한 병이 들어도 병원에 데리고 가지 않는 행위
- 충분한 영양을 공급받지 못해 발육 부진이 되는 경우
- 아동을 자동차 안에 방치하여 열중증(熱中症)으로 사망하게 하는 행위
- 아동을 집에 남겨 두어 화재로 아동이 소사(燒死)하게 하는 행위

### (4) 유기

유기란 보호자가 아동을 보호하지 않고 버리는 행위이며, 보호받아야 할 아동을 보호 없는 상태에 둠으로써 생명이나 신체에 위험을 일으키는 모든 행위를 말한다. 구체적인 내용은 다음과 같다(아동권리보장원, 2020).

- 아동을 보호하지 않고 버리는 행위
- 아동을 병원에 입원시키고 사라진 경우
- 시설 근처에 버리고 가는 행위

- 영유아를 집에 남겨 둔 채로 자주 외출하는 경우
- 영유아를 차 안에 방치하는 행위

## 4 아동학대 발생 요인

아동학대에 영향을 미치는 요인으로는 가구의 빈곤 여부, 한 부모 여부 등 사회·경제적 특성이 학대의 발생과 관련되며, 부모의 특성 중에서는 주 양육자의 우울과 아동기 폭력 경험, 부부 폭력의 발생 등이 관련이 있는 것으로 보고되고 있다(안재진, 2012).

아동권리보장원(2020)에서는 아동학대의 원인으로 크게 부모 요인, 아동 요인, 가정·사회 요인으로 구분하여 제시하고 있다.

### 1) 부모 요인

부모로 인해 아동학대가 발생하는 경우는 부모가 미성숙하거나, 양육에 대한 지식이 부족하거나 아동에 대한 지나친 기대 의식으로 인해 발생된다. 이를 좀 더 자세히 살펴보면 다음과 같다.

- 부모의 미성숙: 정서적으로 안정되지 못한 부모는 아동의 행동이나 욕구를 이해하지 못하여 아동학대를 쉽게 행함
- 아동 양육에 대한 지식 부족: 아동 발달에 대한 지식의 부족은 어떻게 아동을 키울 것인가를 잘 모르거나 건전한 가족 관계가 어떤 것인지 잘 알지 못하는 경우가 많음
- 지나친 기대: 아동이 가진 능력 이상의 높은 기대를 하고 부모의 기대 수준에 맞게 행동해 주기를 원하는 경우 아동학대의 가능성이 커짐

- 정서적 욕구 불만: 부모 자신의 욕구가 충족되지 못하거나 스트레스를 받을 때 아동에게 그 불만을 터뜨리는 경우
- 알코올 중독 · 약물 중독: 알코올 중독 · 약물 중독에 빠진 부모들은 자신을 잘 통제하지 못하고 아동을 학대하기도 함
- 부모의 그릇된 아동관 및 양육관: 체벌과 훈육을 혼동하거나 아동을 소유물로 생각하며, 아동에 대한 권리 의식에 대한 이해가 부족한 경우
- 부모의 낮은 자아 존중감, 의기소침
- 부모의 분노, 좌절 혹은 성적 욕구와 같은 충동과 감정 조절의 무능력
- 원치 않는 임신
- 부모의 불안, 우울증, 기타 정신 질환

## 2) 아동 요인

아동 요인으로는 기질적인 요인, 장애 또는 유전적인 요인, 발달상의 문제로 인한 요인 등으로 나눠 볼 수 있다. 까다로운 기질의 아동의 경우에 부모는 신체적, 심리적으로 지친 상태에서 아동에게 지속적인 관심과 애정을 주는 것이 어렵다. 장애나 기형아에 대한 사회적 편견은 부모에게 큰 스트레스로 작용하여 아동을 학대할 가능성을 커지게 한다. 또한, 발달상의 문제를 가진 아동의 경우 아동학대의 위험에 처할 가능성이 크다. 다음에 제시된 아동특성과 아동을 둘러싼 양육 환경이 좋지 않은 경우들은 부모나 양육자의 신체적 심리적 부담감을 가중시키고 부모들을 쉽게 지치게 한다(아동권리보장원, 2020).

- 사회적 반응의 결핍, 고집스러운 울음과 외모
- 적대적 행위, 충동적 특성, 폭력적 행동, 고집이 셈
- 대인관계에 둔감하고 매력이 없음. 운동 조절 결함
- 미숙아, 기형아, 만성 혹은 급성 질환아
- 신체적 · 정신적 · 기질적으로 특이하거나 장애가 있는 아동
- 운동 및 언어 등 발달이 늦은 아동

- 심하게 보채거나 밤에 잘 자지 않는 아동
- 문제 행동을 보이는 아동
- 음식을 먹거나 잠을 자는 데 어려움을 나타내는 아동
- 자신감 결여, 지나친 경계, 무반응, 겁이 많음

### 3) 가정 · 사회 요인

가정 · 사회 요인은 가족 관계 및 구조의 문제, 사회 전반의 분위기 등 복합적으로 상호작용하여 발생하게 된다. 특히 부모가 아동기에 겪은 폭력에 대한 경험은 아동학대의 발생에 직접적으로 영향을 준다(김유경, 2008; 박혜숙, 김보기, 2013). 이에 대해 구체적으로 알아보면 다음과 같다.

- 가족 관계의 문제: 가족 구성원 간에 갈등이 존재하거나 가족 상호작용이 약하여 아동학대가 발생함
- 어릴 적 학대받은 경험: 아동을 학대하는 부모 중 30~60% 정도는 자신들이 어릴 때 부모로부터 학대받은 경험이 있음
- 잦은 가정의 위기: 경제적 어려움, 실직, 잦은 병치레, 가정불화 등 가정 내 위기 요인으로 인해 부모들이 아동을 학대하는 경우
- 사회적 고립 및 사회적 지지체계가 결여된 경우
- 신체적인 체벌에 대해 허용적인 문화
- 아동을 존중하지 않는 문화 또는 자녀에 대한 소유 의식
- 폭력에 대한 가치와 규범: 체벌이나 훈육의 의미가 포함된 폭력은 정당하다는 관념이 존재하는 경우
- 사회적 고립: 아동 양육의 부담을 나눌 수 있는 친척이나 친구, 이웃이 주위에 아무도 없는 경우

# 5 아동학대 현황

보건복지부 · 중앙아동보호전문기관의 전국 아동학대 현황 보고서(2019)에 따르면 2010년부터 2018년까지 연도별 아동학대 신고접수 건수가 꾸준하게 증가하고 있다. 이는 2014년「아동학대처벌법」제정안과「아동복지법」개정안이 국회에서 의결되는 등 아동학대 대응 체계가 마련되면서 아동학대 사건에 대한 심각성이 국민의 관심을 일으켰고 아동 보호 체계 구축에 대한 조치들이 실행됨으로써 신고 건수가 증가한 것으로 볼 수 있다. 2018년까지의 연도별 신고 접수 건수는 [그림 9-1]과 같다.

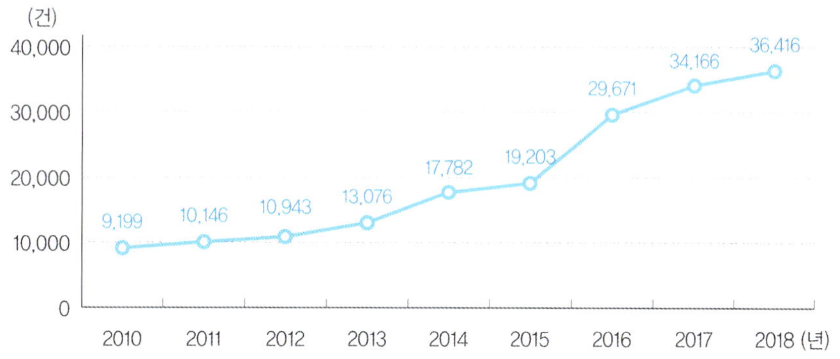


**그림 9-1 연도별 신고 접수 건수**

보건복지부, 중앙아동보호전문기관의 현황 보고서(2019)에 따르면 2018년 아동보호전문기관에서 집계된 전체 신고 접수 건수는 총 36,416건이었다. 이는 2017년에 비해 약 6.6% 증가한 것이다. 전체 아동학대 신고 건수 중 92.0%가 아동학대 의심 사례였다. 이것을 정리하면 〈표 9-1〉과 같다.

〈표 9-1〉 연도별 아동학대 신고 사례 (단위: 건, %)

| 연도＼구분 | 아동학대 의심 사례 | 일반 상담 | 동일 신고 | 계 |
|---|---|---|---|---|
| 2017 | 30,923<br>(90.5) | 2,951<br>(8.6) | 292<br>(0.9) | 34,166<br>(100.0) |
| 2018 | 33,532<br>(92.0) | 2,464<br>(6.8) | 420<br>(1.2) | 36,416<br>(100.0) |

아동학대 발생 현황과 관련하여 아동학대 사례 유형과 피해 아동 현황 및 학대행위자 현황은 다음과 같다.

### 1) 아동학대 사례 유형

2018년 중앙아동보호전문기관(2019)의 사례 판단을 살펴보면, 총 아동학대 의심 사례인 33,532건 중 아동학대 사례는 24,604건(73.4%), 조기 지원사례 2,392건(7.1%), 일반사례 6,368건(19.0%)으로 나타났다. 2018년 24,604건의 아동학대 사례를 신체학대, 정서학대, 성학대, 방임으로 구분하여 유형별로 살펴보면 〈표 9-2〉와 같다.

중복 학대를 별도로 분류한 아동학대 사례의 유형은 중복 학대가 11,792건(47.9%)으로 가장 높은 비율을 차지하고 그다음으로는 정서학대가 많으며, 신체학대, 방임, 성학대 순으로 나타났다. 이는 실제 아동학대가 발생할 때는 두 가지 유형 이상의 학대가 복합적으로 발생한다는 것을 의미하며 중복 학대의 경우 아동에게 미치는 영향이 더욱 심각할 수 있으므로 이에 따른 지원이 고려되어야 한다.

〈표 9-2〉 2018년 아동학대 사례 유형(중복 학대 별도 분류) (단위: 건, %)

| 학대유형 | 건수(비율) |
|---|---|
| 신체학대 | 3,436(14.0) |
| 정서학대 | 5,862(23.8) |
| 성학대 | 910(3.7) |
| 방임 | 2,604(10.6) |
| 중복 학대 | 11,792(47.9) |
| 계 | 24,604(100.0) |

출처: 보건복지부, 중앙아동보호전문기관(2019).

## 2) 아동학대 피해 아동 현황

2018년 아동학대로 인한 피해 아동의 연령, 성별 현황과 아동특성은 다음 같다.

### (1) 연령별 아동학대 현황

아동학대로 신고된 피해 아동의 연령별 현황 〈표 9-3〉을 살펴보면 학령기에 해당하는 13~15세가 24.7%로 가장 많은 비중을 차지하였고 다음으로 초등학교 고학년인 10~12세가 22.2%, 저학년인 7~9세가 17.5%의 순으로 나타났다. 이는 외부 활동에 많이 노출되는 학령기 아동이 상대적으로 아동학대로 발견되어 신고되는 가능성이 높기 때문으로 볼 수 있다.

한편 만 6세 미만 영유아의 경우 발달의 중요한 시기인 점을 고려해볼 때 학대에 대한 부정적인 영향이 다른 시기에 비해 상대적으로 높을 수 있다. 따라서 영유아를 위한 예방접종, 건강검진, 출생 신고 등의 양육 환경 점검은 물론 올바른 양육 방법, 학대 관련 예방교육 등이 적절히 제공되어야 한다.

〈표 9-3〉 피해 아동 연령별 현황 (단위: 건, %)

| 연령(만) | 건수 | 비율(%) |
|---|---|---|
| 1세 미만 | 503 | 2.0 |
| 1~3세 | 2,287 | 9.3 |
| 4~6세 | 2,870 | 11.7 |
| 7~9세 | 4,309 | 17.5 |
| 10~12세 | 5,450 | 22.2 |
| 13~15세 | 6,072 | 24.7 |
| 16세 | 1,634 | 6.6 |
| 17세 | 1.47 | 6.0 |
| 계 | 24,604 | 100.0 |

출처: 보건복지부, 중앙아동보호전문기관(2019).

### (2) 성별 아동학대 현황

2018년 중앙아동보호전문기관에 전국 아동학대로 신고된 24,604건의 피해 아동의 성별 현황 〈표 9-4〉를 살펴보면, 여아가 12,737건(51.8%), 남아가 11,867건(48.2%)으로 성별 간 큰 차이는 없었다. 그러나 아동학대 유형에 따른 성별 분포 [그림 9-2]를 살펴보면 신체학대와 방임 사례에서는 남아가 여아보다 높았고, 정서학대와 성학대에서는 여아가 남아보다 높게 나타났으며 특히 성학대 사례에서 여아가 82.4%로 매우 높게 나타났다.

〈표 9-4〉 아동학대 사례 피해 아동 성별 (단위: 건, %)

| 남 | 여 | 계 |
|---|---|---|
| 11,867(48.2) | 12,737(51.8) | 24,604(100.0) |

출처: 보건복지부, 중앙아동보호전문기관(2019).

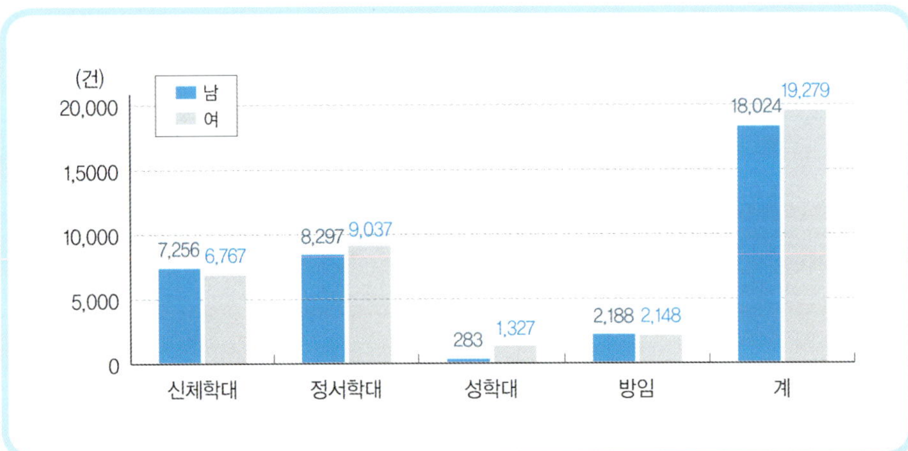


출처: 보건복지부, 중앙아동보호전문기관(2019).

그림 9-2 아동학대 사례 유형별 피해 아동 성별

### (3) 피해 아동 특성

아동학대로 인한 피해 아동의 주요 특성은 반항, 충동, 공격성, 거짓말, 도벽 등과 같은 적응 행동으로 인한 것이 전체의 21.4%에 해당하고 그다음으로는 정서 및 정신건강 순으로 나타났다. 피해 아동 요인을 구체적으로 파악하는 것은 아동을 안전하게 보호하고 개입하기 위해 중요하다. 이러한 피해 아동의 특성은 방임과 연관이 있다(이경은 외, 2016)는 연구 결과도 있다. 2017년 전국 아동학대 현황 보고서(보건복지부, 2018)에서 제시한 피해 아동의 주요 특성을 건수별로 구분하여 정리하면 〈표 9-5〉와 같다.

〈표 9-5〉 피해 아동 특성 (단위: 건, %)

| 피해 아동 특성 | 건수 | 비율(%) |
|---|---|---|
| 장애 | 711 | 2.1 |
| 정서 · 정신건강 | 6,466 | 19.3 |
| 적응 · 행동 | 7,152 | 21.4 |
| 발달 · 신체 건강 | 1,863 | 5.6 |
| 특성 없음 | 6,115 | 18.3 |
| 기타 | 306 | 0.9 |
| 파악 안 됨 | 10,823 | 32.4 |
| 계 | 33,436 | 100.0 |

### 3) 학대 행위자 현황

아동학대 사례 유형별 학대 행위자와 피해 아동과의 관계(보건복지부, 2019)는 〈표 9-6〉에서 보는 바와 같이 부모에 의한 학대가 78.4%의 높은 분포를 나타내고 있다. 특히 방임 사례에서 부모가 행위자인 경우는 85.3%로 나타났다. 성학대의 경우에는 학대 행위자가 대리 양육자인 경우가 51.1%, 부모인 경우는 24.0%로 나타났다.

이러한 부모에 의한 학대가 높은 분포를 나타내는 이유 중의 하나는 가정 폭력의 상당 부분이 '훈육'이라는 이름으로 행해지고 있기 때문이며 실제로 훈육과 아동학대는 구별하기 어려운 문제로 시대와 문화적 배경에 따라 훈육의 방식과 수준이 달라지기 때문이다(류부곤, 2015).

〈표 9-6〉 아동학대 사례 유형별 학대 행위자와 피해 아동과의 관계 (단위: 건, %)

| 유형 | | 신체학대 | | 정서학대 | | 성학대 | | 방임 | | 계 | |
|---|---|---|---|---|---|---|---|---|---|---|---|
| 관계 | 부모 | 11343 | (80.9) | 13801 | (79.6) | 386 | (24.0) | 3698 | (85.3) | 29228 | (78.4) |
| | 친인척 | 725 | (5.2) | 743 | (4.3) | 95 | (5.9) | 132 | (3.0) | 1695 | (4.5) |
| | 대리양육자 | 1702 | (12.1) | 2473 | (14.3) | 823 | (51.1) | 490 | (11.3) | 5488 | (14.7) |
| | 기타 | 253 | (1.8) | 317 | (1.8) | 306 | (19.1) | 16 | (0.4 ) | 892 | (2.4) |
| 계 | | 14023 | (100) | 17334 | (100) | 1610 | (100) | 4336 | (100) | 37303 | (100) |

출처: 보건복지부, 중앙아동보호전문기관(2019).

## 6 아동학대의 대처 방법

유치원의 교직원 및 강사 등과 어린이집 보육 교직원은 아동학대를 알게 된 경우나 의심이 있는 경우에는 아동보호전문기관 또는 수사기관에 신고할 수 있도록 의무와 절차를 규정하고 있다(「아동학대범죄의 처벌법 등에 관한 특례법」 제10조, 시행 2019.7.16.). 교사나 교육기관의 장과 같은 아동학대 신고 의무자가 정당한 사유 없이 그 직무상 아동학대를 알게 되었거나 의심이 되었음에도 신고하지 아니하면 500만 원 이하의 과태료가 부과된다(「아동학대범죄의 처벌 등에 관한 특례법」 제10조, 시행 2019.7.16.).

### 1) 아동학대의 의심 사례

2019년 기준으로 아동학대 행위자의 78.4%가 부모에 의해 발생하는 것으로 파악되고 있다(보건복지부 · 중앙아동보호전문기관, 2019). 따라서 아동학대 징후 발견 시 버려야 할 편견은 다음과 같다(교육부, 보건복지부, 2016).

- '설마 부모가 자녀를 학대하려고?'라는 생각
- '학대하는 부모는 친부모가 아닐 것이다'라는 생각
- '사랑의 매'가 존재한다는 생각
- '한두 번 맞고 클 수도 있지'라는 생각
- '아이가 맞을 만한 행동을 했다'라는 생각
- '있을 수도 있는 일'이라는 생각
- '이 정도가 아동학대?'라는 생각
- '왜 아이가 말을 안 할까? 학대가 아닌 건 아닐까?'라는 생각

아동학대를 의심할 수 있는 신체적 징후와 행동적 징후를 학대 유형별로 살펴보면 다음과 같다(교육부, 보건복지부, 2016; 아동권리보장원, 2020).

〈표 9-7〉 **아동학대 징후 체크리스트**

| 구분 | 신체적 징후 | 행동적 징후 |
|---|---|---|
| 신체 학대 | • 설명하기 어려운 신체적 상흔<br>• 발생 및 회복에 시차가 있는 상처<br>• 비슷한 크기의 반복적으로 긁힌 상처<br>• 사용된 도구의 모양이 그대로 나타나는 상처<br>• 사고로 보기에는 미심쩍은 상처(담뱃불 자국, 뜨거운 물에 잠겨 생긴 화상 자국, 회음부에 있는 화상 자국, 알고 있는 물체 모양(다리미 등)의 화상 자국, 회복 속도가 다양한 화상 자국<br>• 입, 입술, 잇몸, 눈, 외음부 상처<br>• 긁히거나 물린 자국에 의한 상처<br>• 손목이나 발목에 긁힌 상처<br>• 성인에 의해 물린 상처<br>• 겨드랑이, 팔뚝 안쪽, 허벅지 안쪽 등 다치기 어려운 부위의 상처 | • 어른과의 접촉 회피<br>• 다른 아동이 울 때 공포를 나타냄<br>• 공격적이거나 위축된 극단적 행동<br>• 부모에 대한 두려움<br>• 집에 가는 것을 두려워함<br>• 위험에 대한 지속적인 경계 |
| 정서 학대 | • 발달 지연 및 성장 장애<br>• 신체발달 저하<br>• 과도한 수면 부족 증세<br>• 스트레스로 인한 원형 탈모 | • 특정 물건을 계속 빨고 있거나 물어 뜯음<br>• 행동 장애(반사회적, 파괴적 행동 장애)<br>• 신경성 기질 장애(놀이 장애)<br>• 정신 신경성 반응(히스테리, 강박, 공포)<br>• 언어 장애 |

| 구분 | 신체적 징후 | 행동적 징후 |
|---|---|---|
| | | • 극단 행동, 과잉 행동, 자살 시도<br>• 실수에 대한 과잉반응<br>• 부모와의 접촉에 대한 두려움 |
| 성학대 | • 걷거나 앉는 데 어려움<br>• 배뇨 곤란<br>• 요도염<br>• 생식기의 대상포진<br>• 학령 전 아동의 성병 감염<br>• 항문 괄약근의 손상<br>• 항문 주변의 멍이나 찰과상<br>• 항문 입구에 생긴 열창<br>• 회음부의 동통과 가려움<br>• 변비<br>• 대변에 혈액이 나옴<br>• 입천장의 손상<br>• 인두(咽頭)임질(pharyngeal gonorrhea) | • 나이에 맞지 않는 성적 행동<br>• 해박하고 조숙한 성 지식<br>• 명백하게 성적인 묘사를 한 그림들<br>• 타인과의 성적인 상호관계<br>• 동물이나 장난감을 대상으로 하는 성적인 상호관계<br>• 위축, 환상, 유아적 행동(퇴행 행동)<br>• 혼자 남아 있기를 거부 또는 외톨이<br>• 특정 유형의 사람들에 대한 두려움<br>• 자기 파괴적 행동(자살 시도)<br>• 우울, 불안, 사회관계의 단절<br>• 수면장애<br>• 유뇨증/유분증<br>• 섭식장애(폭식증/거식증)<br>• 외상 후 스트레스 장애<br>• 저조한 학업 수행 |
| 방임 | • 발달 지연 및 성장 장애<br>• 비위생적인 신체상태<br>• 예방접종과 의학적 치료 불이행으로 인한 건강상태 불량<br>• 아동에게 악취가 지속적으로 나는 경우 | • 계절에 맞지 않는 부적절한 옷차림<br>• 음식을 구걸하거나 훔침<br>• 비행 또는 도벽<br>• 학교에 일찍 등교하고 집에 늦게 귀가함<br>• 지속적인 피로 또는 불안정감 호소<br>• 수업 중 조는 태도<br>• 잦은 결석 |

출처: 아동권리보장원(2020). www.korea1391.org.

## 2) 아동학대의 조기 발견 및 신고

아동학대의 징후를 발견하거나 의심되는 경우 즉시 수사기관(112)에 신고해야 한다. 즉각적인 신고는 피해 아동의 조기 발견과 빠른 구조 및 회복에 매우 중요한 요인이다. 따라서 매일 아동의 건강 상태를 살피고 평상시와 다른 상흔이나 감정의 변화가 있는 경우에는 보호자에게 문의하여 확인하는 것이 필요하다. 또한, 결석

아동의 결석 사유를 확인하고, 미인정 결석이 2일 이상일 때, 또는 명확한 사유 없이 퇴학을 신청한 경우에는 전화 연락 또는 가정방문 등을 통해 아동학대의 유무를 확인해야 한다. 아동학대 예방 및 신고 의무에 관한 법령에 따르면 유치원·어린이집의 장은 소속 교직원 대상 아동학대 신고 의무자 교육을 연 1회 1시간 이상 실시하여야 하며 아동학대 신고 의무자의 역할을 숙지하고 있어야 한다(아동권리보장원, 2020).

아동학대인지에 대한 여부가 명확하지 않을 때에는 아동보호전문기관 상담을 이용하거나 '아이지킴 콜 112' 모바일 앱의 아동학대 신고 코너를 활용하여 사진, 동영상 등을 촬영하여 신고할 수 있다.

**Tip** 아이지킴 콜 112 모바일 앱

QR코드를 스캔하세요!

(안드로이드폰 용) (아이폰용)

※ 아동학대 신고 의무자의 신고 의무 강화 및 아동학대 예방에 대한 정보를 더욱 쉽게 알리고 국민의 인식 향상 도모를 목적으로 보건복지부와 아동보호전문기관에서 함께 제작한 모바일 앱(플레이스토어에서 다운 받기)

출처: 교육부, 보건복지부(2017).

**Tip** 아동학대 신고 요령(언제, 무엇을, 어떻게)

▶ 언제

- 아동의 울음소리, 비명, 신음 소리가 계속되는 경우
- 아동의 상처에 대한 보호자의 설명이 모순되는 경우
- 계절에 맞지 않거나 깨끗하지 않은 옷을 계속 입고 다니는 경우
- 뚜렷한 이유 없이 지각이나 결석이 잦은 경우
- 나이에 맞지 않는 성적 행동을 보이는 경우

▶ 무엇을

- 신고자의 이름, 연락처
- 아동의 이름, 성별, 나이, 주소
- 학대 행위자로 의심되는 사람의 이름, 성별, 나이, 주소
- 아동이 위험에 처해 있거나 학대를 받고 있다고 믿는 이유

※ 아동이나 학대 행위자의 정보를 파악하지 못해도 신고는 가능하며, 가능한 많은 정보를 제공하도록 한다.

▶ 어떻게

- 전화: 국번 없이 112
- 방문: 관할 지역아동보호전문기관

※ 신고자의 신분은 「아동학대범죄의 처벌 등에 관한 특례법」 제10조, 제 62조에 의해 보장됨

출처: 아동권리보장원(2020). www.korea1391.org.

아동학대 신고 시 신고할 내용은 학대 의심 내용, 학대 행위 의심자 정보, 피해 아동 정보, 그리고 신고자의 인적 사항 등이며 자세한 내용은 〈표 9-8〉과 같다.

〈표 9-8〉 아동학대 신고 시 신고할 내용

| 구분 | 내용 | 구분 | 내용 |
|---|---|---|---|
| 학대 의심 내용 | • 학대 의심 증거<br>• 학대 발견 시 정황<br>• 학대 상처<br>• 학대 지속성 | 피해 아동 정보 | • 이름, 성별, 나이, 주소<br>• 전화번호<br>• 피해 아동의 특징<br>• 피해 아동의 현재 상태 등 |

| 구분 | 내용 | 구분 | 내용 |
|---|---|---|---|
| 학대 행위 의심자 정보 | • 이름, 전화번호, 직업<br>• 학대 행위자 특징<br>• 피해 아동과의 관계<br>• 피해 아동과의 동거 여부 등 | 신고자 | • 이름, 전화번호<br>• 피해 아동과의 관계<br>• 학대 사실을 알게 된 경위 등 |

출처: 중앙육아종합지원센터(2016).

아동학대를 신고할 때 주의사항은 다음과 같다(교육부, 보건복지부, 2016).

- 보호자에게 신고내용을 알리는 행위로 인해 아동학대 증거가 은폐되지 않도록 주의를 하여야 한다.
- 가능한 한 증거 사진 등을 확보하고 아동이 불안에 빠지지 않도록 큰일이 난 것처럼 하지 않고 일상적으로 대해 준다.
- 성학대의 경우 증거 확보를 위해 씻기거나 옷을 갈아입히지 않는다.
- 진술의 오염이 있을 수 있으므로 학대에 대해 계속 캐묻거나 유도 질문을 하지 않도록 한다.
- 신고 후에 신고자나 피해 아동의 정보가 외부에 노출되지 않도록 주의해야 하며 아동보호전문기관 또는 수사기관과 지속적인 협력 관계를 유지한다.

아동학대 신고 의무자의 신고 절차는 다음 [그림 9-3]과 같다.

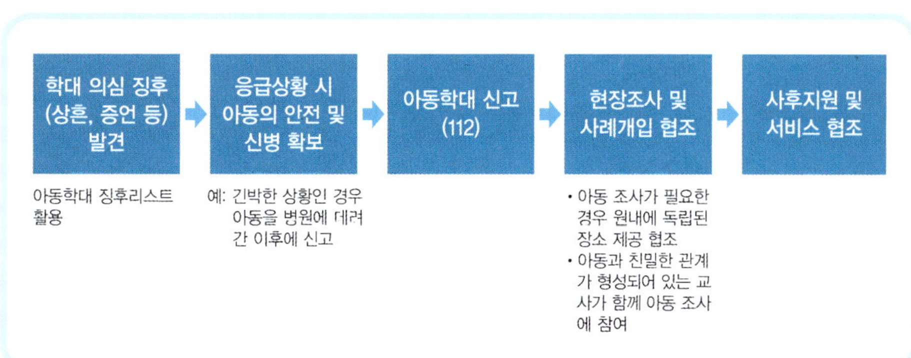


출처: 교육부, 보건복지부(2016).

그림 9-3 아동학대 신고 의무자의 신고 절차

### 3) 유아교육기관의 역할

유아교육기관의 교직원은 「아동학대범죄의 처벌 등에 관한 특례법」에 따른 신고 의무자로서 아동학대 의심 사례 조기 발견 및 경찰 또는 아동보호전문기관에 신고해야 한다. 아동보호전문기관 상담원이나 경찰이 유아교육기관을 방문하여 현장 조사(아동상담)를 실시할 경우 아동의 안전을 위하여 적극적으로 협조해야 하며 아동학대 신고 의무자 직군에 대한 아동학대 신고 의무자 교육을 시행하여야 한다. 유아교육기관의 구체적인 역할은 다음과 같다(보건복지부, 2017a).

- 아동학대 의심 사례 조기 발견 및 경찰 또는 아동보호전문기관에 신고(신고 전화 112)
- 아동학대 신고 의무자 직군에 대한 아동학대 신고 의무자 교육 시행
- 피해 아동과 부모에 대한 치료적 개입 및 협조
- 피해 아동의 교육기관 생활, 가족력 등 관련 자료 제공
- 아동, 부모와 교사 대상의 아동학대 예방 홍보 및 아동의 권리와 학대 예방 등에 관한 교육 시행
  - 매년 아동에 대해 성폭력 및 아동학대 예방 교육을 포함한 아동의 안전에 대한 교육계획을 수립하여 교육을 시행하여야 함(「아동복지법」 제31조, 시행 2020.4.7.)
  - 교육계획 및 교육실시결과를 담당 교육감에게 매년 1회 보고
  - 교육을 시행하지 않았을 때 300만 원 이하의 과태료 부과
- 부모로부터 분리 보호된 피해 아동의 보호를 위한 협력 지원
  - 피해 아동의 입학, 전학 등의 신속한 조치와 편의도모
  - 학대 행위자로부터 아동 보호를 위한 아동 관련 정보 비밀유지

아동학대 신고 의무자가 직무 중에 학대로 의심되는 아동을 조기 발견하기 위해 유치원과 어린이집을 위한 아동학대 조기발견 및 관리 대응 지침서를 제공하고 있으며, 아동학대 신고 의무자용 점검표를 활용하도록 권장하고 있다(교육부, 보건복지부, 2016).

〈표 9-9〉 아동학대 조기발견 및 미인정 결석 관리 · 대응 지침서

| 시기 | 원장의 역할 | 교사의 역할 |
|---|---|---|
| 평상시 | • 매일 등원 시 아동의 건강과 안전을 확인<br>• 보호자 동의서(미인정 결석 시 가정방문)를 사전에 받는다.<br>• 교직원 대상 아동학대 신고 의무자 교육을 연 1회 1시간 이상 실시 | • 등원 시 아동의 건강상태를 살피고, 평상시와 다른 상흔, 감정 변화가 있는 경우 보호자에게 문의 |
| 아동 학대 징후 발견 시 | • 결석한 날에 원장은 수시로 보호자에게 유선 연락을 하고 유선으로 아동의 안전이 확인되지 않는 경우 가정 방문을 하여 아동의 안전을 직접 확인(가정 방문은 교직원, 읍면동 공무원으로 구성된 2인이 함께 실시)<br>• 결석 이틀째, 가정 방문 결과 아동학대가 의심되거나 아동의 소재 안전이 확인되지 않는 경우 원장은 수사기관(112)에 신고(출석하기로 한 기일이 지나도 출석하지 않을 때는 될 수 있는 대로 가정 방문 시행)<br>• 아동 조사가 필요한 경우 원내에 독립된 장소 제공 협조 | • 결석한 날에 담임교사는 유선으로 결석 사유와 아동의 안전을 확인하고 다음 출석일을 확인<br>• 유선 연락이 되지 않는 경우 원장, 원감에게 보고<br>• 수사기관에서 협조 요청 시 평상시 아동의 상태 등에 대해 안내 및 적극 협조<br>• 아동과 친밀한 관계가 형성되어 있는 교사가 함께 아동 조사에 참여 |
| 사후 관리 | • 원장은 해당 보호자에 대해서 면담 또는 부모교육 등을 실시 | • 교사는 미인정 결석한 아동이 재등원하였을 경우, 아동의 심리, 정서적 상태를 고려하여 적절히 조치 |

출처: 교육부, 보건복지부(2016), 재구성.

다음 〈표 9-10〉에 제시된 아동학대 신고 의무자 점검표에서 1개 문항 이상이 "예"라고 답하는 경우 아동학대로 의심해 볼 수 있으며 아동학대 신고 전화 112로 신고해야 한다. 또한, 유아교육기관 교직원을 대상으로 아동 권리 보호 자가 체크리스트(교육부, 2016c)를 이용하여 교직원 스스로 아동학대 민감성을 점검할 수 있다.

〈표 9-10〉 아동학대 신고 의무자용 점검표

| 연번 | 평가 항목 | 평가 | |
|---|---|---|---|
| 1 | 사고로 보이기에는 미심쩍은 상흔이나 폭행으로 보이는 멍이나 상처가 있다. | 예 | 아니요 |
| 2 | 상처 및 상흔에 대한 아동이나 보호자의 설명이 불명확하다. | 예 | 아니요 |
| 3 | 보호자가 아동이 매를 맞고 자라야 한다고 생각하고 있거나 체벌을 사용한다. | 예 | 아니요 |
| 4 | 아동이 보호자로부터 언어적, 정서적 위협을 당한다. | 예 | 아니요 |
| 5 | 아동이 보호자에게 감금, 억제, 기타 가학적인 행위를 당한다. | 예 | 아니요 |
| 6 | 기아, 영양실조, 적절하지 못한 영양 섭취를 보인다. | 예 | 아니요 |
| 7 | 계절에 맞지 않는 옷, 청결하지 못한 외모를 보인다. | 예 | 아니요 |
| 8 | 불결한 환경이나 위험한 상태로부터 아동을 보호하지 않고 내버려 둔다. | 예 | 아니요 |
| 9 | 성학대로 의심될 성 질환이 있거나 임신 등의 신체적 흔적이 있다. | 예 | 아니요 |
| 10 | 나이에 맞지 않는 성적 행동 및 해박하고 조숙한 성 지식을 보인다. | 예 | 아니요 |
| 11 | 자주 결석하거나 결석에 대한 사유가 불명확하다. | 예 | 아니요 |
| 12 | 아동에게 필요한 의료적 처치 혹은 예방접종을 실시하지 않는다. | 예 | 아니요 |
| 13 | 보호자에 대한 거부감과 두려움을 보이고, 집(보호 기관)으로 돌아가는 것에 대해 두려워한다. | 예 | 아니요 |
| 14 | 아동이 매우 공격적이거나 위축된 모습 등의 극단적인 행동을 한다. | 예 | 아니요 |
| 15 | "아동학대 체크리스트" 1~14번에 해당하지는 않지만, 그 외의 학대로 의심되는 경우 | 예 | 아니요 |

출처: 아동권리보장원(2020). http://www.korea1391.go.kr

다음의 유아교육기관 교직원용 아동권리 보호 자가체크리스트(교육부, 2016c)는 일과 중에서 아동의 권리를 보호하는지 아동권리 보호 민감도를 스스로 파악해 보는 체크리스트이다. 유아교육기관 교직원들 간에 주기적으로 짝을 지어 점검해 보고 그 결과를 컨설팅 자료로 활용할 수 있다. 1개 이상의 "예"에 표시한 경우 해당하는 문항의 행동을 하지 않도록 주의할 필요가 있다.

〈표 9-11〉 유아교육기관 교직원용 아동권리 보호 자가체크리스트

| | 문항 | 예 | 아니요 |
|---|---|---|---|
| 1 | 유아를 때리거나 신체에 고통을 가한 적이 있다.<br>맨손이나, 발, 사랑의 매, 꼬집기, 꿀밤 주기, 툭툭 치기, 아동의 머리나 엉덩이를 치거나 때리는 행위, 주먹으로 얼굴이나 머리 등 때리기, 손으로 등을 때림<br>밀치기, 강제로 앉히기, 손으로 물건 치기, 아동을 물기, 아동의 팔을 잡고 흔들고 어깨 등을 밀침, 발을 걸어 넘어뜨림, 어깨를 강하게 눌러 앉힘, 강제로 끌고 감, 발로 차기, 머리채를 잡고 흔들기, 넘어뜨리기, 의자 들기 등 | | |
| 2 | 도구 등을 이용하여 유아를 억압하거나 위협한 적이 있다.<br>갑자기 유아의 의자를 당기기, 유아를 높은 곳에 올려놓기, 자로 책상 치기, 막대나 자 등으로 때리기, 식판 등을 이용하여 아동의 신체를 가격하거나 위협하기, 풀을 발라 양손을 붙여 손을 사용하지 못하도록 하기 등 | | |
| 3 | 유아가 한 행동을 그대로 하도록 하는 보복성 행동을 요구한 적이 있다.<br>"너도 얼마나 아픈지 꼬집혀 볼래?", "너도 한번 맞아 볼래?", "너도 한번 당해 볼래?", "선생님이 너를 한번 밀쳐 볼까? 어떤지?", 친구들끼리 박치기하게 시키기 등 | | |
| 4 | 유아를 위협하는 언어를 사용하여 공포 분위기를 조성한 적이 있다.<br>큰소리(고함) 지르기, "저리 꺼져", "저리 비켜", "경찰 아저씨 부를 거야", "너만 바깥놀이 못 나갈 거야", "못생겨질 거야", "착한 사람이 못 될 거야" 등 | | |
| 5 | 유아에게 비난, 원망, 거부, 우롱, 경멸적인 언어를 사용하여 공개적으로 창피를 준 적이 있다.<br>"그렇게 하면 동생 반 가야겠다.", "다른 애들은 다 잘하는데 너는 왜 못하니?", "너는 혼자서 이것도 못하니?", "이렇게 말귀를 못 알아듣다니, 너 같은 애는 처음 본다.", "뚱보", "뚱뚱해서 돼지같다.", "삐쩍 말랐다." 등 | | |
| 6 | 유아의 인격이나 감정/기분을 무시하거나 모욕하는 행위를 한 적이 있다.<br>6살 맞아? 아직도 그걸 못하니? 성격이 왜 그렇게 못되었니?, 참을성이 없구나, 게으르구나, 성격이 사납다. 성질이 고약하구나, '화장실' 등의 글씨를 써 아동의 몸에 붙이는 행동 등 | | |

| | 문항 | 예 | 아니요 |
|---|---|---|---|
| 7 | 유아가 할 수 없거나 원하지 않는 활동을 강제적으로 시킨 적이 있다.<br>유아의 개별적 요구를 무시하고 교사가 정한 방식과 형식, 내용만을 따르도록 강요함, 운동장을 뛰게 함, 아동의 능력을 벗어나는 무리한 활동이나 과업 요구 등 | | |
| 8 | 수업시간이나 급 · 간식 시간에 유아를 의도적으로 배제한 적이 있다.<br>산만한 것과 같이 수업 태도가 나쁘다는 등의 이유로 수업에 참여하지 못하도록 교실 뒤에서 혼자 서 있게 하기, 식습관이 나쁘다는 이유로 수저 등을 빼앗고 잠시 급 · 간식을 먹지 못하도록 함, 혼자서 먹도록 함, 혼자서 벽을 보고 먹도록 하는 행동 등 | | |
| 9 | 유아를 교실이나 특정 장소에 혼자 있게 하거나 움직일 수 없도록 강제한 적이 있다.<br>아무도 없는 곳에 무심코 혹은 벌주기 위해 유아를 혼자 있도록 놔두기, 유아를 자료실, 강당 등으로 보내 혼자 있게 하기, 과도하게 타임아웃 시키기 등 | | |
| 10 | 유아의 신체 부위를 만져 유아를 불쾌하게 만들거나 불편하게 한 적이 있다.<br>유아가 싫어하는데도 유아에게 뽀뽀하기, 엉덩이 만지기, 볼 비비기 등 | | |
| 11 | 교육과정과 무관하게 노골적이거나 자극적인 성적 표현을 하거나 관련 자료를 보여 준 적이 있다.<br>임신과 출산 과정에 대한 자극적인 설명, 남녀 성기 등의 그림에 대한 지나친 노출 등 | | |
| 12 | 유아의 요구에 대해 모른 척하거나 아무런 반응을 보이지 않은 적이 있다.<br>유아 혼자 울고 있어도 계속 내버려 두기, 유아가 아플 때 적절한 조치 취하지 않기, 유아 간 다툼을 방치하거나 유아의 요구에 대꾸하지 않는 행동 등 | | |
| 13 | 유아에 대한 기본적인 보호와 돌봄을 소홀히 한 적이 있다.<br>유아의 옷 등이 더럽혀졌을 때, 여벌 옷이 구비되어 있음에도 내버려 두는 행동, 대소변을 실수한 유아의 옷을 갈아입히지 않은 경우, 고열, 설사 등의 위험에 적절하게 대처하지 않은 경우, 급 · 간식이 부족한데도 살펴보지 않는 행동 등 | | |

| | 문항 | 예 | 아니요 |
|---|---|---|---|
| 14 | 교육 활동 중에 유아와 직접 관련 없는 개인적인 행동을 하느라 유아를 방치한 적이 있다.<br>휴대전화를 사용하거나 확인하기, 이메일 확인하기, 수업 계획안 마련, 회의하기, 교사 개인적인 업무 보기(온라인을 통한 은행 업무 등) 등 | | |
| 15 | 유아가 한 수행 결과에 대해서 공개적으로 비난하거나 창피를 준 적이 있다.<br>"아직도 이걸 잘 못하는구나.", "친구들, OO가 이걸 잘하는지 모두 함께 지켜보자." 등 | | |

출처: 교육부(2020). https://www.moe.go.kr

Chapter

# 10



# 응급처치

Chapter

# 10

# 응급처치

응급처치(first aid)란 급성 질환자나 다친 사람이 발생한 경우 사고 현장에서 즉시 조취를 취하는 것을 말한다(국민재난안전포털, 2020). 응급처치를 시행하는 이유는 응급환자의 생명을 유지 및 보호하고 치명적인 질병이나 손상으로 인한 상태 악화를 예방하여 회복을 돕기 위함이다(강인혜 외, 2019; AAOS et al., 2018). 신속하고 정확한 응급처치는 사고의 후유증이나 회복 기간을 줄일 수 있을 뿐만 아니라 사망에 이를 수 있는 환자의 생명을 구할 수도 있다. 따라서 유아교육기관에서는 크고 작은 응급상황이 발생할 수 있음을 항상 염두에 두고 철저한 대비를 해야 한다.

## 1 응급상황 대비

유아교육기관에서는 응급상황에 대비하여 응급처치 교육계획을 사전에 수립하고 전 교직원은 응급처치 교육을 이수해야 한다. 또한, 인근의 병원, 소방서 등의 응급

전화번호 등을 쉽게 볼 수 있는 곳에 잘 부착해 두어야 하며, 교직원들의 역할 분담을 조직하고 구급약품 등을 수시로 점검해야 한다(교육부, 2015a).

### 1) 점검 사항

응급처치를 위해 참고할 수 있는 책자나 자료가 비치된 위치를 전 교직원이 잘 알고 있어서 응급상황 시 손쉽게 찾아서 참고할 수 있어야 한다. 또한, 의약품은 구급상자에 넣어 영유아의 손에 닿지 않고 직사광선을 피할 수 있는 서늘한 위치에 보관하여야 한다. 의약품 각각에는 구입 날짜와 유통기한이 잘 보이도록 기재해 놓고 수시로 점검하여 유통기한에 따라 약품을 교체하는 등 철저히 관리해야 한다. 교육부(2015a)에서 제시하는 점검 사항은 다음과 같다.

- 응급상황 발생 시 대응체계 및 각자의 역할에 대한 비상 대응계획이 문서로 작성되어 있는가?
- 비상 연락망이 작성되어 눈에 잘 띄는 곳에 부착되어 있는가?
- 응급상황에 대비해 구급상자가 유아의 손에 닿지 않는 곳에 비치되어 있는가?
- 구급약은 수시로 점검하여 보충하고 있는가?
- 구급약의 종류, 보관 방법, 보관처, 사용법 및 부작용 등에 대해 서면화되어 있고 교사 누구나 잘 알고 사용할 수 있는가?
- 유아교육기관 내 응급처치를 할 수 있는 교사가 1명 이상 있는가?

〈표 10-1〉 **구급상자 내용물**

| 의료용 재료 | 외용제 | 내용제 |
|---|---|---|
| • 붕대, 거즈, 소독솜<br>• 삼각붕대, 탄력붕대<br>• 칼, 가위, 핀셋<br>• 족집게, 반창고<br>• 일회용 장갑<br>• 일회용 밴드<br>• 부목용 나무판 | • 과산화수소수, 베타딘<br>• 상처용 외용연고<br>• 스테로이드계의 피부연고<br>• 근육용 마사지 연고<br>• 화상용 바세린 거즈<br>• 관장약, 생리식염수<br>• 벌레 물린 데 바르는 연고나 파스<br>• 바세린 로션 | • 해열제<br>• 소화제<br>• 제산제 |

출처: 교육부(2015a).

## 2) 응급처치 교육 이수

「학교보건법 시행규칙」 제10조 제1항(표 10-2 참고)에는 교직원을 대상으로 응급처치에 관한 교육 실시에 관한 내용을 명시하고 있다. 따라서 유아교육기관에 근무하는 모든 교직원들은 안전한 환경 조성 및 수시 점검과 더불어 언제 어디서든 발생할 수 있는 응급상황에 대처할 수 있도록 응급처치에 대한 정확한 이론과 실습을 필히 이수해야 한다. 이수 시간은 매년 심폐소생술 등 응급처치에 관한 실습 교육 2시간을 포함하여 최소 3시간 이상이어야 한다.

〈표 10-2〉 **교직원 대상 응급처치 교육의 법률적 근거**

**「학교보건법 시행규칙」 제10조(응급처치교육 등)** ①학교의 장이 법 제9조의2제2항에 따라 교직원을 대상으로 심폐소생술 등 응급처치에 관한 교육(이하 "응급처치 교육"이라 한다)을 실시하는 경우 응급처치 교육의 계획 · 내용 및 시간 등은 별표 9와 같다(「교육부령」 제194호, 시행 2019.10.24.).

[별표 9]

**응급처치 교육의 계획 · 내용 및 시간 등**(제10조제1항 관련)

**1. 응급처치 교육의 계획 수립 및 주기**

가. 학교의 장은 매 학년도 3월 31일까지 응급처치 교육의 대상 · 내용 · 방법 및 그 밖에 필요한 사항을 포함하여 해당 학년도의 응급처치 교육계획을 수립해야 한다.

나. 학교의 장은 교육계획을 수립하는 경우에는 모든 교직원이 매 학년도 교육을 받을 수 있도록 해야 한다. 다만, 해당 학년도에 다른 법령에 따라 심폐소생술 등 응급처치와 관련된 내용이 포함된 교육을 받은 교직원에 대해서는 응급처치 교육을 면제할 수 있다.

**2. 응급처치 교육의 내용 · 시간 및 강사**

| 내용 | | 시간 | 강사 |
|---|---|---|---|
| 가. 이론 | 1) 응급상황 대처 요령<br>2) 심폐소생술 등 응급처치 | 2시간 | 가) 의사(응급의학과 전문의를 우선 고려해야 한다) |

| | | | |
|---|---|---|---|
| 교육 | 시 주의사항<br>3) 응급의료 관련 법령 | | 나) 간호사(심폐소생술 등 응급처치와 관련된 자격을 가진 사람으로 한정한다)<br>다) 「응급의료에 관한 법률」 제36조에 따른 응급구조사 자격을 가진 사람으로서 응급의료 또는 구조·구급 관련 분야(응급처치 교육 강사 경력을 포함한다)에서 5년 이상 종사하고 있는 사람 |
| 나. 실습 교육 | 심폐소생술 등 응급처치 | 2시간 | |

비고

1. 교육 여건 등을 고려하여 응급처치 교육의 내용 · 시간을 조정할 수 있으나 실습 교육 2시간을 포함하여 최소 3시간 이상을 실시해야 한다.
2. 심폐소생술에 대한 전문지식을 갖춘 사람을 실습 교육을 위한 보조 강사로 할 수 있다.

출처: 국가법령정보센터(2020). http://www.law.go.kr

## 2 응급상황 시 대처 요령

응급상황 시 대처 요령은 다음과 같다(강인혜 외, 2019; 응급의료포털, 2020).

### 1) 현장조사

사고 현장을 목격하면 현장 상황 및 주변 환경 안전 여부와 환자 상태를 확인한다(응급의료포털, 2020). 이때 자기 자신을 위험한 상황에 노출시키면 안 된다. 또한 다친 영유아뿐만 아니라 다른 영유아의 안전을 위하여 현장에 위험한 요소가 있는지 우선적으로 살펴보아야 한다.

위험 요소는 화재, 구조물 붕괴 위험성, 독성 먼지나 가스, 폭발의 위험성, 감전 가능성, 교통사고 위험성, 미끄러운 표면, 깨어진 유리, 뾰족한 물체 등 다양하다(국민안전처, 2016). 만약 현장이 위험하다고 판단되면 환자를 안전한 곳으로 옮긴다(응급의료포탈, 2020). 또한, 몇 명이 다쳤는지, 다치게 만든 원인이나 질병의 성질을 알 수 있는 단서가 있는지, 주변에 도움을 받을 수 있는 사람이 있는지를 파악한다(AAOS et al., 2018).

### 2) 119 연락

현장 조사 후 환자의 상태가 위급하다고 생각되면 119에 연락하여 도움을 요청한다(응급의료포털, 2020). 도움 요청 시에는 환자 발생 위치, 환자 상태, 주변 환경 등에 대한 정확한 정보를 제공해야 하고, 구급차가 현장에 도착할 때까지 전화로 지시사항을 전달받으며 응급상황에 대처해야 한다(박상규 외, 2018).

**Tip 119에 도움을 요청해야 하는 응급상황**

- 기도 폐쇄
- 호흡 곤란이나 숨을 쉬지 않는 경우
- 의식이 없는 경우
- 심한 화상
- 전기 손상
- 심한 출혈
- 물에 빠졌을 때
- 마비 환자
- 중독 환자
- 심장마비
- 심장 질환이나 흉통
- 경련 환자
- 분만
- 척추 손상이 의심되는 경우
- 자살 기도

출처: 응급의료포털(2020). https://www.e-gen.or.kr

**Tip 응급 환자 신고 시 필수 전달 사항**

- 환자가 발생한 위치, 주소 및 신고자의 이름과 전화번호
- 응급상황이 발생한 경위와 환자 상태
- 주위의 위험 요소 유무(화재, 사고, 위험 물질 등)
- 환자의 수

출처: 서울대학교 보건진료소(2017); 응급의료포털(2020). https://www.e-gen.or.kr

### 3) 응급처치

도움을 받기 전까지 신속한 응급처치가 필요하다. 응급처치 시 호흡계와 순환계, 신체 징후(호흡, 맥박, 체온 등)와 다른 부상 여부 등을 확인한다(강인혜 외, 2019). 이를 근거로 해서 다음 사항 중 한 가지라도 해당될 때까지 응급처치를 한다(AAOS et al., 2018).

- 응급의료서비스(EMS)에게 인계할 때까지
- 의료 기관에서 환자를 데리고 갈 때까지
- 환자에게 최초 도움이나 가정에서 돌봄만 필요하다고 판단될 때까지

**Tip** 응급처치 시 고려해야 할 사항

- 아무리 긴급한 상황이라도 본인과 주위 사람의 안전에 주의를 기울인다.
- 침착하고 신속하며 적절하게 대처한다.
- 환자가 여러 명일 경우 긴급을 요하는 환자 순으로 처치한다.
- 주위 사람들에게 도움을 요청한다(예: 119에 전화해 주세요, 위험한 물건들을 치워 주세요, 응급처치 기구를 갖다 주세요, 환자의 손이나 다리를 들어 주시거나 지혈을 해 주세요, 환자를 안전하게 이송할 수 있도록 도와주세요 등).
- 증상별로 적절한 응급처치를 시행한다.
- 환자를 가급적 옮기지 않도록 하고 옮길 시에는 적절한 운반법을 활용한다.
- 응급 구조사에게 인계할 때까지 응급처치를 중단하지 않는다.
- 환자에게 손상을 입힌 약품이나 음식뿐만 아니라 구토물 등도 병원으로 함께 가져간다.

출처: 박상규 외(2018).

## 3 상황별 응급처치 방법

유아교육기관에서 크고 작은 여러 가지 응급상황이 발생할 수 있다. 따라서 교직원은 갑작스럽게 발생할 수 있는 응급상황에 침착하고 신속히 대처하기 위해 상황별 응급처치 방법을 잘 알고 있어야 한다.

## 1) 상처

상처란 피부나 체표면에 발생한 비정상적인 균열을 말한다(박상규 외, 2018). 상처의 대부분은 외출혈을 일으키고 인체로 세균이 침범하게 되어 감염을 일으킨다(박상규 외, 2018; AAOS et al., 2018). 따라서 상처가 생기면 통증과 출혈 관리도 중요하지만 치료 과정에서 감염이 발생하면 치명적인 손상으로 이어질 수 있으므로 특히 감염 예방에 주의하여야 한다.

### (1) 상처의 종류

상처의 종류는 다음과 같다(박상규 외, 2018; AAOS et al., 2018).

- **찰과상**(abrasion): 피부가 긁힌 상처로, 출혈이 거의 없는 가벼운 상처이다. 넘어지거나 미끄러지면서 타박상과 함께 생기는 경우가 많다. 찰과상은 경미한 상처이지만 염증을 유발하여 세균 감염을 일으키기 쉽다.
- **절상**(베인 상처, incision): 칼, 유리조각 등의 날카로운 물체에 베인 상처이다. 감염의 위험성은 낮으나 대부분 혈관이 절단되어 출혈량이 다른 상처에 비해 많은 편이다.
- **열상**(찢긴 상처, laceration): 짓눌리거나 마찰에 의해 피부 조직이 찢어져서 생긴 상처이다. 출혈은 적으나 조직 손상이 심하며, 상처가 울퉁불퉁해서 깨끗하게 씻어내기가 어려우므로 세균 감염의 위험성이 크고 염증이 잘 발생한다.
- **자상**(찔린 상처, puncture): 못이나 칼 등에 찔린 상처에서 볼 수 있는데 피부와 그 아래 장기의 손상을 일으킬 수 있는 깊은 상처이다. 자상은 상처 속으로 더러운 물질과 세균이 유입되기 쉬우므로 감염의 위험성이 높다.

### (2) 상처의 응급처치

상처의 응급처치 방법은 다음과 같다(서울대학교 보건진료소, 2017; AAOS et al., 2018).

① 흐르는 물로 상처를 씻어서 상처에 묻어 있는 오염 물질을 최소화한다.
② 물로 씻은 후에도 제거되지 않는 작은 이물질은 소독된 핀셋으로 제거한다.

③ 상처에 출혈이 있는 경우 깨끗한 수건이나 거즈로 상처 부위를 10분 이상 압박하여 지혈한다.

④ 상처가 경미하고 봉합할 필요가 없으면 상처 세척 후 항생제 연고를 얇게 바른다.

⑤ 큰 상처인 경우에는 멸균 드레싱으로 덮는다. 드레싱을 한 후에도 상처에 출혈이 지속되면 드레싱을 덧대 준다. 드레싱이 더러워지거나 젖었을 경우 교체하며, 드레싱이 상처에 달라붙은 경우 따뜻한 물에 딱지를 부드럽게 한 후 제거한다.

### (3) 상처 응급처치 시 주의사항

상처 응급처치 시 주의할 사항은 다음과 같다(서울대학교 보건진료소, 2017; AAOS et al., 2018).

- 큰 상처, 오염이 심한 상처, 생명에 위험한 상처는 씻어 내지 않고 병원으로 이송한다.
- 상처에 박힌 이물질이 크고, 상처가 깊은 경우에는 이물질을 제거하지 않고 깨끗한 천으로 둘러싸서 고정한 후 병원으로 이송한다. 이물질을 무리해서 제거하는 경우 출혈이 심해질 수 있고, 내부 손상이나 상처 부위의 오염이 악화될 수 있다.
- 상처를 문질러 닦지 않는다. 상처를 문지르면 조직이 멍들 수 있다.
- 고농도 포비돈 요오드 제제(베타딘 10%)나 이소프로필 알코올(70%)로 상처를 세척하지 않는다. 이러한 약품으로 세척할 경우 세균뿐만 아니라 피부의 정상 세포까지 손상시킬 수 있다(AAOS et al., 2018).
- 봉합이 필요한 상처나 찔린 상처에는 항생제 연고를 바르지 않는다. 연고가 상처의 분비물 배출을 방해한다.
- 상처나 드레싱 위를 입으로 불지 않는다.

### (4) 출혈에 대한 처치 방법

외부 출혈은 직접 압박, 간접 압박, 지혈대 사용 등으로 처치하고 내부 출혈은 수술 등의 전문 처치가 필요하다. 출혈에 대한 처치 방법을 정리하면 다음과 같다(국민안전처, 2016; 한국산업안전공단, 2000).

① 직접 압박

- 출혈 부위에 멸균거즈나 깨끗한 천을 덮고 꾹 눌러 지혈한다. 거즈가 없으면 손을 깨끗이 닦고 눌러 줘도 된다.
- 상처 부위를 심장보다 높이 들고 꾹 누른다.
- 피가 멎으면 압박 붕대를 매 준다.
- 맥박을 확인해 보고 맥박이 뛰지 않으면 붕대를 조금 느슨하게 풀어 준다.

② 간접 압박

직접 압박으로도 지혈되지 않을 때 출혈 부위에서 심장 쪽으로 가까이 위치한 동맥 부위를 압박한다.

③ 지혈대 사용

- 출혈이 심하면 지혈대를 이용하여 지혈한다.
- 상처 윗부분(심장 가까운 쪽)을 압박붕대로 감는다. 상처가 관절 부분이면 관절 바로 위를 감아 준다.
- 지혈대는 풀지 않고 계속 묶인 상태로 두면 혈액순환이 차단되어 위험하므로 한 시간에 한 번 정도 풀었다가 다시 묶어야 한다.

## 2) 비출혈(코피)

비(鼻)출혈(코피)은 주로 외상이나 코를 세게 풀었을 때, 또는 코를 후비는 행동으로 인해 코 앞쪽의 혈관들이 충격 등에 의해 파열되어 발생한다(박상규 외, 2018). 비출혈(코피) 시 응급처치 방법은 다음과 같다(박상규 외, 2018; AAOS et al., 2018).

① 편안한 자세로 앉히고 머리를 앞으로 약간 숙이게 한다. 절대 눕히거나 머리를 뒤로 젖히지 않는다.
② 콧방울 약간 위쪽을 엄지와 검지로 10분 동안 꽉 잡아 준다. 이때 혈액이 목으로 넘어가지 않도록 턱을 조금 앞으로 당기고 입으로 숨을 쉬게 한다. 가벼운 비출혈(코피)은 콧방울을 쥐고 있는 것만으로도 곧 멈춘다.
③ 10분이 지나도 비출혈(코피)이 멈추지 않으면 다시 10분 정도 같은 위치를 엄지와 검지로 잡아 준다. 지혈은 10분 이상 지속한다.
④ 얼음팩을 출혈 부위에 대 주거나 코안으로 충혈완화제를 뿌리면 신속하게 지혈하는 데 도움이 된다.
⑤ 지속적으로 비출혈(코피)이 나거나 코에서 열감이 느껴진다면 코 골절을 의심할 수 있으므로 병원으로 가야 한다.
⑥ 지혈이 되었더라도 머리를 계속 앞으로 숙이고 미지근한 물로 코와 입 주위를 닦는다.
⑦ 충분한 휴식을 취하게 하고 운동은 금지한다. 또한, 코를 후비거나 비비지 않게 한다.

### 3) 벌에 쏘임

야외로 현장학습을 갔을 경우나 바깥놀이 시 벌에 쏘이는 경우가 발생할 수 있다. 벌에 쏘였을 때 나타나는 증상으로는 국소적인 통증, 가려움증, 부종, 알레르기 반응이 있다. 이 중에서 국소적인 통증, 가려움증, 부종은 응급처치로 치료될 수 있다(AAOS et al., 2018). 그러나 알레르기 반응인 아나필락시스 반응(anaphylactic reaction, 과민증 반응)[1)]이 나타나는 경우에는 생명이 위험할 수 있으므로 증상과 징후를 숙지하고 있는 것이 중요하다(강인혜 외, 2019). 벌에 쏘인 경우 응급처치 방법은 다음과 같다(교육과학기술부, 2012b; 국민안전처, 2016).

1) 아나필락시스 반응(anaphylactic reaction): 급성 즉시형 과민증의 일종으로, 알레르기 원인물질에 노출된 후 갑자기 발생하는 심한 과민반응임

① 꿀벌에 쏘인 경우 피부에 벌침이 박혀 있는데, 박힌 벌침을 제거하지 않으면 2~3분간 독이 계속 나오므로 즉시 제거해야 한다. 벌침을 제거할 때는 반드시 딱딱한 종이나 카드로 살살 밀어서 뺀다. 피부에 박힌 벌침을 집게나 손톱으로 잡으면 독을 짜 주는 효과가 있어서 위험하다.

② 말벌에 쏘인 경우에는 벌침이 박혀 있지 않다. 말벌은 독성이 강해서 빨리 붓고 쇼크가 올 수 있으므로 즉시 119에 신고한다.

③ 쏘인 부위를 비눗물로 깨끗이 씻어 내고 15~20분 동안 얼음찜질을 한다.

④ 진통제를 복용하고 가려움과 부종 완화를 위해 스테로이드 크림을 도포한다.

⑤ 아나필락시스 반응이 심하게 나타나면 생명이 위험할 수 있으므로 즉시 119에 신고한다. 아나필락시스 반응은 대체로 원인에 노출된 후 30분 이내에 발생하는데 두드러기, 입술이나 혀의 부종, 쌕쌕거림(wheezing), 피부색의 변화(청색증), 가슴 통증, 어지러움, 두통, 구역질, 기도 부종과 경련으로 인한 호흡 곤란 등의 증상이 나타난다(강인혜 외, 2019).

## 4) 화상

영유아의 피부는 성인의 피부에 비해 얇아서 화상 시 더 심각한 손상을 입을 수 있다(AAOS et al., 2018). 특히 성인보다 훨씬 작은 범위의 화상에도 생명이 위험할 수 있다(박상규 외, 2018). 화상은 열화상(뜨거운 열에 의한 화상), 전기화상(감전에 의한 화상), 화학화상(화학물질에 의한 화상)으로 구분할 수 있다(AAOS et al., 2018). 화상의 응급처치 및 주의사항은 다음과 같다(박상규 외, 2018; 서울종합방재센터, 2020; AAOS et al., 2018).

### (1) 열화상 시 응급처치 요령

열화상은 경험 부족과 신체적 미숙으로 인하여 영유아에게 특히 더 많이 발생한다. 열화상은 화재, 물을 끓일 때 발생하는 증기, 뜨거운 온수, 가열된 용기나 도구 등에 의해서 발생할 수 있다. 그리고 여름에는 햇볕에 뜨거워진 놀이기구(미끄럼틀 등)를 이용하다가도 발생할 수 있다. 열화상 시 응급처치 요령은 다음과 같다.

① 1도 화상은 피부 표면이 붉어지고 물집이 없다. 1도 화상일 경우에는 화상 부위를 적어도 10분 동안 찬물(얼음물)에 담그거나 흐르는 물로 충분히 차게 해 준다. 화상 부위의 열을 식힌 후에는 보습제를 발라 준다.

② 2도 화상은 표피와 진피의 일부까지 영향을 주므로 물집이 생기고 심한 통증이 있다. 2도 화상의 경우에는 1도 화상의 경우와 마찬가지로 화상 부위를 충분히 차게 해 준다. 그리고 물집(수포)을 터뜨리지 않도록 한다.

③ 3도 화상은 진피와 피하 지방층까지 손상되어 피부가 검게 그을리거나 어두운 갈색 또는 흰색으로 변화한다. 또한, 신경의 말단 조직까지 화상을 입어 감각 기능을 완전히 상실하여 통증이 거의 없거나 전혀 없다. 3도 화상의 경우 몸에 달라붙지 않은 옷, 신발 등 몸을 조이는 것들을 제거한다. 그러나 화상으로 몸에 달라붙은 옷은 떼어 내려 하지 않아야 한다. 3도 화상도 1도, 2도 화상과 마찬가지로 화상 부위에 찬물을 10분 정도 충분히 붓되, 병원 후송을 지연시켜서는 안 된다.

④ 햇빛에 의한 화상의 경우 시원한 상태를 최대 45분 동안 유지하면 피부를 진정시켜 주는 효과가 있다.

〈표 10-3〉 열화상의 증상과 깊이에 따른 분류

| 구분 | 1도 화상 | 2도 화상 | 3도 화상 |
|---|---|---|---|
| 손상 범위 | 표피층 | 표피층과 진피층 상당 부분 | 진피층과 피하 지방층 |
| 감각 | 통증 심함 | 통증 심함 | 통증이 거의 없거나 전혀 없음 |
| 피부 표면 | 빨갛고 물집 없음 | 물집이 있고, 체액이 흐름 | 검게 그을리거나 어두운 갈색 또는 흰색 |
| 치유 기간 | 3~6일 | 2~4주, 깊이에 따라 다름 | 피부 이식 필요 |

출처: 박상규 외(2018).

### (2) 전기화상 시 응급처치 요령

전기화상에는 열화상(불꽃), 아크화상(플래시), 감전(접촉)의 세 가지 유형이 있다. 열화상은 입고 있는 옷이나 물건에 전류가 닿았을 때 발생하며, 아크화상은 전류가 한 지점에서 다른 지점으로 이동할 때 발생한다. 감전은 전류가 직접 몸을 통과할 때 일어나는데 전기는 가장 저항이 적은 신경과 혈관을 따라 이동하면서 몸에 심각한 손상을 일으킬 수 있다. 전기화상 시 응급처치 요령은 다음과 같다.

① 감전사고를 당한 사람은 모두 의학 처치를 받아야 하므로 119에 도움을 요청한다.
② 환자에게 접근하기 전 우선 전원을 차단해야 한다. 고압 전류에 감전된 환자를 대할 때는 전원이 완전 차단되고 격리되었다는 것이 확인되기 전까지 환자에게 접근하지 않는다.
③ 호흡을 확인하고 만약 호흡이 없다면 심폐소생술을 실시한다.

### (3) 화학화상 시 응급처치 요령

화학화상은 산, 알칼리, 유기화합물 등의 물질이 피부에 닿으면서 심각한 손상을 일으키므로 생소한 약품의 취급 시 특히 주의해야 한다. 화학화상 시 응급처치 요령은 다음과 같다.

① 처치자는 반드시 장갑 등의 안전장비를 착용한다.
② 화상을 일으킨 화학 물질로부터 환자를 즉시 이동시킨다.
③ 화상 부위를 흐르는 차가운 물로 최소 20분 동안 씻어 낸다.
④ 마른 고형 화학물은 물과 합쳐지면 더욱 위험하므로 부드러운 솔로 충분히 털어 낸 후 물로 씻어 낸다.
⑤ 해독제나 중화제를 절대 사용해서는 안 된다. 중화제는 중화 과정에서 심한 화학반응을 일으키는 열로 인하여 화상을 악화시킬 수 있다.
⑥ 화학 물질이 눈에 들어갔을 경우 화학물질이 들어간 눈이 코 아래로 향하게 한 후 따뜻한 물로 코에서부터 얼굴의 양쪽으로 흘러내려 갈 수 있도록 눈을 씻어 낸다. 이는 물을 눈에 부었을 때 차가운 물보다는 따뜻한 물이 참기가 더 수월하기 때문이다.
⑦ 세척 후에는 화상 부위에 건조한 멸균 드레싱을 하여 감염을 방지한다.

### 5) 기도 폐쇄

기도 폐쇄(respiratory obstruction)란 여러 가지 다양한 이물질에 의하여 기도가 막히는 현상이다(강인혜 외, 2019). 주로 음식물(고기 덩어리, 떡 등)이나 사탕, 장난감 등에 의해 기도가 막혀 호흡이 곤란하게 된다(서울소방재난본부, 2020). 기침, 청색증(입술 등이 푸른색을 띠는 상태), 말하는 것이 힘들고 숨쉬기 힘들어하는 것이 관찰되거나 자신의 목을 움켜쥐는 행동을 보이면서 매우 괴로워한다면 기도 폐쇄로 판단하고 처치를 실시해야 한다(강인혜 외, 2019). 기도가 완전히 폐쇄된 경우에는 3~4분 이내에 의식을 잃게 되고 4~6분이 지나면 생명이 위험에 빠질 수 있으므로 빠른 시간 내 응급처치를 실시해야 한다(서울소방재난본부, 2020). 기도 폐쇄 시 응급처치 요령은 다음과 같다(강인혜 외, 2019; 박상규 외, 2018; 보건복지부, 2020).

#### (1) 1세 미만 영아의 기도 폐쇄 시 응급처치

1세 미만 영아는 손에 잡히는 것이면 무엇이든 입에 넣으려는 특성이 있다. 이로 인해 다양한 이물질로 인한 기도 폐쇄가 발생할 수 있다. 영아 기도 폐쇄의 경우 초기에는 울거나 기침을 하지만 점차 소리를 내지 못하고 온몸에서 청색증이 발생할 수 있다. 영아의 경우 영아의 체구에 맞는 하임리히법을 시행해야 한다. 1세 미만 영아 및 2세라도 체중이 10kg 이하인 영아의 기도 폐쇄 시 응급 처치법은 다음과 같다.

① 영아의 얼굴과 가슴을 아래 방향으로 하여 한 손으로 머리와 목을 단단히 받쳐서 처치자의 한쪽 허벅지 위에 올려놓는다. 영아의 머리를 낮춘 후 손바닥으로 어깨뼈 사이의 등을 5회 친다.

② 영아의 얼굴과 가슴을 위 방향으로 가도록 되돌린다. 손가락 2개로 양쪽 젖꼭지를 이은 선과 만나는 지점 바로 아래 4cm 정도의 깊이로 강하고 빠르게 5회(1회/초당) 압박한다.

③ ①번과 ②번을 반복해서 실시한다.

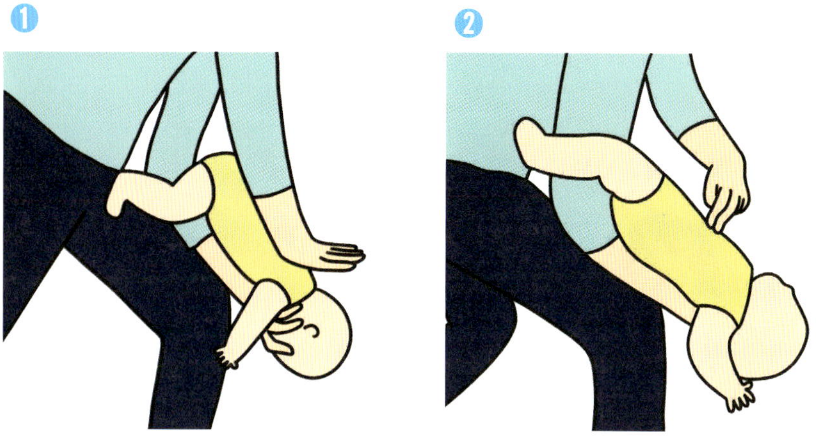

한손으로 머리와 목을 받쳐주고, 머리를 낮춘 후 손바닥으로 어깨뼈 사이의 등을 5회 친다.

되돌려 손가락 2개로 양쪽 젖꼭지 이은선과 만나는 지점 바로 아래를 4cm 정도의 깊이로 강하고 빠르게 5회(1회/초당) 압박한다.

**그림 10-1** 1세 미만 영아 대상 하임리히법

### (2) 1세 이상 영유아 및 성인의 기도 폐쇄 시 응급처치

기도 폐쇄의 원인이 된 이물질을 제거하기 위해서는 하임리히법(Heimlich maneuver, 복부 밀쳐 들어 올리기)을 시행한다. 이 방법은 환자의 등 뒤에 서서 상복부(배꼽과 명치 사이)에 주먹을 쥔 손을 대고 다른 손으로 주먹을 감싼 후에 복부 아래쪽에서 복부 윗쪽으로 강하고 빠르게 밀쳐 올리는 방법이다.

1세 이상의 영유아일 경우에는 무릎을 꿇고 앉아서 시행한다. 응급처치를 하는 사람보다 키나 체구가 커서 하임리히법을 효과적으로 시행하기 어려운 경우에는 환자를 무릎을 꿇고 앉힌 후 시행하면 효과적이다. 하임리히법 시행 방법은 다음과 같다.

① 기도 폐쇄된 영유아의 뒤에 선다.

② 주먹의 엄지가 영유아의 배꼽 바로 위에 오도록 두고 다른 손으로 주먹을 감싸 쥔다.

③ 복부 위를 향해 밀쳐 올린다. 이물질이 나오거나 도와줄 사람이 올 때까지 계속한다.

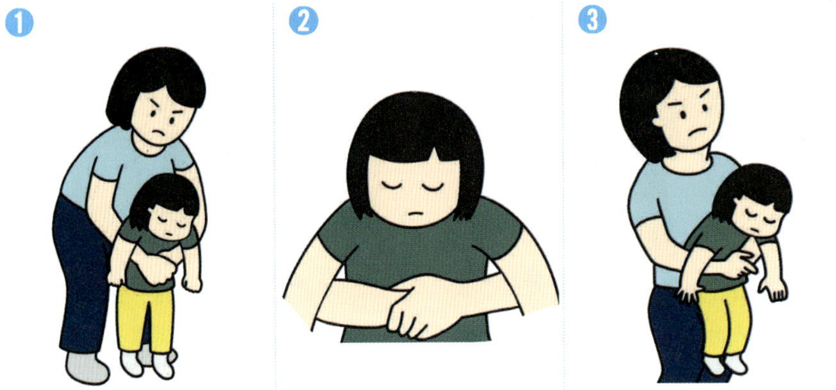

| ❶ | ❷ | ❸ |
|---|---|---|
| 기도 폐쇄된 유아의 뒤에 선다. | 주먹의 엄지가 유아의 배꼽 바로 위에 오도록 두고 다른 손으로 감싸 쥔다. | 복부 위를 향해 밀쳐 올린다. 이물질이 나올 때까지 계속한다. |

**그림 10-2** 하임리히법

## 4 심폐소생술

심폐소생술(CPR, cardiopulmonary resuscitation)이란 심정지 환자를 소생시키기 위하여 환자의 가슴 압박과 인공호흡을 시행하는 치료 술기(術技)를 말한다. 그러나 최근에는 심정지 환자를 소생시키는 데 도움이 되는 모든 치료 방법을 심폐소생술로 정의하고 있다(강인혜 외, 2019; 박상규 외, 2018).

심폐소생술은 기본 소생술(basic life support)과 전문 소생술(advanced life support)로 분류된다. 일반인이 배워서 시행해야 할 기본적인 대처법이 기본 소생술(자동심장충격기 포함)이며, 전문 소생술은 의료 전문가들이 시행한다(강인혜 외, 2019). 전문 소생술은 의료

전문가들이 시행하는 심폐소생술이므로, 여기서는 기본 소생술로서의 심폐소생술에 대해서 알아본다.

### 1) 심폐소생술 수행 절차

심정지가 발생하면 목격자가 심정지 상태를 신속하게 인지하고 즉시 응급 의료 체계에 신고하며, 구급대원이 현장에 도착할 때까지 현장에서 심폐소생술을 시행해야 한다. 심폐소생술(기본소생술)을 실시하는 방법은 다음과 같다(강인혜 외, 2019; 국민안전처, 2016; 보건복지부, 질병관리본부, 대한심폐소생협회, 2016; 응급의료포털, 2020; AAOS et al., 2018).

#### (1) 1단계: 환자의 반응 확인

쓰러진 사람을 발견하면 접근하기 전에 현장의 안전을 확인한 후 환자의 반응을 확인한다. 환자의 어깨를 가볍게 두드리며 "괜찮으세요?"라고 소리쳐서 반응을 확인한다. 소아(1세~8세 미만)의 경우 "얘야 괜찮니?"라고 소리치거나, 이름을 알면 이름을 불러 본다. 영아(1세 미만)의 경우 발바닥을 때려 확인한다(응급의료포털, 2020).

#### (2) 2단계: 119 신고

쓰러진 사람이 반응이 없으면 즉시 119에 신고한다. 119에 신고할 때에는 환자 발생 장소 및 상황, 발생한 환자 수와 환자의 상태, 그리고 시행하고 있던 응급처치에 대해 설명해야 한다(Ministry of Public Safety and Security, Central Fire Service, 2014). 119상담원의 지시에 따라 심폐소생술을 잘 시행하기 위해서는 스피커 통화를 시행하는 것이 바람직하다. 통화는 119상담원의 지시 사항이 더 이상 없다는 것이 확인될 때까지 통화 상태를 유지한다.

#### (3) 3단계: 호흡 확인

119상담원의 안내에 따라 호흡의 유무 및 비정상 여부를 판별해야 한다(Clawson et al., 2012; Tanaka et al., 2012). 심정지의 즉각적인 확인은 무반응과 비정상적인 호흡(심정지 호흡, gasping)의 유무로 판단한다. 비정상적인 호흡이란 환자가 숨을 쉬지 않거나, 헐떡거림과 같이 정상이 아닌 모든 형태의 호흡을 말한다(Berg et al., 2010). 만약 호흡이 없거나 비정상적인 호흡이라고 판단되면 즉시 가슴 압박을 실시한다.

### (4) 4단계: 가슴 압박

심폐소생술 동안 심장과 뇌로 충분한 혈류를 전달하기 위하여 효과적인 가슴 압박은 필수 요소이다. 가슴 압박소생술은 심폐소생술 중 인공호흡을 하지 않고 가슴 압박만을 하는 방법이다. 인공호흡에 대해 거부감을 가진 경우에 심폐소생술을 시도조차 하지 않는 경우가 많다. 그러나 인공호흡을 하지 않고 가슴 압박만 실시해도 심정지 환자의 생존율을 높일 수 있다(Bobrow et al., 2010). 심정지 초기에는 가슴 압박소생술(hands-only CPR)을 실시한 경우와 심폐소생술(인공호흡과 가슴 압박)을 실시한 경우를 비교했을 때 생존율의 차이가 없다고 알려져 있다(Vadeboncoeur et al., 2014).

- 가슴 압박은 혈액순환을 유지하기 위한 목적으로 실시한다. 실시 방법은 가슴의 중앙인 가슴뼈(sternum)의 아래쪽 절반 부위(양 젖꼭지에서 가상의 선을 이어 가운데 지점)를 강하게 규칙적으로, 빠르게 압박한다(국민안전처, 2016; AAOS et al., 2018)(그림 10-3).
- 가슴 압박의 속도는 적어도 분당 100회 이상을 유지해야 하지만 분당 120회를 넘지 않아야 한다(Sutton et al., 2013).
- 압박 깊이는 성인의 경우 적어도 5cm 이상을 유지하지만 6cm를 넘지 않도록 하고, 소아(1세~8세 미만)는 4~5cm, 영아(1세 미만)는 4cm 깊이를 압박한다(Sutton et al., 2013).
- 성인 가슴 압박은 두 손을 사용하고, 소아는 한 손이나 두 손, 영아는 두 손가락으로 가슴 압박을 시행한다(AAOS et al., 2018)(그림 10-4).
- 가슴 압박을 할 때 혈류가 심장으로 충분히 채워지도록 각각의 가슴 압박 이후 가슴의 이완을 최대로 한다(Glatz et al., 2013).
- 가슴 압박을 할 때의 자세는 양팔을 곧게 펴서 한 쪽 손바닥을 압박 위치에 대고 그 위에 다른 손바닥을 평평하게 겹쳐 손꿈치를 사용해 압박한다. 손가락은 펴거나 깍지를 껴서 손가락 끝이 가슴에 닿지 않도록 한다. 또한, 엉덩이를

운동축으로 삼아 상체의 체중을 실어 압박 부위와 수직이 되는 방향으로 압박과 이완을 반복한다(Kleinman et al., 2015)(그림 10-5).

- 인공호흡을 같이 실시할 때는 가슴 압박과 인공호흡의 비율이 30: 2(가슴 압박 30번에 인공호흡 2번 실시)가 되게 할 것을 권장한다(Hinchey et al., 2010)(그림 10-6).
- 영아와 소아의 경우 가슴 압박과 인공호흡이 함께 제공되어야만 최상의 결과를 얻을 수 있다. 만약 구조자가 인공호흡을 할 수 없는 상황이라면 구급대원이 도착할 때까지 가슴 압박 소생술만이라도 계속해야 한다(Goto, Maeda, & Goto, 2014).
- 심폐소생술은 많은 에너지를 요하므로 심폐소생술 시작 1.5~3분 사이부터 가슴 압박의 깊이가 얕아진다. 따라서 심폐소생술을 할 수 있는 사람이 주변에 있으면 매 2분마다 교대로 하는 것이 구조자의 피로를 줄이고 고품질의 심폐소생술을 제공할 수 있다(Berg, et al., 2010).
- 가슴 압박 중단은 10초 이내로 최소화해야 한다(Cheskes et al., 2014).

〈표 10-4〉 가슴 압박 방법

| 가슴 압박 위치 | | 가슴뼈 하부1/2 |
|---|---|---|
| 손의 위치 | | 양손을 깍지 끼고 손가락이 환자 가슴에 닿지 않도록 한다. |
| 자세 | | 환자는 평평하고 딱딱한 바닥 위에 눕힌다.<br>처치사는 다리를 어깨넓이로 하여 무릎을 꿇고, 팔꿈치를 펴고, 체중을 가한다. |
| 가슴 압박 속도 | | 100~120회/분 |
| 가슴 압박 깊이 | 영아 | 가슴 두께의 1/3이상 (4cm) |
| | 소아 | 가슴 두께의 1/3이상 (4~5cm) |
| | 성인 | 약 5cm |

출처: 국민안전처(2016); 보건복지부, 질병관리본부, 대한심폐소생협회(2016).

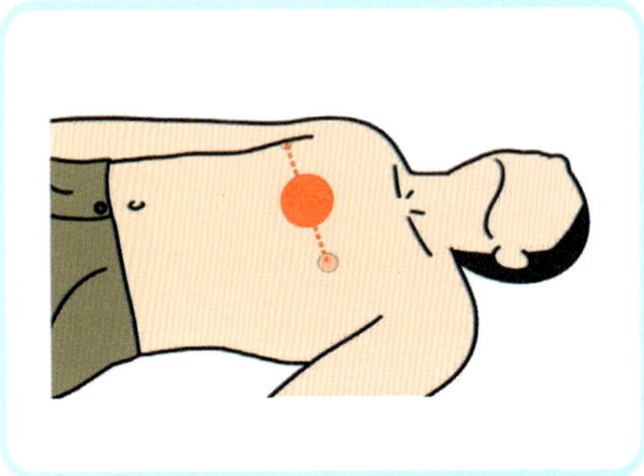

그림 10-3 가슴 압박 위치 확인

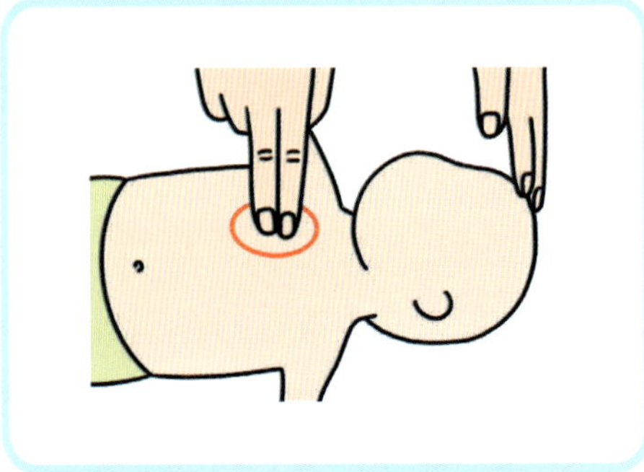

그림 10-4 영아 가슴 압박 손의 위치

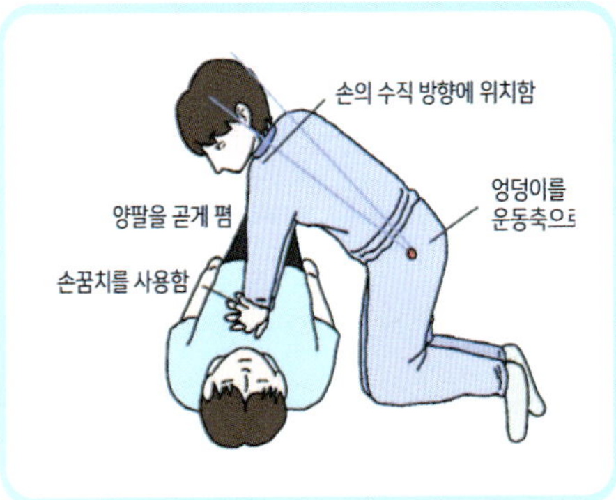


그림 10-5 올바른 흉부 압박

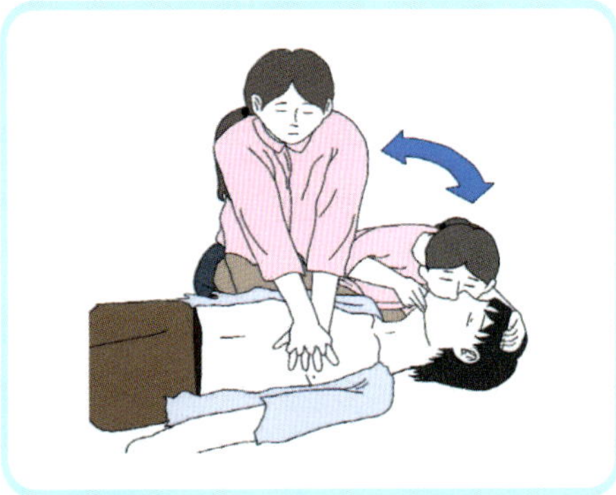

그림 10-6 가슴 압박과 인공호흡 비율 (30:2)

### (5) 5단계: 기도 유지(기도 열기)

인공호흡을 하기 전에 기도유지를 위해 기도를 열어야 한다. 기도를 여는 방법은 다음과 같다(AAOS et al., 2018).

첫째, 이마에 한 손을 대고 다른 한 손의 손가락 끝은 턱 끝부분에 놓는다.

둘째, 이마에 얹은 손을 뒤로 누르면서 턱을 들어 올려 환자의 머리를 뒤로 기울인다(그림 10-7).

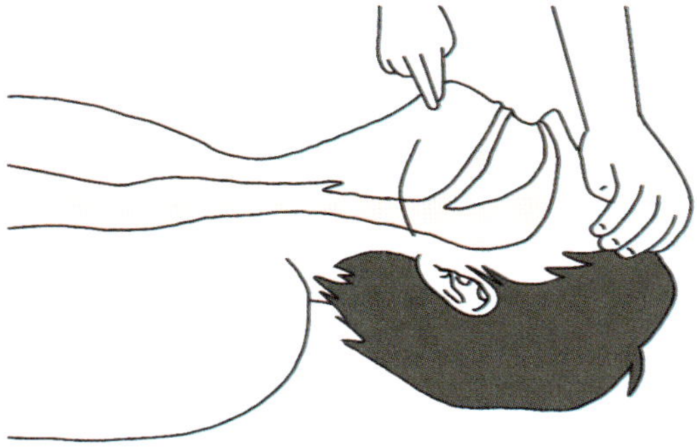

그림 10-7 머리 젖히고 턱 들기(head tilt-chin lift)

### (6) 6단계: 인공호흡

심폐소생술에서 인공호흡의 1차 목적은 적절한 산소화를 유지하는 것이며 2차 목적은 이산화탄소를 제거하는 것이다. 그런데 심정지가 발생하면 몇 분 동안은 동맥혈 내의 산소 함량이 유지되기 때문에(Berg et al., 2001) 인공호흡을 생략하고 가슴 압박만 해도 된다. 그러나 물에 빠진 경우 혹은 약물 중독으로 인한 질식성 심정지나 심정지 후 시간이 경과한 경우에는 가슴 압박과 함께 반드시 인공호흡을 실시해야 한다(국민안전처, 2016).

국민안전처(2016)에서 제시하는 인공호흡 실시 방법은 다음과 같다.

① 엄지와 검지로 코를 잡는다.

② 숨을 적당히 들이 쉰 후 환자의 입 주위를 자신의 입으로 덮는다.

③ 환자의 가슴이 부풀어 오를 때까지 일정하게 불어넣는다.(1초당 1회)

④ 입과 코를 떼어 공기가 배출되도록 한다.

⑤ 호흡 1회당 5~6초, 분당 10~12회 실시한다.

※ 영아에게 인공호흡을 하려면 입-입 인공호흡 또는 입-코 인공호흡 방법을 사용하고, 소아에게는 입-입 인공호흡을 한다.

**Tip 인공호흡 유의사항**

- 인공호흡을 1초간 한다.
- 1회 호흡량은 가슴이 위로 올라오는 것이 눈으로 확인될 정도가 되어야 한다.
- 2인 구조자 상황에서 가슴 압박과 인공호흡이 동시에 이루어지지 않도록 한다.
- 인공호흡을 과도하게 하여 과다 호흡(과환기)을 유발하지 않도록 주의한다(Cheskes et al., 2014).

출처: 국민안전처(2016)

이상의 심폐소생술(기본소생술)의 내용을 정리하면 〈표 10-5〉와 같다.

〈표 10-5〉 심폐소생술의 주요 내용

<table>
<tr><th colspan="2">구분</th><th>영아<br>(1세 미만)</th><th>소아<br>(1세~8세 미만)</th><th>성인<br>(8세부터)</th></tr>
<tr><td colspan="2" rowspan="2">심정지의 확인</td><td colspan="3">무반응</td></tr>
<tr><td colspan="3">무호흡 혹은 심정지 호흡<br>10초 이내 확인된 무맥박(의료제공자만 해당)</td></tr>
<tr><td colspan="2">심폐소생술의 순서</td><td colspan="3">가슴 압박 → 기도유지 → 인공호흡(2회) → 호흡 확인(5~10초)<br>→ 회복 상태 파악 후 심폐소생술과 인공호흡의 재실시 여부 판단</td></tr>
<tr><td colspan="2">가슴 압박 속도</td><td colspan="3">100~120회/분</td></tr>
<tr><td colspan="2">가슴 압박 깊이</td><td>가슴 두께의 1/3이상<br>(4cm)</td><td>가슴 두께의 1/3이상<br>(4~5cm)</td><td>약 5cm</td></tr>
<tr><td colspan="2">가슴 이완</td><td colspan="3">가슴 압박 사이에는 완전한 가슴 이완</td></tr>
<tr><td colspan="2">가슴 압박 중단</td><td colspan="3">가슴 압박 중단은 최소화(불가피한 중단은 10초 이내)</td></tr>
<tr><td colspan="2">기도 유지</td><td colspan="3">머리 젖히고(head tilt) → 턱 들어올리기(chil lift)</td></tr>
<tr><td rowspan="2">가슴 압박 대 인공호흡 비율</td><td>전문기도 확보 이전</td><td colspan="2">30 : 2 (1인 구조자)<br>15 : 2 (2인 구조자, 의료제공자만 해당)</td><td>30 : 2</td></tr>
<tr><td>전문기도 확보 이후</td><td colspan="3">가슴 압박과 상관없이 6초마다 인공호흡</td></tr>
<tr><td colspan="2">일반인 구조자</td><td colspan="2">심폐소생술</td><td>가슴 압박 소생술</td></tr>
<tr><td colspan="2">심폐소생술을<br>할 수 없는 구조자</td><td colspan="3">'가슴 압박 소생술' 시행(인공호흡 생략)</td></tr>
</table>

출처: 국민안전처(2016); 보건복지부, 질병관리본부, 대한심폐소생협회(2016).

## 2) 자동심장충격기(AED)의 사용

자동심장충격기(AED, Automated External Defibrillator)는 환자의 심전도를 자동으로 판독하여 제세동(defibrillation)[2]이 필요한 심정지를 구분해 주는 장비로써, 의료 지식이 충분하지 않은 일반인도 쉽게 사용할 수 있다(응급의료포털, 2020). 따라서 심정지 환자를 발견한 사람은 누구라도 쉽게 자동심장충격기를 사용할 수 있도록 많은 사람들이 이용하는 공공장소에 구비되어 있어야 한다(보건복지부, 질병관리본부, 대한심폐소생협회, 2016).

### (1) 자동심장충격기(AED)의 사용 방법

자동심장충격기(AED)의 사용법은 다음과 같다(응급의료포털, 2020).

① 심정지 환자를 발견하면 바로 심폐소생술을 실시하고, 주변의 사람에게 자동심장충격기를 가져다 달라고 말한다.

② 심폐소생술을 시행하고 있는 도중에 자동심장충격기가 도착하면, 심폐소생술에 방해가 되지 않는 곳에 놓고 전원버튼을 누른다.

③ 환자의 상의를 벗기고, 두 개의 패드를 부착부위에 정확히 부착한다. 이때 패드 부착부위에 이물질이 있으면 제거한다(패드1: 오른쪽 빗장뼈 바로 아래 부착/패드2: 왼쪽 젖꼭지 옆 겨드랑이 부착).

④ "분석 중..."이라는 음성 지시가 나오면 심폐소생술을 멈추고 환자에게서 손을 뗀다(자동심장충격이 필요 없는 경우에는 "환자의 상태를 확인하고, 심폐소생술을 계속 하십시오"라는 음성 지시가 나온다).

⑤ "쇼크 버튼을 누르십시오"라는 음성 지시가 나오면 점멸하고 있는 쇼크 버튼을 눌러 자동심장충격을 시행한다(쇼크버튼을 누르기 전에는 반드시 다른 사람이 환자에게서 떨어져 있는지 확인하여야 한다).

⑥ 자동심장충격을 시행한 뒤에는 즉시 가슴 압박과 인공호흡 비율을 30 : 2로 심폐소생술을 다시 시행한다.

⑦ 자동심장충격기는 2분마다 심장 리듬 분석을 반복해서 시행하며, 자동심장충격기 사용과 심폐소생술 시행은 119구급대가 현장에 도착할 때까지 지속되어야 한다.

2) 제세동(defibrillation): 심방세동을 정상조율로 되돌리는 수단

### (2) 소아에게 사용 시 유의사항

8세 미만의 소아 심정지 환자에게는 성인보다 적은 에너지인 2~4J/kg로 제세동할 것을 권장한다. 일부 자동심장충격기는 성인용 패드를 소아용 패드로 교체하거나 소아용 열쇠를 꽂음으로써 심장충격 에너지가 조절되도록 설계되어 있다(Atkins et al., 2015). 소아용 패드나 에너지 용량 조절 장치가 되어 있지 않을 경우에는 성인용 자동심장충격기를 그대로 사용할 수 있다. 그러나 1세 미만의 영아에게는 소아 심장충격 용량(2~4J/kg)으로 변경시킨 뒤에 사용한다(Bar-Cohen et al., 2005).

Chapter

# 11

영 유 아 건 강 교 육

# 영유아 중독

Chapter

# 11

# 영유아 중독

영유아기는 신체발달 특성상 소화기를 통한 화학물질 흡수율이 빠르고 높을 뿐만 아니라 호기심과 부주의로 인해 약물중독 사고가 일어날 가능성이 높다. 따라서 부모나 교사는 일상생활에서 일어날 수 있는 사고 현황을 잘 알고, 예방 및 대처할 수 있는 방법을 이해하여 안전한 환경을 제공할 필요가 있다.

이 장에서는 영유아의 발달특성을 고려한 중독예방교육을 위해서 중독의 개념, 중독현황, 그리고 예방과 대처법을 살펴보고자 한다.

## 1 중독의 개념

중독(addiction)이란 계속해서 어떤 물질을 찾으며 상동적인 행동을 보이고, 통제가 불가능할 정도로 의존적이며, 중단하면 금단 현상을 초래하는 상태이다(Fisher & Harrison, 2008). 중독은 신체적 중독(intoxication)과 정신적 중독(addiction)으로 나눌 수 있다

(보건복지부 국립재활원, 2020). 신체적 중독은 독성을 가진 유해 물질이 체내에서 작용하여 기능장애를 일으키는 경우를 말한다. 예를 들면, 약물 중독, 식품 유해 물질 중독 등이 있다. 정신적 중독은 스스로 통제하지 못하고 일상생활에 지장이 있을 정도로 정신적으로 의존하는 경우를 말한다. 예를 들면, 인터넷 중독, 스마트폰 중독 등이 있다.

최근 우리나라 국민의 1/8 정도가 알코올, 마약, 도박, 인터넷/게임의 4대 중독에 빠져 있다는 실태 보고(이해국 외, 2012)가 있을 정도로 중독의 심각성은 커져 가고 있다. 이외에 영유아와 관련된 흡연(연합뉴스, 2017.6.2.), 약물(조선에듀, 2017.8.13.)로 인한 중독이 이슈가 되고 있는 것을 고려하면, 중독의 문제가 비단 성인만의 문제가 아님을 알 수가 있다.

중독은 심각한 개인적, 사회적 문제의 원인으로 작용해 인간의 삶을 불행하게 만들고, 건강한 사회인으로서의 기능을 방해하는 질환 중 하나이다(Fisher & Harrison, 2008). 특히 영유아기는 뇌가 형성되는 시기이기 때문에 중독에 의해 학습, 대인관계, 인지 및 언어, 정서 발달 등 매우 다양한 영역에서 영향을 받고(전초원, 2017), 그 이후의 발달에도 심각한 영향을 준다(권장희, 2012).

또한, 중독 현상은 한번 나타나면 잘 치유되지 않으며 자주 재발하는 특성이 있다(이근무, 강선경, 탁평곤, 2015). 영유아의 경우 무분별한 자극의 노출에 의해 중독에 걸릴 가능성이 높기 때문에 영유아를 대상으로 한 예방이 무엇보다 중요하다. 그리고 이런 예방을 위한 개입은 성인기의 중독 가능성을 줄여 주며, 사회적으로도 중독으로 인한 피해를 최소화할 수 있다(김윤경, 이정미, 박종, 2016). 영유아의 발달 특성을 고려한 중독 예방 교육을 위해서는 영유아의 중독 현황이나 예방과 대처법에 대한 정확한 정보가 필요하다.

## 2 약물 중독

약물 중독과 유사한 증상으로 약물 오용, 약물 남용, 약물 의존이 있다. 이는 약물이 어떻게 사용되는가에 따라 구분된다. 약물 오용과 약물 남용은 약물을 전문가의 지시나 용법에 따르지 않고 의학적 치료 목적에서 벗어나 사용하거나 건강에 해를 끼치는 정도로 약을 이용하는 것을 말한다(어린이안전학교, 2020). 약물 없이는 지내기가 불편하고 괴로운 상황이 되어 계속 약물을 찾게 되는데 이러한 상태를 약물 의존이라 한다(이성한 외, 2016). 약물 의존 상태가 심화되면 약물이 신체 내로 과도하게 흡수되어 여러 가지 부작용을 나타내는데 이를 약물 중독이라고 한다(이성한 외, 2016). 약물 사용에 대한 구분을 자세히 살펴보면 〈표 11-1〉과 같다.

〈표 11-1〉 **약물 사용에 대한 구분**

| 구분 | 내용 |
|---|---|
| 약물 오용 | • 적당하지 않은 용도와 양의 약물을 사용하는 것을 말한다.<br>• 예를 들면, 부모가 감기약을 먹일 때 임의로 다른 약과 해열제를 함께 먹이는 것뿐만 아니라 용량이나 횟수도 늘려서 먹이는 것이다. |
| 약물 남용 | • 의학적 목적이 아닌 다른 용도로 과다하거나 부적절하게 사용하는 행위로 치료의 목적이 아니고 일시적으로 기분을 좋게 하기 위하여 사용하는 것을 말한다.<br>• 예를 들면, 마약, 접착제나 본드, 부탄가스, 알코올, 미성년자의 흡연 등과 같은 법으로 금지된 약물이나 타인에게 피해를 주는 약물 등을 말한다. |
| 약물 의존 | • 약물의 노예가 되어 약물이 없이는 지내기가 불편하고 괴로운 상황이 되어 계속 약물을 찾게 되는 상태를 말한다. |
| 약물 중독 | • 약물이 신체 내로 과도하게 흡수되어 여러 가지 부작용을 나타내는 상태를 말한다.<br>• 기침약, 드링크제, 간장약, 카페인, 진정제 등 지속적, 습관적으로 사용하여 중독이 되는 경우를 말한다. |

출처: 어린이안전학교(2020).

심성경 등(2015)에 의하면 영유아기에 발생하는 약물 중독의 범위는 의약품(예: 감기약, 해열진통제, 비타민 등), 생활 화학 제품(예: 세탁제, 살충제, 소독제, 화장품, 매니큐어 등), 환경 속 약물중독(예: 납, 수은, 니코틴) 등으로 구분지을 수 있다. 영유아기는 신체 발달 특성상 소화기를 통한 화학 물질 흡수율이 빠르고 높을 뿐만 아니라 호기심과 부주의로 인해 약물중독 사고가 일어날 가능성이 높다. 따라서 부모나 교사는 일상생활에서 일어날 수 있는 사고 현황을 잘 알고, 예방 및 대처 방법을 이해하여 안전한 환경을 제공할 필요가 있다. 또한, 영유아가 약물로부터 자신을 보호하는 방법을 익혀 자신의 몸을 건강하고 안전하게 지킬 수 있도록 도움을 주어야 한다(신동주 외, 2015).

### 1) 약물 중독 현황

2018년 어린이 안전사고 동향 분석 결과(한국소비자원, 2019)에 의하면 0~14세 어린이의 중독 사고 현황은 2014년 264건에서 2018년 55건으로, 큰 폭으로 감소하는 추세를 보이고 있다(표 11-2). 그러나 발달 단계별 중독 사고 현황은 걸음마기가 322건으로 60.9%를 차지하였고, 이어서 학령기 92건(17.4%), 영아기 69건(13.0%), 유아기 46건(8.7%) 순으로 나타나 6세 이하 어린이가 전체 어린이 중독 사고의 82.6%를 차지하는 것으로 나타났다(표 11-3).

〈표 11-2〉 **연도별 어린이 중독 사고 현황** (단위: 건)

| 구분 | 2014년 | 2015년 | 2016년 | 2017년 | 2018년 |
|---|---|---|---|---|---|
| 중독 사고 | 264 | 89 | 62 | 59 | 55 |

출처: 한국소비자원(2019).

〈표 11-3〉 **발달 단계별 어린이 중독 사고 현황** 단위: 건, (%)

| 구분 | 영아기 (0세) | 걸음마기 (1~3세) | 유아기 (4~6세) | 학령기 (7~14세) | 합계 |
|---|---|---|---|---|---|
| 남아 | 32 | 182 | 22 | 55 | 291(55.0) |
| 여아 | 37 | 140 | 24 | 37 | 238(45.0) |
| 합계 | 69(13.0) | 322(60.9) | 46(8.7) | 92(17.4) | 529(100.0) |

출처: 한국소비자원(2019).

또한, 0~14세 어린이의 경우 5년간(2014~2018년) 의약품에 의한 중독 증상이 발생한 사례는 188건으로 35.5%를 차지해 가장 많았고, 가정용 청소 및 세탁용품은 61건(11.5%), 의약 외품 50건(9.5%)으로 위 세 가지 품목이 전체의 56.5%를 차지하였다. 다음으로 클렌저, 세정제 등 인체 세정용 화장품이 13건(2.5%), 주방세제 등 주방 용구 및 용품이 12건(2.3%), 가스, 방향제 등 가정용 난방·환기 용품이 11건(2.1%) 등으로 나타났다(표 11-4). 영유아의 약물 중독과 관련해 주요 사례는 주로 의약품, 가정용 청소 및 세탁용품, 의약 외품 등으로 인한 경우이다. 주요 사례를 자세히 살펴보면 〈표 11-5〉와 같다.

**〈표 11-4〉 중독 사고 주요 위해 품목**

단위: 건, (%)

| 주요 위해 품목 | 중독 사고 |
|---|---|
| 의약품 | 188(35.5) |
| 가정용 청소 및 세탁용품 | 61(11.5) |
| 의약 외품 | 50(9.5) |
| 인체 세정용 화장품 | 13(2.5) |
| 주방 용구 및 용품 | 12(2.3) |
| 가정용 난방·환기 용품 | 11(2.1) |
| 의료 용구 | 11(2.1) |
| 손발톱용 화장품 | 10(1.9) |
| 기타 식품·기타 조리 식품 | 9(1.7) |
| 외식·양식 | 9(1.7) |

출처: 한국소비자원(2019).

**〈표 11-5〉 영유아의 약물 중독 주요 사례**

| 구분 | 내용 |
|---|---|
| 의약품 | 2018년 9월 최oo(남, 만 2세)은 할아버지의 고혈압 약을 잘못 빨아 먹어 약물요용에 의한 중독으로 치료 받음 |
| 가정용 청소 및 세탁용품 | 2018년 9월 김oo(여, 만 2세)은 락스를 삼켜 소화 계통의 화학 물질 중독으로 치료 받음 |
| 의약 외품 | 2017년 1월 권oo(여, 8개월)은 바퀴벌레약을 삼켜 소화계통의 살충제 중독으로 치료 받음 |

출처: 한국소비자원(2019).

생활 화학 제품 중독 사고는 세제나 방향제 등의 생활 화학 제품을 사용하는 중 신체 일부에 접촉하거나 음료 등으로 오인하여 마셔서 발생하는 안전사고이다. 최근 3년간(2015~2017년) 한국소비자원 소비자위해감시시스템(CISS)[1]에 접수된 어린이 생활 화학 제품 관련 14세 이하 어린이 중독 사고는 총 200건이며, 그중 5세 미만 영유아가 179건(89.5%)으로 대부분을 차지하는 것으로 나타났다. 사고 유형은 음용(155건, 77.5%), 안구 접촉(39건, 19.5%), 피부 접촉(4건, 2.0%) 등으로 나타났다(그림 11-1).

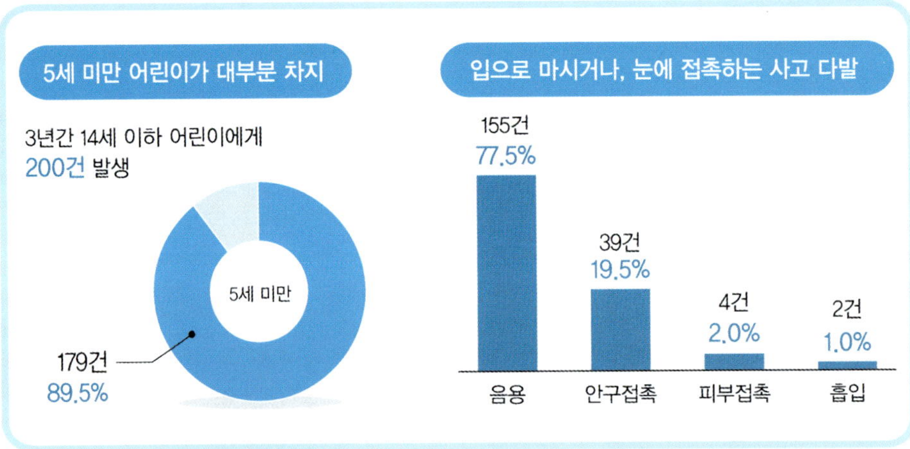


출처: 한국소비자원(2018b).

**그림 11-1** 어린이 생활 화학 제품 중독 사고 현황

## 2) 약물 중독 예방 및 대처법

### (1) 의약품 예방 및 대처법

유아교육기관에서는 의약품 안전 관리와 중독 사고 예방에 힘써야 한다. 또한 약을 함부로 복용했을 때의 부작용에 대해 잘 알고 그 대처법에 주의를 기울여야 한다.

김일옥, 이정은(2010), 성미영, 민미희, 정현심(2014)과 이기숙 등(2014)이 제시하는 의약품 예방을 위한 일반적 안전 수칙과 예방 및 대처법을 정리하면 다음과 같다.

1) 「소비자기본법」에 따라 전국 62개 병원, 18개 소방서 등 80개 위해정보제출기관과 1372 소비자상담센터 등을 통해 위해정보를 수집하고 분석·평가하는 시스템(CISS: Consumer Injury Surveillance System)

① 일반적 안전수칙

- 보관 장소는 더운 곳이나 직사광선을 피하고 습기가 적은 곳이 좋다. 특히 가루약은 물에 젖지 않도록 한다.
- 시럽으로 된 항생제는 냉장보관하고, 5~14일 이내에 복용한다.
- 가루약과 시럽제는 복용 시 먹기 직전에 혼합한다.
- 시럽제 복용 시 병 밑에 가라앉은 약을 흔들어 녹일 때 거품이 나지 않게 한다. 그리고 병에 새겨진 눈금을 눈높이에 두고 정확한 양을 잰다.
- 유효 기간이 지났거나 용도가 분명하지 않은 약은 약국이나 보건소의 폐의약품 수거함에 넣는다.
- 약을 복용할 때는 체온과 비슷한 온도의 미지근한 물을 같이 마시게 한다.
- 가정에서 가져온 약을 투약하도록 의뢰받았을 때 교사는 투약 의뢰서를 토대로 한다. 투약의뢰서에는 투약하는 약의 종류, 용량, 횟수 및 시간, 의뢰자 등을 기재한다. 투약 후에는 투약 보고서를 작성하여 가정에 보낸다.

② 예방법

- 의사의 처방전대로 사용한다.
- 처방약은 반드시 날짜와 이름을 명기하여 영유아가 쉽게 열 수 없는 안전한 용기에 넣어 보관한다.
- 영유아가 보는 앞에서 약을 먹거나, 약을 사탕이라고 하면서 먹이지 않아야 한다. 영유아는 약을 사탕으로 여기고 찾아내어 과잉 복용할 수 있다.
- 어둠 속에서 영유아에게 약을 먹이지 않아야 하는데, 이는 전혀 엉뚱한 약을 먹일 가능성이 있기 때문이다. 약을 먹이기 전에 반드시 약의 이름과 그 분량을 확인한다.
- 조리 활동을 할 때 사용하는 간장이나 소스, 시럽 등을 약병이나 약통에 넣어 사용하지 않는다. 약과 음식물을 혼동하여 잘못 섭취할 수 있다.
- 유해한 물질은 제품에 대한 이름이나 설명서를 떼지 말아야 한다. 설명서에는 그 약품의 사용법, 주의사항, 그리고 그 약품에 대한 해독제를 명기해 놓은 경우가 있다.

- 약품은 음식물과 구분하여 다른 장소에 보관한다. 약품을 냉장고에 보관할 때도 다른 식품과 구분하여 별도로 보관해야 한다.

③ 대처법

의약품 부작용이란 정상적인 용량에 따라 의약품을 투여할 경우 발생하는 의도되지 않은 효과를 의미한다(식품의약품안전처 의약품통합정보시스템, 2020). 예를 들면 진통제를 먹은 후 두드러기가 생기는 등 진통 효과와는 관련 없는 의도하지 않은 증상이 나타나는 경우를 말한다. 부작용 증상으로는 약물 복용 중 발진, 두드러기, 구토, 설사, 호흡 시 쌕쌕거리는 숨소리가 나거나 숨쉬기가 어려운 경우, 혹은 음식이나 물을 삼키기 힘든 상태가 나타날 수 있다. 부작용 시 대처법은 다음과 같다(식품의약품안전처 의약품통합정보시스템, 2020).

- 사고가 발생하면 빨리 응급환자구조센터(119)나 응급의료정조센터(1336)로 연락할 수 있도록 전화기 가까운 곳에 전화번호를 적어 둔다.
- 약물 복용 중 발진, 두드러기, 구토, 설사가 있는 경우 의사에게 연락한다.
- 항생제는 약물 부작용을 일으키는 가장 흔한 약물 중 하나이므로 복용 후 특별한 주의를 기울인다.
- 약물 복용 중 영유아가 쌕쌕거리는 숨소리를 내거나 숨쉬기를 어려워하는 경우, 혹은 음식이나 물을 삼키기 힘든 상태를 보이면 119를 부르거나 가까운 응급실로 영유아를 데려간다.
- 만일 영유아가 특정 음식이나 약물에 알레르기가 있는 경우, 의사나 약사에게 진료나 투약 전에 반드시 알린다.
- 의심되는 부작용은 소비자가 한국의약품안전관리원(1644-6223)으로 보고한다.

### (2) 생활 화학 제품 중독 예방 및 대처법

영유아는 피부나 소화기를 통한 화학 물질 흡수율이 성인에 비해 높기 때문에 그 후유증이 더욱 심각하다. 따라서 영유아 및 교사는 생활 화학 제품 안전 관리와 중독 사고 예방 및 대처법을 잘 알고 있어야 한다.

구경선 등(2015), 정아란(2015), 조경자, 이현숙(2010)과 한국소비자원(2018a)이 제시하는 생활 화학 제품의 예방 및 대처법을 정리하면 다음과 같다.

① 예방법

- 영유아가 생활 화학 제품을 만지지 못하게 하고 근처에 없을 때에만 제품을 사용한다.
- 평소 영유아에게 화장실과 세탁실은 놀이공간이 아니라고 교육한다.
- 낱개의 제품을 용기 외부에 두지 않는다.
- 제품 용기를 바꾸지 않고 원래 용기 그대로 사용하며, 다 쓴 제품 용기를 다른 물건, 특히 음식을 담는 용도로 사용하지 않는다.
- 에어로졸 용품을 무분별하게 사용하면 현기증이나 구역질, 피부 자극, 두통, 몽롱함 등의 신체적 문제가 나타날 수 있다.
- 에어로졸 살충제는 차량이나 베란다 등 온도가 40℃ 이상 되는 곳에 보관하면 위험하다.
- 미술재료는 무독성 표시가 되어 있어 삼키거나 먹어도 해가 없는 물질로 만들어진 제품을 사용해야 한다.
- 바닥에 바퀴벌레 약이나 개미 약 등을 두지 않는다.
- 몸에 뿌리는 해충약을 영유아에세 사용할 때에는 지시 사항을 먼저 읽어야 하고, 상처나 과민한 피부에 뿌리거나 눈 · 입 · 손 · 얼굴에 직접 사용해서도 안 된다.
- 낮은 수납장에 제품을 보관할 경우 수납장을 잠그거나 제품에 어린이 보호 포장이 되어 있는지 반드시 확인한다. 어린이 보호 포장용기에 들어 있는 제품을 주로 사용한다.

② 대처법

- 영유아가 향수나 화장품, 구강 세척제 등을 입에 넣었거나 눈에 뿌렸다면 의사의 진단과 치료를 받아야 한다.
- 생활 화학 제품 중독 사고가 발생했을 경우 응급의료센터 119에 연락하고 먹은 제품은 병원에 가지고 간다.

- 병원 방문 시 영유아가 삼킨 제품의 성분, 삼킨 양 등을 확인하여 의사에게 알린다.
- 연약한 피부를 가진 영유아는 오븐 세척제, 식기 세척제, 도관 세척제 등과 같은 알칼리성 세척제를 먹었을 경우 심한 화상을 입을 수 있다. 이때 상처가 없더라도 즉시 씻어 내고 의사의 진찰을 받아야 한다.
- 생활 화학 제품을 삼키거나 빨아먹은 경우 억지로 토하지 않게 한다. 억지로 구토하게 하는 경우 토사물 흡인, 식도 손상 등 합병증을 유발할 수 있다. 입과 얼굴을 철저히 헹구고 병원 응급실로 간다.
- 제품이 눈에 들어간 경우 비비지 말고 흐르는 물로 씻어 낸 후 병원 치료를 받는다.
- 피부에 접착제 등이 묻었을 경우 무리하게 제거하지 말고 미지근한 물과 세제를 이용해 제거한다.
- 약품을 사용할 경우에는 피부를 충분히 감싼 뒤나 옷을 입은 위에 뿌리도록 하되 속옷 위에 뿌리지 않도록 한다.

### (3) 환경 속 약물 중독 예방 및 대처법

#### ① 납 중독 예방 및 대처법

영유아는 성인에 비해 납의 흡수율이 3~5배에 달한다. 납은 아주 느리게 배설되고 적은 양의 땀으로 배출된다. 배출되고 난 나머지는 뼈에 저장되는데, 만성적인 납 섭취는 발육 및 학습 장애, 기억력 장애를 일으킬 수 있다.

구경선 등(2015)이 제시하는 납 중독의 예방 및 대처법을 정리하면 다음과 같다.

- 영유아를 위한 놀이기구와 놀잇감 등은 납 성분이 없는 페인트를 칠한 것을 사용한다.
- 정기적으로 수질 검사를 한다.
- 영유아가 바깥에서 들어왔을 때 신발에 묻은 흙이나 먼지를 털게 하고 실내 놀잇감과 실외 놀잇감은 반드시 구분하여 사용하도록 한다.
- 페인트칠이 오래된 건물 가까이나 교통체증이 심한 차도 가까이에서는 놀지 않게 한다.

- 통조림 식품은 개봉한 후 바로 유리나 플라스틱 용기에 옮겨 담도록 한다.
- 칼슘의 양이 낮아지면 납의 흡수가 증가하므로 납 중독의 가능성이 크다. 따라서 영유아가 철분과 칼슘이 포함된 식품을 평소에 많이 먹을 수 있도록 지도한다.
- 담배 연기, 대도시의 먼지, 납이 함유된 살충제에 영유아가 노출되지 않도록 한다.
- 집안에 납 성분 페인트를 사용했는지 점검하고 사용했다면 봉함제로 덧바르거나 전문가에 의해 제거한다.
- 납이 든 먼지의 위험을 줄이기 위해 영유아의 손, 장난감, 고무젖꼭지, 우유병 등을 자주 씻는다.
- 납은 철분과 칼슘이 부족한 음식과 튀김 음식 속 지방 등에 상대적으로 많이 함유되어 있다. 영유아가 이런 음식에 노출될 경우 납 중독의 가능성이 크다. 또한 완구나 유모차, 놀이기구 등 페인트가 칠해진 물건을 입으로 빨거나 페인트 가루를 삼킬 경우 납 중독에 걸릴 수 있다.

#### ② 니코틴 중독 예방 및 대처법

영유아 니코틴 중독은 주로 전자담배 액상 니코틴이나 간접흡연에 의해 발생한다(한국소비자원, 2015). 전자담배 액상 니코틴에 의한 중독으로는 전자담배 액상 니코틴 용기를 빨거나 용기 뚜껑을 삼키는 등의 사례가 보고되었다(한국소비자원, 2015). 간접흡연의 경우는 전 세계 약 40%의 어린이가 간접흡연에 노출되어 있고, 하루 한 시간 이상 간접흡연에 노출 시 주의력 결핍 과잉 행동 장애(ADHD) 발병률이 약 3배 증가한다고 보고되었다. 니코틴 중독에 걸리게 되면 영유아 돌연사 위험이 크고, 호흡기 질환, 성장 발육의 저하, 학습 장애 등을 일으킬 수 있다(보건복지부 한국건강증진개발원, 2015).

보건복지부 한국건강증진개발원(2015)은 간접흡연의 예방을 위한 접근방법을 3단계로 나누어 수행하고 있다. 첫째, 개인적 접근 방법이다. 가장 많이 노출되는 장소인 가정 내 흡연을 줄이도록 한다. 둘째, 사회적 접근 방법이다. 식당, 카페, 버스정류소, 공원 등 공공장소에서 흡연을 제한 또는 금지하도록 노력한다. 셋째, 국가적 접근 방법이다. 「국민건강증진법」이나 판례 조례 등에 의해 2015년 1월 1일부터 모든 영업소가 금연구역으로 지정되었다. 추후에도 지속적으로 금연구역 지정을 강화하고 지도 사항 등을 명시하는 등 지속적으로 흡연율을 낮추는 것이 필요하다.

보건복지부 한국건강증진개발원(2015)이 제시하는 니코틴 중독 예방법을 정리하면 다음과 같다.

- 전자담배 액상을 덜어 두는 실리콘 용기를 영유아의 손에 닿지 않도록 높은 곳에 둔다.
- 영유아가 없는 곳에서 담배를 피우고 와도 옷, 머리카락, 신체 등에 담배 연기가 수 시간에서 수 일간 잔류되어 독성 물질을 내보낼 수 있으니 주의한다.
- 유아교육기관에서는 누리과정의 관련 영역과 생활 주제 중심으로 인형극, 동화구연, 뮤지컬 등 다양한 교수 매체를 이용한 흡연 예방 교육을 하도록 한다.
- 영유아 대상 흡연 예방 교육 실시를 통해 흡연에 대한 올바른 인식 변화를 제고하고, 이를 통한 성장기 흡연 진입 방지, 간접흡연 예방 및 주변 흡연 예방을 권유하고 유도한다.
- 영유아 흡연 예방 교육 시 부모의 동반 참여 유도를 통해 부모의 금연을 권유한다.
- 연령별 수준에 맞는 흡연 예방 애니메이션 정보를 제공하는 '다 함께 노! 스모킥' 캠페인은 뽀로로, 타요, 아이쿠, 번개맨 등 영유아가 좋아하는 인기 캐릭터를 활용하여 인식 확산에 기여한다.

## 3 미디어 중독

미디어는 정보를 축적할 수 있는 매체 또는 정보를 전송하는 역할을 하는 것(정재경 외, 2015)으로 기존의 미디어를 대신하여 등장한 새로운 정보 교환 및 통신 수단을 포함한다(이영환 외, 2016). 미디어 중독은 미디어를 과다 사용하여 미디어 사용에 대한 금단과 내성을 지니고 있으며, 이로 인해 이용자의 일상생활에 장애를 겪게 되는 상태를 말한다(한국정보화진흥원, 2015). 사실 영유아의 미디어 사용은 긍정적인 효과를 가지고 있다. 영유아에게 즐거운 놀이와 풍부한 경험을 제공하고, 재미와 경쟁, 그리고 여분의 에너지 소모나 교제 등의 놀이문화를 형성하게 한다(한미경, 황해익, 2003). 그러나 지나친 미디어의 사용은 현실과 환상을 구별 못하거나 폭력성, 도덕적 가치 판단 능력 부족 등과 같은 역기능을 낳아 영유아에게 좋지 않은 영향을 미친다.

### 1) 미디어 중독 현황

영유아 미디어 중독 현황을 살펴보면 최초로 미디어를 접하는 연령이 점점 낮아지고 있다. 미디어 기기 최초의 이용 시기를 살펴보면, TV는 0.75세로 1세가 못되어서 이미 노출되었고, 컴퓨터와 스마트 기기의 경우는 각각 2.46, 2.27세로 3세가 되기 전인 영아기에 이미 노출된 것으로 나타났다(표 11-6). 특히 스마트 기기의 경우 연령별 차이가 큰 것으로 나타났는데, 이는 스마트 기기의 최초 이용시기의 하향 연령화가 점차 심각해지고 있다는 것을 나타내고 있다.

〈표 11-6〉 **영유아 매체 최초 이용 시기**

| 구분 | 영아 | 유아 | 전체(영아와 유아) |
|---|---|---|---|
| TV | 0.41 | 1.04 | 0.75 |
| 컴퓨터 | 1.05 | 2.79 | 2.46 |
| 스마트 기기 | 0.84 | 2.86 | 2.27 |

출처: 육아정책연구소(2013).

인터넷이 사회 전반적으로 보급되면서 많은 사람들이 컴퓨터를 통하여 인터넷을 이용할 수 있게 되었다. 또한, 스마트폰, 태블릿이 보급됨에 따라 환경이나 장소에 구애받지 않고 인터넷을 이용하게 되었다. 2019년 인터넷 이용 실태 조사(한국정보화진흥원, 2020b)에 의하면 우리나라는 전체 가구 중 99.7%가 인터넷을 이용하고 있는 것으로 나타났다. 특히 5년간(2015~2019년) 세대별 인터넷 이용률을 살펴보면 10세 미만 어린이와 50대 이상의 인터넷 이용률이 큰 폭으로 상승하였음을 알 수 있다(그림 11-2).

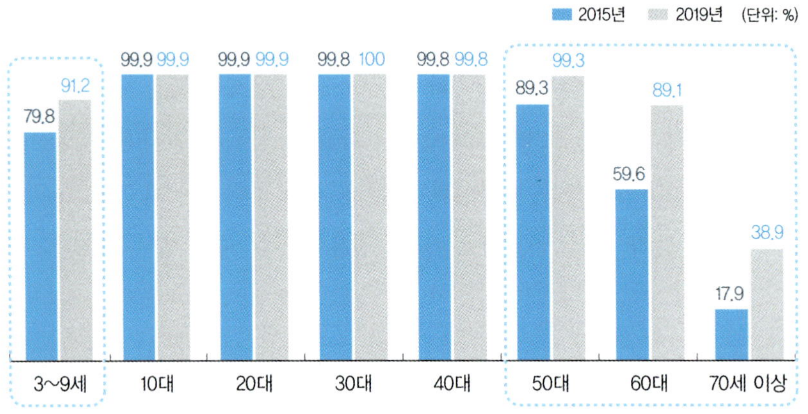


출처: 한국정보화진흥원(2020b).

**그림 11-2** 세대별 인터넷 이용률

특히 3세 이상의 인터넷 이용률 중 스마트폰 이용률은 90.5%로 조사되었다(그림 11-3). 연령대별로 대부분의 연령층에서 98% 이상의 높은 이용률을 보였는데 그중 3~9세는 전년대비 10.8% 증가하며 두드러진 증가폭을 보였다(그림 11-4). 영유아의 과도한 스마트폰 이용은 뇌 발달의 불균형을 초래하고 발달 장애, 주의력 결핍 과잉 행동 장애(ADHD) 등으로 이어질 수 있어 주의가 필요하다.

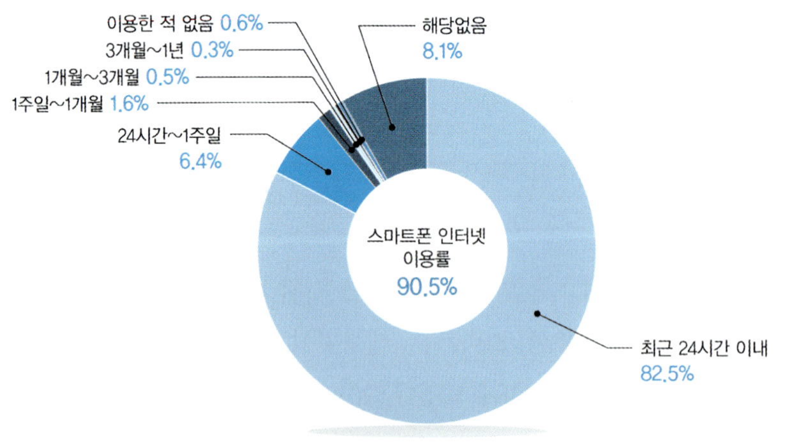


출처: 한국정보화진흥원(2020a).

**그림 11-3** 스마트폰 인터넷 이용률

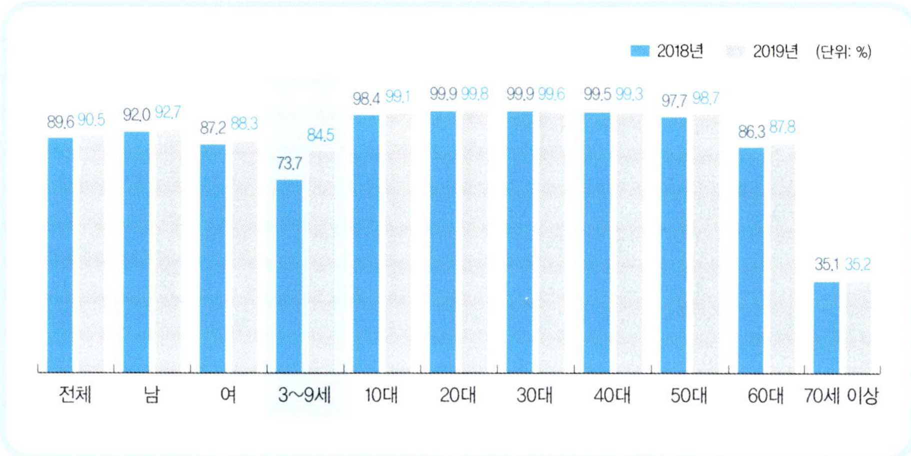


출처: 한국정보화진흥원(2020a).

**그림 11-4 연령별 스마트폰 이용률**

스마트폰 과의존이란 과도한 스마트폰 이용으로 스마트폰에 대한 현저성이 증가하고, 이용 조절력이 감소하여 문제적 결과를 경험하는 상태를 말한다(한국정보화진흥원, 2020a).

2019년 스마트폰 과의존 실태 조사(한국정보화진흥원, 2020a) 결과에 의하면 3~69세 스마트폰 이용자 중 과의존 위험군(고위험군[2]+잠재적 위험군[3])의 비율은 20%로 스마트폰 이용자 5명 중 1명은 과의존위험군으로 전년(19.1%) 대비 0.9% 증가하여 상승폭이 확대되었다. 연도별 대상별 스마트폰 과의존 위험군 비율은 청소년이 30.2%로 제일 높았고, 유아동 22.9%, 성인 18.8%, 60대 14.9%의 순으로 나타났다. 특히 유아동의 스마트폰 과의존위험군이 2017년부터 2019년까지 3.8% 증가하여 전 연령대 중 가장 큰 상승폭을 보여 유아동에 대한 정책 추진 강화가 필요한 것으로 나타났다(그림 11-5).

2) 고위험군: 현저성, 조절실패, 문제적 결과 특성을 모두 나타내는 집단
3) 잠재적 위험군: 현저성, 조절실패, 문제적 결과 중 1~2가지 특성을 보이는 집단

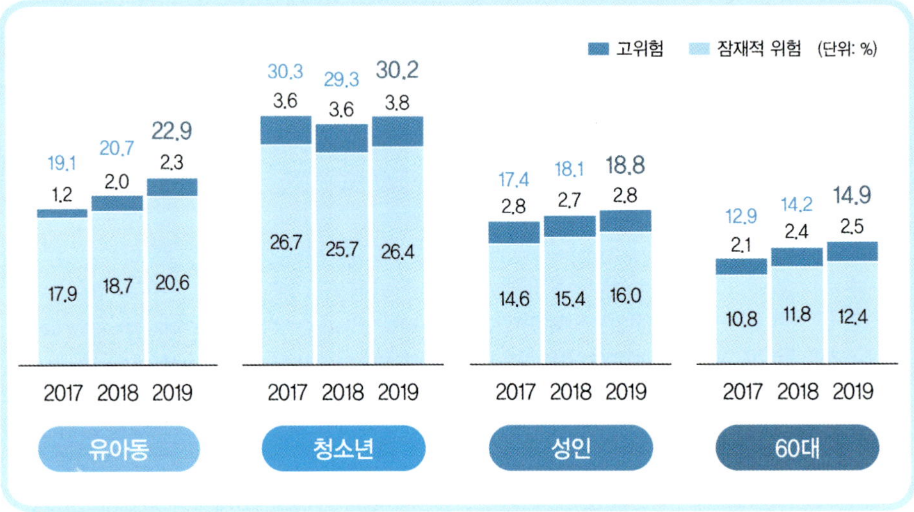


출처: 한국정보화진흥원(2020a).

**그림 11-5 연도별 대상별 스마트폰 과의존 위험 현황**

### 2) 미디어 중독 예방 및 대처법

미디어 중독을 예방하기 위해 영유아에게 무조건 미디어를 사용하지 못하게 하는 것보다 미디어의 역기능과 순기능을 이해하고, 스스로 조절할 수 있는 태도를 길러 주는 것이 바람직하다.

이순자, 김일옥(2012)이 제시하는 영유아 미디어 안전 사용을 위한 환경 관리와 안전 지침을 정리하면 다음과 같다.

- 영유아가 전자미디어를 접하는 시기를 최대한 늦춘다.
- 전자미디어 사용 규칙을 만들고 약속은 반드시 지킨다.
- 유아교육기관에 있는 2세 이상의 영유아에게 일주일에 한 번, 30분 이상 영상 관련 매체(TV, DVD, 컴퓨터 동화 등)를 접하지 않게 한다.
- 전자미디어와의 다양한 경험이 즐거운 놀이 활동이 될 수 있도록 교사는 창의적이고 바람직한 소프트웨어를 제공한다.
- 먼저 해야 할 일을 마치고 전자미디어를 사용한다.
- 전자미디어를 사용하기 전에는 부모나 교사의 허락을 받도록 한다.

- 전자미디어 사용으로 인해 친구 관계나 가족 관계, 학습에 지장이 있는 경우 전문 상담 기관의 도움을 받는다.

김희태 등(2017)과 이영환 등(2016)이 제시하는 전자미디어(TV, 컴퓨터, 스마트폰) 중독 예방법을 정리하면 다음과 같다.

### (1) TV

미디어 환경 중 영유아에게 많은 영향을 미치는 것은 TV이다. TV 시청은 직접적인 경험이 아닌 인지적으로 수동적인 간접 경험에 해당된다. 이때의 표현들은 간접 경험에 대한 모방을 하는데 그쳐 단순하고 창의적이지 못할 가능성이 크다(주미경, 2012).

- 영유아의 연령과 발달에 적합한 프로그램을 선정한다.
- 교육 방송 또는 어린이용 프로그램이라 할지라도 무조건 보도록 허용하는 것은 바람직하지 않다. 프로그램의 내용과 시간을 선별해야 한다.
- TV 프로그램을 정한 뒤 그 시간대에만 TV를 켜도록 한다.
- 영유아가 TV를 혼자 보도록 하지 말고 부모가 함께 보면서 대화를 나눈다.
- TV보다 더 재밌는 일이 많다는 것을 알도록 해 준다.
- 가족과 함께할 수 있는 놀이와 활동을 계획한다.
- 영유아에게 리모컨을 주지 말고 항상 부모나 교사가 가지고 있어야 한다.
- 방송에 나오는 은어나 속어를 쓰지 않도록 주의를 준다.

### (2) 컴퓨터

유아교육기관에서 컴퓨터는 영유아에게 사이버 공간에서의 재미, 경쟁, 교제 등의 미래 지향적 놀이 문화를 형성하도록 하여 효과적인 학습 도구로 활용되고 있다. 그러나 이런 컴퓨터 기능이 게임적 요소와 결합해 중독을 유발하게 되고, 컴퓨터 게임 중독은 충동성, 공격성, 낮은 자기 통제 등의 심리적 부적응을 가져올 수 있다(이숙희, 2010).

- 컴퓨터 설치 시 영유아의 신체적 조건을 고려하고 컴퓨터는 공동 장소에 놓는다.
- 영유아 혼자 컴퓨터를 사용하지 못하게 한다.
- 대화를 통해 컴퓨터 사용을 제한하는 이유를 설명한다.
- 영유아와 정해 놓은 규칙은 꼭 지킨다(사용 요일, 사용 시간 등).
- 컴퓨터 외의 다양한 놀이 문화를 접하게 한다.
- 영유아가 컴퓨터를 사용하기 전 인터넷 유해사이트 접속 차단 프로그램을 설치해 놓는다.
- 한 대의 컴퓨터에 2~3개의 의자를 놓아 적어도 2~3명의 영유아가 상호작용할 수 있도록 배치한다.
- 교사가 컴퓨터 모니터의 화면을 잘 볼 수 있도록 배치한다.

### (3) 스마트폰

스마트폰은 언제 어디서든 필요한 서비스나 정보를 자유롭게 이용할 수 있어(김수연, 이상훈, 황현석, 2011) 기존의 컴퓨터 대신에 그 활용도가 높다. 그러나 영유아의 과도한 스마트폰 사용은 우울, 불안, 공격성을 증가시키고(김수정, 정익중, 2015) 사회성을 감소시켜(김지현, 오선진, 2016), ADHD증상이 나타날 가능성까지도 높일 수 있다(이예림, 하은혜, 2017).

- 스마트폰은 영유아의 눈에 띄지 않는 곳에 보관한다.
- 스마트폰보다는 따뜻한 대인관계를 통해 영유아의 지능과 정서가 충분히 발달할 수 있도록 보호가 필요하다.
- 영유아가 스마트폰을 사용할 경우 반드시 부모와 함께 사용하도록 한다.
- 스마트폰을 접하는 시기를 최대한 늦춘다.
- 가정에서 스마트폰이 허용되는 장소와 시간을 정한다.
- 스마트폰을 지나치게 사용하면 위험하다는 것을 영유아에게 알려 준다.
- 영유아와 스마트폰 사용시간을 정할 때는 영유아의 연령과 수준을 고려해서 "30분까지만 하자~!"보다는 "한 번(게임)만 하자"라고 구체적으로 약속한다.

- 스마트폰을 끄고 나면 영유아가 좋아하는 활동이나 재미있는 놀이를 보호자와 함께한다.
- 영유아 스스로 스마트폰을 끝낼 수 있도록 도와줌으로써 조절 능력과 성취감을 느낄 수 있도록 한다.
- 자녀를 달래기 위한 수단이나 칭찬의 대가로 스마트폰을 하도록 하지 않는다.

**Tip 유아 스마트폰 증후군(Toddler Smartphone Syndrome)**

"심하게 떼쓰고 울다가도 스마트폰만 쥐어주면 뚝! 스마트폰을 아이 달래기용으로 쓰고 계신가요?" 〈유아 스마트폰 증후군〉은 6세 미만의 아이들이 스마트폰의 동영상, 게임 등의 일방적이고 반복적인 자극에 장시간 노출되어 우뇌가 발달해야 하는 직관적 사고기에 좌뇌가 과도하게 발달하여 좌 · 우 뇌 균형이 깨지는 것을 말한다.

우뇌가 발달할 시기에 좌뇌가 발달하게 되면 뇌의 불균형을 가져와 초기에는 주의가 산만하거나, 한 가지 행동이나 물건에 집착하는 행동, 또래보다 말이 늦는 등의 증상으로 나타나지만, 계속 진행될 경우 ADHD(주의력 결핍 과잉 행동 장애), 틱 장애, 발달 장애 등으로 이어질 수 있다.

출처: 스마트쉼센터(2020). www.iapc.or.kr

## 4 식품 유해 물질 중독

식품 유해 물질 중독은 식품 속에 있는 몸에 해로운 물질에 의해 발생하는 건강상의 위험 상태를 의미한다(정아란, 2015). 식품은 우리의 신체에 필요한 영양소를 제공하여 생명 유지를 돕고 심리적인 안정감과 즐거움을 주며 건강을 유지하게 한다. 우리 주변에 있는 자연식품, 가공식품, 냉동식품, 인스턴트식품 등 풍부한 먹거리는 영유아의 성장과 발달에 도움을 준다. 그러나 식품 속에 들어있는 식품 첨가물, 잔류 농약이나 잔류 동물용 의약품, 중금속, 트랜스 지방, 환경 호르몬, 그리고 카페인 등과 같은 유해 성분은 몸속에 그대로 남아 건강을 위협하는 요인이 될 수 있다(식품의약품안전처, 2016b).

### 1) 식품 유해 물질 중독 현황

식품 첨가물은 식품을 제조·가공·조리 또는 보존하는 과정에서 감미(甘味), 착색(着色), 표백(漂白) 또는 산화 방지 등을 목적으로 식품에 사용되는 물질을 말한다(「식품위생법」 제2조 시행 2013.3.23.). '식품 첨가물'은 무조건 나쁘다고 교육하기보다는 과량 섭취하지 않도록 교육하는 것이 바람직하다(한국소비자원, 2011).

한국소비자원(2016)에 보고된 식품 첨가물 중독 현황을 자세히 살펴보면 〈표 11-7〉과 같다.

〈표 11-7〉 식품 첨가물 중독 현황

| 종류 | 중독 사례 |
| --- | --- |
| 합성착색료 | 식품에 사용되는 대부분의 색소로 수십 년 동안 독성과 발암성을 의심받아 옴.<br>2007년 영국 식품기준청(Food Standard Agency: FSA)에 따르면 일부 합성착색료 및 보존료가 어린이의 과잉 행동(hyperactivity)을 증가시킨다는 연구 결과를 근거로 어린이가 섭취하는 식품에는 이러한 합성착색료와 보존료의 사용을 금지해 줄 것을 당부한 바 있음. |
| MSG<br>(Monosodium<br>Glutamate:<br>글루타민산나트륨) | 평소에 건강하던 사람이 중국 음식점에서 식사를 하고 나서 곧 이상 증세인 입과 혀의 마비, 얼굴 홍조, 현기증과 구토는 물론 심한 두통에 시달린다고 호소하자 학자들이 조사에 나섬.<br>1968년 미국에 사는 중국인 의사 곽호만은 뉴잉글랜드 의학 잡지에 "중국음식증후군"이라 이름을 붙여 중국 음식에 사용된 MSG가 원인이라 함.<br>아인슈타인 의과 대학의 숀 바크 교수에 의한 MSG발병 실험까지 거친 후 미국 후생성은 "MSG의 과잉 사용을 피하고 공복 상태에서 섭취하지 말며 아기들의 음식에는 MSG를 사용하지 말라"고 경고함. |

출처: 한국소비자원(2016).

흔히 식품 속에서 자주 검출되는 중금속으로 수은, 납, 카드뮴, 비소 등이 있다(식품의약품안전처, 2016b). 식품의약품안전처(2017a)의 우리 국민의 중금속 노출량 변화 추이를 살펴보면 납은 감소하고 수은은 비슷한 수준, 카드뮴과 비소는 다소 증가하는 경향을 나타냈다(표 11-8).

납에 중독되면 뇌 손상을 일으켜 학습 장애, 이상 행동, 지능지수 저하 등을 야기할 뿐만 아니라 빈혈, 고혈압, 신장 질환 등도 유발할 수 있다. 카드뮴도 장기간 노출되면 폐 손상, 이타이이타이병이 나타날 수 있기 때문에 주의해야 한다(식품의약품안전처, 2017a). 중금속 기준·규격 재평가 결과, 4종 모두 현재 노출 수준으로는 안전한 것으로 평가되었으나 연령별 섭취량과 식습관 등을 고려하였을 때 노출량을 줄여 나갈 필요가 있는 납과 카드뮴에 대해서는 기준을 강화하고 있다(식품의약품안전처, 2016b).

〈표 11-8〉 **한국인의 중금속 노출량 변화 추이**

| 식품 | 납 노출량 변화 | | 카드뮴 노출량 변화 | | 비소 노출량 변화 | | 수은 노출량 변화 | |
|---|---|---|---|---|---|---|---|---|
| 농산물 | 0.157 | 0.085 | 0.096 | 0.080 | 0.365 | 0.328 | 0.015 | 0.010 |
| 축산물 | 0.018 | 0.003 | 0.005 | 0.000 | 0.013 | 0.005 | 0.007 | 0.001 |
| 수산물 | 0.061 | 0.061 | 0.055 | 0.141 | 2.456 | 2.184 | 0.055 | 0.039 |
| 가공식품 | 0.115 | 0.060 | 0.033 | 0.070 | 0.228 | 1.130 | 0.006 | 0.026 |
| 총노출량 (μg/kg · bw/day) | 0.351 | 0.209 | 0.189 | 0.291 | 3.062 | 3.647 | 0.078 | 0.076 |
| | 2010년 | 2016년 | 2010년 | 2016년 | 2010년 | 2016년 | 2010년 | 2016년 |

출처: 식품의약품안전처(2017a).

카드뮴은 수산물에 대한 소비가 증가하면서 식품을 통한 노출의 양이 2010년 기준 일일섭취허용량이 0.189μg/kg · bw/day이었으나 2016년에는 0.291μg/kg · bw/day로 54% 가량 늘어났다(표 11-8). 특히 오징어와 미역을 통한 중금속 노출이 많다. 이에 따라 오징어의 카드뮴 기준을 현행 '2.0 mg/kg 이하'에서 '1.5 mg/kg'로 강화할 예정이다. 또한, 미역에 적용되는 카드뮴 기준(0.1 mg/kg)을 신설하는 것도 검토되고 있다(식품의약품안전처, 2017a).

식품의약품안전처(2017a)에 의하면 납의 총 노출량은 2010년 0.351μg/kg bw/day에서 2016년 0.209μg/kg bw/day로 40% 감소하였으나(표 11-8), 연령별로 분석할 경우 영유아의 노출 수준이 성인에 비해 높고 납 독성이 영유아에서 더 큰 영향을 주는 것으로 알려져 있다. 따라서 영유아가 많이 섭취하는 사과, 귤, 딸기(장과류)[4]에 대해서 기준을 강화하고 있다(식품의약품안전처, 2017a). 납은 영유아의 신경 발달에 영향을 주는 물질로 알려져 있어, 국제식품규격위원회(CODEX), 유럽연합 등에서도 납 노출을 최소화하기 위해 기준을 지속적으로 강화하고 있는 추세이다(표 11-9).

〈표 11-9〉 2017년 납 노출 기준 강화(사과, 귤, 딸기)

| 사과, 귤, 딸기 일일 평균 섭취량(g/kg bw/day) | | |
|---|---|---|
| | 1~2세 | 20세 이상 |
| 사과 | 1.96 | 0.50 |
| 귤 | 2.41 | 0.38 |
| 딸기 | 0.98 | 0.09 |
| 사과, 귤, 딸기(장과류) 납 기준 강화 | | |
| 현 | 0.2 mg/kg 이하 | |
| 강화(안) | 0.1 mg/kg 이하 | |

출처: 식품의약품안전처(2017a).

잔류 농약이란 농약을 수천 배 희석하여 사용 후 농산물에 남아 있게 되는 극미량의 농약을 말하고 잔류 동물용 의약품은 사람의 약품과 구별해 소, 돼지, 닭, 어류, 꿀벌 등의 질병 치료 및 예방에 사용되고 가공 과정을 거친 후에도 식품에 남아 있게 되는 극미량의 약품을 의미한다(식품의약품안전처, 2010). 정부 기관에서는 농약의 사용방법 및 잔류 허용 기준을 만들어 잔류 농약을 안전관리하고 있다.

2015년 국내 유통 농산물 잔류농약 모니터링 결과, 식품을 통해 우리 몸에 축적되는 일은 거의 없음을 알 수 있다(그림 11-6). 국내 유통 축·수산물의 경우에는 시·도 가축위생연구소 및 국립수산물품질관리원에서 우선적인 검사를 실시하여 안전한 제품만 유통시키는 시스템을 갖고 있으며, 유통 과정 중에는 식약처 및 시·도 보건환경연구원에서 철저히 검사한다(식품의약품안전처, 2016b).

4) 과실이 무르익으면 과일의 겉껍질 안쪽의 과육부(중과피와 내과피) 세포는 거의 액포가 되고 다량의 과즙을 함유하여 연화되는 과실류를 가리킨다. ex) 포도, 무화과, 석류, 딸기, 감, 자두, 망고 등

| 품목 | 시료수 | 기준초과 | 부적합률(%) |
|---|---|---|---|
| 곡류 | 961 | 3 | 0.3 |
| 콩류 | 405 | – | – |
| 견과종실류 | 385 | – | – |
| 서류 | 258 | – | – |
| 과실류 | 2,120 | 13 | 0.6 |
| 채소류 | 5,925 | 174 | 2.9 |
| 버섯류 | 268 | – | – |
| 합계 | 10,322 | 190 | 1.8 |

출처: 식품의약품안전처(2016b).

**그림 11-6** 국내 유통 농산물 잔류 농약 모니터링 결과

[그림 11-7]은 2009년 국내 유통 축 수산물 중 잔류 동물용 의약품에 대한 모니터링 결과를 나타낸 것이다. 그린데 총 1,305건을 수거해 검사한 결과 그 중 99.8%가 안전한 것으로 나타났다.

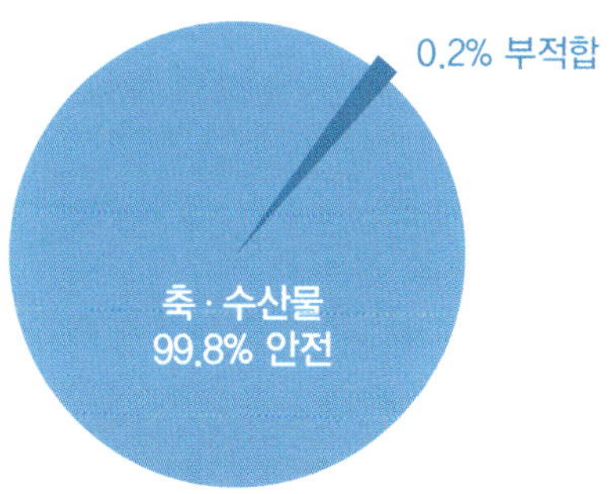


출처: 식품의약품안전처(2010).

**그림 11-7** 2009년 국내 유통 축·수산물 중 잔류 동물용 의약품 모니터링 결과

환경 호르몬은 사람의 내분비계를 교란시켜 장애를 일으키는 물질로, 세계보건기구(WHO)와 미 환경보호청(EPA)에 따르면 다이옥신, 살충제(DDT), 납, 수은, 카드뮴 등과 같은 중금속과 농약 성분 등의 화학 물질을 말한다(서울특별시, 2015). 환경 호르몬에 장시간 노출될 경우 정자수 감소 및 성조숙증, 알레르기성 질환, 주의력 결핍 및 과다행동장애 및 면역력 약화 등을 유발할 수 있다.

국민건강보험공단(2017)의 2013~2016년 시군구별 성조숙증 발생 현황 자료를 분석한 결과, 성조숙증(주진단명 기준) 환자는 3년간 19,619명(28%) 증가했다(그림 11-8).

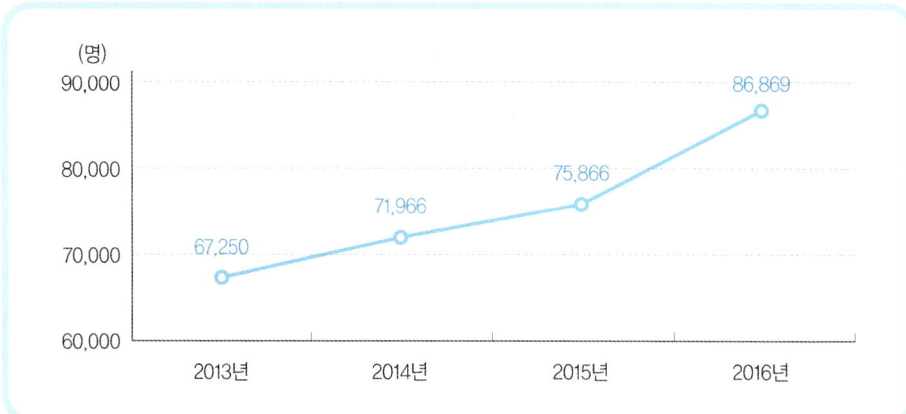


출처: 국민보험공단(2017).

**그림 11-8 시군구별 성조숙증 발생 현황(단위: 명)**

카페인은 현대인의 기호식품인 커피, 녹차, 콜라, 코코아, 초콜릿 등에 광범위하게 들어 있는 성분이다(한국소비자원, 2009). 적당량의 카페인 섭취는 우리 몸에 쌓인 피로를 풀어 주고 정신을 맑게 해 주며 이뇨 작용을 통해 체내 노폐물을 제거하는 등 신체에 이로운 작용을 한다. 그러나 과잉 섭취 시 불안, 초조함, 흥분, 불면증 등 부작용을 일으키고 지속적으로 과잉 섭취할 경우 카페인 중독에 빠지게 된다(식품의약품안전처 식품안전정보원, 2020).

식품의약품안전처(2007)에서 우리나라 국민의 카페인 섭취 수준과 인체에 미치는 영향을 감안하여 안전한 카페인 일일 섭취 기준량을 성인의 경우 400mg 이하, 임산부는 300mg 이하, 어린이의 경우 체중 1kg당 카페인 2.5mg 이하로 제시하고 있다.

한편 카페인 섭취에 기여한 주요 식품에 대해 식품의약품안전처 식품안전정보원(2020)이 보고한 바에 의하면 미취학 어린이의 경우 가공 유류를 통한 카페인 섭취가 32%로 가장 높았다(그림 11-9). 가공 유류는 원유 또는 유가공품에 다른 식품 또는 식품 첨가물 등을 가해 만든 것이다. 예를 들면, 초코우유, 커피우유 등이 여기에 속한다(식품의약품안전처 식품안전정보원, 2020). 따라서 초코나 커피가 함유된 유제품에 카페인 함량을 표시하거나 카페인 함유 제품임을 표시할 필요가 있다.

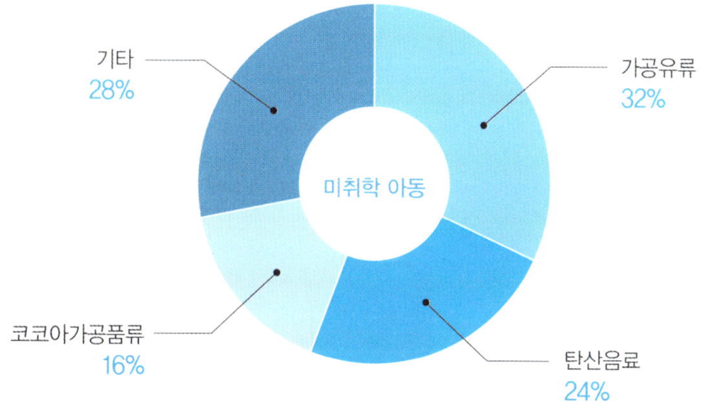


출처: 식품의약품안전처 식품안전정보원(2020). https://www.foodsafetykorea.go.kr

**그림 11-9** 미취학 어린이의 카페인 섭취에 기여한 주요 식품

## 2) 식품 유해 물질 중독 예방 및 대처법

영유아는 성인에 비해 건강 위해요인에 대한 저항력이 약하다. 따라서 소량의 식품 유해 물질이라도 영유아에게 주는 피해는 치명적일 수 있다. 또한, 과거에 비해 아주 어린 시절부터 가공식품을 접할 기회가 증가함에 따라 당장은 눈에 띄는 피해가 없더라도 소량의 체내 흡수는 이후 성인의 건강 장애에 영향을 줄 수 있다(정아란, 2015). 따라서 영유아기의 식품 유해 물질 중독 사고에 대한 예방 및 대처법을 살펴볼 필요가 있다.

### (1) 식품 첨가물 중독 예방 및 대처법

대부분의 식품 첨가물은 몸 밖으로 배설이 되지만 어떤 성분(예: 중금속, 농약)들은 몸 안에 계속 남아 있어 여러 가지 병, 즉 신경쇠약, 두통, 호흡곤란 등을 유발할 수 있다. 영유아의 경우 집중력이 떨어지고 면역력이 약해지는 등 지금 당장 나타나는 문제뿐만 아니라 이후 성인이 되어서도 영향을 받을 수 있다(한국소비자원, 2011). 따라서 식품 첨가물에 대한 올바른 이해와 교육을 통해 몸에 유익한 식품을 선택하고 섭취할 수 있도록 해야 한다.

권덕수 등(2014)이 제시하는 식품 첨가물 중독 예방 및 대처법을 정리하면 다음과 같다.

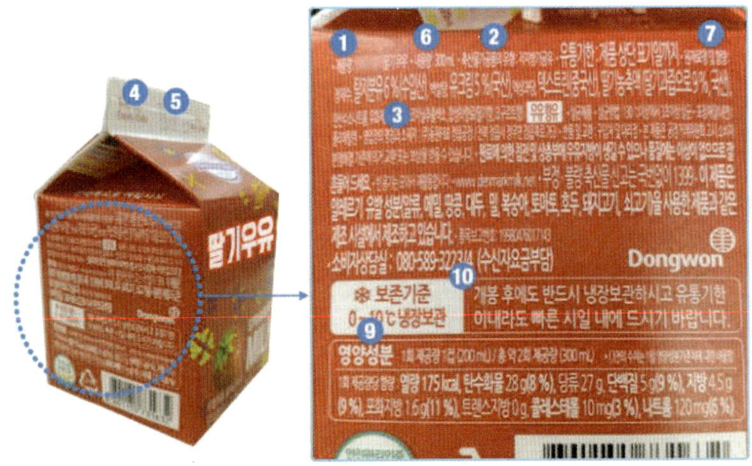


1. 제품명 2. 식품의 유형 3. 업소명 및 소재지 4. 제조년월일
5. 유통기한 또는 품질유지기한 6. 내용량 7. 원재료명 및 함량
8. 성분명 및 함량 9. 영양성분 10. 그 외에 포장재질, 보관방법, 주의사항 등

출처: 식품의약품안전처 식품안전정보원(2020). https://www.foodsafetykorea.go.kr

**그림 11-10** 식품 구입 시 유통기한 및 첨가물 표시 등 확인

- 식품을 구입할 때는 유통기한, 첨가물 표시 등을 확인한다(그림 11-10).
- 즉석 가공식품보다는 과일, 떡, 고구마 등의 자연간식을 먹도록 한다.
- 성분표가 복잡한 가공식품은 되도록 먹지 않는다.
- '~맛', '~향'이 표시된 식품은 먹지 않는다.
- 색깔이 지나치게 알록달록한 식품은 먹지 않는다.
- 스마일 마크(어린이 기호식품 품질인증마크)가 있는 식품을 선택한다(그림 11-11).

어린이 기호식품 품질 인증은 간식용, 식사 대용으로 나오는 식품의 안전, 영양, 식품 첨가물에 대한 기준을 검토하고 안전하고 영양을 고루 갖추었다고 판단될 경우 부여되는 인증이다. 이 인증을 받으려면 식품안전 관리인증 기준(HACCP) 적용 식품이어야 하며, 단백질, 식이 섬유, 비타민, 무기질 등 영양성분 강화식품이어야 하고, 무식용 타르색소, 무합성보존료 식품이어야 한다. 과일, 야채주스의 경우, 당류 무첨가 식품 등의 기준을 만족해야 한다.

출처: 식품의약품안전처 식품안전정보원(2020). https://www.foodsafetykorea.go.kr

**그림 11-11** 어린이 기호식품 품질 인증 마크

### (2) 중금속 중독 예방 및 대처법

중금속에 장기간 노출되면 중독 증상이 나타난다(식품의약품안전처, 2016b). 몸에 들어온 중금속은 종류에 관계없이 반감기[5]가 수십 년에 달한다. 실제로 몸에 들어온 납의 절반이 배설되는데 15~20년이 걸려 평생 몸에 지니는 것과 같다고 할 수 있다(식품의약품안전처, 2016b). 특히 어린이는 장기나 조직들이 충분히 발달하지 못해 유해 화학물질에 상당히 취약하다. 특히 6세 미만 아이들은 뇌와 중추 신경계가 형성되고 있는 시기이기 때문에 중금속의 성분에 어른보다 쉽게 중독된다. 단백질 파괴 중금속

5) 방사성 원소나 소립자가 붕괴 또는 다른 원소로 변할 경우, 그 원소의 원자 수가 최초의 반으로 줄 때까지 걸리는 시간

이 몸속에 들어오면 근육을 형성하는 단백질에 붙어서 단백질의 원래 구조를 깨뜨리고 그 기능을 없애 버린다(식품의약품안전처 식품안전정보원, 2020).

식품의약품안전처(2016b)와 식품의약품안전처 식품안전정보원(2020)이 제시하는 식품 유해 물질 중금속 중독 예방 및 대처법을 정리하면 다음과 같다.

- 미역, 다시마와 같은 해조류 등은 중금속 해독에 좋은 음식으로 중금속 배출을 도와준다. 미역에 있는 끈끈한 성질의 알긴산은 질 좋은 수용성 섬유소로 중금속, 환경 호르몬, 발암 물질 등을 흡수해 몸 밖으로 배출할 수 있도록 도와준다.
- 명태는 몸 안에 축적된 여러 가지 독성을 제거해 소변을 잘 보게 하는 기능이 있다.
- 마늘, 양파, 파, 브로콜리, 양배추 등은 황성분을 함유하고 있는데 이는 중금속을 수용성 물질로 바꾸어 소변을 통해 체외로 배출할 수 있게 도와준다.
- 기계에서 뽑은 국수나 당면 등은 물을 충분히 넣어 삶고, 남은 면수는 가급적 사용하지 않고 버리는 것이 좋다.
- 금속제 프라이팬은 세척 후 물기를 닦은 다음 식용유를 두르고 달구는 방법을 3~4회 반복하여 사용하는 것이 좋다.
- 하루 2리터 정도의 물을 마시면 노폐물과 중금속을 배출하는 데 도움이 된다.

### (3) 잔류 농약과 잔류 동물용 의약품 중독 예방 및 대처법

식품의약품안전처(2010)에 의하면 과일의 껍질을 벗김으로써 발생하는 농약의 제거 효과는 94~100% 수준으로 평균 97%이고, 수돗물, 숯 담근 물(1%), 식초물(1%) 및 소금물(1%)로 세척한 결과 발생하는 농약의 제거 효과는 80% 이상인 것으로 보고되고 있다. 따라서 수돗물로만 세척을 해도 충분하다고 할 수 있다. 여러 가지 과일, 채소에 따른 잔류 농약의 효과적 제거 방법은 〈표 11-10〉와 같다(식품의약품안전처, 2010).

〈표 11-10〉 잔류 농약의 효과적 제거 법(과일, 채소)

| 구분 | 잔류 농약 효과적 제거 법 |
|---|---|
| 딸기 | 잘 무르기 쉽고 잿빛 곰팡이가 끼는 경우가 많아 곰팡이 방부제를 뿌린다. 딸기를 물에 1분 동안 담근 후 흐르는 물에 30초 정도 씻어 준다. 꼭지 부분은 농약 잔류 가능성이 있으므로 먹지 않고 남기는 게 좋다. |
| 포도 | 포도 알 사이까지 깨끗이 씻기 어려워 일일이 떼어 내서 씻는 경우도 많지만 송이째 물에 담갔다가 흐르는 물에 잘 헹궈서 먹는다 |
| 사과 | 물에 씻거나 헝겊 등으로 잘 닦아서 껍질째 먹어도 좋다. 단 꼭지 근처 움푹 들어간 부분에 농약이 잔류하므로, 이 부분을 제외하고 먹는다. |
| 깻잎/상추 | 잔털이나 주름이 많은 깻잎/상추는 농약이 잔류할 가능성이 있으므로 다른 야채보다 충분히 씻는 것이 좋다. 물에 5분 정도 담갔다가 30초 정도 흐르는 물에 씻어 먹는다. |
| 파 | 하단 부분에 농약이 많다며 떼어 내는 경우가 많다. 그러나 실제로는 뿌리보다 잎에 농약이 더 많이 잔류할 수 있으므로 시든 잎과 함께 외피 한 장은 떼어 내고 물로 씻는다. |
| 오이 | 흐르는 물에서 오이 표면을 스펀지 등으로 문질러 씻은 후 굵은 소금을 뿌려서 문지르고 다시 흐르는 물에 씻는다. |
| 고추 | 끝 부분에 농약이 남아 있다고 알려져 있으나 그렇지 않다. 일정 시간 물에 담갔다가 흐르는 물에 잘 씻는다. |

출처: 식품의약품안전처(2010).

### (4) 트랜스 지방 중독 예방 및 대처법

트랜스 지방은 트랜스 구조를 1개 이상 가지고 있는 모든 불포화 지방을 말한다. 트랜스 지방은 주로 식품의 섭취를 통하여 인체 내로 유입된다. 구운 제품(과자, 케이크, 파이 및 크래커), 스낵 식품(감자칩, 팝콘 등), 패스트푸드(감자튀김, 도너츠 등), 냉장 반죽 제품(냉동 피자, 비스킷 등), 마가린, 커피 프리머 등의 식품에 트랜스 지방이 포함되어 있다.

2014년도 국민 건강 영양 조사에서 트랜스 지방 섭취량을 살펴본 결과(식품의약품안전처 식품의약품안전평가원, 2016c) 6~29세 사이에 트랜스 지방 섭취가 많은 것으로 보고되었다. 이는 영유아기부터 트랜스 지방 섭취에 유의해야 함을 보여 주고 있다. 한편 WHO에서는 트랜스 지방의 일일 섭취 허용량을 2.2g으로 권고하고 있다(식품의약품안전처, 2017b).

트랜스 지방은 심혈관계 질환에 좋지 않은 영향을 주는 것으로 알려져 있다. 따라서 영양표시 기준을 강화하고 대상 식품을 늘려서 소비자의 선택을 존중하는 것이현 수준의 트랜스 지방 노출을 줄일 수 있는 방법이 될 수 있다(식품의약품안전처, 2017b).

식품의약품안전처(2017b)가 제시하는 트랜스 지방 중독 예방 및 대처법을 정리하면 다음과 같다.

- 영양 성분표에 표시된 트랜스 지방 함량을 꼼꼼히 살핀다.
- 바삭하고 고소하며 촉촉한 빵은 마가린 또는 쇼트닝 사용량이 많아 트랜스 지방을 많이 함유하고 있으므로 가급적 섭취하지 않는 것이 좋다.
- 조리할 때 대두유, 옥수수유, 올리브유 등의 식물성 기름을 사용한다.
- 식용유 용기의 뚜껑이 떨어졌을 경우 산소와 맞닿아 산패가 일어날 수 있는데 이때 트랜스 지방이 생길 수 있다. 따라서 밀봉해 어두운 곳에 보관한다.
- 마가린 1큰술에는 약 1.5g의 트랜스 지방이 들어 있어 볶음밥 및 오므라이스 조리 시 마가린 사용을 주의한다.
- 튀김용 식용유는 너무 오래, 여러 번 반복해 사용하지 않는다.
- 기름에 튀기는 것보단 찌거나 삶는 조리법을 선택한다.
- 외식을 줄이고 가공식품의 섭취는 가능한 한 피한다.
- 과자보다 과일을, 빵보다 떡을 간식으로 먹는다.
- 반 조리용 식품(예; 전자레인지용 팝콘)이 완제품에 비해 트랜스 지방 함유량이 높은 편이므로 조심해야 한다.
- 치킨은 기름기를 함유한 껍질을 벗겨 먹고, 라면은 뜨거운 물에 한 번 끓여 기름기를 쫙 뺀 후 새 물에 다시 끓인다.
- 소고기와 닭고기 등의 육류는 조리 과정에서 지방을 충분히 제거하거나 물에 데쳐 사용한다.

### (5) 환경 호르몬 중독 예방 및 대처법

환경 호르몬을 과잉 섭취할 경우 생체 내 호르몬의 결합, 방출, 운반 등 다양한 과정에 영향을 주어 영유아의 성장을 억제하고 생식 이상을 초래한다. 영유아의 경우 주로 뒹굴고, 앉아 있는 등 오염 물질이 많은 바닥에 근접해 생활하고 손에 묻은 각종 오염 물질이 입에 쉽게 들어가므로 부모나 교사의 각별한 주의가 필요하다. 체내로 유입되기 전 회피와 제거를 통해 예방하고, 체내로 유입된 환경 호르몬은 쉽게 배출하도록 한다(서울특별시 생활보건과, 2015).

서울특별시 생활보건과(2015)가 제시하는 유아교육기관에서의 환경 호르몬 예방 수칙을 3단계로 정리하면 다음과 같다.

① 1단계: 제품 회피를 통한 환경 호르몬 예방

- 식품용기는 1회용품보다 유리나 스테인레스 제품을 사용한다.
- 화려하거나 강한 향이 나고 PVC[6]로 만든 제품을 사용하지 않는다.
- 캔류 제품은 직접 데워서 사용하지 않는다.

② 2단계: 제거를 통한 환경 호르몬 예방

- 하루 3번 환기를 생활화한다.
- 바닥먼지 청소는 물론 물걸레 청소를 필수적으로 실시한다.
- 손씻기를 습관화한다.

③ 3단계: 건강한 생활습관을 통한 환경 호르몬 예방

- 식이섬유가 많이 든 녹황색 채소를 자주 섭취한다.
- 일일권장량의 물을 정기적으로 마신다.

이외에도 한국환경공단(2020)이 제시하는 환경 호르몬 중독 예방 및 대처법을 정리하면 다음과 같다.

- 새 옷은 먼저 빨아서 입는다.
- 합성섬유보다 순면직물로 된 옷과 침구를 사용한다.
- 드라이클리닝한 제품은 비닐을 벗겨 환기시킨 후 입는다.

6) PVC: 염화비닐을 주성분으로 하는 플라스틱으로 '폴리염화비닐', '염화비닐수지'라고도 한다.

- 조리 및 전자레인지 사용 시 뜨거운 음식을 유리나 사기그릇에 담는다.
- 친환경 세제 및 방향제 등 친환경 제품을 사용한다.
- 뜨거운 물은 플라스틱 컵에 마시지 않는다.
- 전자레인지를 사용할 경우 비닐 랩을 사용하지 않는다.
- 고기를 먹을 때에는 지방을 없애고 먹는다.
- 컵라면 등 즉석식품을 먹지 않는다.
- 유해 물질을 배설시키는 현미, 잡곡, 된장 등을 많이 먹고 유기농 농산물을 먹는다.

### (6) 카페인 중독 예방 및 대처법

「어린이 식생활안전관리 특별법」(법률 제10513호, 시행 2011.3.30.)에서는 고카페인 함유 식품에 대해 어린이가 알아보기 쉽게 눈에 띄는 적색 색상으로 표시하도록 식품 제조·가공·수입업자에게 권고하고 있다. 식품의약품안전처에서 고시한 '식품 등 표시기준'에는 카페인 함량을 mℓ당 0.15mg 함유한 액체 식품은 '어린이·임산부·카페인 민감자는 섭취에 주의해 주시기 바랍니다.' 등의 문구와 주 표시면에 '고카페인 함유'와 '총 카페인 함량 ○○○mg'을 표시하게 되어 있다(식품의약품안전처, 2018).

질병관리본부 국가건강정보포털(2020)이 제시하는 카페인 중독 예방 및 대처법을 정리하면 다음과 같다.

- 식품·음료의 카페인 함량을 라벨에서 확인한다.
- 하루 카페인 섭취 권장 제한량을 지킨다(성인 400mg 이하, 임산부 300mg 이하, 어린이·청소년 각자의 체중 kg당 2.5mg 이하).
- 운동이나 즐거운 놀이를 통해 카페인에 대한 관심을 분산시킨다.
- 에너지음료 등 고카페인 음료 섭취를 자제한다.
- 카페인이 함유된 차를 마실 경우에는 차잎이나 티백을 물에 담그는 시간을 최소화한다.
- 두통약·감기약·진통제 등을 구입 시 카페인 함량이 적거나 없는 약을 선택한다.

# 참고문헌


강경숙, 박태수, 최선남(2010). 아동기 성학대 피해 여성들의 개인미술치료에서 길 그림 검사 활용 사례 연구. 미술치료연구, 17(2), 277-295.

강문희, 장연집, 정정옥(2000). 아동정신건강. 서울: 정민사.

강인혜, 남윤신, 박인성, 박진홍, 최미영(2019). 심폐소생술과 응급처치. 서울: 범문에듀케이션.

곽금주, 김연수(2017). 영아발달. 서울: 학지사.

곽노의(2005). 홀리스틱 관점에서 본 발도르프유아교육의 실제. 홀리스틱교육연구, 9(1), 1-19.

곽은복(2000). 유아 안전교육 프로그램의 구성 및 효과에 관한 연구. 중앙대학교 박사학위논문.

교육과학기술부(2012a). 유아 보건교육 프로그램(부모용 자료).

______________(2012b). 유아 재난대비 · 생활안전교육 프로그램.

______________(2012c). 유치원 교육과정 내실화를 위한 보건교육 프로그램(부모용 자료).

교육과학기술부, 보건복지부(2013). 3-5세 연령별 누리과정 교사용 지침서.

교육부(2015a). 2015 유치원 시설안전관리 매뉴얼.

______(2015b). 건강 · 안전관리 길라잡이.

______(2016a). 식품알레르기 교육 참고자료.

______(2016b). 유아 감염병 예방 · 위기대응 매뉴얼.

______(2016c). 유치원교직원용 아동권리보호 자가체크리스트.

______(2016d). 학교안전교육 7대 표준안 유치원용.

______(2017a). 고농도 미세먼지 대응실무매뉴얼(시 · 도교육청, 학교, 유치원).

______(2017b). 관리자를 위한 감염병 대응 길라잡이.

______(2017c). 유치원 급 · 간식 운영관리 지침서.

______(2017d). 학교 선생님을 위한 감염병 대응 길라잡이.

______(2019). 환경위생 및 식품위생 관리 매뉴얼(5차 개정안).

교육부, 보건복지부(2016). 유치원 어린이집 아동학대 조기발견 및 관리 대응 매뉴얼.

__________________(2017). 아동학대 신고의무자용 안내서.

__________________(2019). 2019 개정 누리과정 해설서.

__________________(2020). 「2019년 개정 누리과정」 놀이운영사례집: 놀이, 유아가 세상을 만나고 살아가는 힘.

구경선, 김태임, 서영희, 홍은숙(2015). 아동안전관리. 서울: 정민사.

구재옥, 김경원, 김창임, 박동현, 박혜련, 윤은영(2007). 영양교육의 이론과 실제. 서울: 파워북.

국민건강보험공단(2017). 2013-2016년 시군구별 성조숙증 발생 현황.

국민안전처(2016). 생애주기별 안전교육 길잡이 지도서 제2권.

권덕수, 김애란, 김지영, 우민정, 한진원(2014). **아동안전관리**. 서울: 정민사.

권봉안(2015). **건강교육과 보건학의 이해**. 서울: 한미의학.

권장희(2012). 스마트 기기 등 영상미디어가 영유아기 발달에 미치는 영향. **한국육아지원학회 학술대회지**, 3-5.

금주희, 양연숙(2017). 부모의 부부공동양육 및 양육행동이 유아의 주의집중과 공격행동에 미치는 영향. **사회과학론문집**, **35**(2), 213-238.

김근호(2009). 나트륨대사이상의 진단과 치료. **대한내과학회지**, **77**(4), 444-447.

김명, 김옥수, 조미숙, 홍양자(2008). **통합적 접근을 통한 건강과학의 이해**. 서울: 이화여자대학교 출판부.

김미정, 염동문(2012). 아동학대경험이 아동의 학교적응에 미치는 영향에 대한 메타분석. **한국지역사회복지학**, **43**, 409-430.

김미현, 김순경, 배윤정, 연지영, 최미경(2019). **현대인의 질환과 생애주기에 맞춘 영양과 식사관리(3판)**. 경기: 교문사.

김소연, 전종설(2015). 아동학대 경험이 아동의 학교생활적응에 미치는 영향: 내재화 문제와 외현화 문제의 매개효과. **청소년복지연구**, **17**(4). 387-410.

김수연(2003). **김수연의 아기발달 클리닉**. 서울: 한울림.

김수연, 이상훈, 황현석(2011). 스마트 기기 상에서의 소셜 네트워크 게임의 사용자 수용 연구: 확장된 기술수용 모형. **한국산업정보학회논문지**, **16**(5), 173-184.

김수정, 정익중(2015). 영유아의 부정적 정서성 기질과 어머니의 양육방식 간의 양방향적 관계. **한국보육학회 학술대회자료집**, 244-245.

김수향, 이승하, 이인숙, 진선량(2015). **아동영양**. 경기: 공동체

김숙이, 남규, 박우영, 박혜정, 이순자, 좌승화, 주은희, 채영란(2010). **아동건강교육**. 경기: 문예미디어.

김숙이, 손수민, 고선욱, 신리행(2016). **아동건강교육**. 서울: 정민사.

김숙희, 김선희, 이상선, 정진은, 강명희, 김혜영, 김우경, 이다희(2016). **건강한 삶을 위한 영양학**. 서울: 신광출판사.

김연진, 송주미(2010). **유아건강교육**. 서울: 동문사.

김영심, 강영욱, 조남숙, 한국선, 이춘희, 김진아, 김현옥(2013). **영유아 건강교육**. 서울: 창지사.

김유경(2008). 아동학대 실태와 정책방안. **보건복지포럼**, **143**, 30-43.

김윤경, 이정미, 박종(2016). 학령전기 아동을 위한 음주예방프로그램 개발 및 효과. **한국간호학회**, **46**(2), 183-193.

김은영, 박원순, 이재희, 이혜민(2016). **안전한 영유아 보육 · 교육 환경 조성 방안**. 서울: 육아정책연구소.

김은희(2004). 유치원 점심 급식 운영에 따른 식습관 지도에 관한 연구. 한국교원대학교 대학원 석사학위논문.

김인숙, 주은정, 김경자, 박은숙(2002). **임상영양과 식사요법**. 서울: 효일출판사.

김일옥(2002). 유아교육기관의 건강교육 실태에 관한 연구. **아동간호학회지**, **4**(2), 255-264.

김일옥, 김경애, 김영애, 김종석, 김호년, 손현숙(2012). 아동건강교육. 경기: 양서원.
김일옥, 이정은(2010). 아동안전관리. 경기: 양서원.
김일옥, 최경순(2009). 아동건강교육. 경기: 양서원.
김중범, 박용배, 김기철, 김대환, 강석호, 임영식, 박표현, 윤미혜, 이정복(2011). 어린이집 유아 휴대 수저 및 수저 집의 미생물학적 위해 분석 및 저감화. 한국식품영양과학회지 40(1), 116-122.
김지현, 오선진(2016). 유아의 스마트폰 사용습관 및 자기조절력이 유아의 사회성에 미치는 영향. 유아교육연구, 36(4), 67-91.
김진호, 이병래, 김덕희(2009). 유아정신건강. 서울: 동문사.
김태임, 강정아, 구현영, 권인수, 김미애, 이수연, 정승은, 조갑출(2009). 영유아건강교육. 경기: 양서원.
김형재(2011). 조기영어교육 경험에 따른 유아의 한국어 어휘력, 실행기능, 스트레스 및 문제행동의 차이. 경성대학교 대학원 박사학위논문.
김혜경, 김홍은, 문혁준, 박은혜, 유애열, 임혜영, 장영희, 조혜진(2002). 효과적인 영아보육을 위한 지침서 제2권: 영아반 운영의 실제. 서울: 다음세대.
김희태, 남연정, 구미아, 김평례, 이은숙, 장호진(2017). 아동안전관리. 경기: 양성원.
김희태, 이임순(2008). 가족 상호작용 유형에 따른 유아의 자기조절과 또래 유능성. 미래유아교육학회지, 16(1), 1-21.
나은숙, 정익중(2007). 아동학대 유형별 우울성향, 자기효능감, 학업성취간의 관계. 아동학회지, 28(4), 35-49.
남철현, 김덕성, 박천만, 이주열(2005). 건강증진시대의 보건교육론. 서울: 계축문화사
노은호, 김정신(2007). 유아 편식지도를 위한 통합적 요리프로그램 개발. 한국보육학회지, 7(1), 81-93.
농촌진흥청 국립농업과학원(2011). 식품성분표(제8개정판).
단현국(2004). 유아 놀이 지도. 한국교원대학교 종합교육연수원(편.), 유치원감의 직무와 역할Ⅱ(p. 69-98). 충북: 한국교원대학교 출판부.
류부곤(2015). 아동학대범죄의 개념과 처벌에 관한 법리적 검토. 한국형사정책학회 형사정책, 27(1), 137-159.
문혁준, 권희경, 김명애, 김상희, 김정희, 김혜금, 김혜연, 안효진, 이경옥, 이윤경, 이희선(2013). 아동건강교육. 서울: 창지사.
문혁준, 안효진, 김경회, 김영심, 김정희, 김혜연, 배지희, 서소정, 이미정, 이희경, 조혜정(2011). 보육교사론. 서울: 창지사.
박공심(2018). 소규모 학교의 급식시설 운영 실태 분석. 한국교원대학교 교육정책전문대학원 석사학위논문.
박상규, 전태준, 김지태, 이승범(2018). 일반인과 최초반응자를 위한 응급처치(2판). 서울: 라이프사이언스.
박상욱(2018). 아동영양의 이론과 실무. 경기: 형설출판사.
박선희, 김희태, 이영애(2014). 아동건강교육. 서울: 한국방송통신대학교 출판부.

박순영, 이종인, 김희경(2007). 가정환경 특성이 만 3세 유아의 성장발육에 미치는 영향. 한국아동복지학, 24, 91-119.

박인숙, 이은주, 노승옥, 류혜숙, 이혜영, 조은미 공저(2015). 아동건강교육. 서울: 정문각.

박태선, 김은경(2011). 현대인의 생활영양. 경기: 교문사.

박혜숙, 김보기(2013). 아동학대의 발생원인과 유형별 분석을 통한 조치방안 연구. 21세기사회복지연구, 10(2), 287-311.

백혜정(2017). 소아의 시력검사 및 관리. Korean Med Assoc, 60(1), 49-56.

변정순, 이경혜(2010). 어머니와 유아의 식습관 관련성 및 유아의 섭식지도를 위한 영양교육 필요성 조사. 대한영양사협회 학술지, 16(1), 62-76.

보건복지부(2011). 어린이집 건강 관리 매뉴얼.

_________(2012). 어린이집 건강관리 매뉴얼.

_________(2013). 어린이집 표준보육과정에 기초한 영아보육프로그램운영의 이해.

_________(2017a). 2017년 아동분야 사업안내 2권.

_________(2017b). 생애주기별 식생활지침.

_________(2020). 제4차 어린이집 표준보육과정.

보건복지부, 교육부, 한국건강증진개발원(2017). 건강한 삶을 위한 구강 건강 생활 수칙.

보건복지부, 대한소아과학회(2011). 어린이집 건강 관리 매뉴얼.

보건복지부, 중앙아동보호전문기관(2019). 2018년 아동학대 주요 통계.

보건복지부, 질병관리본부, 대한심폐소생협회(2016). 2015 심폐소생술 가이드라인.

보건복지부 한국건강증진개발원(2015). 국가금연지원센터. 미취학아동 흡연예방 관련 보고서. 월간 금연정책포럼『Tobacco-Free』 제7호.

보건복지부, 한국영양학회(2015). 2015 한국인 영양소 섭취기준.

서울대학교 교육연구소(2011). 교육학용어사전. 서울: 하우동설.

서울대학교 보건진료소(2017). 서울대학교 학내 응급환자 대응 매뉴얼. 서울: 서울대학교출판문화원.

서울특별시(2016). 서울시 어린이집 안전수칙 매뉴얼.

서울특별시 생활보건과(편).(2015). (우리 아이를 위한) 생활 속 환경호르몬 예방 관리. 서울: 서울특별시 생활보건과.

서울특별시교육청(2016). 감염병 예방 및 대응 교육자료: 유치원 · 초등학교.

______________(2019). 고농도 미세먼지 대응 실무매뉴얼.

서울특별시교육청, 유아교육진흥원(2012). 유아기 건강 매뉴얼: 유아 건강 지킴이.

______________________________(2020). 놀이 연속성에 기초한 놀이지원.

성미영, 구재옥, 박혜련, 민미희(2015). 아동건강교육. 경기: 파워북.

성미영, 민미희, 정현심(2014). 아동안전관리. 서울: 학지사.

송재현(2006). 초등학생을 위한 역할극과 강의식 교육의 흡연예방효과 비교. 연세대학교 석사학위논문.

송정아, 이양희(2004). 유아의 일상적 스트레스와 반사회적 행동과의 관계연구. 생활과학, 7, 189-206.

송태희, 곽현주, 우인애, 김용선, 이현옥(2008). 유아교사를 위한 영유아 영양과 건강. 경기: 교문사.

식품의약품안전처(2007). 어린이 연령별 카페인 일일섭취기준.

______________(2010). 잔류물질정보.

______________(2012). 유아식생활과 건강(교사용).

______________(2016a). 식중독 예방진단 컨설팅 매뉴얼.

______________(2016b). 식품의약품안전평가원 '식품의 유해물질 알기.'

______________(2016c). 어린이 급식관리지침서.

______________(2016d). 학교급식 식중독 예방.

______________(2016e). 학교급식 위생관리.

______________(2017a). 유해물질 중금속 알기.

______________(2017b). 유해물질총서.

______________(2018). 식품 등의 표시시준.

______________(2019a). 2020년도 식품안전관리지침.

______________(2019b). 어린이집, 유치원 식중독 예방관리 매뉴얼(시설운영자용).

식품의약품안전처 식품의약품안전평가원(2016). 위해가능 영양성분 건강영향 조사연구 최종보고서.

신동주, 이상은, 김현경, 박영선(2015). 영유아 안전관리. 서울: 정민사.

신은수, 강금지, 유희정(2009). 영유아를 위한 영양과 건강교육. 서울: 창지사.

심성경. 고경미, 이선경, 변길희, 강진, 류경희(2015). 영유아건강교육. 경기: 양서원.

안동현, 홍강의(1987). 한국에서의 아동학대 현황. 정신건강연구, 6, 53-65.

안재진(2012). 국내 아동학대 발생 현황 및 관련 요인, 아동학대 현황으로 살펴보는 대한민구 아동의 오늘과 내일. 서울: 보건복지부.

안형숙(2014). 부모로부터의 학대 경험이 아동의 자아존중감에 미치는 영향. 미래유아교육학회지, 21(1), 185-203.

어린이집안전공제회(2019a). 어린이집안전관리백과 건강 · 환경 · 위생 · 급식.

______________(2019b). 어린이집안전관리백과 실내 · 외 보육환경.

연합뉴스(2017.6.2.). 흡연청소년 첫 담배 경험은 만 12.7세… 년째 제자리. htp:/www.yonhapnews.co.kr/buletin/2017/06/01/020000AKR20170601636O017.HTML?input=195m에서 2017년 8월 19일 인출.

원미정, 공윤정(2017). 아동이 지각한 부부갈등과 자아존중감의 관계에서 부모-자녀 의사소통의 매개효과. 초등상담연구, 16(3), 285-299.

유가효, 위영희, 문현주, 이희정, 김태은(2014). 놀이치료의 이해. 경기: 양서원.

유니세프한국위원회(2010). 어린이집 기관에서의 모유수유 지침서.

______________(2015). 모유수유 실천해요.

유은영(2011). 멀티미디어를 활용한 유아건강교육 프로그램 개발 및 효과. 중앙대학교 박사학위논문.

유정아, 정익중(2014). 방임이 초등저학년 아동의 우울 및 공격성에 미치는 영향. 한국아동복지학, 47, 157-183.

유효순(2012). 영아와 애착. 서울: 한국방송통신대학교출판부.

육아정책연구소(2012). 유치원 급식 운영 관리 지침서.

___________(2013). 영유아의 미디어 매체 노출실태 및 보호대책.

___________(2017). 영유아 건강관리 가이드북: 유치원 · 어린이집용.

윤지현, 권수연, 김옥선, 류시현, 이영미, 한규상, 김미영, 이기원(2016). 이해하기 쉬운 단체급식관리. 경기: 파워북.

이갑순, 문혜리, 김현리, 장효순, 이경민(2006). 보건교육. 서울: 수문사.

이경은, 염동문, 장화정, 김경희, 전선율(2016). 아동보호전문기관 상담원의 아동학대 위험수준별 개입 사정 척도. 보건복지부 · 중앙아동보호전문기관.

이근무, 강선경, 탁평곤(2015). 단도박자들의 도박중독행위 재발경험에 대한 질적 내용분석 연구. 정신보건과 사회사업, 43(2), 5-31.

이기숙, 장영희, 정미라, 배소연, 박희숙(2012). 영유아 안전 관리. 경기: 공동체.

이기숙, 장영희, 정미라, 윤선화(2014). 영유아안전교육. 경기: 양서원.

이미숙, 이선영, 김현아, 정상진, 김원경, 김현주(2018). 임상 영양학(개정판). 경기: 파워북.

이부연, 양경전(2009). 전도식기 아동의 인성발달을 위한 생태미술교육프로그램 연구: 점토미술을 중심으로. 예술교육연구, 7(1), 173-190.

이선경, 고은님(2009). 아동건강교육. 서울: 교육아카데미.

이성한, 김경승, 김미진, 변수정, 이윤정, 하연희(2016). 아동안전관리. 서울: 창지사.

이숙희(2010). 컴퓨터 게임 중독 이행과 유아의 공격성 및 사회적 관계 변화 연구. 한국영유아교육론집, 14(1), 185-202.

이순자, 김일옥(2012). 아동안전관리. 경기: 양서원.

이연숙, 임현숙, 안홍석, 장남수(2003) 생애주기영양학. 경기: 교문사.

이영옥, 최외선, 김갑숙(2007). 아동기 성학대 피해 청소년의 전반적 문제행동 개선을 위한 미술치료 사례연구. 미술치료연구, 14(1), 103-130.

이영환, 고선욱, 김경신, 김정희, 이수재(2016). 표준보육과정, 누리과정에 맞춘 아동안전관리. 서울: 창지사.

이예림, 하은혜(2017). 유아의 스마트기기 사용시간과 중독 수준에 따른 ADHD 증상의 차이. 놀이치료연구, 20(1), 65-80.

이인원, 최기영(2008). 두레정신에 기초한 유아교육프로그램 개발. 유아교육연구, 28(3), 95-123.

이자형, 이미정, 김혜영, 박현미, 오진아, 장은영(2008). 아동건강교육. 경기: 교문사.

이해국, 정슬기, 조근호, 최삼욱, 김현수, 이인혜, 이형초(2012). 국가 중독예방관리 정책 및 서비스 전달체계 개발. 서울: 보건복지부 정신건강정책과 카톨릭대학교 산학협력단.

임미혜, 이혜정(2017). 아동건강교육. 경기: 양성원.

임미혜, 정정옥(2010). 유아교육기관에서의 영유아 건강교육. 서울: 창지사.

임미혜. 채혜선, 이순자, 안경일, 심은희(2013). 아동건강교육. 경기: 양서원.

장연집(2001). 유아기 스트레스. 아동연구, 5, 17-38.

장유경, 박혜련, 변기원, 이보경, 권종숙(2011). 기초영양학. 경기: 교문사.

장지호(2013). 영유아의 시력관리: 국민건강보험공단 영유아건강검진 매뉴얼에 대한 보론. Korean Med Assoc, 56(6), 504-510.

전세영(2017). 부모-자녀 간 의사소통을 위한 효 교육과 교사의 역할. **윤리연구, 115**, 227-259.

전초원(2017). 스마트폰 과다사용이 유아의 기억과 추론에 미치는 영향: 이야기 회상, 일반 추론 및 사회적 추론을 중심으로. 대구가톨릭대학교 대학원 박사학위논문.

정대현, 조명옥, 곽연미(2014). 부모코칭역량과 유아의 자기조절력 및 공감능력간의 상관. **유아교육보육복지연구, 18**(2), 83-100.

정문희, 김미혜, 김지미, 유인영, 이영미, 이정애, 전미영, 조정민, 최선하, 한명화, 황승숙(2014). **신개념 보건교육학**. 서울: 계축문화사.

정미라, 배소연, 이영미(2012). **영유아를 위한 건강 및 영양교육(2판)**. 경기: 양서원.

정아란(2015). **아동안전관리**. 경기: 공동체.

정옥분(2010). **아동발달의 이해**. 서울: 학지사.

정재경, 김형숙, 김형재, 이순애, 최지현(2015). **아동안전관리**. 서울: 동문사.

조경자, 이현숙(2010). **유아건강교육**. 서울: 학지사.

조민상, 장석헌(2014). 아동학대 예방을 위한 정책적 대응방안에 관한 연구-발생 현황 분석을 중심으로-. **韓國公安行政學會報, 57**(2), 189-216.

조선에듀(2017.8.13.). 내년부터 학교에서 '커피' 못 판다…'고카페인 음료 판매 금지법' 추진. htp:/edu.chosun.com/site/data/html_dir/2017/08/13/201708130727.html에서 2017년 8월 19일 인출.

조정자(2006). 아동기 성학대 피해여성의 외상후 스트레스장애 극복을 위한 인지행동 미술치료 사례연구. **미술치료연구, 13**(2), 227-253.

주미경(2012). 미디어 문화 환경이 유아 미술교육에 미치는 영향: 텔레비전 미디어를 중심으로. **조형미디어학, 15**(3), 231-238.

중앙급식관리지원센터(2017). **부모교육자료: 우리아이 간식 올바르게 선택해요!**

중앙육아종합지원센터(2016). **2016년 보육교직원 아동학대예방 특별교육**.

질병관리본부(2016). **성공적인 모유수유**.

__________(2019). **식품알레르기 올바로 알기**.

최민수, 송성숙, 정영희(2002). 유아교육기관에서의 전래놀이 노래 활동 적용이 유아의 스트레스 감소에 미치는 영향. **미래유아교육학회지, 9**(2), 137-158.

최민수, 정영희(2014). **아동건강교육**. 서울: 학지사.

최민수, 정진순(2005). 유아교육기관에서의 면상활동이 유아의 스트레스에 미치는 효과. **미래유아교육학회지, 12**(1), 313-337.

최혜미, 김정희, 이주희, 김초일, 송경희(2016). **21세기 영양학(제5판)**. 경기: 교문사.

특수교육학 용어사전(2009). **국립특수교육원(편)**.

하민경(2019). 유아기 자녀를 둔 어머니가 인식하는 부부갈등이 가족 상호작용에 미치는 영향: 사회적 지지와 우울의 조절효과를 중심으로. **유아교육연구, 39**(4), 61-85.

하영수, 이자형, 김희숙, 박영애, 문선영. 김신정, 배정이, 이정은, 오진아, 장은영, 김혜영(2012). **아동건강간호학**. 서울: 신광출판사.

한국건강증진개발원(2015). 국가금연지원센터. 미취학아동 흡연예방 관련 보고서. **월간 금연정책포**

럼『Tobacco-Free』제7호.

한국보육진흥원(2017). 제3차 어린이집 평가인증 안내(통합지표).

한국산업안전공단(2000). 유아교사용 안전교육 지도서.

한국소비자원(2009). 어린이기호식품의 상품시험(카페인 중심으로)보고서. 한국소비자원:

________(2011). 식품첨가물 바로 알기.

________(2015). 소비자 안전국 생활안전팀 보고서.

________(2018a). 생활화학제품 어린이보호포장 확대필요.

________(2018b). 한국소비자원「어린이 안전사고예방가이드」마련.

________(2019). 어린이 안전사고 동향분석.

한국실명예방재단(2012). 어린이 눈관리.

한국정보화진흥원(2015). 2014년 인터넷 중독 실태조사.

________(2020a). 2019년 스마트폰 과의존 실태조사.

________(2020b). 2019년 인터넷 이용 실태조사.

한미경, 황해익(2003). 유치원 교사와 어머니의 유아교육 관련 인터넷 사이트에 대한 인식 및 활용 실태. 유아교육논집, 12, 215-235.

허혜경, 김성희(2009). 영유아 건강교육. 서울: 창지사.

홍순정, 이규미(2009). 정신건강. 서울: 한국방송통신대학교 출판부.

홍연홍(2013). 요리활동을 중심으로 한 유아 영양교육 프로그램 개발 및 효과: 영양지식과 식태도 및 식행동을 중심으로. 배재대학교 박사학위논문.

AAOS, ACEP, Alton, L. T., & Steven, M. T. (2018). 기본응급처치학[*First Aid, CPR, and AED(7thr ed.)*]. (전국응급구조학과교수협의회 역). 서울: 한미의학. (원본발간일 2017년).

Ahn, K. (2011). Food allergy: diagnosis and management. *Korean J Asthma Allergy Clin Immunol, 31,* 163-169.

Atkins, D. L., Berger, S., Duff, J. P., Gonzales, J. C., Hunt, E. A., Joyner, B. L., et al. (2015). Pediatric Basic Life Support and Cardiopulmonary Resuscitation Quality: 2015 American Heart Association Guidelines Update for Cardiopulmonary Resuscitation and Emergency Cardiovascular Care. *Circulation, 132,* S519-25.

Bar-Cohen, Y., Walsh, E. P., Love, B. A., & Cecchin, F. (2005). First appropriate use of automated external defibrillator in an infant. *Resuscitation, 67,* 135-7.

Barth, G. A., Weigl, L., Boeing, H., Disch, R., & Borelli, S. (2001). Food intake of patients with atopic dermatitis. *European Journal of Dermatology, 11*(3), 199-202.

Baur, L. A., & O'Connor, J. (2004). Obesity, metabolic syndrome, and cardiovascular disease. *Clinics in Dermatology, 22,* 338-344.

Berdanier, C. D. (1998). *Advanced nutrition: Micronutrient.* CRC. Boca Raton.

Berg, R. A., Hemphil,l R., Abella, B. S., Aufderheide, T. P., Cave, D. M., Hazinski, M. F., et al. (2010). Part 5: adult basic life support: 2010 American Heart Association Guidelines for

Cardiopulmonary Resuscitation and Emergency Cardiovascular Care. *Circulation, 122(18 Suppl 3),* S685-705.

Berg, R. A., Sanders, A. B., Kern, K. B., Hilwig, R. W., Heidenreich, J. W., Porter, M. E., et al. (2001). Adverse hemodynamic effects of interrupting chest compressions for rescue breathing during cardiopulmonary resuscitation for ventricular fibrillation cardiac arrest. *Circulation, 104,* 2465-70.

Bjelakovie, G., Nikolova, D., Gluud, L. L., Simonetti, R. G., & Cluud, C. (2007). Mortality in randomized trials of antioxidant supplements for primary and secondary prevention. *JAMA 297*, 842-857.

Bobrow, B. J., Spaite, D. W., Berg, R. A., Stolz, U., Sanders, A. B., Kern, K. B., et al. (2010). Chest compression-only CPR by lay rescuers and survival from out-of-hospital cardiac arrest. *JAMA, 304,* 1447-54.

Bonifant, C. M., Shevill, E., & Chang, A. B. (2012). *Vitamin A supplementation for cystic fibrosis.* Cochrane Libr.

Brown, J. E., Isaacs, J. S., Krinke, B., Lechtenberg, E., Murtaugh, M. A., Sharbaugh, C., Splett, P. L., Stang, J., & Woolridge, N. H. (2011). *Nutrition through the life cycle(4th ed.).* Belmont: Cengage Learning.

Cali, A. M. G., & Caprio, S. (2008). Obesity in children and adolescents. *The Journal of Clinical Endocrinology & Metabolism, 93*, S31-S36.

Chadesworth, R. (2000). *Understanding child development(5th ed.).* Albany, NY: Delmar.

Cheskes, S., Schmicker, R., Verbeek, P. R., Salcido, D. D., Brown, S. P., Brooks, S., et al. (2014). The impact of peri-shock pause on survival from out-of-hospital shockable cardiac arrest during the Resuscitation Outcomes Consortium PRIMED trial. *Resuscitation, 85,* 336-42.

Clawson, J., Barron, T., Scott, G., Siriwardena, A. N., Patterson, B., & Olola, C. (2012). Medical priority dispatch system breathing problems protocol key question combinations are associated with patient acuity. *Prehosp Disaster Med, 27,* 375-80.

Cousins, R. J. (1996). *Zinc. in present knowledge in nutrition(7th ed.).* Washington D.C.: International Life Science Institute.

Danesh, J., & Appleby, P. (1999). Coronary heart disease and iron status: Meta-analyses of prospective studies. *Circulation 99,* 852-854.

Deeb, K. K., Trump, D. L., & Johnson, C. S. (2007). Vitamin D signalling pathways in cancer: Potential for anticancer therapeutics. *Nat Rev Cancer 7*(9), 684-700.

DeLucia, M. C., Mitnick, M. E., & Carpenter, T. O. (2003). Nutritional rickets with normal circulating 25-hydroxyvitamin D: A call for reexamining the role of dietary calcium intake in North American infants. *J Clin Endocrinol Metab 88*(8): 3539-3545.

Escribano, J., Luque, V., Ferre, N., Mendez-Riera, G., Koletzko, B., Grote, V., Demmelmair, H., Bluck, L., Wright, A., & Closa-Monasterolo, R. (2012). Effect of protein intake and weight gain velocity on body fat mass at 6 months of age: The EU Childhood Obesity Programme. *International Journal of Obesity 36*(4), 548-553.

Falkner, N. H., Neumark-Sztainer, D., Story, M., Jeffery, R. W., Beuhring, T., & Resnick, M. D. (2001). Social, educational, and psychological correlates of weight status in adolescents. *Obesity research, 9*(1), 32-42.

Fisher, G. L., & Harison, T. C. (2010). 물질남용의 예방과 치료[*Substance abuse: Information for school counselors, social workers, therapists and counselors(4th ed.)*]. (장승옥, 최현숙, 김용석, 정슬기 공역). 서울: 한국음주문화. (원본발간일 2008년).

Frei, B., & Lawson, S. (2008). Vitamin C and cancer revisited. *Proc Natl Acad Sci U S A, 105*(32), 11037-11038.

Gamble, M. V., Palafox, N. A., Dancheck, B., Ricks, M. O., Briand, K., & Semba, R. D. (2004). Relationship of vitamin A deficiency, iron deficiency, and inflammation to anemia among preschool children in the Republic of the Marshall Islands. *Eur J Clin Nutr 58*(10), 1396-1401.

Gil, D. G. (1979). Unraveling child abuse. *American Journal of Orthopsychiatry, 45*(3), 346-356.

Glatz, A. C., Nishisaki, A., Niles, D. E., Hanna, B. D., Eilevstjonn, J., Diaz, L. K., et al. (2013). Sternal wallpressure comparable to leaning during CPR impacts intrathoracic pressure and haemodynamics in anaesthetized children during cardiac catheterization. *Resuscitation, 84,* 1674-9.

Goto, Y., Maeda, T., & Goto, Y. (2014). Impact of dispatcher-assisted bystander cardiopulmonary resuscitation on neurological outcomes in children with out-of-hospital cardiac arrests: a prospective, nationwide, population-based cohort study. *J Am Heart Assoc, 3,* e000499.

Hall, J. A., Grainger, J. R., Spencer, S. P., & Belkaid, Y. (2011). The role of retinoic acid in tolerance and immunity. *Immunity 35*(1), 13-22.

Hambidge, M. (2000). Human zinc deficiency. *J Nutr 130*, 1344S-1349S.

Han, H., Segal, A. M., Seifter, J. L., & Dwyer, J. T. (2015). Nutritional Management of Kidney Stones(Nephrolithiasis). *Clin Nutr Res 4*(3), 137-152.

Hendricks, J. (2001). *The whole child-development education for the early years*(7th Ed.). Merrill: Prentice-Hall.

Hinchey, P. R., Myers, J. B., Lewis, R., De Maio, V. J., Reyer, E., Licatese, D., et al. (2010). Improved out-of-hospital cardiac arrest survival after the sequential implementation of 2005 AHA guidelines for compressions, ventilations, and induced hypothermia: the Wake County experience. *Ann Emerg Med, 56,* 348-57.

Holick, M. F. (2008). Vitamin D deficiency. *The New England journal of medicine 357*(3), 266-281.

Institute of medicine(IOM)(1997). *Dietary Reference Intakes for Calcium, Phosphorus, Magnesium, Vitamin D, and Fluoride.* Washington, D.C.: National Academies Press.

Institute of Medicine(IOM)(2001). *Dietary reference intakes for water, potassium, sodium, chloride, and sulfate*. Washington, D.C.: The national academies press.

Israel, B. A., Checkoway, B., Schultz, A., & Zimmerman, M. (1994). Health education and community empowerment: Conceptualizing and measuring perceptions of individual, organizational, and community control, *Health Education Quarterly, 21*, 149-170.

Jernigan, N. L., & Resta, T. C. (2014). Calcium homeostasis and sensitization in pulmonary arterial smooth muscle. *Microcirculation 21*(3), 259-271.

Jones, G. (2008). Pharmacokinetics of vitamin D toxicity. *Am J Clin Nutr 88*(2), 582S-586S.

Juonala, M., Magnussen, C. G., Berenson, G. S., Venn, A., Burns, T. L., Sabin, M. A., & Raitakari, O. T. (2011). Childhood adiposity, adult adiposity, and cardiovascular risk factors. *the New England Journal of Medicine, 365*, 1876-1885.

Kalin, S. R., & Rimm, E. B. (2010). Folate and vascular disease: Epidemiological perspective. In: Baily LB, editor. *Folate in Health and Disease*. Boca Raton, Florida: CRC Press.

Kempe, C. H. & Helfer, R. (1980). *The battered child.*(3rd ed.). Chicago: University of Chicago Press.

Khasru, M. R., Yasmin, R., Salek, A. K., Khan, K. H., Nath, S. D., & Selim, S. (2010). Acute hypervitaminosis A in a young lady. *Mymensingh Med J 19*(2), 294-298.

Kleinman, M. E., Brennan, E. E., Goldberger, Z. D., Swor, R. A., Terry, M., Bobrow B. J., et al. (2015). Part 5: Adult Basic Life Support and Cardiopulmonary Resuscitation Quality: 2015 American Heart Association Guidelines Update for Cardiopulmonary Resuscitation and Emergency Cardiovascular Care. *Circulation, 132,* S414-35.

Kolbe, L. J. (2005). A framework for school health programs in 21st century. *Journal of School Health, 75*(6), 226-228.

Koletzko, B., von Kries, R., Closa, R., Escribano, J., Scaglioni, S., Giovannini, M., Beyer, J., Demmelmair, H., Gruszfeld, D., & Dobrzanska, A. (2009). Lower protein in infant formula is associated with lower weight up to age 2 y: A randomized clinical trial. *The American journal of clinical nutrition 89*(6), 1836-1845.

Kramer, T., & Garralda, E. (2000). Child and adolescent mental health problems in primary care. *Advances in Psychiatric Treatment, 6*, 286-294.

Kuhle, S., Kirk, S. F., Ohinmaa, A., & Veugelers, P. J. (2011). Comparison of ICD codebased diagnosis of obesity with measured obesity in children and the implications for health care cost estimates. *BMC Medical ResearchMethodology, 11,* 173.

Lee, S. Y. (2004). Food allergy. *Korean J Pediatr, 47,* 240-246.

McKenney, J. M., Proctor, J. D., Harris, S., & Chinchili, V. M. (1994). A comparison of the efficacy and toxic effects of sustained-vs immediate-release niacin in hypercholesterolemic patients. *JAMA 271*(9), 672-677.

Meng, L., Liu, J., Zhang, J., Wang, C., Man, Q., & Li, L. M. (2009). Effect of dietary factors on anaemia among rural elderly women in south-west China: a case-control study. *Public*

*Health Nutr 12*(09), 1540-1547.

Ministry of Public Safety and Security, Central Fire Service(2014). *Standard Protocols of Field First Aid for 119 EMT. 2nd ed.* 441-484.

NAEYC(2002). *Health young children: A manual of programs(4th ed).* Washington, DC.: NAEYC.

Napoli, J. L. (2012). Physiological insights into all-trans-retinoic acid biosynthesis. *Biochim Biophys Acta 1821*(1), 152-167.

Nelson, R. L., Davis, F. G., Persky, V., & Becker, E. (1995). Risk of neoplastic and other diseases among people with heterozygosity for hereditary hemochromatosis. *Cancer 76,* 875-879.

O'Brien, K. O., Zavaleta, N., Caulfield, L. E., Wen, J., & Abrams, S. A. (2000). Prenatal iron supplements impair zinc absorption in pregnant Peruvian women. *J Nutr 130*, 2251-2255.

Olson, D., Sprenkle, D., & Russell, C. (1979). Circumplex model of marital and family system: Ⅰ. Cohesion and adaptability dimensions, family types, and clinical applications. *Family Process, 18*(1), 3-28.

Park, S. J., Lee, J. S., Ahn, K., & Chung, S. J. (2012). The comparison of growth and nutrient intakes in children with and without atopic dermatitis. *Korean J Community Nutr, 17*, 271-279.

Park, S., & Johnson, M. A. (2006). What is an adequate dose of oral vitamin B12 in older people with poor vitamin B12 status? *Nutr review 64,* 373-378.

Reilly, J. J., & Kelly, J. (2011). Long-term impact of overweight and obesity in childhood and adolescence on morbidity and premature mortality in adulthood: systematic review. *International Journal of Obesity, 35*(7), 891-898.

Ross, A. C. (2012). Vitamin A and retinoic acid in T cell-related immunity. *Am J Clin Nutr 96*(5), 1166S-1172S.

Roth, R. A., & Wehrle, K. L. (2019). **영양과 식이***[Nutrition & Diet Therapy(12th ed.)]*. (하주영 외 역). 서울: 학지사메디컬. (원본발간일 2018년).

Sampson, H. A. (2003a). Adverse reactions to foods. In Adkinson, N. F., Bochner, B. S., Yunginger, J. W., Holgate, S. T., Busse, W. W., Simons, F. E. R(eds), *Middleton's allergy principle and practice*, 1619-1643. St. Louise: Mosby.

____________ (2003b). 9. Food allergy. *The Journal of Allergy and Clinical Immunology, 111*, 540-547.

Schaefer, E. J., Gleason, J. A., & Dansinger, M. L. (2009). Dietary fructose and glucose differentially affect lipid and glucose homeostasis. *J Nutr 139*(6), 1257S-1262S.

Schoenen, J., Jacquy, J., & Lenaerts, M. (1998). Effectiveness of high-dose riboflavin in migraine prophylaxis. A randomized trial. *Neurology 50,* 466-470.

Sherwood, L. (2013). Principles of endocrinology. In Sherwood L, *Human Physiology: From Cells to systems(8th ed).* Belmont, CA: Cengage Learning; 2013. 656-683.

Skarupski, K. A., Tangney, C., Li, H., Ouyang, B., Evans, D. A., & Morris, M. C. (2010).

Longitudinal association of vitamin B-6, folate, and vitamin B-12 with depressive symptoms among older adults over time. *Am J Clin Nutr Aug, 92*(2), 330-335.

Sutton, R. M., French, B., Nishisaki, A., Niles, D. E., Maltese, M. R., Boyle, L., et al. (2013). American Heart Association cardiopulmonary resuscitation quality targets are associated with improved arterial blood pressure during pediatric cardiac arrest. ***Resuscitation, 84,*** 168-72.

Tanaka, Y., Taniguchi, J., Wato, Y., Yoshida, Y., & Inaba, H. (2012). The continuous quality improvement project for telephone-assisted instruction of cardiopulmonary resuscitation increased the incidence of bystander CPR and improved the outcomes of out-of-hospital cardiac arrests. ***Resuscitation, 83,*** 1235-41.

Theodore, A., Kotchen, Allen, W., Cowley, Jr. and Edward, D., & Frohlich. (2013). Salt in Health and Disease - A Delicate Balance. *N Engl J Med 368*(13), 1229-1237.

Tuck, S. P., & Datta, H. K. (2007). Osteoporosis in the aging male: treatment options. *Clin Interv Aging 2*(4), 521-536.

U.S. Preventive Services Task Force. (2009). Folic acid for the prevention of neural tube defects: U.S. Preventive Services Task Force recommendation statement. *Ann Intern Med 150*(9), 626-631.

Vadeboncoeur, T., Stolz, U., Panchal, A., Silver, A., Venuti, M., Tobin, J., et al. (2014). Chest compression depth and survival in out-of-hospital cardiac arrest. ***Resuscitation, 85,*** 182-8.

Van Winckel, M,, De Bruyne, R,, Van De Velde, S,, & Van Biervliet, S. (2009). Vitamin K, an update for the paediatrician. *Eur J Pediatr 168*(2), 127-134.

Weaver, C. M. (2006). Calcium. In: Bowman BA, Russel RM, editors. *Present Knowledge in Nutrition(9th ed.).* Washington DC: International Life Science Institute press.

World Health Organization(WHO). (1948). Preamble to the Constitution of the WHO .*Official Records of the World Health Organization, 2,* 100.

____________________ (1986). Ottawa charter for health promotion. Geneva, Switzerland: World Health Organization.

Young, D. B., & McCabe, R. D. (2000). Endocrine control of potassium balance. In: Fray JCS, Goodman HM, editors. *Handbook of physiology*. New York: Oxford university press.

Zero to three. (1994). *Diagnostic classification: 0-3*. Washington, DC: Author.

Zhang, X., Chen, K., Qu, P., Liu, Y. X., & Li, T. Y. (2010). Effect of biscuits fortified with different doses of vitamin A on indices of vitamin A status, haemoglobin and physical growth levels of pre-school children in Chongqing. *Public Health Nutr 13*(09), 1462-1471.

건강보험심사평가원 http://www.hira.or.kr

교육부 https://www.moe.go.kr

교육부 학생건강정보센터 http://www.schoolhealth.kr

국가기술표준원 제품안전정보센터 www.safetykorea.kr

국가법령정보센터 http://www.law.go.kr
국립국어원 https://www.korean.go.kr
국민건강보험 https://www.nhis.or.kr
국민재난안전포털 http://www.safekorea.go.kr
보건복지부 http://mohw.go.kr
보건복지부 국립재활원 장애인 건강 및 재활정보포털 http://www.nrc.go.kr
서울대학교병원 http://www.snuh.org
서울대학교어린이병원 https://child.snuh.org
서울소방재난본부 https://fire.seoul.go.kr
서울시육아종합지원센터(2018) http://.seoul.childcare.go.kr
서울종합방재센터 https://119.seoul.go.kr
서울특별시교육청 학교보건진흥원 https://bogun.sen.go.kr
세계보건기구 https://www.who.int
스마트쉼센터 https://www.iapc.or.kr
식품안전정보포털 식품안전나라 https://www.foodsafetykorea.go.kr
식품의약품안전처 식품안전정보원 https://www.foodsafetykorea.go.kr
식품의약품안전처 의약품통합정보시시템 http://www. nedrug. mfds.go.kr
아동권리보장원 http://www.korea1391.go.kr
어린이안전학교 http://www.go119.org
에어코리아 http://www.airkorea.or.kr
여성 · 아동 · 장애인 경찰지원센터 www.safe182.go.kr
유니세프한국위원회 https://www.unicef.or.kr/education/data.asp
육아정책연구소 i-누리(누리과정 포털 사이트) http://www.i-nuri.go.kr
응급의료포털 https://www.e-gen.or.kr
질병관리본부 http://www.cdc.go.kr
질병관리본부 국가건강정보포털 http://health.cdc.go.kr
한국소비자원 https://www.kca.go.kr
한국환경공단 http://www.keco.or.kr

# 찾아보기

### ㄹ



### ㅁ



### ㅂ



### ㅅ

ㅇ

## ㅈ

## 기타

## 저 / 자 / 소 / 개


**■ 김희태**
미국 텍사스대학교 대학원 철학박사(유아교육 전공)
한국방송통신대학교 유아교육과 교수

**■ 김명나**
중앙대학교 대학원 문학박사(유아교육 전공)
서울마곡유치원 원감

**■ 김선희**
영남대학교 대학원 박사 수료(유아교육 전공)
한국방송통신대학교 유아교육과 강사

**■ 김소라**
성신여자대학교 대학원 박사 수료(유아교육 전공)
잠원시온어린이집 원장

**■ 최진경**
덕성여자대학교 대학원 박사 수료(유아교육 전공)
한성대학교 교육대학원 강사

# 아동건강교육

1판 1쇄 인쇄 — 2020년 9월 1일
1판 1쇄 발행 — 2020년 9월 4일

저 자 - 김희태 김명나 김선희 김소라 최진경
삽 화 - 최지원 정혜린
발 행 인 - 강철원
발 행 처 - 양성원
주 소 - 경기도 파주시 검산로 173번길 29-20
전 화 - 031-946-3861(代)
팩 스 - 031-946-3864
이 메 일 - tnwpub@naver.com
홈페이지 - tnwpub.co.kr
출판등록 - 2015년 8월 31일 제 2015-000211 호

ISBN 979-11-6126-304-5

정가 20,000원

※ 저자와 협의하여 인지는 생략합니다.
※ 저작권법 제136조(벌칙)에 따라 위반자는 5년 이하의 징역 또는
5천만 원 이하의 벌금에 처하거나 이를 병과할 수 있습니다.